지식인의 글쓰기

Writing of Intellectuals

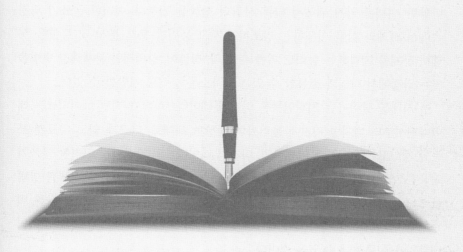

머리말

    4차 산업혁명 시대는 주어진 상황에 능동적으로 대처하면서 타인과 소통하는 능력을 중시하고 창의성을 갖춘 인재를 요구한다. 창의성을 갖춘 인재는 자기 삶을 주도적으로 계획·관리하며 자율적으로 행동하는 능력, 매체를 활용하여 상호작용하는 능력, 타인과 협력하며 문제를 해결할 수 있는 능력을 갖춘 사람일 것이다.

    글쓰기는 지식인들이 갖추어야 할 핵심 역량을 계발할 수 있는 좋은 도구이다. 글쓴이는 좋은 글을 쓰기 위해서 깊게 사고하며 사고의 수정을 거듭하고, 다양한 세계를 알기 위해서 다른 사람의 생각을 접한다. 이러한 글쓰기 과정 속에서 세계와 삶을 이해하는 창조적인 사고 능력과 문제 분석 및 통찰을 통해서 문제를 해결하는 능력도 기를 수 있다. 더불어, 창의적인 문제해결 방법을 찾는 과정에서 타인과 소통할 수 있는 의사소통 능력도 계발할 수 있다.

    이 시대를 살아가는 지식인들은 디지털 네이티브이다. 디지털 네이티브는 태어나면서부터 디지털 기기에 둘러싸여 성장한 세대로, 다르게 읽고 다르게 쓰는 존재라고 할 수 있다. 그렇다면, 디지털 네이티브의 강점까지 고려한 글쓰기 교육은 어떤 것일까? '질문'을 통해 소통하는 과정에서 창의적 문제해결 방법을 스스로 찾을 수 있는 글쓰기를 할 수 있다면, 지식인들은 텍스트와 다른 텍스트를 연결하고, 보편적 경험과 정서를 공유하여 자신의 내면에 특정 의미의 네트워크를 구성할 수 있을 것이다.

　이 책은 글쓰기 교육을 어떻게 하면 좀 더 효과적으로 진행할 수 있을 것인 가라는 고민에서 출발하였다. 글쓰기를 잘하기 위해서는 글쓰기가 즐거워야 한다. 이를 위해서는 글쓰기에 대한 이론을 학습하고 글쓰기 능력을 기를 수 있는 쓰기 연습을 충분히 가져야 한다. 더욱이 글쓰기의 즐거움을 느낄 수 있 도록 동료들과의 소통을 극대화할 수 있어야 한다. 따라서 이 책은 연습 활동 을 통해 글쓰기의 이론과 글쓰기의 실제를 두루 이해하고 체득할 수 있도록 구 성하였다.

　글쓰기의 이론은 제1장부터 제3장까지의 내용으로, 창의성과 글쓰기, 글쓰 기의 과정, 진실하게 글쓰기를 설명했다. 제1장 창의성과 글쓰기에서는 글쓰기 가 창의적 문제해결 능력을 향상시킬 수 있는 유용한 도구임을 설명하고, 새롭 고 유용한 아이디어를 생성할 수 있는 다양한 발상법을 소개했으며, 창의적이 고 독창성 있는 글을 쓰기 위해 갖춰야 할 태도를 제시했다. 제2장 글쓰기의 과 정에서는 주제 정하기, 자료 찾기, 개요 구성하기, 집필하기, 퇴고하기 등의 절차 를 설명하고 각 절차에 구체적인 연습 활동을 제시하여 독자가 글쓰기의 절차 를 체득할 수 있도록 했다. 제3장 글쓰기 윤리에서는 인용과 표절을 설명하고, 글쓴이가 글을 쓰는 과정에서 비윤리적 행위를 경계해야 함을 강조했다.

　글쓰기의 실제는 제4장부터 제10장까지 이르는 내용으로, 기행문, 감상문, 서 평, 칼럼, 이력서와 자기소개서, 요약, 보고서 등 다양한 글을 접하고, 글의 장르적 특성을 파악하여 학생들이 자기주도하에 글을 써볼 수 있도록 내용을 4단계로 구분하여 구조화했다.

- **1단계 알아보기** 장르의 기본 특성을 파악하는 단계이다.
- **2단계 톺아보기** 장르 글쓰기 과정에서 생각을 확대하는 데 중요한 핵심내용을 이해하고 점검하는 단계이다.
- **3단계 관찰하기** 장르 글쓰기에 모범이 되거나 글쓰기 활동에 도움이 되는 예시 글을 통해 앞으로 자신이 쓰게 될 글을 읽고 동료들과 토의나 토론을 할 수 있도록 구성한 단계이다.
- **4단계 표현하기** 알아보기, 톺아보기, 관찰하기 과정에서 습득한 내용을 활용해서 스스로 한 편의 글을 써볼 수 있도록 구성했다.

마지막으로, 이 책이 출판되기까지 도움을 주신 많은 분들께 감사의 말씀을 전한다. 특히 교재에 인용문을 싣도록 허락해 준 학생들과 전문 필자들, 그리고 편집을 맡아주신 한올출판사에 고맙다는 인사를 전한다.

2023년 2월

저자 일동

지식인의
글쓰기

차례

제1장

창의성과 글쓰기

글을 많이 쓰되, 다양한 종류의 글을 경험하십시오. 왜냐하면
글쓰기 경험은 새로운 형태의 인식과 사고, 그리고 새롭고 더 복잡한
감수성을 발달시키도록 도와주기 때문입니다.

- 루덴스타인

1. 글쓰기의 필요성

4차 산업혁명 시대는 주어진 상황에 능동적으로 대처하면서 타인과 소통하는 개인의 능력을 중시하고 창의성을 갖춘 인재를 요구한다. 4차 산업혁명은 인공지능(AI), 사물인터넷(IoT), 로봇기술, 드론, 자율 주행 차, 가상현실(VR) 등이 주도하는 차세대 산업혁명을 일컫는 말로, 로봇이나 인공지능을 통해 실제와 가상이 통합돼 사물을 자동적·지능적으로 제어할 수 있는 가상 물리 시스템의 구축이 기대되는 산업상의 변화를 일컫는다. 4차 산업혁명 시대를 맞이하여 OECD(Organization for Economic Cooperation and Development)는 OECD DeSeCo사업과 교육 2030 프로젝트를 진행하고 있다. DeSeCo사업은 1단계 사업으로, 미래 사회에 필요한 핵심역량의 개념에 초점을 맞추었다면, 교육 2030 프로젝트는 2단계 사업으로 핵심역량 개념을 넘어서 학교교육에서의 실행에 방점을 맞추고 있다고 할 수 있다. DeSeCo사업(2015)을 통해 OECD는 21세기 인간에게 필요한 핵심역량(core competencies)으로, 자기 삶을 주도적으로 계획·관리하며 자율적으로 행동하는 능력, 매체를 활용하여 상호작용하는 능력, 타인과 협력하며 문제를 해결할 수 있는 능력 등을 제시했다.

'핵심역량'은 주어진 문제를 어떻게 해결하는가에 관한 것으로, 비판적 사고, 창의적 사고, 의사소통능력, 협동 능력이 포함된다. 비판적 사고는 상황을 분석하고 아이디어와 정보를 탐색하여 문제 상황을 분석·평가하는 능력이다. 창의적 사고는 주어진 문제를 해결하거나 새로운 아이디어를 표현하기 위해서, 지식을 적용·종합하여 새로운 해결방법을 상상하여 만들어 내는 능력이다. 의사소통능력과 협동은 다른 사람들과 협력하고, 정보를 전달하거나 소통하는 능력이다. 이처럼 지식정보화 사회는 개인에게 비판적으로 분석·평가하고, 새로운 해결방법이나 아이디어를 만들고 그 지식을 전달하며, 타인과 협력하는 능력을 요구하고 있다.

글쓰기는 이 시대가 요구하는 핵심역량을 계발할 수 있는 좋은 도구이다. 글쓴이는 좋은 글을 쓰기 위해서 깊은 사고와 사고의 수정을 거듭하고, 다양한 세계를 알기 위해서 다른 사람의 생각을 접한다. 이러한 글쓰기 과정에서 세계와 삶을 이해하는 창조적인 사고 능력과 문제에 대한 분석 및 통찰을 통해서 문제를 해결하는 능력도 기를 수 있다. 더불어, 글은 비밀일기가 아닌 이상 남에게 읽히기 위해 탄생한다는 점에서 알 수 있듯이 타인과의 소통을 전제로 탄생하므로 의사소통능력도 계발할 수 있는 가장 좋은 도구라 할 수 있다.

글쓰기는 더 이상 전문 작가들의 소유물이 아니다. 글쓰기 능력은 급변하는 이 시대를 살아가는 대학생이 필수적으로 갖춰야 할 능력이다. 대학생들은 글쓰기를 통해 자기 성찰과 치유의 기회를 갖고, 다양한 분야의 지식을 수용하고 타당성 있는 근거를 가진 주장을 깁고 정리하면서 자신의 주장을 정당화해 나가는 방법을 습득할 수 있을 것이다. 따라서 글쓰기 능력은 4차 산업혁명 시대에서 품격을 갖춘 소통과 공감을 위해 대학생이 갖추어야 할 필수적이고 기초적인 능력이라고 할 수 있다.

2. 글쓰기를 통한 창의적 문제해결

❶ 창의성과 창의적인 사람

창의성은 새롭고, 독창적이고, 유용한 것을 만들어 내는 능력이다. 창의성은 유창성, 융통성, 독창성, 정교성, 민감성 등의 다섯 가지 특성으로 구성되었다(길퍼드, 1950).

• 유창성: 제한된 시간 내에 많은 아이디어를 생성해 내는 것

- 융통성: 다양한 각도로 접근해서 아이디어를 응용하는 능력
- 독창성: 남들과 다른 기발하고 독특한 아이디어를 제시하는 것
- 정교성: 선택한 아이디어를 구체화해서 정교하게 다듬는 능력
- 민감성: 다른 사람은 그냥 지나칠 일에도 민감하게 반응을 하는 것

창의적 사고란 특별한 사람들의 전유물일까? 답은 '아니다'이다. 에드워 드 보노(Edward de Bono)는 "창의성은 신비한 능력이나 선천적으로 주어지는 재능이 아니라 훈련으로 개발될 수 있는 능력"이라고 말한다.

카우프만과 베게토(Kaufman, J & Beghetto, R. 2009)는 창의성을 4가지 단계로 구분하여 설명했다(강유미 외, 2015). 즉, 내재적 창의성(mini-C), 일상적 창의성(little-C), 전문적 창의성(Pro-C), 혁신적 창의성(Big-C) 등이다.

- 내재적 창의성(mini-C): 배움과 훈련의 과정에서 생겨나는 개인에게 내재된 창의력으로, 아직 발현되지 않은 가장 낮은 창의성 단계이다.

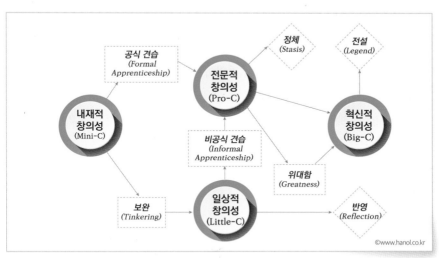

©www.hanol.co.kr

🔵 그림 1-1 _ 4가지 창의성 모델

- 일상적 창의성(little-C): 생활에서 드러나는 일상적 창의력으로, 일정 기간 학습을 통해 좋은 아이디어를 내거나 감수성을 담은 시와 그림, 사진을 찍거나 하는 작업에서 드러난다. 하지만 일상적 창의성의 결과물은 매우 아마추어적이거나 전문성이 결여된 것이다.
- 전문적 창의성(Pro-C): 준 프로급 경쟁력을 갖춘 차별적 창의력으로, 일상적인 양성 기간을 거쳐서 자신의 분야에서 전문성을 갖고 안정적인 직장 생활을 영위하는 수준에서 발휘될 수 있다.
- 혁신적 창의성(Big-C): 분야와 경계를 뒤흔드는 혁신적인 창의력으로, 10년 정도의 숙련기간을 필요로 한다.

창의성을 단계로 보면, '내재적 창의성(mini-C) < 일상적 창의성(little-C) < 전문적 창의성(Pro-C) < 혁신적 창의성(Big-C)'으로 볼 수 있다. 상위의 단계로 도약하기 위해서는 공식, 비공식적으로 학습이 필요하고, 내재적 창의성(mini-C)과 일상적 창의성(little-C) 단계에서 전문적 창의성(Pro-C)과 혁신적 창의성(Big-C)에 이르기까지는 10년 정도의 숙련 기간이 필요하다고 한다. 주목할 만한 사실은 전문적 창의성(Pro-C)과 혁신적 창의성(Big-C)을 가진 사람들의 근본적인 차이는 '탁월함(Greatness)'이라는 것이다. 혁신적 창의성(Big-C)을 가진 사람들은 각 분야의 '전설(legend)'로 칭송받는 사람으로, 김연아, 빌 게이츠, 스티브 잡스 등이 이 단계에 속한다. 아마추어 예술가나 전문성을 갖춘 대부분의 직장인들이 전문적 창의성(Pro-C) 단계에 속할 것이다. 카우프만과 베게토의 단계적 창의성은 이 책을 읽고 있는 우리에게 자기계발의 목표를 가지게 한다. 여러분은 어느 단계의 창의성을 목표로 할 것인가?

❷ 창의적 문제해결과 글쓰기

창의적 문제해결(creative problem solving)은 어떤 문제를 해결하기 위한 창의적

해결법을 만들어 내는 정신적 과정으로, 창의적 사고와 비판적 사고가 결합된 것이다(오스본, 1953). 창의적 사고는 하나의 문제 상황에서 여러 방안을 제안하는 유창성, 그 방안들을 다양한 관점에서 제시하는 융통성, 기존의 방안과 달리 독특한 것을 제시하는 독창성, 그 방안을 구체적으로 제시하는 정교함으로 드러내는 발산적 사고를 말한다. 발산적 사고만으로 창의적 문제해결의 해법을 찾을 수 있다. 제시된 문제의 해결을 위해 다양한 해결 방법을 평가하여 체계를 갖추기 위해서는 비판적 사고가 필요하다. 비판적 사고는 다양한 아이디어를 모순 없이 구성하는 정합성, 다양한 것을 하나의 체계로 구조화하는 통합성, 통합된 구조를 질서 있게 만드는 단순성으로 드러내는 수렴적 사고이다. 이러한 내용을 토대로 보면, 창의성은 새롭고 유용한 결과나 산물을 산출하는 능력과 그 과정의 상호작용임을 알 수 있다.

창의적 문제해결은 '문제 발견-문제해결책의 모색-문제해결과 평가'의 세 과정을 갖는다. 첫 번째 단계인 '문제 발견' 과정은 남들이 주목하지 않았던 문제를 발견하거나 기존의 문제를 새롭게 정의하는 것을 말한다. 창의적 사고는 이 과정에서 새로운 관찰과 질문을 기반으로 한다. 이 과정에서 우리는 '무'에서 '유'를 창조하는 '독창적 창의성'만이 아니라 기존에 있던 것을 융합하여 이전에 없던 새롭고 유용한 것을 만들어 낼 수 있는 '응용적 창의성'으로도 문제 발견을 할 수 있다. 예를 들면, '두더지'를 보고 '땅속 철로를 달리는 지하철'을 생각하는 것은 독창적 창의성 구현의 결과이고, 구텐베르크(Gutenberg)가 화폐 주조술과 포도 압착기를 융합해서 평압식 인쇄술을 개발해 낸 것은 응용적 창의성의 예이다.

두 번째 단계인 '문제해결의 모색'은 문제해결에 관련된 다양한 가설이나 대안을 탐색하는 과정이다. 문제를 해결하기 위해 여러 아이디어를 생성하고 해결 가능성을 탐색해야 한다. 창의적 사고는 이 단계에서 많은 문제해결 방안을 다양한 각도에서 정교하게 제시하는 것을 가능하게 한다.

세 번째 단계인 '문제해결과 평가'는 문제해결을 위한 탐색의 결과들을 체계적으로 구조화하는 과정이다. 즉, 문제해결을 하려면 여러 가능성들을 탐색하

는 데서 나아가 탐색 과정에서 제안된 다양한 해결책들을 평가하고 선택해야
한다. 이러한 과정에서도 여러 대안을 평가하는 창의적 사고가 필요하다.

　창의적 문제해결의 단계를 고려하여, 이작센과 트레핑거는 '문제 이해, 아이
디어 생성, 행위를 위한 계획'으로 구조화된 창의적 문제해결 모델을 제시했다
(Isaksen & Treffinger, 1995). 첫 번째 단계인 '문제 이해'는 '관심 영역 발견, 자료 발견,
문제 발견'으로 구성되고, 두 번째 단계인 '아이디어 생성'은 문제에 대한 아이디
어를 발견하는 과정이며, 세 번째 단계인 '행위를 위한 계획'은 '해결 발견'과 '수
용 발견'으로 구성되어 있다.

▣ 표 1-1_ **창의적 문제해결 모델**

창의적 문제해결 과정		단계별 내용	창의적 사고
문제 이해	관심 영역 발견	넓고 간략하고 이익이 되는 유익한 분야를 발견하는 단계이다.	수렴-발산
	자료 발견	하나 그 이상의 중요한 자료들의 다발을 확인 또는 구성하는 단계이다.	
	문제 발견	많은, 다양한, 새로운 선택지가 가능하도록 문제를 효과적으로 기술하는 단계이다.	
아이디어 생성	아이디어 발견	많은, 다양한, 새로운, 정교한 선택지의 산출과 그것들의 검토, 다발 짓기, 유명한 선택지들을 선택하는 단계이다.	수렴-발산
행위를 위한 계획	해결 발견	유망한 선택지들의 압축, 평가를 통한 문제 해결을 발견하는 단계이다.	수렴-발산
	수용 발견	해결책에 대한 가능한 지지와 저항을 고려하여 지지의 극대화를 이루고 저항을 극복하는 단계다.	

현남숙(2013)은 인문학 글쓰기의 문제 정의 방식과 창의적 사고(발산-수렴)의 역동성을 중시하는 공통점에 착안해서 이작센과 트레핑거가 제시한 창의적 문제 해결 과정을 인문학 글쓰기 과정에 적용하였다. 즉, 글쓰기 과정에 창의적 문제 해결 절차를 통합하여 각 단계에 따른 글쓰기 지도 활동을 제시하였다.

표 1-2_ 글쓰기를 통한 창의적 문제해결 절차

창의적 문제해결 과정		인문학적 창의성 계발 방법	창의적 사고
문제 이해	관심 영역 발견	문제의 발견 또는 재맥락화	수렴-발산
	자료 발견	자료의 재해석과 새로운 연결	
	문제 발견	자기 회귀적 문제 정의	
아이디어 생성	아이디어 발견	가치 관여적 관점, 주장, 논거의 발견	수렴-발산
행위를 위한 계획	해결 발견	횡단적 이성에 입각한 설명, 논증	수렴-발산
	수용 발견	다각적 통찰과 대화	

💡 문제 이해

관심 영역에서 발견해야 할 문제는 일반적으로 '곤경'만이 아니라 지금보다 나은 상태로 개선하려는 새로운 '도전'도 포함된다. 이로 인해 과거에서부터 존재해왔지만 현대 문명과 사회 조건에 따라 재맥락화하여 기존 자료를 현실에 적용하면서 문제를 발견한다. 대개 사회과학이나 자연과학의 문제는 관심 영역에서 새로운 문제를 발견하는 과정에서 자료를 찾고 새로운 문제를 정의하지만 인문학의 문제는 '삶, 죽음, 차별, 평등' 등과 같이 반복적으로 다뤄진 문제를 정의하기 때문에 기존 자료에 현실을 반영하여 재해석하는 과정을 거치게 마련이다. 자료의 재해석 과정에서 문제를 발견하고 정의하는 데에서 다양한 질문을 하게 되는데 그 질문은 질문하는 자에게 돌아오는 자기회귀성을 갖는다. 결국 문제 이해 단계에서는 '다르게 질문하기'를 통해 새로운 시선으로 세상을 보고, 자신이 정한 주제에 대한 창의적 문제해결에 필요한 자료를 발견하며, 자료조사를 통해 확고해진 문제를 정의한다.

💡 아이디어 생성

아이디어 생성 과정에서 아이디어는 전략적 선택을 위한 선택지이다. 사회과학이나 자연과학의 아이디어는 과학적 발견, 공학적 설계, 경영 전략 등의 아이디어를 의미한다면, 인문학의 아이디어는 새로운 주장이나 논거 발굴을 통해서 관점을 확장하는 것을 의미한다. 즉, 과학 분야에서는 새로운 발견, 기술이 추구하는 문명의 편의 도모, 시장에서의 성공처럼 결과로 판단하지만 인문학은 아이디어를 통해 실현하고자 하는 인간 사회 전체에 대한 관심을 목적으로 한다. 아이디어 생성 과정은 문제를 해결하는 과정을 개요로 구성하는 단계이다. 개요 작성에는 문제에 대한 가정(주장)과 가정에 대한 정당화(근거)가 모두 필요하다. 이 단계에서는 문제와 문제에 대한 핵심 논증을 창의적 사고로 선별하게 된다.

💡 행위를 위한 계획

행위를 위한 계획 단계는 사회적 수용 맥락에 맞게 수정하는 것을 의미한다. 인문학 글쓰기에서 행위를 위한 계획은 다양한 입장을 가진 다원적 사회에서 자신의 생각이 더 잘 수용될 수 있도록 조정하는 것을 말한다. 이를 위해 글쓴이의 생각에 갇혀서는 안 되고, 횡단적 이성에 입각해 설명하고 논증해야 한다. 여기서 '횡단적 이성'이란 여러 합리성 체계를 가로지르고 교류하는 이성으로 타자의 상황을 주체의 시각에서만 판단하는 것이 아니라 두 체계를 가로지르면서 판단 기준을 확립해 내는 능력을 말한다. 이 과정에서 글쓴이는 다각적 통찰과 대화를 통해 균형이 잡힌 입장을 취할 수 있고, 글쓴이의 아이디어 집결체인 개요를 글로 표현함으로써 '해결 발견' 단계를 수행할 수 있을 것이다.

또한 '수용 발견'을 극대화하기 위해서 글쓴이는 완성된 초고를 논지나 표현에서 원활한 소통을 위해 고쳐 쓸 수 있을 것이다.

글쓰기를 통한 창의적 문제해결 절차를 보면, 창의적 사고가 창의적 문제해결의 전 단계에서 새롭고 유용한 결과나 산물을 산출할 수 있도록 하듯, 글쓰기의 전 과정에도 창의적 사고가 새롭고 유용한 결과나 산물을 산출할 수 있는 원동력이 된다는 것을 알 수 있다. 또한 창의적 문제해결 단계와 글쓰기의 과정이 맞물려서 수행되고 있다는 것을 알 수 있다. 즉, 문제 이해 단계와 아이디어 생성 단계는 글쓰기 과정에서 발상하기와 구상하기에 대응이 되고, 행위를 위한 계획은 집필하기와 퇴고하기에 대응되고 있다는 것이다. 이를 도식화하면 아래와 같이 제시할 수 있다.

©www.hanol.co.kr

🔺 그림 1-2_ 창의적 문제해결 절차와 글쓰기 과정

3. 새롭고 유용한 발상하기

① 발상의 중요성

글쓰기를 할 때, '무엇에 대해 글을 쓰지?'라는 고민을 해본 경험이 누구나 한 번쯤은 있을 것이다. 실제로 글쓰기 수업을 듣는 대학생을 대상으로 해서 설문조사한 결과는 매우 흥미롭다. 질문지는 전체 5개 문장으로 구성되었는데, '발상'과 관련된 2개의 선다형 문제만 보면 아래와 같다(임보경, 2020).

문항 1 글쓰기에서 가장 중요한 요소가 무엇이라고 생각하는가?
　① 발상(아이디어) ② 개요작성 ③ 쓰기(계획 후 집필과정) ④ 수정하기(퇴고)

문항 2 글쓰기에서 가장 어려운 요소가 무엇이라고 생각하는가?
　① 발상(아이디어) ② 개요작성 ③ 쓰기(계획 후 집필과정) ④ 수정하기(퇴고)

설문조사 결과, 글쓰기를 할 때 가장 중요한 요소와 가장 어려운 요소가 발상(아이디어)으로 나타났다. 즉, 전체 응답자 258명 중에 1번 문항에서 '발상(아이디어)'이 가장 중요하다고 응답한 응답자가 110명이고, 2번 문항에서도 '발상(아이디어)'이 가장 어렵다고 응답한 응답자는 110명이다. 이러한 설문결과는 글쓰기 활동을 '쓰기 전 활동-쓰기-쓰기 후 활동'으로 볼 때, 충분한 '쓰기 전 활동'을 통해 글쓴이의 생각을 유연하고 다양하게 하여 새롭고 유용한 아이디어를 생성할 수 있도록 할 필요가 있음을 알 수 있다.

발상은 글의 주제 설정과 연상 작용의 시작점이 되는 생각이다. 글쓰기의 시작은 쓰는 것이 아닌, 글쓴이 자신만의 아이디어를 떠올리는 것으로부터 출발한다. 발상을 통해 연상 작용이 시작되고, 글의 주제 설정이 가능해진다. 연상은 '비행기, 여행 가방, 공항'이라는 단어로 시작해 '여행'을 떠올리는 것처럼 하나의 관념이 다른 관념을 불러일으키는 현상을 의미하는데, 이때 '비행기, 여행가방, 공항'이라는 생각을 하는 것이 발상에 해당된다. 이를 통해 글쓴이는 글의 제재나 주제를 정하게 된다.

발상 단계에서 글의 구조와 형태를 결정한다. 글쓴이는 주어진 문제를 이해하기 위해, '다르게 질문하기'를 통해 새로운 시선으로 세상을 보고, 자신이 정한 주제에 대한 창의적 문제해결에 필요한 자료를 발견해서, 자료조사를 통해 확고해진 문제를 파악해야 한다. 그 후 많은 생각들을 다양한 관점으로 선별하여 문제를 해결하는 과정을 개요로 구성하는 단계가 글의 내용을 생성하고 조직하는 과정을 수행하게 된다. 따라서 발상하기와 구상하기는 글의 구조와 형태를 정하는 중요한 과정으로, 글쓰기 과정에서 필수적으로 수행해야 하는 첫 단계인 것이다.

❷ 창의적인 발상법

좋은 글은 풍부한 생각과 창의적 생각으로부터 나온다. 글을 쓰기 위해서 우리는 생각을 많이 해보고 이를 체계적으로 정리해야 한다. 발상 단계에서 글의 형식과 내용을 결정하기 때문에 어떤 문제를 의식하고 서술할지, 구성을 어떻게 해야 할지 정리해 보아야 한다. 창의적 생각은 문제 해결 방식에 새롭고 유용한 아이디어가 있는 것이다. 설령 사람들이 일반적으로 수용하는 사실이더라도 글쓰기 상황에 맞게 재맥락화가 이루어져야 할 것이다. 그렇기 때문에 창의적으로 생각하기 위해서는 사고를 고정화시키는 경험적인 방법을 경계해야 한다. 이 절에서는 글쓰기 전 활동으로 글쓴이가 다양한 관점에서 아이디어를 생성하여 새롭고 유용한 글의 제재와 주제를 마련하는 발상법에 대해서 알아보자.

(1) 고정관념 깨뜨리기

고정관념은 마음속에 굳어 있어 변하지 않는 생각을 말한다. 고정관념은 지식이나 학습에 의해 형성된다. 즉, 사람들의 결함, 착각, 선입견, 사회적으로 퍼진 생각과 편견, 획일화를 강요하는 미디어와 이데올로기 등에 의해 생긴다. 이러한 고정관념은 창의적인 아이디어를 생성하는 데 걸림돌이 되므로 고정관념을 깨뜨리기 위한 방법을 제시하고자 한다(강민경, 2020).

💡 감각기관에 의한 착각 깨뜨리기

감각기관에 의한 착각 깨뜨리기는 인간의 인식 체계와 감각기관이 갖는 한계를 자각하고 열린 사고를 갖는 것이다. 즉, 인간의 뇌와 감각기관이 갖는 치명적인 약점으로 말미암아 갖는 고정관념이다.

❶ 변화맹과 선택맹

변화맹(Change blindness)은 보이는 것의 변화가 뇌에 의하여 변화를 의식하지 못하는 현상으로, 뇌가 필요한 것만 기억하기 때문에 일어난다. 감각기관인 눈이 주의를 기울이고 있는 것 외의 것에 소홀하게 되면서 변화를 눈치채지 못하는 것을 말한다. 즉, 인간의 뇌는 정보를 선택적으로 받아들이기 때문에 어떤 상황을 경험할 때 그에 해당하는 모든 정보를 수용하지 못한다. 이로 인해 많은 정보들은 걸러지거나 버려지게 되는데 이때 사람들은 '보았으면서도 보지 못하는 경험'을 한다. 예를 들면, 마술사가 자신의 옷이나 들고 있는 카드에 관객의 관심을 집중시키는 것도 변화맹의 예일 것이다.

선택맹(choice blindness)은 자신이 선택한 대로 결과를 얻지 못하더라도, 그것을 알아차리지 못하는 것이다. 예를 들면, Lars Hall 박사는 피실험자 120명에게 두 여성의 사진을 보여줬다. 동시에 어느 쪽이 더 매력적인지를 고르게 했다. 끝나면 2장의 사진을 책상 위에 엎어뒀다. 그러고는 다시 실험자에게 사진을 보여줬다. 이때 사진은 바꿔치기한 다른 사진이었다. 그런데 80%의 실험자들은 자신이 고른 사진이 아니라는 사실을 알아차리지 못했다. 실험자들에게 "당신은 어째서 이 여자를 선택했느냐?"라고 묻자, 그들은 처음 선택했던 사진의 여성과 다른 얼굴의 여성의 특징이 마음에 들었다고 대답했다.

❷ 반대 방향으로 바라보기

한편의 시각에서 벗어나 반대편에서 바라보는 것이다. 아래 그림은 조지프 재스트로(Jeoseph Jastrow)가 제시한 그림이다. 이 그림은 집중하는 곳이 그림의 오른쪽이나 왼쪽이냐에 따라 오리로 보이기도 하고 토끼로 보이기도 한다. 이러한 그림을 통해서 우리가 보고 듣는 것이 때로는 사실이거나 착각일

△ 그림 1-3_ 조지프 재스트로의 그림

수 있다는 점을 깨닫게 하여 창의적으로 생각하는 데 도움을 줄 수 있다.

❸ 입장 바꿔 생각하기

입장 바꿔 생각하기는 나의 입장, 나의 생각의 틀에서 벗어나서 다른 사람의 입장에서 생각해보는 것이다. 예를 들면, 슬픈 일을 당한 친구가 곁에 있을 때, 친구들은 어떻게 반응하는가? 어떤 친구들은 슬픈 감정에 이입되어 함께 슬퍼하고, 또 어떤 친구들은 친구가 슬픔을 이겨낼 수 있도록 조언을 할 것이다. 친구의 감정에 공감해 주는 태도는 기존에 없던 새로운 생각을 할 수 있는 계기가 된다.

❹ 야누스의 사고

야누스는 로마 신화에 나오는 문지기 신이다. 야누스는 두 개의 얼굴을 가지고 있어서 앞과 뒤를 동시에 볼 수 있는 능력을 가지고 있다. 야누스의 사고는

야누스가 두 개의 다른 방향을 바라보는 두 개의 얼굴을 가지고 있다는 데서 착안한 방식으로, 두 개 이상의 대립적인 개념, 아이디어, 이미지를 동시에 이해하고 사용할 수 있는 사고이다.

©www.hanol.co.kr

△ 그림 1-4_ 루빈의 잔

💡 허위 이데올로기 깨뜨리기

허위 이데올로기는 인식의 대상을 왜곡하는 데서 발생하는 고정관념이다. 주체가 아무리 올바른 감각을 동원한다 하더라도 세계가 거짓 이데올로기에 의해 왜곡되어 있으면 참된 인식에 도달하지 못하고 고정관념을 갖게 된다. 예를 들면, 콜럼버스의 달걀 이야기는 허위 이데올로기에 의한 고정관념의 좋은 예다. 달걀 세우기 논쟁이 벌어졌을 때, 누구도 달걀을 세우지 못하자 콜럼버스가 달걀을 깨고 세웠다는 내용이다. 이뿐만 아니라 토끼와 거북이, 개미와 베짱이 이야기에도 허위 이데올로기가 숨겨져 있다. 이처럼 창의적으로 생각하기 위해서는 허위 이데올로기인 기존 통념을 비판적으로 사고하고 이분법적 사고에서 벗어나야 한다.

💡 관습 차용 깨뜨리기

습관이 굳어지면 고정관념이 된다. 습관은 너무 익숙해서 별 생각 없이 자동적으로 진행된다. 이러한 점은 지식이나 학습도 마찬가지이다. 유년 시절에 배운 지식이나 상식은 습관처럼 굳어져서 자동적으로 튀어나온다. 관습적으로 굳어진 상식은 흔하다. 예를 들면, 우리는 무지개의 색깔이 일곱 가지라고 생각한다. 하지만 무지개 색깔은 어떤 조건과 상황에서 비치느냐에 따라 달라진다. 즉, 조선 시대 그림에서 무지개의 색은 다섯 가지(적색, 황색, 청색, 흑색, 흰색)였고, 아프리카 짐바브웨 쇼나족은 무지개 색을 네 가지(분홍, 진홍, 주홍, 빨강)로 인식한다고 한다. 이러한 관습적인 생각에서 벗어나서 독창적인 생각으로 나가기 위해서 새롭게 정의하거나 사전적 의미를 반대로 생각해보는 활동을 함으로써 고정관념에서 벗어날 수 있다.

❶ 새롭게 정의하기

- 줄다리기: 많이 물러서면 물러설수록 이기는 경기
- 잔소리: 들을 때는 지겹지만 안 들으면 허전한 소리

❷ 사전적 의미 반대로 생각하기

사전을 찾아보면, 식인종은 '사람을 잡아먹는 풍습을 가진 미개인종'으로 뜻풀이가 되어 있다. 아래의 글에서 '식인종'은 사전에 나오는 의미로 해석되지 않아서 부정적으로 해석되지 않는다. 오히려 참신하다.

> 우리 학교 도서관에는 많은 식인종이 산다. 이 식인종들은 친구의 달콤함, 놀이의 유혹, 여행의 기쁨 같은 것은 관심 밖이다. 오로지 그들에겐 제 몸을 야금야금 먹는 재주와 책을 집어삼키는 남다른 오락만이 있을 뿐이다. 식인종들은 몸을 먹어 들어가 줄어든 만큼 돈보기로 치장하는 버릇이 있다.
>
> <건국대학교 글쓰기연구회, 2012>

(2) 아이디어 생성하기

발상을 할 때, 글의 제재나 주제를 찾기 위해 다양한 아이디어를 생성할 필요가 있다. 발상을 확대하기 위해서 반강제적이고 의도적인 발상법과 자유로운 발상법을 사용할 수 있다.

📊 표 1-3_ **다양한 아이디어 생성 방법**

의도적 발상법	자유로운 발상법
강제연상법	자유연상법
강제조합법	브레인라이팅
스캠퍼	브레인스토밍

💡 의도적 발상법

❶ 강제 연상법: 관계없는 것의 공통점과 차이점을 찾아서 두 개를 연결시키는 방법

❷ 강제 조합법: 3~4가지 단어나 시간, 장소, 사건에 대한 여러 경우의 수를 놓고 혼합하는 방식으로 결합시키는 방법

❸ 스캠퍼: 창의적 사고를 유도해서 제품이나 서비스, 프로세스의 혁신을 돕는 발상 도구로, 기존의 것에 '대체하기, 조합하기, 적용하기, 수정·확대·축소하기, 다른 용도로 사용하기, 제거하기, 재배치하기' 등과 같은 7가지 질문을 하여 새로운 아이디어를 떠올리는 방법

💡 자유로운 발상법

❶ 자유연상법: 어떤 단어나 상황을 주고 곧바로 생각나는 말을 반응시키는 방법

❷ 브레인라이팅: 생각나는 아이디어를 말로 발표하지 않고 글로 써서 표현하는 방법

❸ 브레인스토밍: 대안을 만들 때 3인 이상이 모여 자유롭게 아이디어를 내놓는 방법

아이디어 확산을 위해서 위의 활동을 수행하는 동안에는 판단을 보류하고, 모든 아이디어를 수용하며, 다른 동료들과 함께 시너지를 만들고, 기존의 것을 변형 또는 융합해서 새로운 아이디어를 만들도록 한다. 구체적인 활동은 제2장 생각 연상법을 참조하기 바란다.

(3) 아이디어 조직하기

다양한 아이디어를 생성했다면, 많은 생각들을 다양한 관점으로 선별하여 문

제를 해결하는 과정을 개요로 구성하는 단계가 글의 내용을 생성하고 조직하는 과정을 수행하게 된다. 아이디어를 조직할 때 사용할 수 있는 방법으로 '여섯 색깔 사고 모자 기법'과 'PMI 기법'을 소개한다.

여섯 색깔 사고 모자 기법

이 기법은 중립적, 감정적, 부정적, 낙관적, 창의적, 이성적 사고를 뜻하는 여섯 가지 색깔의 모자를 차례대로 바꾸어 쓰면서 모자 색깔이 뜻하는 유형대로 생각해보는 방법이다(pmg 지식엔진연구소, 시사상식사전).

표 1-4_ 여섯 가지 모자가 뜻하는 사고 유형과 사고 내용

	색 깔	사고 유형	내 용
	하양 모자	중립적, 객관적, 사실적 사고	사실, 수치, 정보
	빨강 모자	감정적, 직관적 사고	느낌, 육감, 직관, 예감
	검정 모자	부정적, 비관적 사고	단점, 부정적 판단, 실패할 이유, 불가능성
	노랑 모자	낙관적, 긍정적 사고	장점, 긍정적 판단, 성공할 이유, 가능성
	초록 모자	창조적, 생산적 사고	새로운 생각, 재미있는 생각, 여러 가지 해결방안
	파랑 모자	이성적 사고	생각하는 순서를 조직, 요약, 개관, 결론, 규율의 강조, 다른 모자들의 사용을 통제하고 조절

💡 **PMI**(plus minus interesting method) **기법**

　이 기법은 아이디어의 장단점을 측정할 수 있어서 아이디어 평가에 많이 사용하는 창의적 사고 기법이다. 제안된 아이디어의 장점(Plus), 단점(Minus), 흥미로운 점(Interesting)을 다각적으로 살펴봄으로써 여러 가지 아이디어 중에 가장 최선의 아이디어를 결정할 수 있다(pmg 지식엔진연구소, 시사상식사전).

📊 표 1-5_ **PMI 차트 예시**

PMI Chart		
Plus	Minus	Interesting
장점이나 좋아하는 이유	단점이나 싫어하는 이유	선정된 아이디어의 흥미로운 점
종합 의견		
최종 결정		

4. 좋은 글을 쓰기 위한 태도

　좋은 글을 쓰려면 어떠한 태도를 지녀야 할까? 인간은 생각할 수 있고 그 생각의 결과가 글이기 때문에 누구나 글을 쓸 수 있는 능력을 지니고 있다. 요즘처럼 1인 미디어 시대에 글쓰기는 더 이상 전문가만의 능력이 아니다. 이제 사람들은 글을 통해 자신을 성찰하여 이전에 알지 못했던 나를 발견한다. 또는 미디어를 이용하여 타인과 소통한다. 이러한 점에서 좋은 글을 쓰기 위한 쓰기 능력은 이제 삶을 기록하고 소통하기 위해 반드시 필요한 능력이다.

(1) 나와 우리, 세상을 관찰한다.

글은 관찰로 시작한다. 창의나 혁신은 사소한 것을 관찰하고 그 속에서 뭔가를 발견하거나 남다르게 해석하는 것이다. 글을 강력하게 만드는 것은 관찰이다. 어떤 사람들은 글쓰기를 통해서 자신의 삶을 성찰하고 자신의 정체성을 찾거나 상처를 치유하여 이제까지 나와 다른 나를 발견한다. 또 누군가는 자신의 학문을 효율적으로 하고 새로운 지식을 발견하기 위해 글쓰기를 한다. 이렇게 글쓰기는 세상을 더 멀리, 더 넓게, 더 깊이 볼 수 있도록 하며, 궁극적으로 세상을 보는 자신만의 렌즈를 개발하게 한다.

(2) 문제의식과 몰입, 강한 내적 동기가 필요하다.

창의적인 글을 쓰기 위해 필요한 것은 자신만의 문제의식과 몰입, 강한 내적 동기(자신감)가 필요하다. 아마추어와 전문가의 차이는 문제를 발견하고 실제적인 해결책을 찾을 수 있는가에 달려 있다. 글쓴이가 해결해야 하는 문제를 발견했다면 자신만의 문제에 몰입하여 뚜렷한 목표를 설정하고 문제를 해결해 나갈 수 있어야 한다. 어떤 일이든 하고 말겠다는 글쓴이의 강한 동기와 의지는 문제 해결의 지름길이 된다. 쓰기에 대한 강한 내적 동기는 쓰기 과정에 몰입할 수 있도록 해줄 뿐 아니라 효율성을 높이는 데도 크게 기여했다.

'시작이 반이다'라는 말이 있다. 처음부터 좋은 글과 문장을 쓰겠다는 욕심을 버리고 자연스럽게 자신의 생각을 차근차근 말하듯이 접근하면서 써보자. 자신이 자신 있게 말할 수 있는 부분부터 쓰고, 글쓰기를 반복하다 보면 언젠가 큰 틀에서 수정을 하고 글을 완성할 수 있는 날이 온다.

(3) 메모하면서 다양한 책을 읽는다.

나의 생각은 타인의 생각이 쌓인 것이다. 나의 생각을 풍부하게 하기 위해 우리는 책을 읽는다. 자신이 할 수 있는 직접 경험에는 한계가 있다. 스스로 깊이 생각할 수 있는 사려 깊은 독자는 자신의 독서 목적에 따라 무엇이 중요한 정보인지 결정하는 데 탁월한 능력을 보이고 메모한다. 창의적으로 깊이 생각하는 독자는 책 속의 주요 정보를 결정하기 위해 자신의 삶과 세상일에 관한 지식과 내용을 활용하고, 주요 정보를 조직하기 위해 텍스트 구조에 관한 지식을 활용하며, 정보의 중요성을 결정하기 위해 글쓴이의 의도, 목적, 판단에 관한 지식을 활용한다.

메모하는 습관으로 하루에 조금씩이라도 글을 쓴다면 이것은 매우 큰 글쓰기의 시작이 될 것이다. 개인 블로그를 개설하여 활용할 수도 있고 글쓰기 노트를 만들어서 기록하는 것도 좋다.

(4) 초고는 가슴으로 쓰고, 재고는 머리로 쓴다.

영화 '파인딩 포레스터'에서 윌리엄 포레스터(숀 코너리)가 자말(로브 브라운)에게 한 말이다. 생각만으로 글을 쓸 수 없다. 글을 쓰는 동안에는 더 많은 생각, 색다른 생각, 생각하지 못한 생각들이 떠오른다. 그래서 '무엇을 쓸까, 어떻게 쓸까'를 생각한다. 이러한 생각을 하다 보면 펜이 책상 위에 눕는다. 생각하지 말고 가슴이 시키는 대로 초고를 완성하자. 그리고 최종본은 없다는 마음으로 글을 수정하고 또 수정하자.

(5) 언어에 대한 감각과 지식을 익힌다.

언어 지식은 언어를 다루는 지식이나 능력을 의미한다. 이런 지식은 오랜 독서나 습작 경험을 통해 얻어진다. 우리는 책을 읽을 때 단순히 그 내용만 받아들이는 것이 아니라 어휘, 문장의 사용법까지 받아들이게 된다. 글을 많이 써보는 것도 좋은 글을 쓰는 데 도움이 된다. 글쓴이가 독자를 위해 할 수 있는 최대한의 배려는 쉽고 간결한 글을 쓰는 것이다.

✐ 연습 1 글을 잘 쓰는 것은 타고난 능력인가? 아니면 노력으로 얻을 수 있는 결과인가? 함께 토의해보십시오

✐ 연습 2 좋은 글을 쓰기 위해 우리가 갖추어야 할 능력과 기술에 대해 이야기해보십시오.

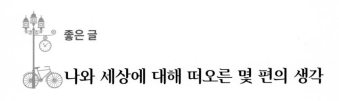

나와 세상에 대해 떠오른 몇 편의 생각

최 재 도

1. '세발자전거'의 부가가치

그때 나는 세발자전거를 가지고 있었고, 그 친구는 카스텔라 빵을 가지고 있었다. 나는 집 앞에서 자전거를 타고 있었는데, 배가 고프던 터였으므로 빵 반 조각과 바꾸자는 그 친구의 제안에 동의해, 내 자전거를 반나절 동안 빌려주었다.

그 친구는, 내 자전거를 끌고 마을 공터로 나가더니, 갖가지 놀이방법을 개발해 동네 아이들의 호기심을 유발시켰다. 그리고는 한 번씩 타보게 해주는 대가로 알사탕이나 구슬, 또는 딱지 몇 장씩을 받아냈다. 그는 결국, 자전거 주인인 내게 지불했던 빵 반 조각의 몇 갑절 되는 이익을 남기고, 거덜 난 빈 자전거만을 되돌려 주었다.

그의 교활한 상술에 나는 크게 분개했지만, 어쩔 도리가 없었다. 그의 술수에 말려들어 내 자전거가 거덜 난 것도 약 오르는 일이고, 고작 빵 반 조각을 투자한 그가 그토록 많은 소득을 얻은 것도 배 아픈 일이다. 자전거 타보는 것이 소원이라며 애원할 때와는 달리, 그것으로 영리행위를 했으니 괘씸하기 짝이 없지만, 나도 그에게 빵 반 조각을 얻어먹고서 자전거를 내준 것이니, 기실 할 말이 없었다.

그 후 나는 자신이 가지고 있는 능력에 비해 소득이 보잘 것 없는 이들이나, 자신의 가치를 제대로 평가하지 못한 채 궁색하게 지내는 이들을 보면 늘 그 시절을 떠올리곤 한다. 아주 똑똑하고 예쁜 여자가 백수건달과 결혼해 힘겹게 사는 것을 볼 때도 그렇고, 비상한 재주를 가지고 있음에도 자신의 꿈을 접고 박봉에 허우적대며 사는 친구들의 모습을 볼 때도 그렇다.

포기하지 않고 끈질기게 기다렸더라면, 자기 자신에 좀 더 강한 확신을 가지고 있었더라면, 조금만 더 자신에게 투자했더라면, 한 발짝만 더 진취적으로 나섰더라면 종내 그 꿈을 이루었을지도 모를 일이다. 그러나 한순간의 고통에 굴복하거나 조급한 마음에 포기하고 말아, 끝내는 저렇듯 초라한 현실만을 가지게 된 것일 게다.

자신의 능력을 정확히 평가하고 그에 걸맞은 꿈을 실현시키기 위해 마지막 순간까지 버티고 있는 사람들을 그래서 나는 존경한다. 세속적 의미의 출세만을 위해서가 아니라, 자신이 가장 가치 있다고 믿는 일에 전념하며 '자아실현'을 위해 노력하는 사람들을 보면 더욱 그렇다. 자기 성취를 위한 끊임없는 시도, 자신의 가치관이 인정하는 최대의 목표치에 도달하기 위해 스스로를 연마하는 사람들은, 끝내 자신의 노력만큼 보상을 받게 되리라 믿기 때문이다.

다시 생각해보면 세발자전거 하나로 그토록 훌륭한 부가가치를 창출해 낸 그 친구가 자랑스럽다. 비싼 자전거를 가지고 있으면서도 그 가치를 미처 헤아리지 못하고 있던 나보다, 그 사소한 것에서조차 그토록 많은 가치를 발견하고 그것을 구체화시킬 수 있었던 그가, 월등히 높은 사회적 성취를 얻게 될 것임은 자명한 일이다.

때때로 나는, 아직도 「세발자전거」의 가치를 인식하지 못한 채 그저 방치하고 있는 건 아닌지 자문하곤 한다. 집에 금은보화를 쌓아두고도 길거리에서 구걸로 연명하고 있지는 않은지 진지하게 생각해 본다.

2. 허공에 숨은 안식처를 찾아

그때 나는 퇴학을 당해 고향으로 돌아와 있었고, 그 친구는 군대를 가기 위해 휴학 중이었다. 우리는 소위 '백수'였으므로 매일 만나 '초원의 코끼리들'처럼 어슬렁거리며 시간을 죽이고 있었다. 그는 시인 지망생이었는데, 그러므로 시집 한 권 내는 것을 소망으로 삼고 있었다. 하지만 나는 그런 그를 책망했다.

저술가를 꿈꾸는 이들이 가장 절망하는 곳이 바로 서점 아니던가. 수를 헤아릴 수도 없고 양을 잴 수도 없는, 그렇게 많은 책들이 빼곡이 들어서 있지 않은가 말이다. 대체 이 많은 책들은 누가 다 읽을까. 나는 고작해야 소설책 몇 권 읽는 게 전부인데. 대체 이 많은 책들은 누가 다 저술했을까. 평생 동안 시집 한 권 내는 게 소원인 사람도 있는데 말이다.

그래서 그에게 충고했다. "설령 그토록 소망하던 책을 저술했다손 치더라도 이 서점 어느 구석에도 꽂혀 있을 자리가 없으며, 꽂힌다 하더라도 파묻혀 보이지 않을 것"이라고. 왜 그랬는지는 알 수 없지만, 어쨌든 "그 소망이 부질없고 하잘 것 없는 짓"임을 주지시키려 애썼다.

군에서 제대한 후 얼마 동안, 건설공사 현장에서 잡역부로 일했다. 질통 가득 모래며 자갈을 채워넣어 지고는, 이층으로 삼층으로 오르내렸다. 내겐 그저 무거운 짐일 뿐인 자재들이, 그 허공에 그대로 머물며, 잠시 후엔 그 공간을 훌륭한 안식처로 변화시키는 것을 지켜보았다. 공사 감독관은 아무것도 없는 그 허공에다, "저기는 거실", "여기는 침실" 하고 손으로 가리켰고, 그들의 지시대로 모래며 자갈을 갖다 부으면 그것들은 그대로 훌륭한 건물로 형태를 갖춰갔다. 이윽고 건물이 완공되면, 원래 아무것도 없던 그 허공은 안락한 침실과 널찍한 거실이 되곤 했다. 아무것도 없는 빈 공간에 그처럼 훌륭한 안식처를 그려대던 그 감독관이 마치 요술쟁이처럼 여겨졌다. 나는 왜 그런 안식처를 미리 볼 수 없는 걸까. 내겐 허공일 뿐인 저 공간이 어찌 저들 눈엔 아늑한 안식처로 보이는 걸까.

이때 깨달은 바가, 꿈이 없이는 아무것도 볼 수 없다는 것이다. 비로소 그 친구의 하잘것없는 소망이, 그럼에도 불구하고 얼마나 소중한 지 확연히 깨우쳤다.

꽤 오랜 시간이 흐른 요즈음, 종종 그 친구 생각이 난다. 그 이래 다시 만나진 못했지만 대처에서 활기 있게 살고 있다는 소식을 간혹 전해 듣긴 한다. 그 시절의 꿈을 아직 간직하고 있을까. 때로 그것이 궁금하다. 만약 만나게 된다면 나는 그에게 그 시절의 내 어리석음을 정중하게 사과할 생각이다. 그의 소망은 대단히 소중하며 종내 이루어야 할 목표로 조금도

손색없음을 인정할 것이다. 허공에서 안식처를 그려내던 공사 감독관처럼, '꿈꾸는 자만이 볼 수 있는 그 안락한 휴식처'를 잃지 말라고 당부할 것이다. 그리고 가능하다면, 내 가슴속에도 그런 꿈 하나쯤 간직해 둘 것이다.

3. 쌀 창고의 모순

쌀가마가 가득 쌓여 있는 거대한 창고에 아주 작은 구멍 하나가 뚫려 있다. 듬직한 창고지기가 버티고 있는데도 쥐새끼들은 아랑곳하지 않고 그 구멍으로 들락거리며 쌀을 훔쳐 먹는다. 창고지기는 쥐들이 얄밉다.

하지만 다행스러운 것은, 그 창고 안에는 쥐새끼들을 양식으로 삼는 구렁이도 살고 있다는 것이다. 구렁이는 서까래 사이에 똬리를 틀고 앉아 있다가, 쥐새끼들이 지나가면 한입에 꿀꺽 삼켜버린다. 그러니 창고지기로서는 구렁이가 대단히 고마운 존재다. 창고 안에서 쌀을 지켜주는, 자신의 동료인 셈이다.

그럼에도 쥐들은 여전히 창고 안으로 꾸역꾸역 모여든다. 쥐들로선 어쩔 수 없다. 그들도 살기 위해선 먹어야 하고, 먹을 것이라곤 그 창고 안에만 남아 있기 때문이다. 사실, 창고에 쌀가마가 쌓여 있는 한, 쥐들은 그곳을 떠날 수 없을 것이다. 그러니 쥐들에겐 구렁이란 놈이 얄밉다. 구렁이만 없다면 창고 안은 말 그대로 자신들의 천국일 테니까.

하지만 그럼에도 구렁이는 결코 쥐들로부터 배척당하지 않는다. 구렁이는 자신의 먹이가 살찌기를 원하므로 쥐들에게 마냥 선심을 쓴다. 구렁이는 절대로 쌀을 빼앗아 먹는 법이 없으니, 쥐들은 구렁이의 보호 아래 마음껏 먹을 수 있다. 더군다나 창고 안의 쌀은 유한하고, 그런 풍요를 좀더 오랫동안 누리고 싶어 하는 쥐들은 이제 자신의 경쟁자인 '다른 쥐'들이 제거되기를 바란다. 그 기원을 충족시켜 주는 이가 바로 구렁이다. 아직 살아남은 쥐들 입장에선 구렁이야말로 '쌀을 축내는 자신의 경쟁자'를 제거시켜 주는 고마운 존재인 것이다.

    그러니 구렁이는 아무의 적도 아니며 아무의 친구도 아니다. 구렁이는 쌀을 지키는 것이 아니므로 창고지기의 편이 아니다. 그러나 창고지기는 구렁이를 미워하지 않는다. 쥐는 자신들을 헤치는 구렁이와 친하게 지내려 하지는 않는다. 그러나 쥐의 양식을 축내는 것이 아니므로 쥐의 적(敵)도 아니다. 도대체 구렁이란 놈은, 아군을 가지고 있지 않으면서도 아무에게도 배타(排他)당하지 않는 묘한 능력을 가지고 있는 존재이다.

    어쨌거나 창고 안의 양곡은 계속해서 줄어들 것이다. 그렇지만 완전히 멸절(滅絶)되지는 않을 것이다. 그것은 쥐도, 구렁이도, 창고지기도 다 같이 원하는 바가 아니기 때문이다. 그곳에서 쌀가마가 다 사라지고 나면, 무서운 적이 있는데도 굳이 위험을 무릅쓰고 나타날 이유가 쥐들에겐 없으며, 먹이가 나타나지 않는 빈 창고에 웅크리고 앉아 있을 이유도 구렁이에겐 없다. 또 빈 창고를 지키도록 급료를 주며 창고지기를 고용할 주인도 없을 것이다. 창고가 비면 그들은 모두 그곳을 떠나야 한다.

    창고 안의 쌀가마가 줄어드는 것을 원하는 자가 없음에도 쌀은 계속해서 줄고, 창고가 비어감에도 여전히 풍요를 구가(謳歌)하는 자들뿐인 세상. 바로 우리가 살고 있는 이 현실도 그러한 것은 아닐까.

최재도 극작가, 수필가, 1977년 KBS라디오드라마 현상공모 당선, 1985년 서울신문 신춘문예 희곡부문 당선, 단막희곡집 「멈춘 곡선의 우아한 고독」, 「꿀벌의 바벨탑, 그 시도에 대한 고백」 등이 있음

지식인의
글쓰기

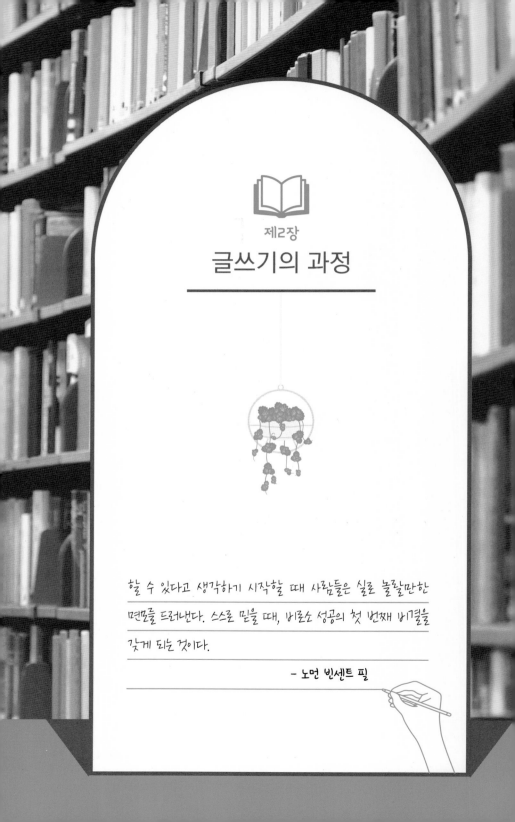

제2장

글쓰기의 과정

할 수 있다고 생각하기 시작할 때 사람들은 실로 놀랄만한
면모를 드러낸다. 스스로 믿을 때, 비로소 성공의 첫 번째 비결을
갖게 되는 것이다.

– 노먼 빈센트 필

1. 글쓰기와 과정

글쓰기는 문자를 사용하여 생각과 지식, 감정을 표현하는 언어활동이다. 인간은 언어를 사용하여 남과 소통하고 세계와 만나는데, 남과 나를 연결 짓는 언어활동에는 '글쓰기, 읽기, 말하기, 듣기' 네 가지 영역이 있다. 그중에 표현의 기본 언어활동은 '글쓰기와 말하기'이다. 글쓰기와 말하기는 언어적 의사소통 영역에서 표현의 영역을 공통으로 맡고 있지만, 글쓰기는 말하기보다 더 규칙적이고 정제된 형식을 갖고 있다. 말하기의 화자와 청자의 '접촉' 상황에서 사용하는 상황적 맥락과 제스처와 같은 보조 수단들이 글쓰기에는 없고, 오직 문자만으로 생성된다. 따라서 글쓰기에는 문맥적 정합성과 표현의 완결성이 중요하다.

빌렘 플루서는 "글쓰기는 사고들을 지향하고 정돈하는 동작이라고 할 수 있다."라고 말했다. 글쓰기는 사고와 표현의 순환적인 과정을 통해 표현과 소통 그리고 창조를 목표로 한다. 표현으로서의 글쓰기는 생각과 감정을 진솔하고 정확하게 논리적인 언어로 표현하는 것을 말하며, 소통으로서의 글쓰기는 타인과의 소통을 목적으로 하는 것이다. 창조적 글쓰기는 언어적 수단을 통해 새로운 것을 만들어 내는 것을 말한다. 창조의 도구로서의 가장 대표적인 사례는 문학적 글쓰기이다.

글쓰기 활동을 하는 사람은 글을 쓰기 위해 깊은 사고와 사고의 수정을 거듭하고, 다양한 세계를 접하면서 논리적 사고와 비판적 사고를 함양할 수 있다. 또한 생각과 지식을 효과적으로 전달하기 위한 노력을 하면서 표현 능력과 창의력을 키울 수 있다. 세계를 이해하거나 문제를 해결하는 능력도 글쓰기 과정에서 갖출 수 있으며, 의사소통 능력도 높일 수 있다. 글쓰기는 다양한 능력을 성취할 수 있게 하는 효과적인 도구이자, 자신과 세계를 근본적으로 성찰하며 새로운 세계를 바라보게 하는 적극적인 자기 계발 도구이다.

글쓰기는 개인의 삶에서뿐만 아니라 전문화된 직업 분야에서 의사소통의 핵심적인 수단이다. 특히 글쓰기는 다양한 디지털 문화가 빠르게 통용되는 정보화시대에 시간과 공간을 뛰어넘는 의사소통의 필수 도구로 자리매김하였다. 따라서 현대 사회에서 체계적이고 명료한 글쓰기 능력을 갖추지 못하면, 자신의 의사와 감정을 효과적으로 전달하지 못하여 직장생활이나 사회생활에서 큰 어려움을 겪게 된다. 반면에 글쓰기 능력을 갖춘 사람은 대학 생활과 사회생활에서 자유로운 글쓰기를 통해 원만하고 조화로운 생활을 할 수 있으며, 특히 구직활동에서 경쟁력을 확보할 수 있다.

좋은 글을 쓰기 위해서는 일정한 단계와 과정이 있다. 특별한 경우를 제외하고는 일반적인 글쓰기 단계와 과정을 거치면 효과적으로 글을 완성할 수 있다. 일반적인 글쓰기 과정에는 '주제 정하기, 자료 찾기, 개요 구성하기, 집필하기, 퇴고하기'가 있다. 글쓰기가 단선적이고 일회적이지는 않지만 글쓰기의 일반적인 단계와 과정을 익히면, 그것을 순환적이고 역동적으로 활용하여 좋은 글을 쓸 수 있게 된다.

△ 그림 2-1 _ 일반적인 글쓰기 과정

짐 라이언은 "출발하게 만드는 힘이 '동기'라면 계속 나아가게 만드는 힘은 습관이다."라고 말했다. 글을 쓴다는 것, 그리고 완성한다는 것은 어려운 일이다. 그러나 스스로 글쓰기에 동기를 부여하고 습관을 들여보자. 어려움도 있지만 뭔가 눈에 보이는 것을 남겨놓는 성취감도 있을 것이다. 이제 글쓰기의 과정에 대한 배움과 성장에 자신을 개방하면서 글쓰기를 시작할 준비를 하자. 어떤 글을 쓰든 능동성이 필요하다.

2. 주제 정하기

로버트 루이스 스티븐슨은 "글쓰기가 어려운 것은 단순히 글을 쓰는 것이 아니라 자신이 의도하는 글을 쓰는 데 있으며 독자에게 단순하게 영향을 주는 것이 아니라 엄밀하게 자신이 원하는 방향으로 영향을 주려는 데 있다."라고 말했다. 스티븐슨이 말한 바와 같이 글쓰기는 자기의 생각이나 감정을 막연하게 적어 내려가는 행위가 아니라 글쓴이가 의도하는 방향과 주제를 명확하게 표현하며 쓰는 행위이다. 글은 글쓴이의 생각과 지식, 감정을 독자의 눈으로 잘 이해할 수 있도록 쓸 때 좋은 글이 된다.

좋은 글을 쓰기 위해서는 먼저 주제를 잘 선정하고 이를 중심으로 짜임새 있게 엮어 나가는 솜씨가 필요하다. 그러나 좋은 주제를 선정하기 전에 글쓰기 과제를 분석하고, 글을 쓰는 목적이 무엇인지, 자신이 쓴 글을 읽을 독자가 누구인지 등을 먼저 생각해야 한다. 글을 쓰기 위한 과제 분석 내용을 먼저 파악하면 보다 구체적이고 적절한 좋은 주제를 선정할 수 있게 된다.

💡 글을 쓰기 위한 과제 분석: 상황 파악하기

① 글을 쓰게 된 동기: 사적(자발적)/공적(의무적)
② 글의 기타 여건: 글을 쓰는 동기, 조건의 유무, 분량, 전달 매체, 마감 날짜 등

글을 쓰기 위한 과제 분석에서 가장 먼저 파악할 것은 자신이 쓰고자 하는 글이 공적인 글쓰기인가 사적인 글쓰기인가이다. 공적인 글쓰기는 누군가의 요구에 따라 또는 자신 스스로 공식적인 상황을 생각하며 글을 제출할 목적으로 쓰는 소통을 기본으로 하는 글쓰기다. 사적인 글쓰기는 다른 사람의 요구에 의한 글이 아닌 자신 스스로 세운 목적과 계획에 따라 자유롭게 쓰는 글쓰기다.

공적인 글쓰기는 글을 쓰는 목적이나 대상이 구체적이며 특정 내용을 적극적으로 전달하고자 하는 행위로, 읽는 사람에게 감동을 주거나 새로운 지식이나 정보에 대한 제공을 목적으로 한다. 어떤 경우에는 특별한 사안이나 쟁점에 대한 자신의 주장과 견해를 밝히고 설득시키고자 하는 목표로 쓰기도 한다. 반면 사적인 글쓰기는 일기나 편지와 같은 글로서 개인이 일반적으로 쓰는 대부분의 글이 이에 속한다. 사적인 글쓰기는 자신의 생각과 감정을 솔직하고 자유롭게 표현하는 글로써 객관적인 외부 세계와 주관적인 내면세계, 즉 자아를 이어주는 소통의 한 가지 방식으로 쓰인다. 사적인 글은 글을 쓰는 시점에서는 비공개를 기본 전제로 하고 있지만, 시간이 흘러 특수한 상황이 될 경우는 공개되기도 한다. '안네의 일기'와 같이 과거 개인의 일기가 후대에 하나의 작품으로 남겨지는 경우가 이에 속한다. 사적인 글쓰기나 공적인 글쓰기는 목적과 상황에 따라 구분할 수 있지만, 모두 능동적이고 적극적인 태도로 임해야 한다는 것은 공통점이다.

이 밖에도 글을 쓰게 된 동기, 글을 쓸 때 신경 써야 할 조건의 여부, 글의 분량, 전달 매체, 마감 날짜 등도 파악할 필요가 있다. 글을 쓰는 동기에 따라서 글의 관점과 주제가 달라진다. 예를 들면, 설악산 대청봉까지 케이블카를 설치하는 문제를 글로 쓴다고 가정할 때 관광개발자와 환경보호자는 각각 글을 쓰는 동기가 다를 것이다. 이처럼 글을 쓸 때는 글을 쓰게 된 동기를 명확하게 할 필요가 있다. 글을 전하는 매체 파악도 중요하다. 글을 전하는 매체에 따라 글의 형식이나 분량이 달라지기 때문이다. 예를 들면, 휴대폰으로 안부 인사나 소식을 전하는 경우와 편지로 그 내용을 전하는 경우는 매우 다르다. 글을 쓰는 시기나 발표하는 날과 계절에 따라서 또는 오전이냐 오후냐에 따라서도 글의 내용이 달라지기도 한다. 잡지에 발표할 원고 청탁을 받았다면 주제나 분량이 대체로 사전에 지정되어 제한받기도 한다. 스스로 쓰는 일기나 투고는 주제나 형식이 자유롭지만 보고서, 과제, 공문서 등은 주어진 글이므로 그렇지 않은 경우가 많다.

글을 쓸 때는 여러 가지 여건이 대개 서로 관련이 있어 분리하여 생각하기는 어렵지만, 독자에 따라 주제가 달라지고 목적에 따라서도 주제가 달라진다. 주제에 따라서 매체를 결정할 수도 있고, 발표 시기를 결정할 수 있다. 글쓴이는 글의 목적을 달성하기 위해서 여러 여건을 잘 파악하고 이에 맞는 글을 써야 한다. 이러한 상황 파악 단계는 자칫 글쓰기와 직접적인 관련이 없다고 생각하여 소홀하게 여기는 경우가 있으나, 좋은 글을 쓰기 위한 태도로는 바람직하지 않다. 글을 직접 기술하기에 앞서 반드시 글쓰기의 상황을 제대로 파악하고 글을 쓰는 것이 좋다. 이 단계는 좋은 글을 쓰기 위한 가장 기초적인 작업이며 첫 단계이다.

❶ 목적과 독자, 화제

글을 쓰는 상황을 명확하게 파악하고 난 후, 예상 독자와 글의 목적을 정하고 화제를 정하면 글의 방향이 명확해지면서 보다 구체적이고 가치 있는 주제를 정할 수 있다.

글을 쓸 때, 글의 목적이 무엇이며 독자가 누구인지에 따라 글쓴이의 입장이나 태도가 달라지며, 자연히 글의 내용이나 형식도 달라진다. 따라서 글을 쓰기 위해서는 글을 쓰는 목적이 무엇인지, 글을 읽을 독자가 누구인지 분석하고, 그에 맞는 화제를 찾아 글을 쓸 준비를 해야 한다.

1) 글의 목적 정하기

글쓴이가 독자에게 바라는 것이 글의 목적이다. 내가 무엇을 하고자 하는 것이 글의 목적이 아니다. 다시 말해 글의 목적은 글쓴이가 쓰고자 하는 글의 궁극적인 목적이 무엇인가를 생각하는 것이다. 글을 읽을 예상 독자가 무엇을 느끼고, 무엇을 생각하기를 바라는가에 대한 구체적인 점검 단계이다.

글을 쓸 때는 글을 쓰는 목적을 분명하게 정하고 시작하는 것이 바람직하다. 글을 쓰는 목적에 따라 정보를 전달하기 위한 글, 설득을 위한 글, 친교를 위한 글, 정서를 표현하기 위한 글이 있다.

❶ 정보를 전달하기 위한 글

정보를 전달하기 위한 글은 어떤 정보나 사실, 지식 등을 독자가 잘 알 수 있도록 이해시키기 위한 글이다. 이러한 목적의 글은 알리고자 하는 정보와 지식을 전달하는 글로, 사실을 정확하게 기술하는 것이 중요하다. 정보를 전달하기 위한 글에는 설명문, 기사문, 안내문, 공고문, 보고서, 계획서 등이 있다.

정보를 전달하기 위한 글은 독자의 의문에 필요한 대답을 하는 성격이 강하기 때문에 독자의 핵심적인 의문을 예상하면서 쓰면 효과적이다. 글의 이해를 높이기 위해서는 기본적인 내용에서 복잡한 내용으로, 외부구조에서 내부구조로, 전체적인 윤곽에서 구체적인 세부 내용으로 쓰는 것이 좋다.

정확한 지식과 사실을 근거로 올바르게 전달하고, 글쓴이의 주관적인 의견이나 주장은 들어가지 않으며, 독자들이 쉽게 알 수 있도록 쓰는 글이 정보를 전달하기 위한 좋은 글이다. 다시 말해 정보를 전달하기 위한 글은 사실성, 객관성, 명료성을 갖추어야 한다. 사실성, 객관성, 명료성을 갖추기 위해 도표나 그림, 사진을 사용하면 시각적인 효과와 더불어 이해를 높일 수 있다.

❷ 설득을 위한 글

설득을 위한 글은 어떤 쟁점이나 관점에 대하여 글쓴이의 생각을 수용하도록 합리성과 타당성 등을 제시하면서 주장하는 글이다. 읽는 사람의 이성에 호소하여 자신의 의견을 받아들이도록 하는 설득을 위한 글은 설득력 있는 근거 제시가 중요하다. 설득을 위한 글에는 논설문, 논문, 비평문, 사설, 칼럼, 연설문, 제안서, 건의문 등이 있다.

글쓴이의 주장과 주장에 따른 근거가 담긴 설득을 위한 글은 다른 사람들의 생각, 태도, 행동 등을 변화시키려는 의도를 가진다. 따라서 설득을 위한 글을 쓸 때는 타당하고 공정하고 믿을 만한 근거를 마련하고, 맥락을 고려한 설득 방법을 알맞게 사용하여 글의 설득력을 높여야 한다.

다양하고 복잡한 생각이 공존하는 현대 사회에서 자신의 관점이나 생각을 상대방에게 전달하고 설득하는 일은 쉽지 않지만, 타당한 근거를 수집하고 적절한 설득 방법을 활용하면 가능하다. 평소에 좋은 근거를 성실하게 모아두면 설득하는 글을 쓸 때 유용하다.

❸ 친교를 위한 글

친교를 위한 글은 소식이나 의견을 주고받거나 협조를 요청하는 등 서로 간에 친분이나 원만한 관계를 유지하려는 글이다. 다른 사람과 친밀한 관계를 맺기 위해 쓰는 글은 초대, 부탁, 감사 등 다양한 목적으로 쓸 수 있다. 친교를 위한 글을 쓸 때는 누구에게, 어떤 목적으로 글을 쓸 것인지를 확실히 정하고 쓰는 것이 중요하다. 친교를 위한 글에는 편지, 초대장, 협조문 등이 있다.

친교를 목적으로 한 글은 받는 사람이 정해져 있으므로 첫째, 독자와 나와의 관계, 독자의 나이, 관심사 등을 고려하여 써야 한다. 예를 들면, 글을 읽을 사람이 필자보다 나이가 많을 경우, 안부 인사를 좀 더 길게 쓰면서 예의를 표하면 좋다. 둘째, 글을 쓰는 목적인 초대, 위로, 축하, 사과, 소개, 요청 등의 내용을 확실하게 정하고 써야 한다. 예를 들면, 친구에게 만남을 요청하는 편지를 쓸 때는 편지에 짧은 인사와 함께 언제, 어디서 만나자는 내용이 구체적이고 정확하게 제시되어야 한다. 그렇지 않으면 편지를 읽는 독자가 내용을 정확히 이해하지 못하여, 요청한 내용을 수행하지 못할 수 있다.

친교를 목적으로 하는 글의 독자는 일반적으로 글쓴이와 어느 정도 친분이 있는 사람이겠지만, 글쓴이는 예의 바른 표현을 사용해야 함을 명심해야 한다. 직접 대화를 할 때는 말뿐만 아니라 비언어적이고 준언어적인 보조 수단을 갖고 의미를 전달할 수 있지만, 글은 글로써만 내용과 마음의 의미를 전달할 수 있으므로 특히 예의 바른 표현을 사용하는 것이 중요하다. 친교를 위한 글은 글쓴이의 마음을 진솔하게 표현할 때 효과가 크다. 거짓을 쓰거나 과장된 표현을 하면 독자에게 글쓴이의 마음을 제대로 전달하기 어렵다.

❹ 정서를 표현하기 위한 글

정서를 표현하기 위한 글은 인상적인 일이나 희로애락 등과 같은 감정, 기분, 느낌 등을 표현하여 정서적 감응을 불러일으키려는 글이다. 세상의 많은 사실과 사건, 대상에 대해 의미와 가치를 부여하면서 글쓴이의 경험에서 얻은 생각이나 느낌을 바탕으로 진솔하게 표현하는 글이다. 정서를 표현하기 위한 글은 수필, 기행문, 감상문, 일기, 시, 에피소드나 유머 등이 있다.

정서를 표현하기 위한 글은 기쁨이나 슬픔, 놀람이나 신기함 등 사람의 마음에서 느끼는 다양한 감정을 과장이나 왜곡 없이 그대로 진정성 있게 표현해야 한다. 또한 독특한 시각으로 사물을 바라보거나 해석하는 개성이 드러나야 좋은 글이다. 진정성과 개성이 드러난 글은 독자에게 감동을 줄 수 있다.

정서를 표현하기 위한 글의 가장 대표적인 유형은 수필이다. 수필은 글쓴이가 보고, 듣고, 느낀 바를 자유롭게 표현한 글로 일상 속에서 의미와 가치 있는 체험을 하거나 사물을 발견하고 그것에 대한 정서를 진솔하게 표현한 글이다. 수필은 사건의 나열보다는 감회나 깨달음을 표현하는 것이 좋다.

사람들과 어울리며 바쁘게 돌아가는 일상에서 자신의 생각과 감정을 글로 표현하는 것은 색다른 즐거움이 있다. 자신을 돌아보고 이를 글로 씀으로써 자아를 성장시킬 수 있을 뿐만 아니라 긍정적인 정서를 기를 수 있다. 일상생활 속에서 대상이나 사건을 면밀하게 관찰하면 삶을 솔직하게 쓸 수 있는 좋은 화제를 발견할 수 있다.

〈표 2-1〉은 '식물, 식물 키우기'라는 공통된 화제를 갖고 글을 쓰는 목적에 따라 다르게 정할 수 있는 장르와 주제를 선정한 표다. 글의 목적에 따라 주제와 글의 형태가 달라질 수 있음을 보여준다.

표 2-1_ 글의 목적에 따라 다르게 선정할 수 있는 장르와 주제들

목적	주제
정보를 전달하기 위한 글	(설명문) 식물을 살리는 '온도, 습도, 통풍'의 중요성
설득을 위한 글	(논설문) 식물 이름에 집착하는 문제점
친교를 위한 글	(편지) 친구에게 분양받은 식물을 잘 키우고 있다는 소식과 고마움을 전함
정서를 표현하기	(칼럼/수필) '식물 키우기'의 취미를 통해 깨달은 점(취미가 삶의 일부분이 아니라 삶의 전부가 될 수 있다는 생각)

'식물 키우기'의 경험을 통해 삶의 의미를 돌아보는 글이다. 경험을 자연스럽게 글로 이어가면서 글의 주제를 잘 표현하고 있다.

예시 글 **삶이라는 취미**

취미가 생겼다. 그전까지 취미가 뭐냐는 질문을 받으면 학생 때는 독서, 작가가 된 후에는 그냥 없다고 대답해 왔는데 드디어 내게도 할 말이 생긴 것이다. 바로 식물을 기르는 일이다.

가끔 인터뷰할 일이 생기면 내 일상을 돌아보게 되는 질문들을 받곤 한다. 아침에 눈 뜨자마자 하는 일이 무엇인가 하는 질문도 그랬는데, 나는 SNS를 확인한다는 멋없는 대답을 해놓고 반성한 적이 있었다. SNS에서 받은 좋아요와 댓글, 광고들로 시작하는 아침이란 하루의 시작이 가져야 할 중요한 의미와는 거리가 있지 않은가. 습관적으로 SNS부터 확인한다는 건 비유하자면 눈을 뜨자마자 대도시 한복판에 놓인다는 것과 같았다.

식물을 본격적으로 기르기 시작하면서 일어난 중요한 변화는 아침에 발코니부터 열어본다는 것이다. 그럴 때 가장 먼저 느껴지는 변화는 냄새다. 일상

을 살아가면서 으레 맡는 것과는 전혀 다른, 살아 있는 존재들이 저마다의 개성대로 만들어 낸 고유의 냄새가 거기에 있다. 식물이 한 종류가 아니고 관엽, 선인장, 허브, 구근까지 다양하니까 그 냄새는 '자연'이라는 말로 뭉뚱그리는 편이 오히려 정확하다.

그런가 하면 간밤에 미리 담아 둔 물(수돗물을 바로 주기보다는 두어 시간이라도 받아 놓는 편이 좋다고 한다)과 흙과 비료로 넣어준 원두찌꺼기 냄새까지 어우러지면 거기에는 생장하는 모든 것들이 만들어 내는 풍부한 삶이 있다고 느껴진다. 그러면 휘몰아치듯 흘러가는 일상에서 받는 스트레스에 거리를 둘 수 있는 힘이 나기도 한다. 손바닥 절반도 되지 않는 다육식물조차 환경에 따라 꽃을 피우고 때론 과감히 잎을 떨구고 방향을 튼다는 것.

나는 자연에 대해 말할 때 적자생존이나 약육강식 같은 개념을 앞세우는 사람들을 좋아하지 않는다. 하지만 그 모든 생명체들이 삶이라는 도저한 과제를 위해 각자 최선을 다하고 있다는 것은 엄연한 사실이다. 다만 그것은 서로가 서로를 배제하려는 경쟁이 아니라, 서로가 서로에게 적응해 살아남으려는 경쟁에 가깝고 궁극에는 그러한 '경쟁적 타협'이 자연을 유지시킨다. 새로운 취미를 가지게 되면서 나는 그렇게 삶을 이해하게 되었다. 그런 질서를 익힌 존재들이 적당한 간격을 두고 매일 잎을 틔우고 있으니까.

식물에 관심이 가다 보니 자연스레 그것을 키우는 사람들에게도 눈길이 머문다. 당연히 인터넷 식물동호회에 가입했고 내 발코니 사진을 업로드하는 것은 물론이고 다른 사람들이 기른 베고니아, 유칼립투스, 벤자민, 올리브 등을 보며 공감 버튼을 열심히 누르고 있다. 식물을 좋아하는 사람들이 생각보다 많다는 건 요즘 새삼 깨닫게 되는 일이다. 근처 화원에 가 보면 들어서자마자 탄성을 지르며 식물들의 아름다움에 빠지는 손님들이 언제든 있고, 아파트 장이 서면 이웃들이 벤치로 나와 각자의 원예 경험에 대해 대화를 나눈다. 며칠 전에는 이런 말을 듣기도 했다.

"돌아간 우리 아저씨도 화분 많이 길렀어. 아주 잘 길렀어. 그런데 아저씨가 가니까 그 화분들도 다 가 버리더라고, 사람 없는 걸 식물들이 어떻게 아는지 좀 있으니까 다 같이 가 버리더라고."

　봄의 화분 트럭이 불러들인, 누군가의 살뜰한 손길과 그 정성에 응답하듯 무럭무럭 자라던 식물들에 대한 회상. 내가 거기서 제법 큰 재스민 화분을 사서 값을 치르고 손수레에 실어 끌고 갈 때까지 이웃은 화분을 사지는 않았다. 그렇다고 식물들이 놓여 있고, 그것을 잘 기르고 싶다는 포부를 가진 사람들이 모여 있는 그곳을 쉬이 떠나지도 못했다. 나는 직접 본 적은 없지만 아마도 그가 삶을 사랑할 줄 아는, 진정한 삶의 애호가였으리라 생각했다. 일단 식물들이 놀랍도록 잘 자랐고 그 광경을 기억하고 그리워하는 누군가가 여기 남아 있으니까.

〈김금희, 한국일보, 2020. 04. 28.〉

2) 독자를 예상하고 분석하기

　독자는 글쓴이가 쓴 글을 읽는 사람이다. 글을 쓰는 사람은 자신이지만, 그 글을 읽는 사람은 독자이므로 글쓴이는 글을 쓸 때 독자를 반드시 생각해야 한다. 독자를 예상하고 분석하면 독자에게 구체적이고 적절한 내용을 전달할 수 있게 되어 좋은 글이 된다. 또한 독자를 예상하면서 글을 쓰면 글쓴이의 생각에 치우치지 않고 독자에게 어떻게 이해시키고 표현하는 것이 좋을까에 대해 고민하면서 글의 목적에 맞는 글을 쓸 수 있다.

　글을 읽는 독자는 다양하다. 불특정 다수이거나 특정 분야 전문인, 남녀노소, 연령, 단체, 지식수준, 관심사, 요구 등 매우 다양하다. 글쓴이는 누구를 대상으로 글을 쓸 것인가를 미리 정하여 집필 방향을 정하는 것이 중요하다. 다시 말해 누가 읽을 것인가, 해당 독자는 어떤 상황에 있는가 등을 분석하여 그에 맞는 글을 쓰도록 노력해야 한다.

　다음은 '논어'의 내용을 독자에 따라 다르게 풀어 쓴 책들을 보여주는 표이다. 표에서 책의 내용을 구체적으로 볼 수는 없지만, 제목을 통해 글쓴이가 누구를 독자로 삼아서 글을 썼는지 짐작할 수 있다. 글을 쓰는 사람은 자신의 글을 읽는 독자가 누구냐에 따라 글의 내용을 다르게 집필한다. 예를 들면, 어린이가 독자인 경우는 어려운 논어의 내용을 쉽게 풀어 쓰고, 독자가 오십의 나이를 지닌 사람이라면 40대가 공감할 수 있는 구체적인 사례를 들어 논어의 내용을 풀어 쓸 것이다. 이렇듯 글을 쓸 때는 독자를 미리 예상하고 분석하여, 독자가 공감할 수 있는 내용으로 적절하게 쓰는 것이 중요하다.

표 2-2_ **독자에 따라 '논어'를 다르게 풀어 쓴 책 제목들**

독자	책 제목	저자
어린이	어린이 논어	김한룡
청소년	청소년을 위한 논어	이권재
직장인	직장 논어	리우웨이리 저, 김인지 역
40대(마흔)	마흔, 논어를 읽어야 할 시간	신정근
50대(오십)	오십에 읽는 논어	최종엽

　위의 표에서 살펴볼 수 있는 것처럼 글을 쓰기 전에 독자를 예상하고 독자를 분석하는 것은 글의 내용을 정하는 중요한 기준이다. 라디오 어느 광고에서 화자가 청자에게 "100세까지 오래오래 사세요!"라고 말하자, 청자가 "나 지금 99세인데"라고 말하는 것을 들었다. 화자는 일반적으로 100세까지 사는 것이 장수의 나이라 생각하고는 듣는 사람의 사정과 형편을 고려하지 않고 의례적인 말을 한 사례다. 짧은 이야기 속에서 상대방을 고려하지 않은 말이나 글은 감동을 주거나 설득을 할 수 없음을 알 수 있다.

　나의 글이 독자에게 선택되기 위해서는 적절한 정보를 제공해야 할 뿐만 아니라 정서적으로 호감을 주어야 한다. 독자를 고려하는 것이 이러한 목적을 달성할 수 있도록 돕는 것이며, 독자를 배려하는 행위이다. 독자를 고려하지 않고 의례적인 말로 글을 쓴다면 매우 진부한 표현이 되고 상황에 맞지 않는 글이 된다. 글을 쓰는 사람은 자신의 입장과 글을 읽는 사람의 입장 등을 명확하게 분석하여 그에 맞는 글을 써야 한다.

다음은 글의 목적과 독자를 감안하지 못하고 기술한 어느 백과사전의 내용이다. 백과사전은 독자층이 어린이로부터 성인까지 다양하며, 모르는 것을 알기 위해 찾는 것인데 수정 전의 글은 이해하기가 어렵다. 따라서 수정 후와 같이 고치면 독자를 고려한, 이해하기 좋은 글이 될 수 있다.

예시 글 **백과사전: '경포대'의 설명**

수정 전

1971년 12월 16일 강원도지방유형문화재 제6호 지정되었다. 정면 6칸, 측면 5칸, 기둥 28주(柱)의 팔작지붕 겹처마 기와 누대(樓臺)로, 강릉오죽헌(烏竹軒)에 있던 율곡(栗谷)이 10살 때에 지었다고 하는《경포대부(鏡浦臺賦)》판각(板刻)을 걸었다.

또한 숙종의 어제시(御製詩)를 비롯하여 여러 명사들의 기문(記文)·시판(詩板)이 걸린 명소다. 특히 누대의 전자액(篆字額)은 유한지(俞漢芝), 정자액(正字額)은 이익회(李翊會), 제일강산(第一江山)은 주지번(朱之蕃)의 글씨라고 하는데, '江山' 두 자를 잃어버려 후세인이 써넣었다고 한다.

수정 후

1971년 12월 16일 지정한 강원도지방유형문화재 제6호이다. 정면 6칸, 측면 5칸, 기둥 28개(주柱)로 이루어진 누대(樓臺)이다. 지붕은 지붕 옆면이 윗부분은 세모꼴 벽으로, 아래 절반은 마름모꼴 지붕으로 된 팔작지붕으로서 끝을 살짝 들어 올린 겹처마(두 겹으로 된 처마)를 지녔다.

안에는 강릉 오죽헌(烏竹軒)에 있던 율곡(栗谷) 이이(李珥) 선생이 열 살 때 지은 시로 알려진 《경포대부(鏡浦臺賦)》를 조각한 목판이 걸려 있다. 또한 숙종 임금이 지은 어제시(御製詩)를 비롯하여 여러 명사들이 쓴 기록문과 한시를 조각한 목판도 함께 걸려 있다. 이 판각(板刻)의 전자(篆字)는 유한지(兪漢芝)가, 정자(正字)로 쓴 해서(楷書) 글씨는 이익회(李翊會)가 쓴 것으로 알려지고 있다. 또, '제일강산(第一江山)'은 주지번(朱之蕃)의 글씨라고 하는데 '江山' 두 글자를 잃어버려 후세에 누군가가 써넣었다고 한다.

3) 화제 찾기

글을 쓰는 상황을 파악하고 나면, 이제 그에 맞는 화제를 찾아야 한다. 화제는 글을 쓰고자 하는 주된 재료이다. 화제의 범위는 구체적이고 좁을수록 좋다. 간혹 화제의 범위가 좁아서 쓸거리가 없다며 넓은 화제를 찾는 학생이 있는데, 이는 잘못된 태도이다. 넓은 범위의 화제는 다양한 자료를 모두 모아 글을 이어가게는 하지만, 글쓴이가 말하고자 하는 주제가 명확하게 나타나지 않아 추상적이고 모호한 글이 된다. 독자들은 그들이 필요한 구체적이고 확실한 정보와 지식을 원하고, 새로움이 없는 추상적인 글은 외면한다.

좋은 화제는 주제와 관련성이 높고, 다양하고 타당한 것이 좋으며 참신한 것일수록 좋다. 다시 말해 화제는 한정적이고 창의적이며 명확한 것이어야 한다. 보통 정서를 표현하는 글인 일기, 기행문, 감상문, 수필의 경우는 화제를 먼저 정하고, 정보 전달이나 사건, 주장을 펼치는 글인 설명문, 서사문, 논설문의 경우는 주제를 먼저 정하고 화제를 정하기도 한다.

창의적인 화제를 찾기 위해서는 비판적으로 바라보기, 사물의 관련성 찾아내기, 다른 관점과 시각에서 생각하기, 사물의 이면을 살펴보기, 뒤집어 생각하기 등을 자주 해야 한다. 떠오르는 생각을 연결하여 생각하다 보면 처음에 생각한 화제보다 한정적이고 구체적인 좋은 화제를 찾을 수 있다. 다음은 화제를 좁히는 과정의 예이다. 예들을 살펴보고 자신도 관심 있는 화제를 선택하여 좁혀보기를 연습하여 보자.

① 지속 가능한 발전 - 지속 가능한 생산과 소비 - 지속 가능한 소비 생활 – 개인이 실천할 수 있는 지속 가능한 소비 활동
② 장애인 - 장애인의 자립 – 성인 장애인이 자립을 못 하는 제도적 이유 – 성인 장애인 자립을 위한 정책 필요성 – 지방자치에서 실행할 수 있는 성인 장애인 자립 지원 정책
③ 아르바이트 – 아르바이트 종류 – 음식점 아르바이트 - 패스트 푸드점 아르바이트 – 패스트푸드점 요리부 아르바이트
④ 병원 수술실 CCTV 설치 - 병원 수술실 CCTV 설치의 사생활권과 알 권리 - 환자의 알 권리를 위한 병원 수술실 CCTV 설치

글을 쓰기 위해서 화제를 찾을 때는 머릿속으로 생각만 하는 것보다 떠오르는 핵심 단어를 써 보면서 서로의 연관성에 따라 연결 지어보는 생각 연상법을 활용하는 것이 좋다. 떠오르는 생각을 조직화해 주고 시각화해 주는 생각 연상법에는 '브레인스토밍, 마인드맵, 만다라트' 등이 있다. 화제를 찾거나 주제를 선정할 때 사용하면 효과적이다.

4) 생각 연상법

일반적으로 화제를 찾거나 주제를 선정할 때, 생각 연상을 효과적으로 돕는 '브레인스토밍(brainstorming), 마인드맵(mind map)'의 방법이 있고, 최근에는 '만다라트(Mandal-Art)' 방법도 여러 분야에서 활용되고 있다. 이러한 방법들은 생각그물 만들기(mind mapping)를 기본으로 구체적인 규칙을 정형화하여 활용한 것이다. 생각 연상을 돕는 방법들은 특정 주제에 대한 자신의 생각을 단어, 문장 등

으로 회상하고 표현하는 데에 큰 도움을 주며, 아이디어들 간의 관계를 파악하거나 새로운 아이디어를 창출하는 데에 효과적이다. 일정한 시간 동안에 주제에 집중하여 생각을 펼치고 확대하는 것으로, 떠오르는 생각들의 연관성을 활용하여 생각의 목표를 구체화하는 방법이다. 그러나 생각을 무한정으로 펼칠 수는 없다. 시간을 정하거나 내용을 나열할 공간의 최대 범위를 정하고 실행하는 것이 좋다.

브레인스토밍, 마인드맵(mind map), 만다라트(Mandal-Art)의 방법은 먼저 시작하는 키워드를 설정한 후, 보고 느끼고 생각한 것들에 대한 키워드나 문장을 뽑아내는 활동이다. 뽑아낸 생각들은 서로 연관성에 의해 엮인다. 서로의 연결고리를 생각하면서 키워드를 뽑아내 그 단어를 다시 묶는 작업을 2차로 할 수도 있다. 관심과 관찰 그리고 연관성을 기억하면서 활동을 해야 한다. 브레인스토밍과 마인드맵은 각각 활용할 수도 있고 동시에 이루어질 수도 있으며, 순차적으로 진행할 수도 있다. 다시 말해 한 키워드를 어느 정도 채웠으면 나열된 것들의 일정한 범주를 묶고, 묶은 내용을 각각 이동하고 다시 보다 자세한 생각 연상을 또 하는 것이다. 연결된 표현들 사이의 위계질서나 포함관계를 생각하여 정리해 두면 그 내용을 명확하게 확인할 수 있고, 나중에도 활용할 수 있다.

브레인스토밍과 마인드맵은 처음부터 완벽할 필요가 없다. 또한 한 번 그려서 끝내야 하는 것도 아니다. 일정한 시간이나 공간의 범위를 정한 뒤, 규칙에 맞게 활동을 하면 된다. 그러나 생각을 하다가 중간에 서로의 연관성을 점검해 보면 좋다. 활동이 모두 끝나면 그려진 내용을 단순화하거나 일목요연하게 정리하여 목적에 맞게 사용하면 된다.

❶ 브레인스토밍

브레인스토밍(brainstorming method)은 알렉스 오스본(Alex Faickney Osborn)이 창안한 방법이다. 생각나는 대로 아이디어를 내놓는 것으로, 질서나 개념이 없더라도 떠오르는 생각이나 단어를 나열하면 된다. 이 방법의 핵심은 아이디어를 생성하면서 판단을 보류하여 최대한 많은 아이디어를 얻는 것이다. 아이디어를 자유롭게 개진함으로써 아이디어가 좋고 나쁨을 떠나 가급적 많은 아이디어를 수집한 다음 그것들을 결합하거나 배제하면서 보다 수준 높은 아이디어를 창출하는 것이 핵심이다. 규칙은 아이디어 비판 금지, 자유로운 발표, 다량의 아이디어 창출이고 기존의 아이디어를 결합하여 새로운 아이디어가 나오도록 노력하는 것이 좋다. 이러한 기본 원칙을 지키면서 아이디어를 창출하고 그것을 다시 더 높은 차원의 아이디어로 발전시켜 나가는 것이 효과적이다.

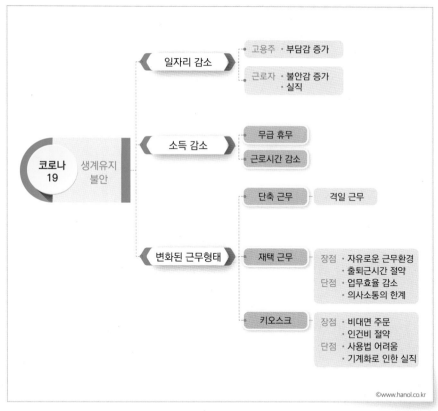

© www.hanol.co.kr

🔺 그림 2-2_ 코로나19로 시작하여 일자리 감소에 대한 화제를 찾은 예: 학생 활동

❷ 마인드맵

마인드맵(mind map)은 토니 부잔(Tony Buzan)이 창안한 방법으로, 핵심적인 개념을 이미지로 표현하고 핵심어, 이미지, 기호, 상징 등으로 방사형 가지를 쳐 나가는 방법이다. '핵심 주제-메인 주제-서브 주제'를 그려 나간다. 마인드맵은 중심 사상 또는 핵심어를 방사형으로 그려나가며 설명하여 정보를 구조화하고 복잡한 생각을 명확하게 하는 그림 도표이다. 마인드맵은 포괄적인 주제에 대하여 다양하고 폭넓은 관점을 단순한 방식으로 제시하면서 효율적이고 직관적인 분류로 생각을 조직화할 수 있도록 돕는다. 생각을 시각화 또는 구조화하면서 논리적이고 창의적인 아이디어를 창출할 때 적합하다. 규칙은 먼저 중심 생각을 가운데 놓고 주(主)가지를 연결하면서 부(副)가지를 확장하는 것이다.

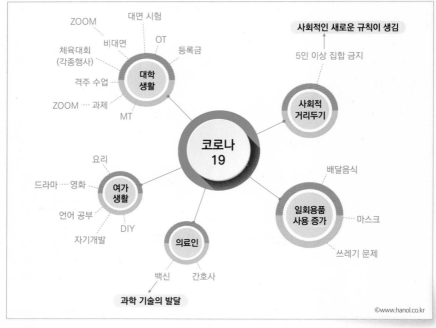

🔺 그림 2-3_ 코로나19 상황으로 변화된 대학 생활의 장점과 단점을 화제로 찾은 예: 학생 활동

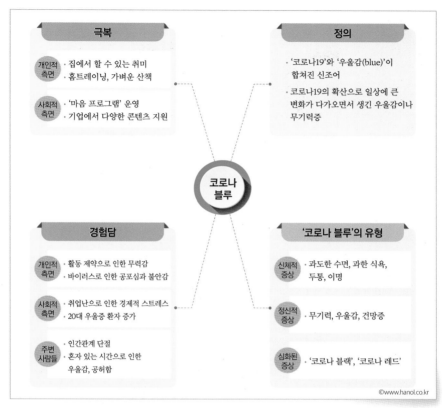

⬤ 그림 2-4_ 코로나 블루의 화제에서 코로나 블루의 극복 방안이라는 주제를 찾은 예: 학생 활동

❸ 만다라트

만다라트(Mandal-Art)는 일본의 이마이즈미 히로아키가 활용한 방법이다. 규칙은 가장 큰 주제를 먼저 세워두고 이에 해결점, 아이디어, 생각들을 '누가, 왜, 무엇을, 어디서, 언제' 등을 생각하며 확산해 나가는 방법이다. 아이디어를 다듬는 과정에 적합하게 활용될 수 있다. 목표를 달성하기 위한 핵심 목표를 가운데 적고, 그다음 핵심 목표를 둘러싼 주변 8칸에 세부 목표를 적는다. 8가지 목표를 이루기 위한 세부 항목을 추가로 더 적어 넣으면 완성된다.

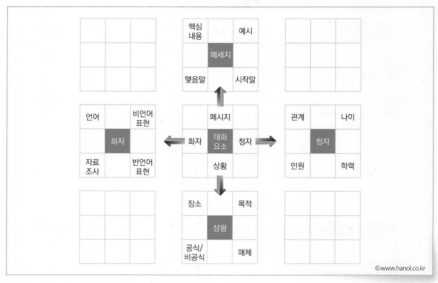

🔵 그림 2-5_ 대화 요소에 대해 확장하며 정리한 예: 학생 활동

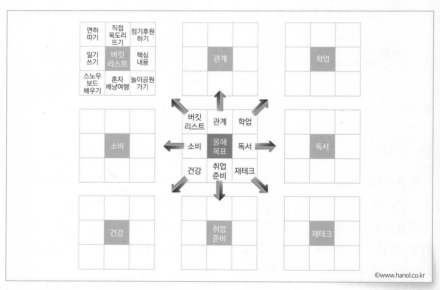

🔵 그림 2-6_ 올해 목표에 대해 정리하는 과정의 예: 학생 활동

② 주제와 주제문, 제목

글을 쓸 때는 '무엇을 쓸 것인가' 하는 주제가 필요하다. 주제는 글쓴이가 화제에서 말하려는 중심 생각을 말한다. 주제에는 글쓴이의 관점과 의도가 분명하게 드러나며, 가장 중심적인 생각이 표현되어야 한다. 주제는 글쓴이가 전달하고 싶은 메시지이다. 글의 주제는 저자가 스스로 관찰하고 생각해 내야 한다.

글쓴이는 주제를 설정한 후 독자에게 전달할 글의 내용이나 방향을 확실하게 인식시킬 수 있는 주제문(Thema sentence)을 써야 한다. 주제문은 글쓴이가 말하고자 하는 그 본래의 관점과 태도, 목표와 독창적인 견해가 선명하게 드러나야 한다.

제목은 읽는 이가 만나는 첫 번째 문장이라 해도 과언이 아니다. 간혹 주제와 제목이 동일한 경우도 있지만, 엄연히 주제와 제목은 다른 것이기 때문에 제목을 따로 정하는 것이 좋다. 독자와 만나는 최초의 지점인 제목은 글에 대한 첫인상을 결정한다. 독자는 제목을 보고 그 글의 방향이나 내용을 짐작하거나, 읽고자 하는 동기를 가지게 된다. 제목이 글의 성격이나 주제를 맨 먼저 밖으로 보여주기 때문이다. 따라서 제목을 붙이는 일은 특히, 독자와의 관계에서 그 글의 성패와도 관계가 있다.

1) 주제 선정하기

주제는 화제에 대해 글쓴이가 자신의 관점에서 말하려는 중심 생각이다. 예를 들면, '서울시 공기 오염의 해결 방안'이 화제라면 '어떤 해결책이 있을까?'라는 질문을 던지며 그 답안에 대한 글쓴이의 생각을 표현한 '서울의 차량 5부제 확대·실시'와 같은 주제를 선정해야 한다. 다시 말해 주제를 선정하기 위해서는, 넓은 범위의 화제에서 점점 한정적인 화제로 좁히는 과정을 거치고, 좁힌 화제에서 질문을 통해 글쓴이의 구체적인 중심 생각을 주제로 선정하는 것이다.

💡 주제 선정 과정

넓은 범위의 화제 → 좁은 범위의 화제 → 화제에 대한 핵심 질문 → 주제 선정

　화제나 주제를 선정하기 위해서는 일상 경험과 배경지식에 기초할 수도 있고, 글을 쓰기 위한 읽기 과정을 통해 참신한 주제를 선정하는 방식이 있다. 일상 경험과 배경지식을 활용하여 주제를 선정할 때는 '무엇을 쓸 것인가?', '무엇에 대하여 쓸 것인가?'에 대해 몰입하여 생각한 후, 관심 대상이나 내용을 주제로 삼을 수 있다. 글을 쓰기 위한 읽기 과정을 통해 주제를 선정할 때는 '비판적 읽기'를 통한 방법과 '창의적 읽기'를 통한 방법이 있다.

　'비판적 읽기'를 통해 주제를 마련하는 방법은 읽은 자료의 내용과 나의 생각이 다른 지점을 찾아, 왜 그런지 구체화하면서 자신의 생각을 주제로 삼는 방법이다. '창의적 읽기'에 기초한 주제의 마련은 제시된 읽기 자료의 내용을 새로운 상황이나 맥락에 적용하면서 또 다른 생각이나 해결책 등을 찾아 주제로 삼는 방법이다. 읽기 행위는 텍스트와 독자가 상호 접속하는 과정이며, 새로운 의미를 생산하는 능동적 과정이다. 이러한 능동적 읽기를 통해 생성된 새로운 주제는 독자들에게 새로운 관심을 불러일으키고 감동을 줄 수 있다.

　다음은 역사적 사실을 밝히고 있는 '징비록'을 읽고 다시 한번 생각해 볼 만한 문제점들을 찾아 그에 대한 찬·반의 입장에서 주제를 선정한 예이다. '비판적 읽기'와 '창의적 읽기'를 통해 주제를 선정한 경우이다.

- 임진왜란 당시 명나라에 파병을 요청한 것은 옳지 않았다.
- 현 군대 징병제를 모병제로 바꿔야 한다.
- 전쟁 시 임금, 즉 대통령의 피란은 정당화될 수 없다.
- 외교관의 보고는 상황과 맥락의 보고보다는 사실의 보고가 더 중요하다.
- 정당 갈등은 국가를 더욱 어렵게 한다.
- 군법에도 예외가 있어야 한다.

읽고 생각하고 쓰는 일은 글쓰기 행위 안에서 연동하고 상호작용한다. 읽기를 통해 글의 주제를 선정할 수 있고, 새로운 정보와 지식의 수용 과정에서 나의 글을 더 풍부하게 만들 수 있다. 좋은 글을 꾸준히 읽는 것이 좋은 주제를 찾는 지름길이다.

일상 경험이나 배경지식에 기초하여 참신한 주제를 선정할 때나 글을 쓰기 위한 읽기 과정을 통해 비판적 주제를 선정할 때 모두 글쓴이가 잘 알고 있는 것으로 해야 하며, 독자의 흥미와 관심을 받을 수 있는 것이 좋다. 다음은 주제를 선정할 수 있도록 돕는 주제 선정 요령이다.

💡 **주제 선정의 요령**

> ① 글쓴이가 주된 관심을 가지거나 잘 알고 있는 주제를 선정한다.
> ② 독자의 관심과 흥미를 끌 수 있는 주제를 선정한다.
> ③ 광범위한 주제보다는 구체적으로 한정된 주제를 잡는다.
> ④ 독창적이고 참신한 주제를 찾고, 가치 있는 주제를 선정한다.
> ⑤ 상황성과 글의 분량에 적절한 주제를 선택한다.

첫째, 글쓴이가 주된 관심을 가지거나 잘 알고 있는 주제를 선정하는 것이 중요하다. 자신이 평소 관심이 많고 잘 알고 있는 부분이라면 쓰고자 하는 주제에 대하여 구체적인 사례가 풍부해지고, 그 내용이 생동감과 자연스러움이 배인 글을 쓸 수 있는 기반이 된다. 이러한 경우 충분한 체험 또는 지식이나 인식이 주제를 뒷받침하면서 쉽게 글을 쓸 수 있도록 한다.

하지만 충분히 잘 쓸 수 있는 주제가 내용을 단조롭거나 추상적으로 흐르지 않게 해야 하고, 쉽고 참신한 발상을 글 속에서 표현할 수 있도록 노력해야 한다. 미흡한 부분은 충분히 연구하고 배경지식을 늘려 가면서 글쓰기를 해야 한다.

특히 논설문, 시사 칼럼, 기타 전문적인 글에서 충분한 근거를 가지고 결론을 명확히 도출할 수 있는 문제를 다루려면 글쓴이가 평소에 흥미를 가지고 관련 자료를 다양하게 수집한 것을 써야 한다. 자신의 주장이나 견해를 분명히 할 수 있는 논리가 확보될 때 설득력 있는 글이 될 수 있다. 또한 그러한 글이 목적을 효과적으로 달성할 수 있게 한다.

둘째, 독자의 관심과 흥미를 끌 수 있는 주제를 선정해야 한다. 독자에게 흥미롭고 관심이 가는 주제라면 글을 읽는 동기를 유발시키고, 공감대를 형성하거나, 의견이 다르더라도 글쓴이의 주장을 전달하기가 수월하다. 가령, 새로운 정보를 제공하거나 창의적인 발상 또는 사회적인 쟁점(issue)을 다루었을 때, 그렇지 않은 경우보다도 독자를 좀 더 적극적으로 글에 접근할 수 있게 하고 끝까지 읽게 할 수 있다.

예를 들면, 백일장, 시험, 과제물 등에서 주제가 주어진 상황이라면 글쓴이의 관점과 생각이 창의적으로 표현될 수 있도록 주어진 주제를 좀 더 구체화하고 좁혀서 글을 쓸 필요가 있다. 동일한 주제라도 주제를 어떻게 바라보느냐에 따라 글의 내용이 달라질 수 있기 때문이다. 백일장에서 '바람직한 삶의 방법'이라는 주제가 주어지면, 대부분의 학생들이 '부지런히 살아야 한다, 즐겁게 살아야 한다, 하고 싶은 일을 하면서 살아야 한다' 등의 진부한 내용으로 주제를 삼아 글을 쓴다. 그러나 이런 주제들은 독자들에게 흥미를 끌 수 없다. 반대로 '느리게 살아야 한다, 멈추는 것도 좋은 삶이다'와 같은 새로운 시각의 주제로 글을 쓴다면 독자들에게 흥미를 주면서 관심을 받게 되어 읽히는 글이 될 것이다. 그러나 새로운 시각에는 타당한 근거가 있어야 독자를 공감시킬 수 있다.

셋째, 광범위한 주제보다는 구체적으로 한정된 주제를 잡는 것이 바람직하다. 주제는 필자가 글을 통해서 궁극적으로 전달하고자 하는 이야기로서, 구체적이고 명확하게 하면 글쓴이가 스스로 자신이 하고자 하는 이야기를 선명하게 인지할 수 있고 글의 일관성을 유지하면서 마칠 수 있도록 돕는다. 주제가 구체적이고 명확하다는 것은 단일한 개념의 주제라는 것이다. 주제를 지나치게 광범위하게 잡으면 글의 흐름이 산만해지고, 말하고자 하는 의도가 막연해진다. 다음은 '복지'라는 추상적인 주제를 좁히는 과정을 간단하게 보인 예이다. 주제를 구체화하고 좁히면서 선명한 주제를 선정하게 된 경우이다. 주제를 어느 선까지 단일화하는가 하는 문제는 글의 목적에 따라 다를 수 있지만, 머릿속에 설정된 막연하고 광범위한 주제를 구체적이고 명확한 주제로 좁혀서 선정하는 과정은 반드시 필요하다.

> 복지 → 복지 제도 → 장애인의 복지 제도 → 장애 아동의 복지 제도 → 시각 장애 아동의 복지 실태와 복지 제도 정비 → 시각 장애 아동의 학교길 보도 실태와 개선점

넷째, 독창적이고 참신한 주제를 찾고, 가치 있는 주제를 선정해야 한다. 아나이스 닌(Anais Nin)은 "작가의 역할은 우리 모두가 말할 수 있는 것을 말하는 일이 아니라, 우리가 말하지 못하는 것을 말하는 일이다."라고 말했다. 글의 주제는 반드시 나름의 가치를 지녀야 하고, 그 가치는 궁극적으로 독자에게 감동을 주어야 한다. 독자에게 감동을 줄 수 있어야 한다는 것은 비단 문학에만 한정되는 것이 아니다. 주장하는 글, 설명하는 글도 내용의 새로움에 의해 독자에게 감동을 전달할 수 있다. 독자에게 감동을 주기 위한 첫 번째 글쓰기 과정이 바로 가치 있는 주제를 선정하기이다.

다섯째, 상황성과 글의 분량에 적절한 주제를 선택한다. 주제는 글을 쓰는 글쓴이의 상황과 독자의 상황을 모두 고려하여 정해야 하며, 글의 분량도 고려하여 그에 맞는 적절한 주제를 선택해야 한다. 다음은 화제에서 적절하게 주제를 선정한 예이다. 글을 쓸 때는 여러 가지 상황을 고려하면서 그에 맞는 주제를 선택하는 것이 참 중요하다.

구분	내용
화제	영양 성분 표시 제도 개정
주제	영양 성분 표시 제도의 개정 내용 문제점
화제	청소년의 카페인 과다 섭취
주제	청소년 카페인 과다 섭취 방지를 위한 유의점
화제	성인 장애인 자립 지원을 위한 방안
주제	성인 장애인의 자립을 위한 사회 첫걸음 제도 시행
화제	남한산성의 문화유산으로서의 가치
주제	시대별 축성술을 보여주는 표본으로의 남한산성

　다음은 '행복'이라는 큰 범주의 주제를 한정적이고 구체적인 주제로 좁히지 못하고 쓴 글과 '행복'이라는 주제를 '소박한 행복'으로 좁히고, '행복은 소박하고 겸허한 일상의 삶 속에 있다.'라는 명확한 주제문을 갖고 글을 쓴 경우다. 첫 번째 주제가 명확하지 않아 행복에 대한 메시지도 전달하지 못하고 내용이 없어 공허함까지 느껴진다. 그러나 두 번째 글은 시작에서 '파랑새' 이야기를 인용한 부분이나 다음에서 이어지는 단락들의 내용이 알차게 쓰였다.

　　💡 예시 글　**주제가 명확하지 않아 내용이 공허한 글**

　행복이란 무엇인가? 나는 이 문제를 두고 하루 종일 생각에 잠긴 일이 있다. 세상에는 행복한 사람과 행복하지 않은 사람이 있다는 사실에 대해서도 깊이 생각해 본 일이 있다. 그러나 행복이라는 게 그렇게 쉬 이해되지 않는다는 사실에 나는 놀라움을 금치 못하였다. 행복이란 무엇인가? 이것은 대답하기 매우 어려운 물음이다. 행복한 사람은 행복하게 살지어다. 불행한 사람은 행복해질지어다.

  파랑새를 구하려고 긴 여행을 하는 틸틸 미틸은 겹겹이 쌓인 고난을 겪은 뒤에, 행복의 '파랑새'가 실은 자기의 마음속에 있다는 것을 알았다. 얼마나 허망한 결말이냐고 사람들은 생각할는지 모른다. 그러나 행복이란 원래 그러한 것이다.

  행복은 언제나 소박하고 겸허하다. 그러므로 우리는 행복과 함께 있어도 그것을 느끼지 못할 때가 많다. 만일 화사한 옷을 입고 빙그레 웃는 자가 있다면, 그것이야말로 경계하여야 한다. 그것은 행복이 아니고 악마의 화신(化身)이니까. 겉으로 보기에는 행복은 유순하지만 기실(其實) 엄격하다. 맹목적으로 자신을 사랑하는 어머니 같이 행복은 무엇이든 주는 것은 아니다.

  그러므로 차고 넘치는 곳에 원래 행복은 존재하지 않는다. 득의의 절정에서 행복에 도취하는 우둔함이여!

  행복은 화려한 것은 싫어하고 소란을 미워한다. 행복은 우리들로 하여금 기뻐 날뛰게 하는 말은 하지 않는다. 그러므로 행복과 함께 있다는 것은 때로는 평범하고 권태롭다. 그러나 그 평범과 권태가 변하여 파란 많은 거친 생활이 시작되었을 때, 사람들은 비로소 행복이 무엇이었던가를 깨닫는 것이다.

  우리는 너무 많은 것을 바라서는 안 된다. 행복은 아무 데나 있다. 우리의 어제의 생활에는 행복이 있었다. 우리의 내일의 생활에도 그것은 있을 것이다. 그것을 잡느냐 못 잡느냐는 우리 자신의 마음 하나에 달려 있다.

연습 1   화제를 보고 주제를 정해보십시오.

화제	주제
야생조류의 유리창 충돌 사고	야생 조류의 유리창 충돌 이유와 충돌 방지 방법
문화유산의 디지털 복원	
부모와 자식 사이의 원활한 의사소통을 위한 태도	

✎ 연습 2   화제를 찾고 주제를 선정해보십시오..

- 자신의 전공 분야에서 이슈(issue)가 되는 사건, 인물에 대한 신문 기사를 찾아 읽기
- 읽은 자료에서 연상되는 내용을 '브레인스토밍, 마인드맵, 만다라트'를 활용하여 생각그물 만들기
- 활동에서 완성한 생각그물을 통해, 자신이 쓰고 싶은 화제를 찾고 주제를 선정하기

화제	
주제	

2) 주제문 쓰기

주제문은 선정한 주제에 글쓴이가 독자에게 무슨 내용과 어떤 방향으로 글을 쓸 것인지를 알려주는 것이다. 따라서 글쓴이는 주제를 선정한 후 독자에게 전달할 글의 내용이나 방향을 확실하게 인식시킬 수 있는 주제문(Thema sentence)을 써야 한다.

주제문은 글의 목적지로서, 글쓴이가 말하고자 하는 그 본래의 관점과 태도,

목표와 독창적인 견해가 선명하게 드러나야 한다. 관점과 태도는 글쓴이가 주제와 독자를 대하는 입장과 태도를 말한다. 관점은 글쓴이의 개인적 성격, 심리, 이해관계는 물론 글쓴이가 지닌 사회적 가치관과 사상, 이념 등에 따라 다양하게 나타난다.

　다음은 주제와 주제문을 구체적으로 볼 수 있는 표이다. '우리나라의 대체 에너지 개발 문제'의 주제에서 '현재 우리나라 지하 에너지 자원의 부족 실태와 태양열 에너지 그리고 풍력에너지를 개발할 수 있는 여건이나 잠재성, 개발과 상용화 정책, 정책의 시급함'으로 글쓴이의 견해를 선명하게 드러내고 있다. '산학시대의 전문인 교육에서 배양해야 할 덕목'의 주제도 구체적인 '인성, 전문성, 창의성, 국제 감각성'의 덕목으로 한정시키면서 주제문을 작성하였다. 주제문에는 글에서 다룰 구체적인 방향과 내용이 표현되어야 한다. 이러한 주제문은 글이 주제에서 벗어나지 않도록 도와준다.

표 2-4_**'주제-주제문'의 예**

구분	내용
주제	우리나라의 대체 에너지 개발 문제
주제문	지하 에너지 자원이 부족한 우리나라 현실에서는 태양열과 풍력을 이용한 대체 에너지 개발과 이를 상용화 할 수 있는 정책 수립이 시급하다.
주제	산학시대의 전문인 교육에서 배양해야 할 덕목
주제문	산학시대의 전문인 교육에서 '인성, 전문성, 창의성, 국제 감각성'의 배양이 필요하다.
주제	코로나 상황에서의 확진자 동선 공개
주제문	코로나19 바이러스의 감염과 확산을 막기 위해서 동선이 겹치는 일반인 그리고 이를 관리하는 공무원들에게 확진자의 동선을 공개해야 한다.

　주제문을 작성할 때는 기본적으로 형식적인 면과 내용적인 면에서 몇 가지 유의할 점이 있다. 내용은 다음과 같다.

① 완전한 문장, 평서형 문장으로 서술한다.
② 필자의 관점, 태도, 목표와 독창적인 견해가 분명하게 드러나야 한다.
③ 의문문이나 비유, 암시, 추측 형태나 '나는~이라고 생각한다'와 같은 표현은 피한다.
④ 대립하는 견해를 제시할 때는 반론의 여지를 생각하여 반영한다.

주제문의 내용

① 넓은 범위를 다루지 말고, 단일한 주제로 부각시킨다.
② 의미 전달을 명확히 하고 구체적으로 하되 장황하지 않도록 한다.
③ 둘 이상의 개념이나 두 개의 주제로 해석이 가능한 문장은 피한다.
④ 일관성이 없거나 모호한 표현은 쓰지 않는다.

위에 제시한 주제문의 형식과 주제문의 내용을 유의하면서 주제문을 작성하면 글쓴이가 글에서 쓰고자 하는 내용이 분명해진다. 문학 작품의 경우 주제문이 글의 표현에 잘 나타나지는 않는다. 글 전체를 통하여 암시되거나 비유적으로 표현된 경우가 흔하다. 일반적인 글에서도 주제문이 단일 문장으로 되어 있지 않고 여러 개의 문장으로 표현되거나 여기저기 흩어져 있는 경우가 흔하다.

그러나 논설문이나 설명문 같은 설득이나 이해를 목적으로 하는 글일수록 주제문이 겉에 잘 드러나는 것이 바람직하다. 다음은 지금까지 살펴본 '화제, 주제, 주제문'을 묶어 한눈에 볼 수 있게 하였다. 화제와 주제, 주제문의 관계를 잘 이해할 수 있고, 글을 쓸 때 참고할 수 있다.

Getty Inmages

표 2-5_ '화제-주제-주제문'의 예

구분	내용
화제	사극 영화 속 이야기의 진실과 거짓
주제	사극 영화에 나온 역사 왜곡의 문제·해결 방안
주제문	역사를 소재로 다룬 영화들은 크고 작은 사실 왜곡이 있다. 영화가 미치는 사회적 영향을 생각할 때 제작자는 영화 속 역사의 진실과 허구를 명확하게 밝혀야 한다.
화제	자전거의 재유행
주제	자전거의 옛날 영광 회복
주제문	요즘 자전거는 기름이 안 드는 경제적 이유와 더불어 도시 교통에도 도움이 되는 이유로 많이 애용되고 있다. 또한 건강에도 좋고 공해를 발생시키지 않는 착한 이동기구로 사람들에게 옛날만큼 사랑을 받고 있다.
화제	생활 속 손쉬운 건강 관리 활동
주제	가장 손쉽게 할 수 있는 건강 관리 활동, 걷기와 스트레칭
주제문	생활 속에서 손쉽게 건강을 관리할 수 있는 활동에는 걷기와 스트레칭이 있다.

주제문을 작성하고 다음 사항을 점검하면 좋은 주제문으로 다듬는 데 도움이 된다.

💡 주제문 점검 내용

① 명확성
- 하나의 완결된 문장으로 끝맺고 있는가?
- 의문문이 아닌 평서문으로 끝맺고 있는가?
- 제목과 혼동되고 있지는 않은가?

② 구체성
- 구체적인 논의대상(주제)을 포함하고 있는가?
- 구체적인 내용을 갖고 있는가?

③ 가치성
- 새로운 가치를 보여주고 있는가?
- 자신의 관점에서 인식한 참신한 내용을 갖고 있는가?

다음은 '화제, 주제, 주제문, 글'의 모습으로 화제 찾기부터 글을 쓰기까지의 과정을 볼 수 있는 자료이다. 글을 쓸 때 참고할 수 있다.

화제	강원도 고성군 토성면 광포길의 음식점 화재
주제	경동대학교 고성 글로벌 캠퍼스 유학생 모한 살라미 씨의 음식점 화재의 조기 진압 현장
주제문	경동대학교 고성 글로벌 캠퍼스에 재학 중인 네팔 국적의 유학생 모한 살라미씨는 경동대학교 화재 예방 및 대피 훈련 교육 경험을 통해 큰불로 확산될 수 있었던 음식점 화재를 신속하고 적절하게 조기 진압하였다.

🔍 예시 글 음식점 화재 진압한 경동대 유학생

경동대학교(총장 전성용)는 16일 강원도 고성 글로벌 캠퍼스에 재학 중인 네팔 국적의 유학생 모한 살라미(26. 국제호텔경영학과 4) 씨가 고성군 토성면 광포길의 모 음식점에 발생한 화재를 진압하여 자칫 큰 피해를 막았다고 밝혔다.

모한 살라미 씨는 14일 밤 10시 반쯤 아르바이트 후 귀가하던 중 토성면 봉포리 한 식당 수족관 근처에서 크게 일어난 불을 발견하였다. 마침 숙소가 식당 맞은편이라, 모한 씨는 즉시 숙소로 가 화재 사실을 전파 후 소화기를 들고 뛰어나와 진화에 나섰다.

불이 난 곳은 4층 건물로 대형 화재로 확산될 상황이었으나, 다행히 적절한 조치로 소방차 도착 시에는 이미 진화가 끝난 상태였다. 유중근 고성소방서장은 "화재 초기의 소화기 1대는 소방차 1대의 소방 효과를 발휘한다"며 적절한 대처를 칭찬하였다.

모한 살라미 씨는 "2019년 봄 고성산불 발생 며칠 전, 화재진압 및 대피 훈련을 받았다. 그래서 모두 안전하게 대피할 수 있었다"고 말했다. 또 "그때 배운 소화기 사용법으로 이번 불을 껐다"며, 산불 피해를 경험해 봐서 다른 생각 없이 뛰어다니며 조치를 취했다고 화재진압 당시 상황을 설명하였다.

〈중앙일보, 2021. 03. 16.〉

3) 제목 만들기

제목은 읽는 이가 만나는 첫 번째 문장이라 해도 과언이 아니다. 즉, 독자와 만나는 최초의 지점이 글의 제목이다. 주제와 제목이 같은 경우도 간혹 있지만, 주제와 제목은 엄연히 다른 것이기 때문에 제목을 따로 정하는 것이 좋다. 글에 대한 첫인상은 제목이 결정한다. 독자는 제목을 보고, 그 글의 방향이나 내용을 짐작하거나 읽고자 하는 동기를 가지게 된다. 제목이 글의 성격이나 주제를 맨 먼저 밖으로 드러내 보여주기 때문이다. 따라서 제목을 붙이는 일은 특히, 독자와의 관계에서 그 글의 성패와도 관계가 된다. 상업적인 글쓰기나 신문이나 잡지에서 제목 잡기는 과히 아이디어의 전쟁이라 해도 과언이 아니다. 일반적인 글쓰기에서도 제목은 독자가 대하는 글쓴이의 첫 고뇌의 산물이라 할 수 있다.

제목은 개요를 짤 때 주제와 글의 구성에 맞는 제목을 먼저 달아놓고, 글을 다 쓴 후에 다시 돌아보며 고치면 효과적이다. 처음에 제목에 신경을 많이 쓰지 말고 생각나는 제목을 써 놓고 나중에 수정하면 좋은 제목으로 완성되는 경우가 많다. 제목을 너무 신중하게 먼저 달아놓으면 그 제목 때문에 글의 내용을 마음껏 펼치기가 어렵고 제약을 받을 수 있다.

제목은 정보전달기능, 색인 기능, 독자 유인 기능, 지면 미화 기능 등을 한다. 제목이 글에서 매우 중요한 역할을 하고 있음을 짐작할 수 있다. 이러한 제목은 다음과 같은 요건을 갖출 때 더욱 빛난다.

💡 **제목이 갖추어야 할 요건**

① 제목은 글의 주제가 아니라 글의 결론을 가리켜야 한다.
② 제목은 글의 내용 전체를 아우르지 않아도 된다.
③ 제목은 글에서 하나만 꼽으라면 택할 대목을 강조해도 된다.

제목은 낚시성 제목도 좋지 않지만, 글의 내용을 단순하게 요약하는 제목도 피하는 것이 좋다. 신문이나 인터넷에는 낚시성 제목이 많이 쓰이고 있다. 이는 독자를 끌어들이기 위한 수단으로 사용하는 방법인데, 낚시성 제목은 내용과 불일치하는 사례로 사용해서는 안 된다. 제목은 글의 종류에 상관없이 주제나 제재, 저자의 관점 등을 간략히 드러내는 것으로 글의 핵심 내용을 가늠케 하는 중요한 요소이다. 비슷한 내용의 여러 글이 있을 때 글의 방향성을 선명하게 보여주면서 흥미를 유발하게 하는 제목이 있다면 독자들은 그 글을 선택하여 읽을 것이다. 그러므로 글을 효과적으로 표현하는 것이 중요해지는 현대 시대에 선명하고 참신한 제목을 선정하는 것은 글의 완성 과정이며 매우 중요하다.

제목을 완성하는 과정에는 정답이 없지만, 일반적으로 전체적인 글의 주제를 압축하면서 몇 개의 핵심어를 추론하여 짧은 문장이나 몇 개의 구(句)로 재구성하는 경우가 많다. 특히 설명문이나 논설문과 같이 전달 목적이 선명한 글일 경우 이러한 제목 선정의 방식이 효과적이다. 또한 동일한 내용이라도 글의 종류나 목적, 독자 등에 따라 다양한 제목을 구상해 볼 수 있다. 논문과 같은 학술적인 글에서는 대부분 글의 내용을 그대로 드러내는 명사형 제목이 많이 사용되고, 문학과 같은 창조적인 글쓰기에서는 문장 형식으로 비유적인 표현들이 사용되기도 한다. 다음은 글쓰기에 관련한 책들이다. 글쓰기를 안내하는 유사한 책들이지만 매우 다양한 제목으로 독자들을 부르고 있다.

- 글쓰기를 위하여(김동식)
- 글쓰기의 힘(장동석 외)
- 글쓰기 기본기(이강룡)
- 글쓰기 도구 상자(백우진)
- 읽기 쓰기 그리고 살기(김열규)
- 유혹하는 글쓰기(스티븐 킹, 김진준 옮김)
- 탄탄한 글쓰기 공부(곽수범)

- 결론부터 써라(유세환)
- 글쓰기 처음입니다(백승권)
- 글쓰기 비결 꼬리물기에 있다(박찬영)
- 글쓰기와 말하기를 어떻게 할 것인가(이만식, 김용경)
- 뼛속까지 내려가서 써라(나탈리 골드버그, 권진욱 옮김)

　그러나 독자의 관심을 유도하고 흥미를 자극하기 위해 지나치게 선정적이거나 주제에서 벗어나는 내용으로 제목을 다는 것은 오히려 글의 수준을 저하시키고 부작용을 낳기도 한다. 그러므로 글의 주제를 집약하고 참신하면서도 글의 종류와 수준에 맞는 제목을 구상하기 위한 노력이 필요하다. '칭찬은 고래도 춤추게 한다'라는 책 제목은 그 내용보다 제목이 우뚝 선 책이라는 평판도 있다. 이와 같이 글의 제목은 매우 중요하다. 또 기억에 남는 책 제목을 보면 '엄마를 부탁해', '무소유', '총 균 쇠', '천 번을 흔들려야 어른이 된다', '정의란 무엇인가', '나는 나로 살기로 했다' 등이 있다. 이 책들은 평서형, 청유형, 의문형으로 다양하게 제목을 활용하면서 독자와의 적극적인 공감이나 설득의 측면을 강조하고 있고, 호기심이 유발될 수 있는 제목들이다. 독자들이 제목에 흥미를 느끼게 되면 책을 구매하여 직접 그 내용을 읽어 보려 하는 경우가 많다. 그런데 이러한 대중 서적과 달리 전문 학술 서적이나 논문들의 제목은 대상 독자의 범위가 다르기 때문에, 보다 간결하고 선명하게 제목을 다는 것이 바람직하다.

　간혹 학생들의 보고서 제목이 글의 내용을 보여주는 구체성이 없이 지나치게 범위가 넓거나 추상적인 내용으로 예를 들면, '~을 읽고, ~에 대하여, ~를 다녀와서, ~ 감상문, ~ 독후감' 등으로 제출하는 경우가 있다. 이런 제목은 독자에게 호기심을 주지 못할 뿐만 아니라 성의가 부족한 제목의 형태로 볼 수 있다. 보고서의 경우도 글의 핵심 내용을 간결하고 선명하게 전달할 수 있는 제목을 다는 것이 좋다. 다시 말해 보고서나 독후감, 영화 감상문일 경우도 주제를 선명하게 보일 수 있는 내용, 영화에서 인상 깊었던 부분이나 내용 또는 자신의 생각을 반영한 제목을 다는 것이 바람직하다.

제목 잡기에서 고려해야 할 사항은 글의 종류나 목적에 따라 다르겠지만, 대략 다음과 같이 정리할 수 있다.

💡 제목 잡기에서 고려해야 할 사항

① 주제가 잘 드러나도록 한다.
② 참신하고 창의적인 표현을 한다.
③ 독자의 호기심 등 동기유발을 고려한다.
④ 함축성 있는 표현으로 상상력을 불러일으킨다.
⑤ 과장하지 않도록 한다.
⑥ 생생하고 명확한 상황을 전달한다.
⑦ 명료하고 간결하게 잡는다.
⑧ 감정적이거나 지나치게 감성적인 표현은 피한다.
⑨ 발음하기 좋도록 한다.
⑩ 친근하고 부담 없는 표현을 한다.

제목의 길이는 한 마디의 단어부터 긴 문장까지 다양하다. 글의 내용을 가장 효과적으로 보여줄 수 있는 단어나 문장이면 좋다. 제목은 대체로 이해하기 쉽고 명료한 것이 바람직하지만, 때에 따라서는 암시적, 상징적인 것이 효과적일 수도 있다. 제목은 필자의 의도에 따라서 또 글의 성격에 따라서 매우 다양한 형태를 띤다. 논문, 보고문 또는 설득을 목표로 하는 논설문이나, 이해 전달에 주안점을 두고 있는 설명문 등의 글은 일반적으로 주제를 제목으로 삼는다. 표현을 중심으로 하는 문예문은 소재나 주제를 제목으로 삼기도 하지만 소재나 제재, 상징, 비유, 이미지 등을 이용하여 제목을 붙이는 경우가 많다. 이외에도 인용, 패러디, 암시, 문장 원용 속담이나 노랫말, 유행어 등 그 형태가 실로 다양하다. 다음은 다양한 제목들의 모습이다. 좋은 제목을 만드는 데 참고하면 좋다.

1 주제와 소재로 제목을 만든 경우

- 대학교육의 이념과 대학생활(전해종)
- 우리 학문의 전통과 방향(조동일)
- 청포도(이육사)
- 선학도 나그네(이청준)

2 말이나 글을 다듬고 꾸며서 아름답고 정연하게 제목을 만든 경우

- 사실형: 오늘은 현충일입니다(공익광고)
- 비유형(은유, 직유, 대유, 의인 등): 차가운 머리, 뜨거운 가슴(정운영)
- 상징형: 조밀한 서정의 탄주(彈奏)-김영란론(정한모)
- 우의형: 돼지 숭배자와 돼지 혐오자(마빈 해리스)
- 패러디형: 여보들의 행진(김성철)
- 인용형: 아빠 문이 안 열려요(대한매일, 지하철 사고 기사)
- 원용형: 못 일어나서 죄송합니다(스포츠서울, 이주일 씨 작고 기사)

3 주제를 바라보는 관점에 따라 제목을 만든 경우

- 객관형: 신비한 생식의 세계(세르게이예프)
- 주관형: 내게는 꿈이 있습니다(마틴 루터 킹)

4 글의 목적을 고려하여 제목을 만든 경우

- 제시형: 바람직한 국어 생활(강신항)
- 대상형: 삼천만 동포에게 읍고함(김구)
- 권유형: K군, 그것만은 꼭 하게(이성철)
- 명령형: 공연히 방황하지 말아라(아우렐리우스)

- 경고형: 일본 제국주의는 죽지 않았다(유시민)
- 주장형: 지리를 모르면 길을 읽는다(남달해)
- 다짐형: 하루에 한 가지씩 버려야겠다(법정)

⑤ 다양한 문장 형식으로 제목을 만든 경우

- 평서형: 사람이 곧 하느님이다(최동희)
- 감탄형: 그것도 모르다니!(이기광)
- 의문형: 지성인은 왜 고민하는가?(임희섭)
- 문장 미완성 종결형:
  - 어미 종결형: 이건 이렇고 저건 저렇고(소홍렬)
  - 어근 종결형: 고추 먹고 맴 달래 먹...(이하)
  - 체언 종결형: 산학시대의 전문인 교육(김상호)
  - 부사 종결형: 그것도 아주(이하)
  - 조사 종결형: 함께 걷는 이 길은(한샘)

⊘ 연습 화제 2개를 찾고 그에 맞는 주제, 주제문, 제목을 작성해보십시오.(하나는 자유, 다른 하나는 자신의 전공과 진로에 관련함)

화제	주제	주제문	제목

3. 자료 찾기

글의 내용을 생성할 때 자신의 경험이나 배경지식이 주요한 역할을 할 수도 있지만, 적절하고 정확한 정보를 갖추기 위해서는 자료를 찾고 검토하는 작업이 필수다. 나에게 필요한 자료를 찾는 것도 중요하지만 기존에 어떤 자료가 있고, 나의 글과 비슷한 주제로 쓰인 글은 어떤 것이 있는지를 찾아보는 것도 필요하다.

1 자료 수집

자료 수집은 주제와 연관된 단어를 검색하면서 스스로 질문을 던져 가며, 해당하는 자료를 탐색하며 모을 수 있다. 주제를 떠올리면서 질문을 해보고 그 질문에 답이 될 수 있는 자료들을 선정하고 나아가 더 발전시킬 수 있는 자료가 무엇인지 체크하면서 자료를 수집해야 한다.

자료는 대개 1~3차 자료로 구분할 수 있다. 1차 자료는 글을 쓰기 위해 선택한 직접적 분석 대상을 말한다. 예를 들면, 20세기 문자 언어생활을 연구하기 위해 20세기에 발간되거나 출판된 신문이나 소설의 자료를 분석대상으로 삼았을 경우, 해당 분석자료인 신문과 소설은 1차 자료로 볼 수 있다. 또한 1차 자료를 분석한 2차 자료를 대상으로 연구한 경우라면 해당 2차 자료가 1차 자료로 사용될 수 있다. 따라서 여기서 구분한 1~3차 자료라는 것은 상대적 개념임을 유념해야 한다. 2차 자료는 원자료에 대한 가공 자료로 분석하고자 하는 대상을 이해할 수 있도록 돕거나 그 대상을 잘 볼 수 있도록 사용하는 자료를 말한다. 학술 서적이나 연구 논문, 해설 자료, 설문 자료 등이 이에 속할 수 있다. 직접 실험, 조사, 인터뷰, 설문 등을 통해 자신의 재료를 개발할 수도 있다. 3차 자료는 용어에 대한 기본 정의나 역사적 배경에 대한 정보를 제공하는 것으로, 사전이나 개론서 또는 연감 자료, 기사문 등이 이에 속할 수 있다. 따라서 3차 자료는 기초 자료라고도 한다. 3차 자료는 부차적으로 활용될 수 있지만, 글이나 연구의 체계를 잡는 과정에서 중요한 근거 자료가 되기 때문에 글을 쓰기 전에 검토해 보는 것이 바람직하다.

💡 자료의 종류

- 1차 자료: 직접적 분석대상이 되는 자료
- 2차 자료: 분석대상을 이해하거나 조망할 수 있는 자료
- 3차 자료: 기본용어의 정의나 역사적 배경을 제공하는 자료

자료의 수집은 책, 사전, 신문, 방송, 인터넷 등 여러 경로를 통해 다양하게 할 수 있다. 필요하다면 전문가와 면담을 하여 구체적이고 깊이 있는 정보를 얻거나 전문 기관을 직접 방문함으로써 해당 분야의 폭넓은 지식을 얻을 수도 있다. 또한 경우에 따라서는 관찰이나 실험과 같이 직접 조사하는 방법을 통해 자료를 수집할 수도 있다. 수집해야 할 자료와 자료 수집 방법은 글을 쓰는 목적과 필요한 정보의 내용에 따라 달라지므로 효율적인 방법을 선택하는 것이 중요하다.

요즘은 인터넷이 일상화되어서 필요한 정보를 학교 도서관 홈페이지, 한국교육학술정보원(RISS, 학술연구정보서비스), 국가과학기술전자도서관(NDSL), 국립중앙도서관, 국회도서관 등에서 찾아볼 수 있다. 특히 대학도서관은 정보 자료를 교환하는 협약을 맺고 있으므로, 적극적으로 활용하면 자료를 얻는 데 유용하다. 원문 자료는 유료 또는 무료로 열람하거나 출력할 수 있고, PDF 파일 형식으로 내려받아 사용할 수도 있다.

자료는 다방면에서 풍부한 것을 수집하되, 공식적으로 발표한 출처가 분명한 글을 선택해야 한다. 또한 글을 쓰는 목적에 적합한 자료로서 독자의 수준과 배경지식에 부합한 것을 선택하고, 신뢰할만한 전문가가 쓴 자료나 공신력 있

는 신문이나 방송의 자료를 수집하는 것이 좋다. 정보가 과장되거나 왜곡된 자료가 아닌지, 지나치게 오래되어 효용이 떨어지는 자료인지도 확인해야 한다.

　다음에 소개하는 전자정보 포털은 자료를 수집할 때 참고하면 좋다.

- 경동대학교 도서관(https://lib.kduniv.ac.kr)
- 국립중앙도서관(https://www.nl.go.kr)
- 국회도서관(https://www.nanet.go.kr)
- 한국교육학술정보원(https://www.riss.kr)
- 한국사회과학자료원(https://kossda.or.kr)
- 국가과학기술전자도서관(https://library.kist.re.kr)
- 국가전자도서관(https://www.dlibrary.go.kr)
- 국립국어원 누리집 활용(https://www.korean.go.kr)
- 국내 학술논문 검색: RISS, KISS, DBpia 등(경동대학교 도서관 홈페이지에서 접속 가능)
- 국외 학술논문 검색: RISS 내 '해외 학술논문' 혹은 '해외 전자자료 검색'
- 기타 유용한 인터넷 사이트(경제/법/환경/노동/보건복지/통일/국방/언론/관보)
  - 재경부(https://www.mofe.go.kr)
  - 국가통계 포털(https://www.nsportal.stat.go.kr)
  - 한국개발연구원(https://www.kdi.re.kr)
  - 법제처(https://www.moleg.go.kr)
  - 환경부(https://www.me.go.kr)
  - 노동부(https://www.molab.go.kr)
  - 보건복지부(https://www.mohw.go.kr)
  - 한국여성정책연구원(https://www.kwdi.re.kr)
  - 세계보건기구(WHO)(https://www.who.int)
  - 통일연구원(https://www.kinu.or.kr)
  - 한국국방연구원 https://www.kida.re.kr)
  - 언론기사(KINDS)(https://www.kinds.or.kr)
  - 전자관보(https://gwanbo.korea.go.kr)

❷ 자료 정리

정보화 사회에서 개인의 능력은 '얼마나 빨리 필요한 정보를 찾을 수 있는가?'와 '수집한 자료를 얼마나 효과적으로 조직화하여 타인과 소통할 수 있는가?'로 평가한다. 다시 말해, 수집한 자료를 잘 정리하여 효율적으로 활용하는 것이 중요하다.

요건을 갖춘 자료가 수집되었다면 집필하는 데 필요한 자료로, 주제 표출에 효과적으로 활용할 수 있는 자료로 잘 정리해 놓아야 한다. 나중에 시간이 나기를 바라며 정리를 미루지 말고, 당장 자료를 정리해 놓는 것이 현명한 자세이다. 자료를 정리할 때는 다음과 같은 사항을 고려하여 정리하면 필요할 때 효율적으로 사용할 수 있다.

💡 자료 정리를 위한 기준들

①내용에 따라 정리: 내용이나 관점이 같은 것과 그렇지 않은 것을 구분하여 정리함
②중요성의 정도에 따라 정리: 주제와 직접적인 것과 간접적이거나 참고 사항인 것을 구분하여 정리(본질적인 것과 부차적인 것, 대표적 사례와 관련 사례, 중요한 것과 덜 중요한 것 등)
③변천이나 역사성에 관련된 것에 따라 정리: 시간적 순서 또는 공간적 순서에 따라 정리
④기타: 큰 범주와 작은 범주에 따라, 현상에 따라, 문제에 따라, 인과에 따라 분류하고 정리

선택한 자료를 목적에 맞게 정리할 때는 자료 정리의 형식을 통일성 있게 유지하는 것이 핵심이다. 특히 정리된 자료를 어디서 얻었는지 출처를 반드시 서지 목록에 기입하고, 이미지 파일들도 파일명을 편리하고 적절하게 바꾸어 구체적으로 정리하면 좋은 정보가 된다. 또한 자료를 정리하다가 최초 정보가 틀리거나 보완해야 할 점이 발견되면 바로 바르게 수정해 놓아야 필요할 때 정확한 정보를 쓸 수 있다. 다음은 간단하게 서지 정보를 정리한 것과 '징비록'과 관

련된 도서가 어떤 것이 있는지 자료를 찾아 정리한 목록들이다. 한 가지 책을 분류 기준에 따라 정리한 예로서 자료 정리에 참고할 수 있다.

표 2-6_자료의 서지 정보 정리의 예

구 분	내 용
저자, 출판연도, 책이름, 출판사	최영미 외(2017), 《독서와 토론》, 박이정.
쪽수(1차~3차 자료)	총 287쪽, 2차 자료
핵심 내용	독서와 토론의 방법 및 실제

표 2-7_ '징비록' 책 제목에 따른 자료 정리의 예

	분류(제목)	엮은이	출판사	출판연도	쪽수
1	풀어쓴 징비록 류성룡의 재구성	박준호	동아시아	2009	319쪽
2	징비록	장윤철	스타북스	2020	317쪽
3	어린이와 청소년을 위한 징비록	박지숙	보물창고	2019	162쪽
4	징비록 1권, 2권, 3권	김기택	알마	2013	200쪽 (권당)
5	징비록	김문정	더스토리	2019	298쪽
6	징비록	김흥식	서해문집	2003	245쪽
7	국역정본 징비록	이재호	역사의아침	2007	400쪽
8	징비록	오세진외	홍익출판	2020	334쪽
9	책임지는 용기, 징비록	최지운	상상의집	2015	156쪽
10	비참한 전쟁에 대한 반성의 기록 징비록	이상각	파란자전거	2015	189쪽

📊 표 2-8_ '징비록' 대상에 따른 자료 정리 예

	분류(대상)	제목	엮은이	출판사	출판연도
1		어린이와 청소년을 위한 징비록	박지숙	보물창고	2019
2	청소년	책임지는 용기, 징비록	최지운	상상의집	2015
3		비참한 전쟁에 대한 반성의 기록 징비록	이상각	파란자전거	2015
4		풀어쓴 징비록 류성룡의 재구성	박준호	동아시아	2009
5		징비록	장윤철	스타북스	2020
6		징비록 1권, 2권, 3권	김기택	알마	2013
7	성인	국역정본 징비록	이재호	역사의아침	2007
8		징비록	김문정	더스토리	2019
9		징비록	김흥식	서해문집	2003
10		징비록	오세진 외	홍익출판	2020

📊 표 2-9_ '징비록' 출판연도에 따른 자료 정리 예

	분류(연도)	제목	엮은이	출판사
1	2020	징비록	장윤철	스타북스
2	2020	징비록	오세진외	홍익출판
3	2019	징비록	김문정	더스토리
4	2019	어린이와 청소년을 위한 징비록	박지숙	보물창고
5	2015	책임지는 용기, 징비록	최지운	상상의집
6	2015	비참한 전쟁에 대한 반성의 기록 징비록	이상각	파란자전거
7	2013	징비록 1권, 2권, 3권	김기택	알마
8	2009	풀어쓴 징비록 류성룡의 재구성	박준호	동아시아
9	2007	국역정본 징비록	이재호	역사의아침
10	2003	징비록	김흥식	서해문집

표 2-10_ '징비록' 내용에 따른 자료 정리 예

	분류(내용)	분류(내용별)	엮은이	출판사	출판연도
1		어린이와 청소년을 위한 징비록	박지숙	보물창고	2019
2		징비록	김문정	더스토리	2019
3	징비록	징비록	김흥식	서해문집	2003
4		국역정본 징비록	이재호	역사의아침	2007
5		징비록	오세진 외	홍익출판	2020
6		징비록 1권, 2권, 3권	김기택	알마	2013
7		징비록	장윤철	스타북스	2020
8	징비록 + 저자의 의견	풀어쓴 징비록 류성룡의 재구성	박준호	동아시아	2009
9		책임지는 용기, 징비록	최지운	상상의집	2015
10		비참한 전쟁에 대한 반성의 기록 징비록	이상각	파란자전거	2015

연습 전공과 관련하여 관심 있는 자료를 하나 선정하고 찾아서 정리해보십시오.(도서관 활용)

출처	
쪽수(1~3차 자료)	
핵심 내용	

4. 개요 구성하기

자료를 수집했다고 바로 글쓰기를 할 수는 없다. 주제를 뒷받침할 수 있는 자료를 충분히 수집하고 정리하면, 한 편의 글을 어떠한 구성을 거쳐 어떻게 전개해 나갈 것인가에 대해 전체적인 뼈대를 잡는 일이 필요하다. 바로 개요를 작성하는 단계이다. 개요는 주제에 알맞은 자료와 정보를 자연스럽게 논리적으로 배열하는 일로, 글의 전체 내용을 미리 간추려 보여주는 글의 뼈대 역할을 한다. 단행본의 목차는 극도로 압축된 개요라고 볼 수 있지만, 개요는 글쓴이가 글을 쓰기 위해 작성한 글의 순서라면, 목차는 독자들에게 글의 내용과 순서를 알려주는 안내서와 같은 것으로 볼 수 있다.

준비된 자료를 효과적인 방법으로 구조화시키고, 글 전체를 어떻게 작성할 것인가를 생각하여 만든 것이 글의 개요이다. 개요는 흔히, 재료만 가지고 건축을 할 수 없는 건축 현장에서 사용하는 설계도에 비유한다. 글의 전체적인 흐름을 말해주는 개요는 조직적인 글을 쓰는 데 매우 필요한 작업이다. 한편, 개요는 글의 설계도이기도 하지만 스케치이기도 하다. 자주 수정하고 삭제·추가하면서 개요를 보충하면 글이 더 나은 방향으로 보완되고 탄탄하게 구성되면서 글의 완성도가 높아진다는 것도 명심할 필요가 있다.

1 개요 구성 방식

개요를 구성하는 것은 글의 요약과 내용의 배열 순서를 정리하는 것으로 체계적인 조직화 과정이다. 어떤 순서와 어떤 방식으로 제시하느냐에 따라 개요의 구성이 달라지지만 모든 글은 '처음-중간-끝'으로 구성된다. 글의 대략적인 모습을 도표로 보면 〈그림 2-7〉과 같다.

개요는 '자료 수집과 정리' 단계에서 생성한 내용을 참고하여, 주제에 맞는

 그림 2-7 _ 글의 짜임

핵심 내용을 뽑아 구성하는 것이다. 주제에 대한 깊이 있는 성찰을 통해 주제
와 각 항목이 유기적인 연관성을 지닐 수 있도록 작성하는 것이 중요하다. 좋은
개요는 글의 구조가 명확하게 들어올 수 있도록 시각적으로 형상화한 것이다.
위에서 제시한 글의 대략적인 모습을 개요의 틀로 구성하면 다음과 같다.

💡 개요의 짜임

> **주제**
> 1. 머리말(서론)
> 2. 핵심 내용1(소주제1, 본론1)
> 3. 핵심 내용2(소주제2, 본론2)
> 4. 핵심 내용3(소주제3, 본론3)
> 5. 맺음말(결론)

개요는 글의 부분들을 하나의 구조로 짜는 원리와 질서로 구성할 때, 각 항
목이 논리적으로 연결된다. 전체의 부분이나 구조의 기본 단위를 어느 단계에

서 몇 덩어리로 나누어 짜는 작업과 개요를 짜는 원리와 질서, 그리고 그 결과 짜인 모습 등을 모두 '구성'이라고 한다. 특히 글의 가운데 부분들을 하나의 구조로 짜는 원리와 질서를 가리킨다.

글의 구성은 연결성과 통일성이라는 두 측면으로 나누어 살펴볼 수 있다. 글쓴이의 입장에서 보면, 연결성은 부분들을 배열하는 원리가 되고 통일성은 같거나 비슷한 부분들을 선택하여 모으는 원리가 된다. 즉, 개요의 각 항목은 주제를 벗어나지 않는 내용으로 통일성을 지녀야 하고, 하나의 원리와 질서로 서로 연결되어야 한다.

일관된 원리와 질서를 기준으로 개요의 내용을 배열하면 선정한 주제를 뒷받침하는 핵심 내용들로 논리적 흐름을 갖게 할 수 있다. 구성은 하나의 중심 생각을 표현하는 내용의 덩어리를 배열하는 방식에 따라 시간적 구성, 공간적 구성, 나열식 구성, 단계식 구성으로 나눌 수 있다.

1) 시간적 구성

시간적 구성은 화제를 시간적 순서에 따라 구조화하는 방식이다. 사건이 일어난 경과나 대상이 만들어지는 과정을 시간 순서로 구분하여 그 내용을 조직하면 독자는 내용을 쉽게 이해할 수 있다. 연구물에서 통시적 연구나 역사적 기록은 이 방식을 많이 채택한다. 회고록이나 일기, 기행문, 회상적인 수필이나 서사적인 소설 등에서도 많이 활용되는 방법이다.

이는 과거로부터 현재나 미래까지 시대별로, 계절이나 하루의 시간적 변화에 따르는 방식 등 다양하게 할 수 있다. 변천이나 사건의 전개, 체험과 기억을 정리하는 좋은 방법이다. 한편, 이 방법은 주제문이 시간의 흐름에 따라 산재되어 있거나 잘 나타나지 않을 가능성이 많다. 이로 인해 글쓴이의 의도가 잘 드러나지 않는 약점이 있어 시간별로 일어나는 사안들이 전체 맥락 속에 어떤 연관성을 지니고 있는가를 감안하여 글을 써야 한다.

주제: 1차 산업 혁명에서 4차 산업 혁명까지의 주요 변화
① 18세기 후반의 1차 산업 혁명: 증기 기관을 기반으로 한 생산의 기계화
② 19~20세기 초의 2차 산업 혁명: 전기 에너지를 기반으로 한 대량 생산
③ 20세기 후반의 3차 산업 혁명: 전기·정보 기술을 기반으로 한 생산의 자동화
④ 21세기 초반의 4차 산업 혁명: 디지털 혁명을 기반으로 한 기술 융합

2) 공간적 구성

공간적 구성은 공간성을 가진 화제를 질서화하고 체계화하는 방식이다. 시간적 변화와 관련이 없는 사물이나 상황을 기술하거나 설명할 적에 공간별로 화제를 배열함을 말한다.

일정한 공간적 관점에서 지역이나 장소에 존재하는 사물이나 상황, 지리적 문제, 건물 등의 배치나 구조, 외모나 풍경, 고정되어 있는 현상, 기구나 조직 등을 제시하거나 설명 또는 묘사하는 데 주로 쓰는 방법이다. 공간적 관점은 전체에서 부분으로 전개하는 방식과 먼 거리에서 가까운 거리로 또는 그 반대로 전개하는 원근법에 의한 전개 방식이 있다. 이 방법도 공간에 따른 부분적 제시가 전체 맥락 속에서 어떤 관계에 있는가를 명료하게 해주어야 하며, 일정한 공간적 관점에 따라 일관성 있게 서술하는 것이 중요하다.

주제: 강의실에서 창문 밖으로 보이는 풍경들
① 강의실 창가 풍경
② 창가 너머 보이는 도로가 풍경
③ 도로 건너편 보이는 카페 풍경

3) 나열식 구성

나열식 구성은 여러 개의 대등한 비중을 가진 화제를 일정하게 제시하는 방식으로 병렬식 구성이라고도 한다. 각 단락은 독립적인 성격이 강하다. 이 방식은 주제를 하나로 제시하기에는 너무 다양하여, 집약하여 제시할 수 없거나, 그럴 필요가 없는 경우에 효과적이다. 흔히 격려사나 축사에서 여러 조건이나 사항을 제시 또는 요구할 때, 여러 현상들을 설명하는 글에서 주로 쓰인다.

나열 구조는 어떤 대상을 유형에 따라 분류하여 설명할 때 사용하는데, 특히 '첫째, 둘째, 셋째'와 같은 서사적 나열 방식은 글의 목적과 글의 내용을 한눈에 잘 보여주고 독자의 이해를 높이는 효과가 있다. 하지만 지나치게 많은 내용을 나열하면 전체 흐름이 산만해지고, 정리가 되지 않은 느낌을 줄 수 있으므로 어떻게 하면 재미있는 발상을 갖고 독자를 사로잡을 수 있을까에 대한 고민을 하면서 사용해야 한다. 즉, 길고 복잡한 내용을 정리하여 제시하는 나열식 구성이 단순한 나열에서 끝나지 않게, 앞뒤로 나열되는 내용들의 유기적인 관계를 고려하여 글 전체를 구성하는 것이 바람직하다.

> 주제: 글쓰기의 힘 6가지
> ① 논리력   ② 사고력   ③ 전달력   ④ 설득력   ⑤ 판단력   ⑥ 영향력

4) 단계식 구성

단계식 구성은 글쓴이의 의도에 따라 논리적인 일관성을 갖도록 화제를 인위적으로 배열하는 방식이다. 이 방식은 추상적인 주장을 설명하거나 논증을 하는 글에 많이 쓰인다. 어떤 현상이나 사물을 분석·고찰한 내용을 논리적으로 이치에 맞게 전개하는 방법이기 때문에 논문, 발표문, 보고문, 논설문, 설명문,

호소문, 경고문, 서사성이 없는 자기소개서 등에 주로 채택된다.

　단계식 구성은 단계에 맞추어 각 항목의 내용을 유기적, 인과적, 논리적으로 배열하는 방식으로 처음에 화제나 문제를 제기하고, 그것에 관하여 여러 가지 이야기를 전개한 다음, 마지막으로 요약하고 정리한다. 글 전체를 긴밀하게 통제할 수 있어서 주제 전달에 효과적이다. 단계식 구성에서 주제를 전개할 때 '비교·대조, 원인·결과, 문제·해결' 등의 중심 내용으로 조직할 수 있으며, 그 외 '찬성·반대, 이론·실제, 이론·응용, 주장·근거(이유), 주장·반론, 전제·검토, 가설·검증' 등의 내용으로 구성할 수도 있다. 중심 내용은 논리적으로 글을 전개하는 데 있어, 각 항목이 어떤 역할을 하느냐에 따라 각각 달라질 수 있다.

　단계식 구성은 글의 완결성을 지니는 특성으로 여러 글에 일반적으로 널리 쓰이고, 글의 내용을 논리적 관점에 따라 몇 개의 단계로 나누어 배치하느냐에 따라 3단식, 4단식, 5단식 등으로 나눌 수 있다.

❶ 삼단 구성(서론-본론-결론)

　3단식은 주제를 간결하게 전달할 수 있는 효과적인 구성 방식으로, 논증적인 글의 경우는 서론-본론-결론으로, 설명의 글은 도입-전개-정리로, 서사적인 글은 발단-전개-결말(대단원)로 짜는 것이 일반적이다. 3단식 구성의 배열은 대체로 다음과 같다.

💡 서론: 문제 제기

> ① 화제에 대한 집중과 흥미 유발
> ② 글 쓴 동기나 목적을 밝힘
> ③ 다룰 문제의 현황, 범위, 방법이나 이론
> ④ 그 밖의 예비사항 등을 기술

💡 본론: 문제 해결 방안 제시(주제의 전개)

① 사실 제시, 이에 대한 필자의 견해 진술
② 자신의 견해의 정당성을 논거로 제시하여 입증
③ 분석, 예시, 인용, 입증 등의 방법을 통해 내용을 정리
④ 통계 숫자, 권위자의 학설, 사례와 예화 등
⑤ 예상되는 반론 제거
⑥ 해결방안의 구체화 및 그 유효성

💡 결론: 주제의 재확인, 제안

① 본론의 요약정리
② 주요 사항을 추려서 다시 상기
③ 독자의 결심 촉구, 행동으로 유도
④ 새로운 과제의 제시와 앞으로의 전망

② 사단 구성(기-승-전-결)

4단식은 '기(起)-승(承)-전(轉)-결(結)'로 구성하는 방식으로, 변화나 반전을 기하는 글에 효과적이다. 이 방식은 '전'의 상황 전환에 그 묘(妙)가 있다. '기'에서 화제를 도입하고, '승'에서 구체적으로 전개하다가, '전'에서는 반전(反轉)시킴으로써 변증법적인 귀결을 노리는 글에 효과적이다. 그러므로 이 방식은 '전'의 장치를 어떻게 하느냐에 따라 긴장과 흥미가 달라진다. 4단식은 시나 수필, 소설 외에도 일반적인 글에 자주 사용하는 기법이다. '기-승-전-결'의 구성은 '도입-발전-전환-종합·정리'의 단계로 풀어 볼 수 있다.

💡 기-승-전-결의 내용

① 기(도입): 글이 시작되는 부분으로 화제 도입(문제 제기)
② 승(발전): 제기한 문제를 이어서 설명(전개)
③ 전(전환): 앞에서 서술한 내용과 다른 내용을 서술 또는 내용을 부연 설명
④ 결(종합·정리): 글 전체를 마무리(요약 정리하거나 새로운 방안이나 과제 제시)

❸ 오단 구성(도입-전개-절정-하강-결말)

설명적인 글과 마찬가지로 이야기 형식, 곧 서사적인 글도 나름의 구조를 지니고 있다. 가령, 처음에는 배경과 인물이 등장하고, 이야기가 전개되면서 주인공의 내적인 반응과 사건, 그리고 끝으로 해결 등의 구조가 나타난다. 이러한 이야기 구성에 많이 쓰이는 방식이 5단 구성이다. 5단 구성은 '도입-전개-절정-하강-결말'의 단계로 나타난다. 논리적인 글에서는 '주의환기-문제제시-문제해결-해결 결과의 구체화-결론' 등의 단계로도 구성할 수 있다. 4단 구성의 짧은 글을 읽어보자.

🖋 예시 글   吾日三省吾身(나는 하루에 세 번씩 나 자신을 반성한다)

(공자의 제자인) 증자가 말했다. "나는 매일 나 자신을 세 번씩 반성한다. 남을 위해 일을 도모함에 있어 최선을 다했는가? 벗과 교우하는 데 있어 신뢰를 잃은 짓은 하지 않았는가? 스승에게 배운 바를 실천하는 데 게으르지는 않았는가?"

증자는 공자가 아끼던 제자 중 한 사람이었다. 그는 평소 공자로부터 노둔(魯鈍)하다는 평을 받았던 사람이었지만, 훗날 후계자로 인정받아 공자아카데미를 물려받을 만큼 성실하고 인간관계에서도 뛰어난 제자였다. 시대는 다르지만 지금도 여전히 성실성, 신뢰성 그리고 실천력은 리더가 가져야 할 중요한

덕목으로 꼽힌다.

내가 속한 조직 내에서 맡은 일에 최선을 다하는 성실함, 즉 충(忠)이 없다면 조직의 발전은 기대하기 어렵고 또 그 사람의 장래도 보나마나다. 책임감을 갖고 성실하게 일하는 사람이 많을수록 조직도 발전한다. 주변 사람들과 인간관계를 유지하는 데 있어 믿음을 지키는 것도 중요하다. 신뢰를 받지 못하는 지도자는 조직의 구성원으로부터 지지를 받기 어렵고, 따라서 설 자리를 잃게 될 것이다. 또 논어의 시작이 바로 학습, 즉 배우고 익히는 것이라는 사실은 참 의미가 크다. 배웠으면 이를 익히고 곧 실천에 옮기는 것이야말로 개인과 조직 발전의 원동력이 될 것이다.

하루에 세 번씩 스스로를 뒤돌아보는 지도자란 흔한 일은 아니겠지만, 제가 무슨 잘못을 하고 있는지도 모르면서 하루하루를 살아가는 지도자는 마치 무조건 '꿈은 이루어진다'고 외치는 몽상가(夢想家)에 불과하다.

〈민경조, 조선비즈, 2011. 09. 03.〉

2 개요 작성 방법

글의 종류나 필자의 의도에 따라 위에서 제시한 구성 방식을 개요 작성에서 적용하면 글의 구성이 만들어진다. 개요가 완성되면 그에 따라 글을 집필하면 된다. 그러나 참고할 점은 집필 전의 최종 개요라 하더라도 글을 쓰면서 일부분 수정이 가능하다는 것이다. 개요는 어디까지나 주제를 일목요연하게 드러내기 위한 수단이지 목적이 아님을 기억해야 한다. 글을 쓰면서 더 중요한 사실이나 보완점이 발견되거나, 새로운 아이디어가 생성되면 개요를 수정하면서 글을 쓰는 것이 좋다.

개요는 글 전체의 분량을 조절할 수 있게 해주고, 내용의 비중과 균형을 지킬 수 있게 하고, 주요 내용의 누락을 방지해 준다. 나탈리 골드버그는 "글은 철길을 따라 빠른 속도로 달리는 기차와 같다."라고 말하였다. 개요는 효율적인 글의 전개를 도우면서 한 편의 글을 빠른 속도로 쓸 수 있게 돕는다. 글을 집필하기 전에 개요 작성은 꼭 필요한 작업이다.

💡 개요 작성의 효과

① 글 전체의 분량을 조절할 수 있다.
② 글의 내용에 따라 비중과 균형을 맞출 수 있다.
③ 주요 내용의 누락을 방지할 수 있다.
④ 주제의 일관성을 유지할 수 있다.
⑤ 효율적인 내용 전개가 가능하다.

개요를 처음 작성한 뒤 여러 차례 점검을 거치면서 전체적인 글의 방향을 잡았다면 개요를 더 확장할 수도 있다. 개요에 포함되는 내용들을 논리적 흐름에 따라 구조화하고 조직화하기 위해 계층적으로 확장해 나가는 것이 효율적이다. 즉, 가장 큰 부문부터 내용을 적어가면서 세분화하는 작업을 해야 한다. 개요의 상위 핵심 항목의 범위가 넓은 경우 좀 더 상세하게 나누어 확장하면, 개요가 치밀하게 작성되어 글의 조직과 전개 과정을 자세하게 파악할 수 있다. 다음은 큰 항목의 개요 내용을 계층적으로 확장해 나가는 과정을 보여주는 예이다.

주제문: 갈등은 개인이나 조직 간에 대립적으로 야기되는 현상이다. 이러한 갈등은 분열에 따른 혼란 상을 촉진하므로 상호 커뮤니케이션의 강화를 구축해야 한다.		
제목: 갈등과 인간관계		
1) 가장 큰 항목 구성	2) 다음 하위 항목 구성	3) 마지막 세부 항목 구성
1. 갈등의 본질 2. 갈등의 유형 3. 집단 갈등 4. 정보사회와 갈등		
	3. 집단 갈등 1) 집단 갈등의 요인과 양상 2) 집단 갈등의 결과 3) 집단 갈등의 해소와 방법	

		3. 집단 갈등
		 1) 집단 갈등의 요인과 양상
		  가. 집단 갈등의 요인
		   (1) 경제적인 측면
		   (2) 사회적인 측면
		   (3) 정치적인 측면
		   (4) 기타 역사, 인종, 성 구분에 따른 갈등

　큰 항목을 논리적으로 세분화하면서 치밀하게 분석해 나갈 때, 동일한 위계 계층에 놓은 항목들은 동등한 가치를 지니고 있는지 확인하고, 또한 가장 낮은 단계의 항목이 상위 항목에 설정되지는 않았는지 살펴볼 필요가 있다. 개요를 확장할 때는 지나치게 많은 내용을 나열하면 전체 흐름이 산만해지고, 정리되지 못한 느낌을 주기 때문에 서론과 결론과의 유기적인 관계를 고려하여 글 전체를 적절하게 구성하는 것이 바람직하다.

　확장된 개요의 형태는 표시 방식에 따라 일반적으로 장절 개요, 수문 개요, 수 개요가 있다. 세 가지 종류의 개요를 외울 필요는 없지만, 각각의 형태가 지니는 원리와 작성 규칙을 정리해 볼 필요는 있다. 실제 개요를 작성할 때, 장절 개요, 수문 개요, 수 개요를 사용할 수도 있지만, 세 가지 종류를 조합하여 다양하게 응용할 수도 있다.

표 2-12_ 개요 표시 방식과 종류

장절 개요	수문 개요	수 개요	응용) 번호와 문자 조합 1	응용) 번호와 문자 조합 1	응용) 번호식
제1장 서론	1. 서론	1. 서론	1.	I.	1.
제2장	2.	2.	1)	A.	1.1.
제1절	가.	2.1.	가.	1.	1.1.1.
제2절	나.	2.2.	(1)	2.	1.1.2.
제1항	1)	2.2.1.	가)	a.	1.2.
제2항	2)	2.2.2.	①	b.	2.
제3장	3.	3.	②	1)	2.1.
제1절	가.	3.1.	2.	2)	2.1.1.
제2절	1)	3.1.1.	1)	①	2.1.2.
제4장 결론	2)	3.1.2.	가.	②	2.2.
참고문헌	나.	3.2.	나.	B.	3.
	1)	3.2.1.	(1)	II.	3.1.
	2)	3.2.2.	가)	A.	3.2.
	4. 결론	4. 결론	①	1.	3.3.
	참고문헌	참고문헌	②	2.	4.
			나)	B.	
			①	C.	
			②	III.	
			3.		

　개요의 문장에는 항목 개요와 문장 개요가 있다. 항목 개요는 내용과 설명 항목으로 구성하는 방법이다. 쉽고 빠르게 작성할 수 있고, 내용 파악이 쉬운 반면, 내용을 오해할 가능성의 단점이 있다. 문장 개요는 소주제문 형식으로 하나의 문장을 완결하여 제시하는 방식이다. 작성할 때는 조금 번거롭지만, 내용의 혼동 여지를 감소시키고 글의 내용을 명확하게 보여주는 장점이 있다. 개요의 문장 형식은 글쓴이가 편한 방법을 선택하면 된다. 개요를 보고 쉽게 이해하고 내용을 혼동하지 않게 글의 목적에 따라 자유롭게 선택하여 작성하면 된다.

표 2-13_ 항목 개요와 문장 개요의 예

항목 개요	문장 개요
주제: 예술적 지식의 사회적 유용성	주제: 예술적 지식이 갖는 다양한 유용성으로 사회가 발전할 수 있다.

주제문: 예술적 지식은 교양을 높이고, 정서를 순화시키며, 생활을 즐겁게 하고, 나아가 예술 문화의 발전에도 이바지할 수 있는 것으로 사회적으로 유용하다.
 	
제목: 예술적 지식을 위하여
 	
1. 머리말
2. 교양을 향상
3. 정서의 순화
  1) 마음의 순화
  2) 생각의 순화
4. 생활의 즐거움
  1) 고독감 탈피
  2) 즐거움 창조
5. 예술 문화 발전에 이바지
  1) 예술 작품의 보편화
  2) 예술인들과의 교류 활성화
6. 맺음말
 	
〈서정수, 문장력 향상의 길잡이〉
	1. 머리말
	2. 교양을 높인다.
	3. 정서를 아름답게 만들고 가꾼다.
	  1) 마음을 아름답게 만든다.
	  2) 생각을 유연하게 만든다.
	4. 생활을 즐겁고 활기차게 한다.
	  1) 고독감을 탈피할 수 있다.
	  2) 즐거움을 창조할 수 있다.
	5. 예술 문화의 발전에 이바지한다.
	  1) 대중들이 예술 작품을 많이 접할 수 있게 되어 문화의 확대와 발전의 기회가 된다.
	  2) 예술인들과의 교류가 생기고 여러 활동으로 발전할 수 있다.
	6. 맺음말

개요를 작성할 때는 주제문을 완전한 문장 형식으로 제시하고, 각 항목과 주제가 부합한지 검토하며, 각각의 항목의 관계를 따져보면서 전체 체계를 완성해야 한다. 제목도 개요에 제시하면 글의 방향과 주제를 명확하게 인지할 수 있고, 나중에 제목을 수정하거나 교체할 때 덜 힘이 든다.

💡 개요 작성의 절차

① 전체 글의 주제문을 완전한 문장 형식으로 제시한다.
② 개요의 각 항목을 글의 주제와 부합하게 배열한다.

③ 각 항목의 관계를 따져서 전체 체계를 완결한다.
④ 글 전체를 함축적으로 드러내는 제목을 제시한다.

글을 쓸 때는 어떤 내용을 선택하고 그것을 글 안에서 어떻게 배치할까에 대한 고민을 늘 하면서 써야 한다. 즉, 글 안의 적절한 내용 배치가 매우 중요하다. 같은 내용의 글이라도 어떻게 배치하고 구체화하여 구조화하였느냐에 따라 글의 느낌이 달라지기 때문이다. 따라서 개요를 작성할 때는 형식적인 구성 요소만을 가리키는 용어를 쓰지 말고 그에 해당하는 핵심 내용을 중심으로 적는 것이 좋다. 개요를 작성한 후에 다음의 항목들을 점검하면 좋은 개요를 작성할 수 있도록 돕는다.

💡 잘 구성된 개요를 만들기 위한 점검 사항

① 무엇에 관한 글인지 주제가 분명하게 보이는가?
② 필요한 정보를 적절한 논리적 맥락으로 말이 되게 엮고 있는가?
③ 주제와 무관한 것이 있거나, 논리에 맞지 않은 부분이 있는가?
④ 처음부터 끝까지 주제에 집중된 핵심 내용으로 구성되어 있는가?
⑤ 단어와 표현이 자연스럽고 쉽게 표현되고 있는가?

다음은 학생이 작성한 개요의 예로 (1)은 형식적인 구성 요소로만 개요를 작성하여 글의 구체적인 주제가 분명하게 보이지 않은 예이고, (2)는 구체적인 핵심 내용으로 주제를 분명하게 제시하고, 논리적인 순서로 자연스럽게 각 내용을 연결한 개요다. 개요를 작성할 때는 (2)와 같이 핵심 내용을 구체적으로 항목화하여 주제를 선명하게 보이게 하고, 핵심 내용을 논리적으로 연결하여 개요의 흐름을 매끄럽게 해야 한다.

표 2-14_ 형식적인 구성 요소로 작성한 개요와 구체적인 핵심 내용을 중심으로 작성한 개요: 학생 활동

(1) 형식적인 구성 요소만으로 작성한 개요	(2) 구체적인 핵심 내용을 중심으로 작성한 개요
주제문: 공동주택에서 일어나는 층간소음 문제와 그것의 원인이 이웃에 대한 배려심의 부족으로 일어나는 일임을 알리며 이웃에 대한 배려를 갖는 마음가짐이 필요하다. → 주제문 수정이 필요함: 제목이나 개요 내용으로 짐작할 수 있는 주제문이 아님, 주제문은 글쓴이의 글을 쓰는 목적을 밝히는 것이 아니라 글의 핵심 내용을 구체적으로 밝히는 것임	주제문: 배민('배달의 민족' 앱)의 악성 댓글과 별점 테러로 인한 문제점을 해결하기 위해 실명제를 시행하여야 한다.
제목: 공동 주택의 층간소음을 해결할 수 있는 방안	제목: 배민의 악성 댓글과 별점 테러로 인한 문제점과 해결방안

1. 층간소음이 발생한 이유
  1) 층간소음이 일어나게 된 상황
  2) 층간소음의 여러 가지 종류
2. 층간소음으로 인한 피해
  1) 층간소음으로 인해 일어난 사건
3. 층간소음의 해소와 방법
  1) 층간소음의 해소와 방법
  2) 층간소음 해결 사례
4. 마무리
 	
→ 개요 수정이 필요함: 예비 개요로서 논리적인 순서를 보이고 있으나, 항목에서 구체적인 핵심 내용이 보이지 않아 집필 전의 최종 개요로 보기 어려움, 작성한 개요를 자료 등을 찾아 주제에 맞게 구체적인 핵심 내용 항목으로 수정할 필요가 있음
	1.(서론)
	악성 댓글과 별점 테러로 인해 피해를 보는 점주와 소비자의 사례로 시작
	2.(본론) 악성 댓글과 별점 테러의 해결 방안
	  2.1. 악성 댓글과 별점 테러의 발생 원인(익명성의 권한 악용)
	  2.2. 악성 댓글과 별점 테러의 결과
	    1) 신뢰도 감소
	    2) 영업적 손실
	    3) 명예 훼손
	  2.3. 악성 댓글과 별점 테러의 해결방안(실명제 시행)
	3.(결론)
	본론 요약 후 실명제 시행의 효과를 간단히 제시하며 주장을 마무리

다음은 짧은 글을 쓸 수 있는 개요로, 자신이 쓸 수 있는 주제를 잘 선정한 후, 독자들이 공감할 수 있는 핵심 내용으로 자연스럽게 배열한 보기다.

⚏ 표 2-15_ **짧은 글을 목적으로 핵심 내용을 잘 보여주는 개요**

(1) 짧은 글 개요	(2) 짧은 글 개요
주제문: 인간이 행복을 성취하는 경우는 다양하지만, 특히 직업을 위한 전문 지식을 갖출 때, 외국어를 습득할 때, 스포츠를 익힐 때, 악기를 다룰 때 행복의 성취가 크다.	주제문: 실생활에서 좋은 줄 알았던 이른 아침 조깅, 속 더부룩할 때 탄산음료, 매운 해장 국물, 우유 마시기, 매일 웨이트트레이닝이 내 몸을 망치고 있다.
제목: 행복을 성취할 수 있는 4가지 활동	제목: 좋은 줄 알았지만 알고 보니 나쁜 습관 5가지
1. 머리말 2. 직업을 위한 전문 지식을 갖출 때 3. 한 가지 외국어를 습득할 때 4. 한 가지 스포츠를 익힐 때 5. 한 가지 악기를 다룰 때 6. 맺음말	1. 머리말 2. 이른 아침 조깅하기 3. 속이 더부룩할 때 탄산음료 마시기 4. 매운 국물 음식으로 해장하기 5. 빈속에 우유 마시기 6. 매일 하는 웨이트트레이닝 7. 맺음말
〈서정수, 문장력 향상의 길잡이〉	〈오정훈, 에스콰이어코리아〉

　글을 쓰기 바로 전 최종적 개요가 글의 목적, 예상 독자에 부합하는 방향으로 주제가 선정되었다면, 개요의 단계별 흐름이 논리적이고 일관성 있게 유지되고 있는지, 축약하거나 삭제하여, 보완하고 첨가해야 할 사항은 없는지, 상위 범주와 하위 항목들의 관계가 유기적이고 바르게 되어 있는지, 사용된 어휘들이 단계별 소주제를 적절하게 표현하고 있는 등을 점검한다. 점검하면서 필요한 것과 불필요한 것을 찾아 정리하고, 배열된 내용들의 연관성을 다시 한번 짚어보면서 개요를 마무리한다. 이제 최종적으로 작성된 개요를 갖고 집필을 준비하면 된다.

🔍 **예시 글**　**개요와 글**

- 주제　산학시대의 전문인 교육에서 배양해야 할 덕목
- 주제문　산학시대의 전문인 교육에서 '인성, 전문성, 창의성, 국제 감각성'의

배양이 필요하다.

• 제목　산학시대의 전문인 교육

• 개요

　1. 현대 사회에서의 전문인과 필요한 인재상

　2. 산학시대의 전문인 교육에서 배양해야 할 덕목

　　1) 인성

　　2) 전문성

　　3) 창의성

　　4) 국제 감각성

　3. 정리와 일반화

산학시대의 전문인 교육

지금 인류가 지향하는 가장 큰 목표는 최적화 사회의 건설에 있다. 여기서 최적화라 함은 국민 각자가 모두 전문화된 사회 각 분야의 주인으로서 상호 존중을 바탕으로 신분상의 평등 구조가 이루어지고 누구나 자신의 적성에 맞는, 하고 싶은 일을 찾아 직업을 자유로이 선택하여 긍지와 보람을 느끼며, 신명 나게 살아가는 사회가 됨을 말한다. 그리하여 선진화된 정보화 사회에서는 높고 낮은 신분의 개념이 퇴색되어 모든 국민은 누구나 사회적으로 대등하게 인정받는 각 전문 분야에서 자신이 하는 일을 통하여 나름대로 삶의 가치와 행복의 추구가 보장받는 능력 중심 사회의 일원이 되는 것이다. 능력 중심 사회에서는 무엇을 알고 있는 사람보다 무엇을 할 수 있는 사람이 필요하고 환영받게 된다. 앞으로 배양해 나가야 할 능력에 대하여 좀 더 구체적으로 생각해 보도록 하자.

첫째, 새로운 시대에 맞는 자신의 인성을 개발해 나가야 한다. 앞으로 사회 구성원의 의식 구조, 사고방식, 신념 그리고 행동과 태도 등 인간적 자질이 모든 일의 성패를 가름하는 가장 중요한 요소라는 고전적 사실을 다시 회복하기 위하여 전 세계가 빠른 속도로 깨우치고 변화하고 있다. 이것은 사회에서 필요로 하는 모든 경쟁력의 바탕을 인간성의 회복에서 찾자는 시대로 변화하고 있음을 보여준다. 학교는 젊은이들에게 폭넓은 교양과 안목을 길러 주어 원만한 인격을 토대로 긍정적이고 적극적인 사고와 태도로써 확고한 신념을 바탕으로 한 강인한 실천력을 지닌 직업인의 자질을 갖추게 하는 데 역점을 두게 될 것이다.

둘째, 전문성의 개발이다. 누구나 자신의 고유한 능력을 개발하는 것이 전문성의 개발이라 하겠다. 전문 분야에서 일하기 위하여 필요한 자기만의 색깔이라 할 수 있는 특성을 개발하여 한껏 부각시키는 실질적인 교육이 앞으로는 더더욱 전문대학에서 이루어져야 하는 시대가 되었다. 그래서 미래학자들은 앞으로의 사회를 마치 무지개의 일곱 가지 색깔처럼 저마다 선명한 자기만의 색깔을 갈고 닦아 경쟁에 임하는 무지개 문화의 사회(Society of Rainbow Culture)로 표현하고 있다. 무지개의 일곱 가지 색깔이 공간에서 함께 모여 화합하는 협력을 이룸으로써 무색투명한 밝은 사회를 만들어 낼 수 있는 이치를 따르자는 것이다.

셋째, 창의성의 개발이다. 산업화 사회에서는 학교에서 배운 지식과 기술을 바탕으로 직장에서 요구하는 일을 성실 근면하게 수행하는 능력을 근로 미덕으로 여겨 왔다. 앞으로는 그러한 미덕 이외에 전문인은 누구나 독창적 창의성과 응용력을 바탕으로 자신의 일을 수행해 나가야 한다. 왜냐하면, 과거 공업화 사회에서 이루어졌던 상품의 생산 대신에 정보화 사회에서는 가치의 창조를 요구하기 때문이다. 여기서 창의성이라 함은 어떤 일에 종사하든 관계없이 전문인은 누구나 스스로 생각하여 판단하고, 목표를 세우며, 스스로 계획하고 실천하여 얻은 결과를 자신이 직접 평가하고, 더 나은 개선 방안을 마련할 줄 아는 일련의 노력이 가능해야 함을 의미한다.

넷째, 국제 감각의 함양이다. 우리 귀에 익숙한 소위 국제화, 개방화 시대에 대한 올바른 역사 인식을 바탕으로 미래 지향적으로 뚜렷한 목표를 세워 비교 우위의 경쟁력을 강화해 나가야 하는 시대가 되었다. 다시 말해서, 폭넓은 시야로 미래를 내다보는 안목을 키우고 홍수와 같은 정보를 직접 지휘하며 정확한 판단으로 업무를 처리하고 새로운 계획을 세워 추진할 수 있어야 한다. 원활한 의사소통을 위한 언어는 물론 정보 매체의 능숙한 활용 능력과 더불어 자기 표현력 배양에 힘써야 한다.

그래서 요즈음 우리 산업 사회에서도 인력을 채용할 때 학벌이나 학력보다는 위에서 살펴본 바와 같이 원만하면서도 강인한 인간적 자질을 바탕으로 특정 분야의 전문성과 창의성이 뛰어나며 국제화, 개방화 추세를 수용해 나갈 수 있는 총체적 능력을 고루 갖춘 인재를 찾아 채용하는 사례가 일반화되고 있다. 이와 같은 맥락에서 이제는 대학 진학이라는 개념이 내가 남보다 더 고등교육을 받는다는 우월한 명분의 선택은 별 의미가 없다. 그러므로 고등학교 때까지는 일과 직업 세계를 잘 관찰하고 탐색해 보아야 하고 대학 진학은 자신의 가능성을 바탕으로 내가 하고 싶고 좋아하는 전문 분야를 택하여 일에 필요한 기본 소양과 능력을 함양함으로써 이웃에 보탬이 되면서 나 자신의 인생을 보람 있게 살아가기 위한 준비를 하는 과정이 되어야 한다.

〈김상호, 산학시대의 전문인 교육〉

연습 글쓰기 과정을 참고하여 한 편의 글을 계획해보십시오.

주제 정하기	
과제 상황	
글의 목적	
독자(분석)	
주제	
주제문	

제목	
주요 자료	
개요	개요 구성하기(머리말과 맺음말을 포함한 5개 항목으로 작성)
	1.(머리말)
	2.
	3.
	4.
	5.(맺음말)

5. 집필하기

글쓰기의 시작은 계획하기지만 그것이 실제 모습을 드러내기 위해서 계획한 것을 실천하는 단계는 집필 단계다. 여기부터 진정한 쓰기가 시작된다. 글을 집필할 때는 말하고자 하는 의도를 분명히 인지하고, 앞서 작성한 주제문과 개요를 참고하면서 글의 전체 흐름과 맥락이 자연스럽게 흐를 수 있도록 써야 한다.

실제로 글을 쓰다 보면 주제를 구현하기 위한 문장이 매끄럽게 표현되지 않을 뿐만 아니라 적절한 어휘가 생각나지 않는 경우가 많다. 그러나 이러한 어려움은 연습과 훈련으로 나아질 수 있다. 글쓰기의 연습과 훈련은 글을 쓰는 행위의 반복을 통해서 문자언어와 그것이 요구하는 규칙 체계에 익숙해지는 과정이다. 글을 쓰기 위해 풍부한 어휘 구사력, 구조적으로 안정되고 세련된 문장 구성력, 유기적인 단락 구성력 등 문자언어를 능숙하게 구사할 수 있는 능력과 감각을 키워야 한다. 이러한 능력과 감각은 지속적인 연습과 훈련을 통한 실제적인 글쓰기 경험으로만 터득하고 심화할 수 있다.

① 문장 쓰기

글은 부분이 모여 전체를 이룬다. 한 편의 글은 여러 개의 작은 부분들로 이루어지는데, 크게 단락, 문장, 어휘로 구분할 수 있다. 낱말이 모여 문장이 되고, 문장이 모여 단락이 된다. 단락은 그 자체로도 하나의 완결된 소주제를 갖는 한 덩어리이지만, 다시 다른 단락들과 연결되어 한 장 또는 한 편의 글을 이룬다. 글은 내용도 중요하지만, 형식에 맞게 쓰는 것도 중요하다. 꼭 맞는 단어와 표현, 그리고 자연스럽고 쉽게 쓴 문장들이 글의 의미를 명확하게 하고 좋은 글을 만든다.

문장은 글의 기초 단위로서, 주어와 서술어를 기본으로 한다. 기본 문장 구조를 명확하게 한 후, 확장해 나가면 논리적이면서도 흥미와 긴장감을 갖출 수 있는 문장이 된다. 좋은 문장은 간결하다. 한 문장 안에서 여러 사항을 복합적으로 다루면 전달하고자 하는 의미가 흐려지거나, 문장의 전후 관계를 파악하기 힘들다. 물론 간결한 문장이 항상 최고는 아닐지라도 좋은 문장은 항상 간단명료하다. 긴 문장을 쓰더라도 일단 하나의 문장에서 하나의 사항을 정리하면서 확장하면 된다.

접미사나 서술어의 부분만 수정하여도 문장이 간결하게 된다. 작은 부분이라도 조금만 신경 써서 글을 쓰면 간결한 문장을 만들 수 있다.

- 지방분권과 균형발전을 돕도록 하겠다. → 지방분권과 균형발전을 돕겠다.
- 곧 답을 올려 드릴 것입니다. → 곧 답을 올려 드릴 겁니다.
- 농업이 지식정보와 첨단지능 중심으로 변화함에 따라 농산업은 국가 선도 산업으로 변모해 가고 있다. → 농업이 지식정보와 첨단지능 중심으로 변함에 따라 농산업은 국가 선도 산업으로 변모하고 있다.

좋은 문장은 구체적인 상황과 맥락으로 감정을 적절히 표현한다. 독자에게 공유할 정보나 감정을 구체적인 경험으로 전달할 때 그 효과가 크다. 글쓴이는 독자에게 단순히 내용을 전달하지 말고, 충분한 정보를 성실하게 제공하려고 노력해야 한다. 구체적인 내용을 쓸 때는 육하원칙을 적용하면 내용의 결과뿐만 아니라 과정까지도 잘 표현할 수 있다.

- 그는 음식을 먹었다. → 점심을 못 먹은 그는 집에 돌아오자마자 옷도 갈아 입지 않은 채 저녁을 차려 먹었다.
- 나는 네가 좋다. → 이웃에게 애틋한 정을 나누는, 무슨 일이든 성실하게 해내는, 희망을 늘 품고 있는, 나는 그런 네가 좋다.

문장이 추측이나 막연하고 추상적인 표현으로 끝나면 글쓴이의 불성실한 태도를 보여주는 것이다. 글을 쓰는 사람은 성실하게 자료를 조사하고 구체적으로 써야 한다. 문장을 바르고 정확하게 쓰기 위해서는 문장을 쓰고 난 다음에 쓸모없는 표현이 있는지, 주어와 서술어가 잘 호응하고 있는지, 띄어 쓰기는 잘 되어 있는지, 문장의 연결은 자연스럽고 유기적인지 등을 살펴야 한다. 문장 내에서 지시 관계나 수식어의 위치가 명확해야 잘못된 문장이 안 된다.

- 나는 철 지난 눈이 내리는 바닷가를 거닐며 지난날을 회상했다.
- 술에 취한 사람과 행인이 싸움을 하고 있다.

위의 예문에서 '철 지난'이 수식하는 것이 '눈인지 바닷가인지' 불분명하다. 또한 '술에 취한'의 대상이 '사람인지, 사람과 행인인지' 명확하지 않다. 수식 관계를 명확하게 사용하는 것은 올바른 문장을 사용하는 데 절대적이다. 다음의 예들도 수식어와 피수식어의 불분명한 관계로 의미가 모호해진 경우이다. 이러한 불명확한 수식 관계를 보이는 문장은 바르게 고쳐 써야 한다.

- 철수는 아버지께 편지를 드렸다. 그는 진심을 알게 된 것이 기뻤다.
  ① 철수는 아버지께 편지를 드렸다. 철수는 진심을 알게 된 것이 기뻤다.
  ② 철수는 아버지께 편지를 드렸다. 아버지는 진심을 알게 된 것이 기뻤다.

- 아름다운 그녀의 손에 잡힌 꽃은 두 송이었다.
  ① 아름다운 그녀가 손에 잡은 꽃은 두 송이었다.
  ② 그녀의 아름다운 손에 잡힌 꽃은 두 송이었다.
  ③ 그녀의 손에 잡힌 아름다운 꽃은 두 송이었다.

- 손님이 다 오지 않았다.
  ① 온 손님이 하나도 없다.
  ② 손님이 다 오지는 않았다.

다음은 올바른 문장을 쓰기 위해 고려해야 할 기타 사항들이다. 올바른 문장을 쓰기 위해 참고할 만하다.

💡 올바른 문장을 쓰기 위한 고려 사항

① 시제가 일치해야 한다.
② 우리 어감에 벗어나는 번역문투의 피동문을 피해야 한다.
③ 조사나 어미를 잘 써야 한다.
④ 어휘 선택을 잘해야 한다.

문장부호는 쉽고 사소한 것 같아 소홀하게 여기는 경우가 많다. 그러나 문장부호는 글의 완성도를 높이는 중요한 역할을 한다. 다음은 '국립국어원'에서 제공한 '문장부호 이렇게 바뀌었습니다'와 '문장부호 해설(2014)'을 참고한 '바뀐 문장부호'와 '틀리기 쉬운 문장부호의 띄어 쓰기'의 몇몇 예이다. 문장부호를 쓸 때는 정확하게 사용하는 것이 중요하다.

- 줄임표: 할 말을 줄일 때, 말이 없음을 나타낼 때, 머뭇거림을 보일 때 사용함
  ① 컴퓨터 입력을 고려하여 아래에 여섯 점을 사용할 수 있고 앞말에 붙여 씀
    예 어디 나하고 한번…… . 네 말이 옳긴 하지만……('…, ...'도 가능)
  ② 문장이나 글의 일부를 통째로 생략할 때는 줄임표 앞뒤를 띄어 씀

- 마침표: 서술, 명령, 청유 등을 나타내는 문장의 끝에 사용함
  ① 아라비아 숫자만으로 연월일을 표시할 때 씀
    예 2022. 3. 1.
  ② 특정한 의미가 있는 날을 표시할 때 월과 일을 나타내는 아라비아 숫자 사이에 씀
    예 3.1 운동, 8.15 광복('3·1 운동, 8·15 광복'처럼 가운뎃점도 가능)

- 겹낫표와 겹화살괄호: 책의 제목이나 신문 이름 등을 나타낼 때 사용함
    예 『현산어보를 찾아서』, 《현산어보를 찾아서》, "현산어보를 찾아서", 『코스모스』, 《코스모스》, "코스모스"

- 물결표: 기간이나 거리 또는 범위를 나타낼 때 사용함
    예 2022년 3월~10월, 2022. 3.~10., 5월 23일-5월 30일(물결표 대신 붙임표를 쓸 수 있음)

- 가운뎃점: 열거할 어구들을 일정한 기준으로 묶어서 나타낼 때, 짝을 이루는 어구들 사이에, 공통 성분을 줄여서 하나의 어구로 묶을 때 사용함(가운뎃점은 앞말과 뒷말에 붙여 씀)
    예 머리·가슴·배, 동물·식물, 상·중·하위권, 입·출력, 선·후배

- 쌍점: 표제 다음에 해당 항목을 들거나 설명을 붙일 때, 희곡 등에서 대화 내용을 제시할 때 말하는 이와 말한 내용 사이 사용함
  ① 쌍점을 붙인 다음 한 칸을 띄고, 다음 말을 씀
    예 문장: 글의 가장 기초적인 단위
  ② 시와 분, 장과 절 등을 구별할 때, 의존 명사 '대'가 쓰일 자리에 앞뒤를 붙여 씀
    예 오전 10:40(오전 10시 40분), 3:0(3 대 0)

- 빗금: 대비되는 두 개 이상의 어구를 묶어 나타낼 때, 기준 단위당 수량을 표시할 때, 시의 행이 바뀌는 부분임을 나타낼 때 사용함
  ① 앞뒤를 붙여 쓰는 것이 원칙임   예 남반구/북반구, 3,000원/개
  ② 앞뒤를 띄어 쓰는 것이 원칙임   예 산에 / 산에 / 피는 꽃은
  ③ 대비 되는 내용의 분명한 표시를 위해 띄어 쓰는 것을 허용함
    예 문과 대학/이과 대학/예술 대학(원칙), 문과 대학 / 이과 대학 / 예술 대학(허용)

- 줄표: 제목 다음에 표시하는 부제의 앞뒤에 사용함
  ① 앞뒤를 띄어 쓰는 것이 원칙이나 붙여 쓰는 것을 허용함
    예 이번 토론회의 제목은 '역사 바로잡기 - 근대의 설정 -'이다.(원칙)
    이번 토론회의 제목은 '역사 바로잡기-근대의 설정-'이다.(허용)
  ② 뒤에 오는 줄표는 생략 가능함
    예 이번 토론회의 제목은 '역사 바로잡기 - 근대의 설정'이다.

문장은 정확한 표현과 적합하고 적절한 단어를 사용할 때 그 뜻이 명확해진다. 문장을 쓸 때는 '문장 성분 호응 맞추기', '정확한 접속 구조 이루기', '분명한 의미 갖추기', '바르게 띄어 쓰기'에 주의를 기울여야 하고, 단어는 헷갈리는 단어를 정확하게 파악하여 쓰고, 틀린 단어가 없는가를 확인하며, 의미가 겹치는 말과 어려운 단어는 간결하고 쉽게 풀어 쓰는 것이 좋다.

1) 문장 성분 호응 맞추기

하나의 문장이 바른 문장이 되려면, 문장의 기본 성분을 갖추고 문장 성분들은 서로 호응을 맞춰야 한다. 기본 성분의 호응이 지켜지지 않으면 잘못된 문장이다. 문장의 기본 성분은 문맥에 의해 예측 가능한 경우가 아니면 생략해서도 안 된다. 주어와 서술어가 호응하는 것처럼 기본 성분끼리도 서로 호응해야 올바른 문장이 된다.

다음 예문은 기본 성분이 생략된 경우로, 주어와 서술어의 호응이 불분명하여 문장의 의미가 비논리적이다. 이러한 문장은 길어질수록 잘 나타나므로 조심해야 한다. 호응 관계는 겹문장이 이어진 문장 사이에도 주어와 서술어의 호응이 있어야 자연스러운 문장이 된다.

- 현대 사회로 넘어오면서 우리 생활 속의 미덕을 잃어가고 있다는 점이다.
- 하루 종일 집안 살림에 지치신 어머니는, 밤 늦게까지 가는 바늘을 꿰어 한 땀 한 땀 새 옷을 지으시곤 했다.

문장을 쓸 때 문장 성분 간의 호응을 확인하는 것은 중요한 일이다. 다음은 문장 성분 간의 호응 관계가 불일치한 예문들이다. 특히 우리말은 주어와 술어의 거리가 멀고, 술어가 문장의 맨 마지막에 오는 특성 때문에, 주어와 술어의 호응이 불일치하는 경우가 많다. 의미가 분명하고 문법 구조가 정확한 문장을 만들기 위해서는 문장 성분 간의 호응 관계에 주의해야 한다.

❶ 주어와 서술어의 호응이 바르지 않은 예
- 그들은 날마다 적당한 운동과 체육 이론을 열심히 연구하였다.
  - → 적당한 운동을 하고
- 사계절에 걸친 등산 중에 겨울산은 나에게 더 큰 기쁨을 준다.
  - → 겨울 등산은

- 그가 다급한 이유는 마감 날짜라 할 수 있다.
  → 마감 날짜가 다가왔기 때문이다.
- 행복은 얼마나 어려운가, 많은 사람들은 포기하고 말지만 그래도 다수는 얻기도 한다. → 행복을 얻기란
- 이 광고지는 우리 회사에서 제작하여 전 점포에 배포하였습니다.
  → 이 광고지는 우리 회사에서 제작하여 전 점포에 배포한 것입니다.
- 오직 나는 올해 계획한 바대로 실천한다.
  → 나는 올해 계획한 바대로 오직 실천할 뿐이다.
- 동남아시아는 석유의 매장량이 그리 많지 않을 뿐만 아니라 일부 나라에만 국한된다.
  → 동남아시아의 석유 매장량은 그리 많지 않을 뿐만 아니라 일부 나라에만 국한된다.

❷ 부사어에 호응할 서술어가 없는 예와 부사어를 쓸 자리에 관형어를 써서 호응 관계를 깬 예
- 크산틴계 약물에 과민증 환자 → 크산틴계 약물에 과민증이 있는 환자
- 가능한 정속주행을 하십시오. → 가능한 한 정상 속도로 주행을 하십시오.

2) 정확한 접속 구조 이루기

글을 쓸 때, 처음부터 맘에 드는 글을 쓰기는 힘들다. 생각을 깊이 하면서 퇴고를 거듭하면 충실하고 완성도가 높은 문장과 글이 된다. 접속문을 퇴고할 때 놓치기 쉬운 사항으로 '접속의 형평성'이 있다. 접속문은 '접속의 형평성'을 점검하지 않으면 접속되는 두 요소의 문법적 지위, 즉 문장 성분, 품사 등이 동등하지 않게 연결되는 문제가 발생한다. 이러한 문장은 의미적으로나 문법적으로 대등하지 않은 것이 무리하게 연결되면서 비문법적인 형태가 된다.

- 전 해상에서 바람이 강하게 불고, 높은 파도가 예상되니 〈기상청 일기예보〉
  → 전 해상에서 바람이 강하게 불고, 파도가 높이 일 것으로 예상되니
  → 전 해상에서 바람이 강하게 불고, 파도가 거세게 일 것으로 예상되니

위의 예문은 '전 해상에서 [어떠한 기상 현상]이 예상되니'라는 의미와 구조를 지닌 문장이다. 그런데 그 [ ]에 해당하는 자리에 '바람이 강하게 불고(주어+부사어+서술어)'라는 절(節, clause)과 '높은 파도'라는 구(句, phrase)가 대등 접속의 형태로 연결되었다. 국어에는 '절'과 '구'를 연결할 수 있는 문법적 장치가 없다. 접속 구성에서 접속 기능어의 앞과 뒤에 놓이는 요소는 문법적 지위가 같아야 한다. 따라서 위의 예문은 잘못된 구조의 문장이다. 이를 해결하려면 '높은 파도'라는 '구'를 선행절의 '바람이 강하게 불(다)'라는 '절' 형식에 맞추어 '파도가 높이 일(다)'라고 고친 후에 이를 '예상되니'에 연결하기 위해 '-ㄹ 것으로'를 보충하는 것이 좋다.

다음은 공문서나 제품 설명서 같은 실용문에서 접속의 형평성을 지키지 않은 예이다. 첫 번째 경우, '구와 절'이 '과'라는 접속부사로 접속되어 있는데, '절과 절'을 접속 어미 '-고'로 연결하는 방법으로 수정해야 바른 문장이 된다. 두 번째 경우도 '구와 절'이 연결되어 접속의 형평성이 맞지 않은 문장이다. 이 예문도 '부품 파손이나 부상의 우려가 있습니다'와 같이 수정하거나 아래 고친 수정문처럼 써야 바른 문장이 된다.

- 사고 원인 파악과 재발 방지 대책을 조속히 마련하기 바랍니다.
  → 사고 원인을 파악하고 재발 방지 대책을 조속히 마련하기 바랍니다.
- 부품 파손이나 손이 다칠 우려가 있습니다.
  → 부품이 파손되거나 손이(또는 '손을') 다칠 우려가 있습니다.
- 짧은 시간과 경비에 집착한 나머지 대형 사고가 발생하였다.
  → 짧은 시간과 적은 경비에 집착한 나머지 대형 사고가 발생하였다.

3) 분명한 의미 갖추기

문장을 쓸 때 바른 어법 사용이 기본이지만, 의미를 불분명하게 하는 다양한 이유를 알면 도움이 된다. 다음은 지시 대상의 불분명한 예, 뜻이 겹치거나 비논리적인 예, 시제를 잘못 표현한 예 등 분명한 의미를 갖추지 못한 예문들이다. 다음에 제시하고 있는 수정이 필요한 예문들을 살펴보면서, 자연스럽고 매끄러운 문장을 어법에 맞게 쓸 수 있도록 노력할 필요가 있다.

① 지시 대상이 불분명한 예

· 학교가 끝나고 차가 막혔을 경우 전철을 이용했다.
  → 학교 수업이 끝나고 길이 막혔을 때 전철을 이용했다.
· 농약을 섞은 용기라면 사용 시는 반드시 사람의 손길이 닿지 않은 곳에 보관할 것.
  → 농약을 섞어 사용한 용기는 사용 후 반드시 사람의 손길이 닿지 않은 곳에 보관할 것.
· 한번 오염된 호수가 다시 깨끗해지려면 많은 비용과 시간이 든다.
  → 한번 오염된 호수가 다시 깨끗해지려면 많은 비용이 들고 시간도 많이 걸린다.

② 뜻이 겹치거나 비논리적인 통사문의 예

· 나이가 연만한 분이 최우수상 시상을 받으셨습니다.
  → 나이가 드신 분이 최우수상을 수상하셨습니다.
· 너무 기뻐서 작은 대문까지 맨발 벗고 마중했다.
  → 너무 기뻐서 작은 앞문까지(또는 대문까지) 맨발로 마중했다.
· 실내 체육관에서 태권도 시범을 보인다.
  → 체육관에서 태권도를 시범한다.

③ 시제를 잘못 표현한 예

• 격주 토요일 휴무제인데 지난주가 노는 날이니까 이번 주에는 근무해야 해.
  → 격주 토요일 휴무제인데 지난주가 놀았던 날이니까 이번 주에는 근무해
     야 해.

④ 수식어의 순서가 잘못 배열된 예

• 누구나 사람들은 평등해야 하고 자유를 똑같이 누려야 한다.
  → 사람들은 누구나 평등해야 하고 똑같이 자유를 누려야 한다.
• 무한 경쟁 시대를 대비하여 전 직원이 철저한 현대적 사고를 지녀야 한다.
  → 무한 경쟁 시대를 대비하여 전 직원은 현대적 사고를 철저히 지녀야 한다.
• 이런 경찰의 발표는 논리에 맞지 않는다.
  → 경찰의 이런 발표는 논리에 맞지 않는다.

⑤ 중의적으로 해석될 수 있는 예

• 아내는 미소를 머금고 이웃 사람과 얘기하고 있는 남편을 바라보고 있었다.
• 밤낮의 기온 차이가 심한 가을뿐만 아니라 여름에도 감기에 걸릴 수 있으므
  로 노약자는 언제나 조심해야 한다.
• 불행하게도 세상을 떠난 그분은 쉽게 사람들의 기억에서 사라졌다.
• 그때 한 용감한 시민이 소리를 지르면서 도망가는 범인을 뒤쫓기 시작했다.
• 그 작품의 주인공은 순수한 마음을 가진 어린이와 철학자이다.
• 사람이 많은 도시를 다녀 보면 각양각색의 삶의 모습들을 직접 알 수 있게
  된다.
• 소녀가 그렇게 조르는 데도 소년은 어젯밤 이야기를 끝내 소녀에게 하지 않
  았다.
• 병배는 철수보다 낚시를 더 좋아한다.
• 여행을 무척이나 좋아하는 아우의 친구를 만났다.

4) 바르게 띄어 쓰기

문장을 쓸 때 문법에 맞게 쓰는 것과 의미를 분명하게 표현하는 것도 중요하지만, 띄어 쓰기를 잘하는 것도 필요하다. 띄어 쓰기를 잘못하면 문장에서 담당하는 단어의 문법적 기능과 의미가 달라질 수 있다. 우리말에서는 특히 조사와 의존명사를 잘 구분하여 써야 한다.

대로
- 약속대로 지키세요.(조사)
- 들은 대로 말씀해 주십시오.(의존명사)

뿐
- 당신뿐만 아니라 나도 변했어요.(조사)
- 열심히 노력할 뿐입니다.(의존명사)
- 그 사람이 온데간데없을뿐더러 주위의 사람들도 모두 사라졌다.(연결어미)

만
- 일만 하지 말고 좀 쉬어라.(조사)
- 여기는 지낼 만해.(보조형용사)
- 십 년 만의 귀향, 이게 얼마 만이야.(의존명사)

만큼
- 너만큼 나도 열심히 준비했어.(조사)
- 준비한 만큼 실력을 잘 발휘해 봅시다.(의존명사)

밖에
- 공부밖에 모르는 너.(조사)
- 창문 밖을 봐, 비가 내린다.(명사)
- 포기할 수밖에 없는 현실이 안타깝다.(조사)

같이
- 당신같이 마음이 넓은 사람은 처음입니다.(조사)

- 친구와 같이 오세요.(부사)
- 당신 같은 친구는 지금까지 없었습니다.(형용사)

마저

- 중앙 건물마저 불에 탔다.(조사)
- 하던 일을 마저 끝내고 갈게요.(부사)

게

- 이제야 먹을 수 있게 되었다.(연결어미)
- 그렇게 하는 게 좋겠어요.(의존명사+주격조사)

데

- 시간이 더 필요한데….(연결어미)
- 그것은 공부하는 데 필수 자세입니다.(의존명사)

지

- 밥은 먹고 다니는지 모르겠다.(연결어미)
- 집을 떠난 지 한참 되었다.(의존명사)

간

- 십 분간 기다려 주십시오.('시간 경과'의 접미사)
- 서울 강릉 간 KTX(한국고속철도)가 곧 출발합니다.('거리, 사이, 관계'의 의존명사)
- 외출이든 운동이든 간에 좀 움직여라.('어느 쪽인지를 가리지 않는다는 뜻'의 의존명사)
- 부자간, 모자간, 부녀간, 모녀간, 형제간, 자매간, 다자간 등(한 단어로 굳어진 경우 붙여 씀)

차

- 지나는 길에 잠깐 격려차 들렀다.('하려고'의 접미사)
- 보고 싶던 차에 잘 만났네.('어떤 기회에 겸해서'의 의존명사)

참고로 숫자 뒤에 쓰인 단위는 의존명사이므로 띄어 쓴다. 그러나 '그 수를 조금 넘음'을 나타내는 접미사의 경우는 앞말에 붙여 쓴다. 또한 수를 적을 때는 '만(萬)' 단위로 띄어 쓴다. 아라비아 숫자로 적을 경우는 띄어 쓰기가 조금 다르다. 한글로 적을 때는 '스물한 살'만 가능하지만, 아라비아 숫자로 적을 때는 '21 세(원칙)'와 '21세(허용)' 둘 다 가능하다. 실제로 '21세'로 쓰는 일이 더 많다. 성과 이름, 성과 호, 성과 자는 붙여 쓴다. 다만 호나 자가 성명 앞에 쓰일 때는 띄어 쓴다. '남궁', '황보'와 같은 성씨는 성과 이름이 혼동될 우려가 있으므로 성과 이름을 띄어 쓴다. 차례를 나타내는 '제-'의 쓰임도 띄어 쓰기가 혼동되는 경우가 많다. 주의하여 써야 한다.

숫자와 단위 명사 띄어 쓰기

- 금 서∨돈, 바둑 한∨판, 양복 한∨벌, 신 두∨켤레, 북어 한∨쾌, 차 열∨대, 열∨살
- 십여만∨명, 십∨년여, 십여∨년, 이십여∨년간, 두∨시간여
- 스물하나, 십삼억∨삼천사백오십육만∨칠천팔백구십팔
- 21∨세(원칙), 21세(허용)

성과 이름, 호칭어 띄어 쓰기

- 이순신, 이충무공, 남궁 억, 황보 민
- 충무공 이순신
- 홍 씨, 홍길동 씨, 길동 씨
- 홍 과장, 홍길동 차장
- 우리나라에는 김씨와 이씨가 많다.(성씨 자체를 가리키는 경우는 붙여 씀)

'제-'의 띄어 쓰기

- 제3∨차 회의(원칙)
- 제3차 회의(허용)
- 제∨3차 회의(잘못)

2 단어 쓰기

단어는 정확하게 써야 한다. 여기서 정확함이란 우선, 한글맞춤법, 표준어 규정, 국어의 로마자 표기법, 외래어 표기 규정 등 어문 규범에 맞게 글을 쓰는 것을 말하며, 적합한 어휘로써 문장과 원리에 맞게 쓴다는 것이다. 플로베르가 일물일어설(一物一語設)에서 하나의 사물을 나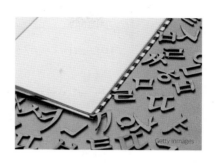타내는 데는 단 하나의 단어밖에 없다고 주장한 것도 어떤 현상이나 사물을 나타내는 데 있어서 정확한 표현의 중요성을 강조하여 글의 명료성을 높이기 위함이었다.

실제 글을 쓸 때, 필요에 따라서는 방언이나 비어, 속어, 온라인상의 언어 또는 외래어나 외국어를 사용할 때가 있다. 그러나 이는 어디까지나 정확성을 기반으로 하고, 상황성에 따라 용납되는 경우다. 글을 쓸 때는 자신이 쓰고 있는 단어가 어떤 개념과 어떤 의미로 사용하고 있는지와 어떤 의미로 이해하고 해석하고 있는지 등을 명확하게 밝히면서 써야 한다. 단어를 정확하게 쓰기 위해서는 많은 어휘를 찾아보고 평상시에 익힐 필요가 있다. 어휘력은 생각의 영역을 넓혀줄 뿐만 아니라 표현력에도 많은 도움이 된다.

언어는 변화한다. 언어의 변화에 따라 어문규정의 세부적인 부분이 수정되기도 한다. 특히, 표준어 규정에서는 단어의 실생활 쓰임을 반영하여 표준어로 새로 추가되거나, 비표준어가 표준어로 인정되는 사례가 있다. 표준어 규정에서 새로 추가되거나 새로이 표준어로 인정한 단어를 찾아보고 정확하게 사용해야 한다.

다음은 복수 표준어로 인정한 단어들(2011년)이다. 현재 표준어와 같은 뜻으로 추가된 표준어(11개)와 현재 표준어와 별도의 표준어로 추가된 것, 기존의 표준어 못지않게 널리 사용되어 온 것을 표준어로 인정한 것(3개)이 있다.

표 2-16_ **현재 표준어와 같은 뜻으로 추가**

추가된 표준어	현재 표준어
간지럽히다	간질이다
남사스럽다	남우세스럽다
등물	목물
맨날	만날
묫자리	묏자리
복숭아뼈	복사뼈
세간살이	세간
쌉싸름하다	쌉싸래하다
토란대	고운대
허접쓰레기	허섭스레기
흙담	토담

표 2-17_ **현재 표준어와 별도의 표준어로 추가**

추가된 표준어	현재 표준어	뜻 차이
~길래	~기에	~길래: '~기에'의 구어적 표현
개발새발	괴발개발	괴발개발: '고양이의 발과 개의 발'이라는 뜻 개발새발: '개의 발과 새의 발'이라는 뜻
나래	날개	나래: '날개'의 문학적 표현
내음	냄새	내음: 향기롭거나 나쁘지 않은 냄새로 제한
눈꼬리	눈초리	눈초리: 어떤 대상을 바라볼 때 눈에 나타나는 표정 눈꼬리: 귀 쪽으로 가늘게 좁혀진 눈이 가장자리
떨구다	떨어뜨리다	떨구다: '시선을 아래로 향하다'라는 뜻
뜨락	뜰	뜨락: 추상적 공간을 비유하는 뜻

추가된 표준어	현재 표준어	뜻 차이
먹거리	먹을거리	먹거리: 사람이 살아가기 위하여 먹는 음식을 통틀어 이르는 말
메꾸다	메우다	메꾸다: '무료한 시간을 적당히 또는 그럭저럭 흘러가게 하다.'라는 뜻
손주	손자(孫子)	손자: 아들의 아들. 또는 딸의 아들 손주: 손자와 손녀를 아울러 이르는 말
어리숙하다	어수룩하다	어수룩하다: '순박함/순진함'의 뜻이 강함 어리숙하다: '어리석음'의 뜻이 강함
연신	연방	연신: 반복성을 강조함 연방: 연속성을 강조함
횡하니	휭허케	휭허케: '횡하니'의 예스러운 표현

표 2-18_ 현재 표준어와 별도의 표준어로 추가: 자음 또는 모음의 차이로 인한 어감 및 뜻 차이가 존재

추가된 표준어	현재 표준어
걸리적거리다	거치적거리다
꼬적거리다	끼적거리다
두리뭉실하다	두루뭉술하다
맨숭맨숭/맹숭맹숭	맨송맨송
바둥바둥	바동바동
새초롬하다	새치름하다
아웅다웅	아옹다옹
야멸차다	야멸치다
오손도손	오순도순
찌뿌둥하다	찌뿌듯하다
추근거리다	치근거리다

표 2-19_ 두 가지 표기를 모두 인정하여 추가

추가된 표준어	현재 표준어
택견	태껸
품새	품세
짜장면	자장면

　일상생활에서 자주 사용하는 단어임에도 불구하고, 어문규정에 맞지 않다는 이유로 틀린 표현이었던 것이 언어생활의 실제를 반영하여 사용할 수 있게 된 경우가 많다. 그 예로 '너무'의 쓰임이다. '일정한 한계에 지나치게'라는 뜻으로 부정적인 상황을 표현할 때만 쓰이던 '너무'가 긍정적인 표현에서도 사용할 수 있다.《표준국어대사전》에서 '너무'의 뜻을 '한계에 지나치게'에서 '한계를 훨씬 넘어선 상태로'라고 뜻을 수정(2015년 국립국어원)하면서, 긍정적인 말과도 함께 쓰일 수 있게 되었다. '너무 좋다', '너무 예쁘다', '너무 행복하다', '너무 멋지다' 등처럼 긍정적인 표현에서도 쓸 수 있다. '불나방', '불나비'의 경우도 어문규정에 맞게 '부나방', '부나비'로 표기해야 하지만, '불나방', '불나비'가 학계에서 관행적으로 쓰이고 있는 동물명으로서 굳어진 형태이기 때문에 그 관행을 인정하고 있다. '주책이다'도 '주책없다'의 잘못된 표현으로 이해되던 것이 '주책없다'의 의미로 실제 많이 사용되고 있는 현실을 반영하여 표준형으로 인정받게 되었다. 정확한 단어나 바뀐 단어를 확인하기 위해서는 현행 표준어 규정이나 용례집을 자주 찾아보는 수밖에 없다. 국립국어원 누리집(홈페이지)을 활용하면 많은 도움이 된다. '주책없다'와 '주책이다'의 쓰임에 관련한 글을 읽어보자.

> 예시 글　**주책없다, 주책이다**
>
> "그런 말을 서슴지 않고 하다니 주책없는 사람이군." "너도 참 주책이야, 주책."

일정한 줏대가 없이 이랬다저랬다 하여 몹시 실없음을 뜻하는 말은 '주책없다'일까, '주책이다'일까. 상반된 의미처럼 보이지만 '주책없다'와 '주책이다'는 실제 같은 뜻으로, 둘 다 맞는 표현이다.

주책의 사전적 의미는 '일정하게 자리 잡힌 주장이나 판단력'이다. 이 단어는 원래 한자어 주착(主着)에서 온 말로, 주착은 자기 주관이 뚜렷하고 줏대가 있어 흔들림이 없다는 뜻을 담고 있다. 그런데 오랜 세월을 거쳐 사람들이 사용하는 과정에서 '주착'에서 '주책'으로 모음의 발음 변화가 일어났다. 이에 국립국어원은 발음이 바뀌어 굳어진 형태인 주책을 현실음의 변화로 인정해 주착은 버리고 주책을 표준어로 삼았다.

앞서 주책의 사전적 의미에 근거하여 줏대가 없이 이랬다저랬다 한다는 뜻으로 나타낼 때는 부정어 '없다'를 붙여 '주책없다'라고 하면 된다. 그런데 부정어를 붙이지 않은 '주책', '주책이다'도 같은 뜻이다. 그 이유는 뭘까.

이 또한 주착에서 주책으로 표준어가 바뀐 것처럼 언중의 영향을 받았기 때문이다. "그이는 정말 주책이야"와 같이 예전부터 사람들이 '주책없다'는 의미로 '주책이다'도 많이 사용하였다. 사람들이 '주책없다'에서 부정어 '없다'를 뺀 '주책이다'를 뒤섞어 쓰다 보니 이전에는 국립국어원이 ""주책이다"는 '주책없다'의 잘못"이라고 설명하며 쓰지 않기를 권했다. 그럼에도 불구하고 실생활에서 계속 쓰이자 2016년 '주책이다'도 표준형으로 인정하게 되었다. 다만 '주책이다'는 주책(명사)+이다(서술격 조사)의 결합형이므로 표준어로 처리하지 않고, 표준형으로만 인정했다. 주책은 원래 뜻 외에 의미 전이가 이뤄져 "주책을 부리다", "주책이 이만저만이 아니야"와 같이 '일정한 줏대가 없이 되는대로 하는 짓'이라는 의미도 더해졌다. 2017년에는 접미사 '-맞다', '-스럽다'가 결합한 '주책맞다'와 '주책스럽다'도 표준어로 인정하였다.

언어는 시간이 흐름에 따라 단어의 소리와 의미가 변하거나 문법 요소가 변화하는 특성이 있다. '주착'에서 '주책'으로 표준어가 바뀌고, 비표준어였던 '주책이다'가 표준형으로 인정받은 것처럼.

〈신미라, 이투데이, 2020. 04. 27.〉

1) 단어 명확하게 구별하여 쓰기

적절한 단어를 선택하여 쓰는 것은 바른 글쓰기의 시작이다. 다음에 제시하고 있는 예문들은 뜻이나 주체, 형태의 혼동으로 잘못 사용한 사례들이다. 정확한 뜻을 살펴 명확하게 구별해서 써야 한다.

❶ 의미 혼동에 의한 단어의 오용

- 한문으로 자신의 이름을 쓴 책은 → 한자로
- 그는 김영삼 대통령의 출국의 출영객 중의 한 사람이다. → 전송객
- 강추위에 눈이 쌓여 스키장이 북적대었다. → 추운 날씨
- 기분이 조금씩 사그라들었다. → 사그라졌다
- 전염병이 스쳐 갔다. → 쓸려 갔다
- 이런 질문을 가진 분이 많습니다. → 의문
- 식사를 잡수실 때는 큰 소리로 떠들지 마십시오. → 하실
- 채점을 내는 중입니다. → 채점하는

❷ 주체·객체의 혼동

- 면회 접수를 하고 기다렸지요. → 신청
- 추곡을 수매한 돈을 받아 든 농부들 →판

이 외에도 혼동하기 쉬운 단어들과 그 뜻을 살펴보면 다음과 같다.

❸ 혼동하기 쉬운 단어들

혼동하기 쉬운 단어	뜻 차이
강수량/강우량	• 강수량: 비, 눈, 우박, 안개 따위로 일정 기간 일정한 곳에 내린 물의 총량 • 강우량: 일정 기간 일정한 곳에 내린 비의 분량
개발/계발	• 개발: 물질적, 비물질적인 것의 두 가지에 쓰임(국토 개발, 능력 개발) • 계발: 비물질적인 것에만 쓰임(자기 계발, 창의성 계발)

혼동하기 쉬운 단어	뜻 차이
갱신/경신	• 갱신: 다시의 뜻으로 이미 있던 것을 고쳐 새롭게 함, 기간만 연장하는 일 • 경신: 고침의 뜻으로 이미 있던 것을 새롭게 함, 기록 경기 따위에서 종전의 기록을 깨뜨림
부분/부문	• 부분: 전체를 이루는 작은 범위 • 부문: 일정한 기준에 따라 분류하거나 나누어 놓은 갈래(중공업 부문, 드라마 부문)
일절/일체	• 일절: '아주, 전혀, 절대로'의 뜻으로 흔히 사물을 부인하거나 행위를 금지할 때 씀(일절 말하지 않는다, 일절 나갈 수 없다) • 일체: '온통, 모두, 모든 것을 다'의 뜻으로 씀(범행 일체도 자백받았다)
혼돈/혼동/혼란	• 혼돈: 마구 뒤섞여 있어 갈피를 잡을 수 없음, 또는 그런 상태 • 혼동: 구별하지 못하고 뒤섞어서 생각함, 서로 뒤섞이어 하나가 됨 • 혼란: 뒤죽박죽이 되어 어지럽고 질서가 없음

다음은 형태, 발음, 뜻의 혼동이 자주 있는 예문들이다. 잘 구별하여 바르게 쓸 필요가 있다.

체/채
- 나를 못 본 체하였다.('척'의 의미)
- 아침도 못 먹은 채로 출근을 했다.(상태)

반드시/반듯이
- 약속을 반드시 지켜야 한다.
- 어깨를 반듯이 펴라.

띠다/띄다
- 그것은 독특한 성질을 띠었다.
- 한 칸을 띄어 앉으십시오.

걷잡다/겉잡다

* 일이 걷잡을 수 없게 악화하였다.
* 모인 사람이 겉잡아 50명 정도는 되었다.

다리다/달이다

* 외출을 하기 전에 입을 옷을 다린다.(다리미질)
* 한약을 달인다.

맞추다/마치다/맞히다

* 그녀는 퍼즐을 잘 맞춘다.
* 벌써 일을 마쳤다.
* 문제의 답을 정확하게 맞히면 상품권을 드립니다.

바라다/바래다

* 그의 목소리에는 간절한 바람이 그대로 표현되었다.
* 오래 입은 셔츠가 색이 바랬다.

저리다/절이다

* 다친 손가락이 저리다.
* 먼저 배추를 절인다.

조리다/졸이다

* 생선을 조린다.
* 마음을 졸이며 서 있었다.

로서/로써

* 인생 선배로서 하는 말이야.(자격)
* 문제는 대화로써 해결하는 것이 바람직하다.(수단)

그러므로/그럼으로

* 그녀는 부지런하다. 그러므로 잘 산다.(그러니까)
* 그는 열심히 공부한다. 그럼으로 은혜에 보답하였다.(그렇게 하는 것으로)

2) 잘못 쓴 어휘 고쳐 쓰기

바른 문장을 쓰기 위해 문장에서 서술어의 기능을 하는 동사와 형용사의 활용형을 정확하게 이해할 필요가 있다. 잘못된 용언의 활용으로 문장이 틀리는 경우가 많으므로 주의가 필요하다. 그 외에도 문장을 쓸 때, 문맥에 호응하지 않는 어휘, 외국식 조어, 외래어 남용, 어렵거나 잘못된 낱말 남용 등이 있는지 살펴야 한다. 다음의 예문들은 고쳐 써야 바른 표현이 되는 경우다. 글을 쓸 때 틀리지 않도록 신경 써야 할 부분들이다.

❶ 용언 활용의 잘못

- 거칠은 얼굴로 나타났다. → 거친
- 나를 듯한 쾌적한 기분 → 날
- 반말투도 삼가해야 할 것이다. → 삼가야
- 스키어들을 설레이게 했다. → 설레게
- 첩첩이 쌓인 산골 → 싸인
- 다음 물음에 알맞는 답을 고르시오. → 알맞은
- 나는 건강하고 싶다. → 건강하게 되고 싶다
- 그것을 하면 안 되요. → 안 돼요.
- 혜승이에요. → 혜승이예요.
- 곧 뵈요. → 봬요

❷ 사동·피동법의 오용

- 문이 잠겨져 있는 집 → 잠겨
- 결코 잊혀지지 않는 추억 → 잊히지
- 연필로 쓰여진 편지 → 쓰인

③ 문맥에 호응되지 않는 어휘

- 마침 내가 던진 공에 맞아 유리창이 깨졌습니다. → 공교롭게
- 나는 합격 소식을 듣고 몹시 기뻐했다. → 매우

④ 외국어식 조어의 경우

- 머지않아 가을 바람이 불겠거니라고 생각하면서…. → 불겠거니
- 부루투수에 의하여 살해당했다. → 한테
- 대단히 궁금시됩니다. → 궁금합니다

⑤ 외래어 남용으로 인한 오용

- 아주 대학교가 첫 케이스이다. → 사례, 경우
- 잠실 메인 스타디움에서 축구경기가 있다. → 주 경기장
- 엘리베이터 → 승강기/하이테크 → 고도의 과학기술/카운트다운 → 초읽기/ 리모콘 →(원격)조정기
- 그 친구 다음 달에 미국에 들어간다. → -으로 나간다
- 그 사람 일본에서 나왔다. → 돌아왔다
- 저희 나라 → 우리, 저희 한국 팀으로서는 수비 문제가 → 우리
- 대동아 전쟁, 이씨조선 → 태평양전쟁, 조선왕조

⑥ 어렵거나 잘못된 낱말을 남용

- 위험을 지득(知得)한 업무자는 고객에게 먼저 통로를 피양(避讓)하여야 한다.
  → 위험을 안 회사원은 고객에게 먼저 피신할 통로를 양보하여야 한다.
- 흐린 날씨지만 관중의 숫자가 늘고 있습니다.
  → 흐린 날이지만 관중의 수가 늘고 있습니다.

3) 뜻 겹치지 않게 쓰기

명확한 의미를 전달하기 위해서는 단어를 적절하게 쓰고, 가능하면 의미의 중복이 없게 간결한 문장으로 쓸 필요가 있다. 다음의 예문들처럼 불필요하게 의미가 중복되는 문장을 쓰는 경우가 의외로 많다. 예문들을 거울 삼아 자신이 쓰는 문장에서는 이러한 문제가 발생하지 않도록 노력해야 한다.

❶ 불필요하게 의미가 중복된 말

· 순간 그의 머리속에는 뇌리를 스치는 기억 하나가 있다.
· 도저히 수용하지 못해 용납할 수 없는 경우가 허다히 많습니다.
· 미리 자료를 예비한 분은 별도의 자료를 만들 필요가 없습니다.
· 돌이켜 회고해 보건대 형극의 가시밭길을 우리는 걸어왔습니다.
· 소설은 작품이 쓸거리로 택하는 제재의 성격에 따라 여러 종류로 나눌 수 있다.
· 한국은 지난 월드컵 예선 때부터 수준 향상을 보여, 이번에 강력한 우승 후보로 꼽히고 있는 사우디아라비아와 팽팽한 접전을 벌일 것으로 예상된다.
· 노동자, 농인, 사업자 모두가 더불어 함께 기쁨을 나누는 세상을 만듭시다.
· 그는 우리 사회도 이제는 민주화가 정착되었다고 덧붙여서 부연했다.
· 그 문제를 다시 재론함으로써 얻을 수 있는 이익이 뭐니?
· 그의 죄상은 조사가 끝나면 백일하에 분명히 드러날 것이다.
· 그는 약관(弱冠) 이십 세의 나이에 이미 소설가로 이름을 떨쳤다.
· 우리 학교는 시끄러운 소음을 막기 위해 방음벽을 설치하고 있다.
· 그 선수는 매일같이 뛰고 달리고 달음박질치는 훈련을 열심히 해 왔다.
· 주지하듯이 민주화는 혼란을 수반하기 마련임을 모두들 알고 있다.
· 푸른 창공을 나는 즐거움이 어떤지는 행글라이딩을 해 본 사람만이 압니다.
· 저는 선생님께 이 말씀을 드리지 않으면 안 되겠다고 생각했습니다.
· 직업을 구하는 구직자들이 오늘도 취업 공고판 앞에 죽 늘어서 있습니다.

다음은 문장 성분에 따라 겹말이 나타난 경우의 예문들이다.

❷ 주어가 겹말인 경우

- 낙엽이 떨어지는 가을이다. → 잎이 떨어지는 가을이다, 낙엽이 지는 가을이다.
- 그녀의 생명이 위독하다 → 그녀가 위독하다
- 커피포트 전기가 누전되었다 → 커피포트가 누전되었다
- 가로수나무가 참 예쁘다 → 가로수가 참 예쁘다
- 고목나무가 쓸쓸이 → 고목이 쓸쓸이
- 속내막이 궁금하다 → 내막이 궁금하다, 속사정이 궁금하다

❸ 목적어가 겹말인 경우

- 돈을 송금하라는 전화를 받았다 → 돈을 보내라는 전화를 받았다, 송금하라는 전화를 받았다
- 어제 머리를 삭발하였다 → 어제 삭발하였다
- 전시회에 작품을 출품하고 → 전시회에 출품하고

❹ 서술어가 겹말인 경우

- 애완견을 그대로 방치해두다 → 애완견을 그대로 방치하다
- 양식을 조금씩 비축해두다 → 양식을 조금씩 비축하다
- 중등교육을 개혁시키다 → 중등교육을 개혁하다
- 이제야 결론을 맺다 → 이제야 결론을 내다, 이제야 결론짓다
- 서로 계약을 맺다 → 서로 계약을 하다, 서로 계약하다
- 그 이야기에 공감을 느끼다 → 그 이야기에 공감하다

❺ 관형어가 겹말인 경우

- 매 분기마다 수익 → 분기마다 수익

- 각 나라별 → 나라마다, 나라별
- 각 지역마다 → 지역마다, 지역별
- 남은 여분을 주십시오 → 여분을 주십시오
- 남은 여생이 짧다 → 여생이 짧다

❻ 부사어가 겹말인 경우

- 간단히 요약하면 다음과 같다 → 요약하면 다음과 같다
- 거의 대부분 사라졌다 → 대부분 사라졌다
- 그 처분은 너무 과하다 → 그 처분은 과하다, 그 처분은 너무하다
- 둘로 양분하다 → 양분하다, 둘로 나누다
- 둘은 서로 상의하였다 → 둘은 상의하였다
- 스스로 자각하다 → 자각하다, 스스로 깨닫다
- 일찍 집에 귀가하였다 → 일찍 귀가하였다
- 열심히 준비한 사람은 회사에 입사할 수 있다 → 열심히 준비한 사람은 입사할 수 있다
- 만나서 면담할까요? → 면담할까요?
- 미리 예습하다 → 미리 공부하다, 예습하다
- 이야기가 계속 이어지다 → 이야기가 이어지다

4) 쉬운 표현으로 쓰기

단어를 선택할 때는 쉬운 표현을 쓰는 것이 좋다. 문맥에 따라 적절한 단어를 선택할 수 있지만, 다음의 단어들은 쉬운 표현을 쓸 때, 그 뜻이 더 분명하게 전달된다. 어려운 한자 표현보다는 알기 쉬운 표현으로 쓰는 것이 좋겠다.

- 소재지 파악이 어렵다 → 장소 파악이 어렵다
- 간결하고 용이하게 씀 → 간결하고 쉽게 씀
- 물체가 가시화하다 → 물체가 나타나다
- 타인에게 양도가 가능한 → 타인에게 양도할 수 있는
- 부담을 감소시킨 → 부담을 줄인
- 증명서를 교부받아 → 증명서를 받아, 증명서를 발급받아
- 손해를 가한 사람 → 손해를 입힌 사람, 손해를 끼친 사람
- 기(旣) 제시한 → 이미 제시한
- 이동이 빈번한 → 이동이 잦은
- 하루하루 분투하다 → 하루하루 애쓰다
- 빠르게 순응하다 → 빠르게 적응하다
- 입증하라 → 증명하라
- 세율을 취합하여 →세율을 모아
- 세력을 증진하다 → 세력을 늘리다
- 일을 집행하다 → 일을 실행하다
- 바꾸자는 의견에 찬동 → 바꾸자는 의견에 찬성
- 자금을 축적하다 → 자금을 모으다
- 합격을 통지하다 → 합격을 알리다

✎ 연습 1 **다음에 제시한 단어들을 찾아보고 정확한 뜻을 이해해보십시오.**

인권, 기본권, 페미니즘, 패러다임, 미디어 리터러시, 지속 가능 발전, 탄소 중립, 미니멀리즘, 팬데믹(감염병 대유행), 메타버스, 사물인터넷, 빅데이터, 유비쿼터스, AI(인공 지능), 딥러닝, 빅데이터, ICT(정보통신기술), 스마트워크

📝 연습 2 다음 단어들을 사전에서 찾아보고, 해당 단어를 사용하여 문장을 써보십시오.

- 성취/성공
- 공공성/공리성
- 표출/산출
- 차별/편견
- 때문/까닭(이유)
- 다르다/틀리다
- 당황하다/황당하다

③ 단락 쓰기

단락은 일정한 의미 단위를 지닌 문장들의 묶음으로 글 전체를 구성하는 실질적인 단위이다. 단락은 주제 전달이라는 명확한 한 가지의 목적을 갖고 각각의 구성 요소들이 유기적인 관계를 맺으며 잘 짜여야 한다. 즉, 단락은 소주제를 나타내는 문장을 중심으로 하나의 구조를 이루고 있는 문장들의 집합이지만, 전체 글의 주제에 처음부터 끝까지 집중되어야 한다.

각 단락은 부분이면서 또한 전체가 되어야 한다. 그리고 이러한 전체는 하나인 주제를 향하여 집중되어 있어야 한다. 문장 하나하나가 하나의 주제에 집중되고 단어 하나하나가 하나의 주제를 나타내는 데 반드시 필요하다. 어떤 글은 분량은 많은데 실제로 왜 그러한 내용이 나와야 했는지에 대해 의구심이 가는 경우가 있다. 이것은 단락 전체의 내용이 한 주제에 집중되지 못하고 있기 때문이다. 한 단락을 이루는 문장들이 많든 적든 이들은 서로 긴밀하게 연결되어 있으면서 그 순서나 논리에 맞아야 한다. 그러나 막상 글을 쓰는 사람들이 쓸 것이 없어서 이것저것 끌어 쓰다 보면 앞뒤의 내용이 전혀 어울리지 않는 경우가 많다.

글을 쓸 때 단락을 전혀 구분하지 않거나, 한 문장마다 단락을 나누는 경우를 본다. 이러한 글은 글쓴이의 생각이 잘 정돈되지 않았거나, 퇴고의 과정을 거치지 않은 글이라는 느낌이 든다. 단락을 나누는 것은 글쓰기에서 매우 중요한 기술이다. 단락은 호흡과 같아서 만약 글을 단락으로 나누지 않고 하나의 문단으로 작성하게 되면, 주제를 명확하게 전달하기도 어렵지만 읽는 이에게도 고통스럽다.

단락을 시작할 때는 한 칸을 들여 쓴다. '들여쓰기'는 새로운 단락의 시작을 알리고, 단락별 내용을 구분하는 장치로써, 글 전체의 구성 관계를 명확하게 표시해 준다. 대부분의 산문은 기본적으로 '들여쓰기'를 하고 있다. 들여쓰기를 종종 어기는 경우가 있는데, 되도록 지키는 것이 바람직하다. 글을 쓸 때 대화 부분을 한 단락의 모양으로 들여 쓰는 경우가 있는데, 이는 대화문을 바탕글(지문)과 구별하기 위해서다.

글을 쓸 때 단락을 나누어 쓰면 무엇에 관한 글인지 주제가 분명해지고, 꼭 필요한 정보를 적절하고 논리적으로 배열하게 되면서 자연스럽게 연결을 할 수 있다. 또한 주제와 무관한 내용의 단락을 쉽게 찾을 수 있고 주제에서 벗어난 내용으로 흘러가지 않도록 도와준다.

1) 단락의 구성

한 단락은 생각의 덩어리로서, 한 단락이 끝나면 다음 단락으로 넘어가는 글의 형식이다. 단락은 글의 내용을 명료하게 하고, 독자에게도 글쓴이의 생각을 명확하게 전달하며 이해할 수 있도록 한다. 그러나 형식적으로만 단락을 나누면 안 된다. 형식이 나누어져 있어도 소주제를 중심으로 구분하지 않은 단락은 글을 산만하게 한다. 따라서 단락은 반드시 하나의 소주제를 중심으로 구성해야 하고, 글을 읽는 사람이 단락을 통해 글쓴이의 정돈된 생각을 읽어 내려갈 수 있도록 해야 한다.

한 단락에는 기본적으로 하나의 중심 생각, 곧 '소주제'가 들어 있다. 단락의 중심 내용은 글 전체의 중심 내용인 주제와 구분하여 소주제라 하고, 소주제를 담은 문장을 소주제문 또는 중심 문장이라고 한다. 세부 내용을 담은 문장은 뒷받침 문장 또는 보충문이라고 한다. 즉, 중심 문장은 소주제를 표현한 문장이고, 뒷받침 문장은 소주제를 전개하면서 중심 문장을 향하여 긴밀하게 연결된 문장들이다.

단락 = 중심 내용 + 세부 내용
(중심문장 or 소주제문)　(뒷받침 문장 or 보충문)
©www.hanol.co.kr

● 그림 2-8 _ 단락의 구성

다음 예문을 보면 첫 번째 문장이 단락의 중심 내용을 표현한 중심 문장, 즉 소주제문이고, 뒷부분에 나오는 문장들이 단락의 중심 내용을 보충하고 있는 뒷받침 문장들이다. 소주제를 제시하기 위해 존재하는 것이 단락이다.

음식물에는 사람의 몸에 필요한 영양소가 많이 들어 있다. 사람이 먹는 쌀, 옥수수, 감자, 고구마 등에는 사람의 몸에 필요한 영양소, 녹말이 들어 있다. 쇠고기나 돼지고기, 생선, 달걀, 콩과 같은 재료로 만든 음식 속에는 단백질이 들어 있고, 버터, 호두, 잣, 참깨, 땅콩 등에는 지방질이 많이 함유되어 있다. 또한, 채소나 과일 속에는 비타민이 들어 있고, 뼈째 먹는 생선이나 우유 속에는 칼슘과 같은 영양소가 많이 들어 있다. 이러한 영양소들은 우리 몸을 튼튼하게 해주고 활동하는 에너지를 공급해 준다.

단락에서 소주제(문)가 희미하거나 불완전한 단락은 단락으로서의 자격을 갖추지 못한 것이다. 다음의 글은 문법 구조상으로는 크게 오류가 없음에도 전체적으로 무슨 말을 하고 있는지 알 수가 없다. 웬만해서는 의미가 잘 통하지 않는다. 단락 안에 명확한 소주제가 없기 때문이다.

> 과학이 사물 현상에 대한 설명 즉 이론인데 반해, 기술은 그러한 이론의 구체적인 응용이므로, 일상생활이 구체적 실현이라는 점에서 기술이 과학보다 생활과 좀 더 가깝기는 하지만, 과학도 생활과 뗄 수 없는 관련을 맺고 있음을 알 수 있다. 또 철학은 평범한 것에 대한 경이(驚異)에서 출발하는데, 아리스토텔레스가 논술한 바와 같이, 이 경이를 통과해서 우리는 지혜를 갈구하기 시작하는 것이지만, 이렇게 해서 철학은 마침내 발걸음을 내디딜 뿐 이것이 철학의 전부는 아니다.

명확한 소주제가 드러나지 않고 의미가 모호한 단락은 자기의 생각이나 표현에만 집착하다가 자신의 논리를 억지로 꿰어 맞추거나, 미처 정리하지 못한 생각을 순간적으로 떠올린 어휘나 문장으로 구사했기 때문이다. 글을 다 쓰고 난 뒤, 바로 퇴고하는 것도 중요하지만 얼마간의 시간이 지난 후 객관적으로 글을 읽고 모호한 표현을 수정하는 것은 분명한 주제를 전달할 수 있는 한 방법이기도 하다. 단락을 쓸 때 소주제를 선명하게 전달하고 있는지를 확인하면서 글을 쓰는 것이 중요하다.

하나의 단락은 소주제를 중심으로 의미상 밀접한 관련이 있는 문장들의 집합이라고 할 수 있다. 그 관련성이 밀접하면 할수록 단락의 통일성은 확고한 것이 되고, 어느 한 문장이 소주제의 내용에서 멀어지면 그만큼 단락의 통일성이 깨어지고 만다. 소주제와 긴밀한 내용으로 뒷받침 문장을 보충하기 위해서는 소주제를 명확하게 하고 그에 맞는 논리적인 내용만을 연결해야 한다. 서로의 내용이 긴밀하게 연결되지 않은 단락은 좋은 단락이 될 수 없다. 한 단락 안에서 어떤 문장도 빠질 수 없는 관계로 서로 연결되어야 한다.

다음의 예문은 '조금의 태도 변화가 환상적인 활동으로 변모할 수 있다'는 소주제와 그것을 뒷받침하는 문장들로 이루어진 단락이다. 소주제와 소주제를 뒷받침하는 문장들이 매우 긴밀하고 논리적으로 연결되어 한 편의 글을 읽는 듯한 느낌이다.

사소한 변화에 주목하면 위대한 발견을 낳을 수 있는 것처럼, 조금만 태도를 바꾸면 지긋지긋하고 넌더리 나던 일이 빨리 하고 싶어서 안달이 날 정도로 기다려지는 환상적인 활동으로 변모한다. 그 비결은 무엇일까? 첫째, 무슨 일이 일어나고 있고 그 원인이 무엇인지를 명확히 이해하는 데 관심을 기울여야 한다. 둘째, 지금의 방식이 업무에 임하는 유일한 방법이라는 수동적 자세에서 탈피해야 한다. 셋째, 대안을 모색하면서 더 좋은 방법이 나타날 때까지 실험을 게을리하지 말아야 한다. 직장인들이 더 힘든 자리로 승진하는 것은 그들이 이전의 직책에서 이런 단계를 충실히 밟았기 때문이었다고 볼 수 있다. 설령 아무도 알아주는 사람이 없다 하더라도 자신의 정력을 이런 식으로 활용하는 사람은 직장일에서 더욱 만족을 느낄 것이다.

〈미하이 칙센트미하이(이희재 옮김), 몰입의 즐거움〉

다음에 제시하는 짧은 단락에서 밑줄 친 문장은 소주제에서 벗어난 문장으로 볼 수 있다. 첫 번째 예문에서는 '속초 상도문의 돌담길 이야기'에서 벗어난 밑줄 친 문장이 소주제에서 벗어난 문장이고, 두 번째 예문은 마지막 밑줄 친 문장이 '반대 입장을 생각해 보는 자세'라는 소주제에서 벗어난 것이다. 예문들에서 밑줄 친 문장들은 소주제의 흐름을 막고 있다. 이러한 문장은 단락 안에서 삭제하는 것이 바람직하다. 소주제에서 벗어나는 문장은 소주제를 명확하게 하는 데 도움이 안 된다.

마을 전체에 구불구불한 돌담이 이어져 있다. 바로 이곳은 속초 상도문 돌담마을이다. 마을 사람들은 매우 바빠 보였다. 층층이 쌓아 올린 돌담들은 소박하게 지어진 농가와 조화를 이루고 있었다. 참 포근한 느낌이었다.

의견을 말할 때, 반대 입장을 생각해 보는 자세가 필요하다. 나의 판단에 예외적인 경우는 없는지, 나의 주장이 최선의 방안인지 구체적으로 고려하는 태도이다. 그러나 반대를 위한 반대 생각에 집착하다 보면 중요한 결정을 힘들게 한다.

한 단락을 이루는 문장과 문장의 전개 방식도 궁극적으로는 단락과 단락의 연결 관계와 같다. 시간적 순서나 공간적 질서 또는 논리적 순서에 따라 문장과 문장의 연결이 의미상 밀접하게 이루어질 때, 단락은 긴밀성을 확보하게 된다.

다음의 예문은 같은 내용의 단락임에도 불구하고 문장들 사이의 긴밀성이 떨어지고 있는 수정 전의 글과 문장들 사이의 긴밀성을 높이고 단락의 내용을 명확하게 수정한 후의 글이다. 단락 내에서 문장과 문장의 긴밀한 연결이 얼마나 중요한가를 볼 수 있는 좋은 사례이다.

· 문장들 사이의 긴밀성이 떨어져 의미가 모호해진 단락을 수정한 글

〈수정 전〉

협상을 앞두고 급속하게 협상 전략을 마련한 회사 측은 오히려 별수 없이 상대방이 저자세로 나올 수밖에 없다는 느긋한 분위기. 관계자의 말을 인용하면 자신의 견해라는 것을 전제로 하면서 '최소한 우리가 원하는 안은 협상 목표를 이루지 못하더라도 그들을 협상 테이블로 불러들이는 것만으로도 완성하는 것이니 어느 결론이 나더라도 괜찮다고 동의하는데, 그쪽이 우리의 요구를 받아들이겠다고 하면 더 나아간 진전을 보여 준 것이며, 상호 발전적인 협상'이라고 언급했다. 회사측은 회담 자체 문제에 관해서 긍정적으로 받아들이고 있는 것이었지만 결과는 회담 거부였다.

〈수정 후〉

협상일이 임박해서야 협상 전략을 부랴부랴 마련한 회사 경영진은 협상이

거부되기 전까지는, 오히려 노동조합이 협상을 원하는 것으로 오판했다. 그 당시, 경영진 중 한 사람은 '우리는 원하는 안을 이루지 못하더라도 그들이 협상에 응하는 것만으로도, 최소한의 목표를 이룬 것이니 어떤 결론이 나더라도 괜찮다. 그쪽이 우리의 요구를 받아들이겠다고 하면 더 큰 진전이겠으나 어떤 결론이 나더라도 협상 그 자체가 상호 발전에 도움이 될 것'이라고 했다. 물론 개인적인 견해라고 전제하였지만, 당시 경영진이 협상에 임하는 태도를 읽을 수 있는 부분이다. 그러한 안일한 태도가 결국 협상 거부라는 결과를 불러왔다.

단락을 잘 쓰려면 주제를 완전히 이해하고 각 단락의 소주제를 명확하게 해야 한다. 뒷받침 문장들은 소주제를 쉽게 풀어쓰고, 구체적인 사례를 들어 소주제가 독자에게 충분히 전달될 수 있도록 써야 한다. 소주제를 뒷받침하는 풍부한 자료들은 단락의 내용을 풍성하게 할 뿐만 아니라 주제를 드러내는 좋은 근거 자료가 된다. 단락은 시각적 효과도 중요하다. 너무 길거나 짧지 않게 적절한 균형과 배분이 필요하다. 단락의 적절한 길이를 만들기 위해서 한 단락에 한 가지 소주제만을 집중적으로 담는 것이 좋은 방법이다.

2) 단락의 분류

단락이 똑같은 형식을 취하고 있어도 모두 동일하거나 동등한 단락은 아니다. 단락 안에 중심 문장의 위치에 따라 '두괄식·미괄식·중괄식·양괄식' 단락으로 나눌 수 있고, 단락의 역할에 따라 주요 단락과 보조 단락으로 구분할 수 있다. 주요 단락은 주제와 직접 관계가 있는 단락이고, 보조 단락은 도입 단락, 결미 단락, 전환 단락, 강조 단락, 연결 단락, 요약 단락, 회화 단락 등과 같이 주요 단락을 보조하는 기능을 하는 단락이다.

(1) 중심 내용의 위치에 따른 분류

기본적으로 한 단락은 중심 내용과 그것을 받쳐주는 세부 내용으로 구성된다. 단락을 쓸 때는 중심 내용을 어느 부분에 놓으면 좋을지 고려해야 한다. 효과적인 배열 방식이 단락의 의미 전달을 돕는 중요한 역할을 하기 때문이다. 중심 내용을 단락의 어디에 놓느냐에 따라 '두괄식·미괄식·중괄식·양괄식' 단락으로 나눌 수 있다.

❶ 두괄식

두괄식은 중심 문장이 단락의 맨 앞에 오고, 그것을 뒷받침하는 문장이 뒤에 제시되는 형태다. 소주제를 단락의 첫머리에 두고, 이를 뒷받침하기 위한 구체적인 사례나 논증, 부연이나 설명을 그 뒤에 배치하는 방식이다. 소주제를 먼저 제시하는 까닭에 주제를 빨리 파악하고 이해시키는 데 효과적이며, 동의를 쉬 얻을 수 있는 글에 적합하다.

최근에는 글을 쓸 때 주요 내용을 먼저 제시하고 그 후에 세부 내용을 표현하는 '두괄식' 방식이 선호되고 있다. 글의 맨 앞에 전달하고자 하는 중심 생각이 제시되기 때문에 글쓴이가 자신의 의도를 상대방에게 단시간에 효과적으로 전달할 수 있다. 소주제에서 벗어난 문장을 쓰지 않기 위해서 두괄식을 활용하는 것도 좋은 방법이다.

신문 기사들은 기본적으로 두괄식을 원칙으로 하고 있다. 신문은 빠르게 핵심 정보를 독자에게 전달하는 것이 중요하기 때문이다. 두괄식은 독자에게 전달하는 과정에서 유용하기 때문에 글을 쓸 때 이러한 장점을 활용하면 좋다.

❷ 미괄식

미괄식은 두괄식과는 반대로 뒷받침 문장들을 먼저 제시한 후 중심 문장을 맨 뒤에 놓은 형태다. 구체적인 사례나 논증, 부연이나 설명의 뒷받침 문장들을 먼저 제시하고, 소주제문을 단락의 마지막 부분에 두는 방식이다. 미괄식의 장점은 중심 문장이 문단의 마지막에 위치하기 때문에 글의 긴장감이 마지막까지 유지된다는 것이다. 따라서 미괄식은 이견을 예고하고 논리적이고 차분하게 설득하고자 할 때 효과적으로 쓸 수 있다.

하지만 중심 문장에 이르기까지 다소 시간이 걸리기 때문에, 글의 긴장감을 마지막까지 유지하려면 글쓴이의 각별한 노력이 필요하다. 중심 문장으로 내려갈 때 제시하는 구체적인 예들이나 근거들을 가장 적절한 것으로 선택하고, 불필요하거나 대표 사례와 관련이 없는 것들은 나열하지 않도록 주의해야 한다.

❸ 중괄식

중괄식은 말 그대로 중심 문장을 단락의 중간에 제시하는 형태다. 중심 내용을 중간에 배치하는 것으로 그리 많이 쓰이지는 않는다. 대체로 글의 첫머리에서 도입하고 마무리에서 보충하는 글이므로 의도를 지나치게 요구하지 않으면서 순리적으로 접근하고자 하는 글에 효과적인 방법이다.

중괄식 방식은 소주제문이 정확하게 중간에 위치한다기보다는 단락의 앞이나 뒤쪽이 아닌 중간 위치에 놓는다는 것이다. 중괄식의 가장 큰 단점은 글을 읽는 이들이 중심 내용을 파악하기 쉽지 않다는 점이다. 따라서 중괄식을 쓸때는 독자가 중심 문장을 잘 찾을 수 있도록 세심하게 신경을 써야 하고, 중심 문장임을 알리는 접속 어구를 사용하는 것도 좋은 방법이다.

소설의 윤리적 가치를 독자가 경험하기 위해서는 소설과 윤리적 가치의 밀접한 관계를 인지하는 것만으로는 부족하다. 게다가 교육은 학습자가 교육 내용을 느슨하고 산만하게 경험하는 것이 아니라 유기적이고 총체적으로 경험하게 하는 것이다. 따라서 문학 교육은 학습자가 소설의 윤리적 가치를 보다 체계적으로 경험하면서 좋은 삶의 문제를 사유할 수 있도록 특정한 읽기의 원리를 제공해야 한다. 이러한 원리가 제공되지 않으면 문학 교육은 윤리적 감각의 활성화나 윤리적 실천력의 함양에 적극적으로 기여할 수 없다. 또한 소설 읽기를 통한 삶의 반성과 기획도 전적으로 학습자의 취향이나 역량에 의해 결정되게 된다.

〈정진석, 소설의 윤리와 소설 교육〉

❹ 양괄식

양괄식은 중심 문장이 단락의 맨 앞과 맨 뒤에 모두 제시되는 형태로 '쌍괄식'이라고도 한다. 단락의 내용이 복잡하거나 길게 전개될 때, 자료 조사가 풍부하여 단락이 길어질 때, 소주제를 다시 한번 강조하고 싶을 때 효과적인 방법이다. 그러나 중심 내용을 반복하여 제시하는 방식이 독자로 하여금 내용 반복의 느낌을 줄 수 있으므로, 앞에서 제시한 중심 문장과 끝부분에서 제시하는 중심 문장의 내용 통일성과 문장 변화성을 고려하여 쓸 필요가 있다.

쌍괄식은 두괄식과 미괄식이 함께 있는 방식으로, 도입 단계에서 주제를 선명히 제시하고 중간 부분에서 그것을 뒷받침하는 내용으로 논증하거나 사례를 든 다음, 끝부분에 가서 주제를 재차 요약·확인 또는 강조하는 내용으로 마무리하면 좋다. 이러한 방식은 논문에서 주로 쓰인다.

다음은 학생 글로 처음에 소주제 내용을 밝히고 중간 부분에 이유를 밝히면서 마지막 부분에 다시 한번 소주제를 강조하고 있는 양괄식 단락이다. 글을 쓸 때 참고할 수 있다.

> 동선을 공개하는 목적은 정확한 접촉자 파악을 통한 추가 감염 확산을 방지하기 위한 것이다. 코로나 사태에 대비하여 모든 확진자의 동선을 파악할 경우 그 확진자들 서로 간의 동선을 비교하여 각 장소의 전염 가능성을 더 자세히 알 수 있고 이것은 확실한 정보전달과 대처의 중요한 단서가 된다. 정확한 정보전달로 이상한 소문을 불식할 수 있다. 이미 양성판정을 받은 확진자들의 동선은 전염된 시기를 파악하는 데 도움이 되는 자료이다. 세계적으로 많은 타격을 주고 있는 코로나의 영향력을 근본적으로 차단하기 위해서 백신을 개발하는 것이 가장 좋은 선택이자 방법이다. 하지만 백신의 개발이 쉬운 것도 아니다. 지금도 열심히 개발을 하고 있는 중이지만 언제 완벽한 백신이 나오게 될지는 아직 미정이다. 그러므로 백신 개발 전까지 확진자 수를 감소시키는 것이 현재 우리가 할 수 있는 가장 최선의 수단과 방법이다. 확진자의 접촉 동선을

사전에 감지하고 접촉 인원을 사전에 검사하여 확진자를 격리하고 치료함으로써 추가 감염을 예방하고 효과적으로 그 수를 감소시킬 수 있다. 확진자의 이동 동선을 공개하면 2차 피해가 감소할 것이고, 자발적 격리 등으로 조치하기도 쉽다. 더욱 심각한 상황을 미리 예방하고자 확진자의 동선 공개는 이루어져야 한다.

(2) 단락의 역할에 따른 분류

단락은 그 역할에 따라 주요(중심) 단락, 도입 단락, 결미 단락, 전개 단락, 전환 단락, 강조 단락, 연결 단락, 보충 단락, 대화·인용 단락, 요약 단락이 있다. 주요 단락은 주제와 직접 관계 있는 부분이고, 도입 단락 이하 모든 단락은 주요 단락을 위한 보조적인 기능을 한다. 따라서 단락의 역할에 따라 크게 주요 단락과 보조 단락으로 나누어 볼 수 있다.

💡 단락 역할에 따른 분류

① 주요 단락: 주제와 직접 관계가 있는 단락
② 보조 단락: 도입 단락과 같이 주요 단락을 보조하는 단락
  ('도입, 결미, 전개, 전환, 강조, 연결, 보충, 대화·인용, 요약' 단락 등)

주요 단락을 전개하기 위한 보조 단락은 '만약, 예를 들면, 반면, 간단하게 말하면' 등의 접속 어구를 적절하게 사용하여 제시할 수 있다. 이러한 접속 어구 사용은 글의 논리적 구성을 질서정연하게 전개할 수 있도록 돕는다. 보조 단락은 주제를 세밀하고 자세하게 보여줄 수 있는 단락이므로 잘 활용할 필요가 있다. 인용이나 예시 단락도 글의 이해를 돕는 데 효과적이고, 통계 자료나 도표, 사진 등을 활용하는 것도 좋은 방법이다. 통계 자료나, 사진 등은 현실감 있는

자료로서, 글의 이해를 한층 더 높인다. 그러나 지나치게 많은 보조 단락은 나열하면 전체 글의 흐름이 산만해질 수 있으므로 주제와 유기적인 관계를 고려하면서, 정리되고 필요한 정보만을 사용하는 것이 좋다. 대화 단락은 전형적인 신문 기사의 어법으로, 관계자의 짧은 인터뷰 인용과 객관적이고 통계적인 데이터를 효율적으로 활용하고 있다.

다음은 다양한 보조 단락의 예문들이다. 글을 쓸 때 참고할 수 있다.

❶ 인용 단락

> "인생에 있어서 멀리 희미하게 보이는 것보다는 가까이 있는 분명한 일들을 먼저 해야 한다."
>
> 영국 역사 토머스 칼라일(1795~1881)의 말이다. 당시 내게 미래는 불투명했고 내 목표는 더 어렴풋했다. 난 앞으로 나아가지 않은 채 어느 길로 갈지 궁리하며 남는 시간을 허비했다. 내 일상은 내면과 겉돌았다.
>
> 〈백우진, 나는 왜 달리는가〉

> 만나본 적 없어도 같은 노래나 영화를 좋아하는 공통점을 가진 사람에게는 왠지 친밀감이 느껴진다. 얼마 전 신문에서 소설가 김연수 씨가 미야자와 겐지의 시를 자신을 울게 만든 작품으로 꼽았을 때 그런 생각이 들었다. 동화 '강아지똥'의 작가 권정생이 생전에 존경했던 시인의 글이라는데 국내에는 그의 번역으로 널리 알려져 있다. 더 좋은 사람이 되는 과정을 겪고 있는 스스로를 다독이고 싶을 때 꺼내볼 만하다.
>
> '비에 지지 않고 바람에도 지지 않고/눈보라와 여름의 더위에도 지지 않는/튼튼한 몸을 가지고 욕심도 없고/절대 화내지 않고 언제나 조용히 미소 지으며/(...)/동(東)에 병든 어린이가 있으면 찾아가서 간호해 주고/서(西)에 고달픈 어머니가 있으면 그의 볏단을 대신 져 주고/남(南)에 죽어가는 사람 있으면 가

서 무서워 말라고 위로하고/북(北)에 싸움과 소송이 있으면 쓸데없는 짓이니 그만두라 하고/가문이 들면 눈물을 흘리고/추운 겨울엔 허둥대며 걷고/누구한테나 바보라 불려지고/칭찬도 듣지 말고 괴로움도 끼치지 않는/그런 사람이 나는 되고 싶다.'

〈고미석, 동아일보, 2017. 12. 27.〉

❷ 전환 단락

반면 S파는 왜곡되어 있다. 이 지진파는 전파처럼 양옆으로 파동을 가하며 움직이기 때문에 더 느리고 액체를 통과해서 갈 수 없다(그래서 바다에 있는 배들은 지진의 P파는 감지할 수 있지만 S파는 감지하지 못한다). 그리고 지면을 수직과 수평, 모든 방향으로 흔든다. 건물들은 수평응력을 별로 견디지 못하기 때문에 P파보다 S파에 훨씬 큰 피해를 입는다. 지진학자 이마무라가 간토 대지진이 시작되던 때를 묘사한 내용을 생각해 보면, 이마무라가 처음 감지했던 것이 P파이고, 잠시 후 도쿄 제국대학 연구실을 부순 것은 S파라는 것을 알 수 있다. 많은 지진에서 광부들이 지표 위의 사람들보다 흔들림을 덜 느끼는데, 이는 지하가 S파 대신 P파에 의해서만 흔들리기 때문이다.

〈앤드루 로빈슨(김지원 옮김), 지진〉

❸ 요약·정리 단락

간단하게 말하면, 이 방법은 지진의 진앙이 지진기록계에서 멀면 멀수록 빠른 P파와 느린 S파의 도착 간격이 더 커진다는 사실을 기초로 한다. 도착 시간의 정확한 차이는 지진파가 지나치는 바위의 종류에 달려 있다. 하지만 지진학자들은 수천 개의 예전 지진 데이터를 바탕으로 찾아낸 도착 시간의 평균적인 차이를 적용해서 진앙을 계산한다. 그들은 지진기록계로부터의 거리에 따른 P파와 S파의 평균 도착 시간을 보여주는 표와 그래프를 사용한다. 새로운 지진이 일어나면, P파와 S파의 도착 시간을 표나 그래프에 있는 평균 시간과 비교해서 지진계와 지진의 진앙 정확하게 말하면 진원 사이의 거리를 찾는 것이다.

〈앤드루 로빈슨(김지원 옮김), 지진〉

다음은 '봄철 건강 준비'에 관한 글이다. 첫 번째 글은 실제 신문에 실린 모습의 글이고, 두 번째 글은 신문에 실린 글의 내용을 조금 바꾸어 단락에 변화를 주어 수정한 글이다. 두 글의 비교를 통해 같은 화제나 주제로도, 글쓴이가 어떤 방식으로 단락을 구성하고 연결하느냐에 따라 완성된 글의 모습이 달라질 수 있음을 알 수 있다. 단락의 구성은 완성된 글의 모습을 다르게 하고, 그 내용의 전개도 다양하게 펼칠 수 있게 하는 중요한 글의 장치다.

예시 글 1   '몸의 봄' 준비됐나요 … 건강도 워밍업 해야죠

활기찬 봄을 맞는 건강 5대 키워드

봄이 왔다. 꽃샘추위가 봄을 시샘하지만 개구리가 겨울잠에서 깨어난다는 경칩(6일)을 지나 춘분(21일)이 다가오면서 남녘 들에는 꽃이 피고 연초록빛 새순이 돋아나고 있다. 봄이 가진 위대한 생명의 힘을 실감케 된다. 만물이 소생하는 봄은 건강 측면에서 그렇게 녹록지 않다. 실제로 봄철에는 겨울보다 질병이 더 많이 생기고 더 악화될 때가 많다. 우리나라 사망 원인 통계를 보더라도 고혈압, 심장병, 호흡기질환 등 만성질환을 앓는 사람들이 가장 많이 목숨을 잃는 계절이 바로 봄철이다. 그 원인은 무엇일까. 노용균 한림대 강남성심병원 가정의학과 교수는 "계절이 변화하는 만큼 우리 몸이 따라주지 못하고 아직 준비가 안 되어 조금만 무리해도 커다란 화를 자초하기 때문"이라고

설명한다. 따라서 우리 몸도 봄을 맞기 위한 워밍업이 필요하다.

1. 운동, sports

웅크려 있던 몸을 깨우기 위한 운동은 봄 건강을 위해 매우 중요한 키워드다.

매일 규칙적으로 운동을 하면 면역세포 움직임이 활발해지고 혈액순환이 원활해진다. 이와 함께 혈액을 통해 면역세포가 몸 구석구석으로 전달된다. 하지만 무리한 운동은 환절기 건강을 해칠 수 있어 조금씩 운동량을 늘려가야 한다.

가벼운 유산소 운동은 나른해진 몸을 깨우고 피로를 풀어주어 면역력 증진에 도움이 된다. 유산소 운동에는 걷기, 조깅, 줄넘기, 자전거 타기, 테니스, 수영, 에어로빅 등이 있다.

운동은 가볍게 하는 게 좋다. 아침에 일어나 가볍게 조깅을 하거나 맨손체조를 하고, 직장에서도 2~3시간마다 스트레칭으로 긴장된 근육을 풀어준다. 점심식사 후에 실내에 있지 말고 밖에 나가 가벼운 산책을 하는 것도 좋은 방법이다. 그러나 봄에 기승을 부리는 황사나 갑자기 강해지는 자외선을 주의해야 한다.

2. 비타민, vitamin

이맘때쯤 우리 몸은 하루하루 달라진 계절 변화에 적응하느라 쉽게 피로를 느낀다. 특히 활동량이 늘어나면 단백질, 비타민, 무기질 등 각종 영양소 필요량이 증가하게 된다. 봄철에는 신진대사 기능이 왕성해지면서 비타민 소모량이 3~5배 증가하므로 비타민 섭취가 매우 중요하다. 영양소를 제대로 섭취하지 못하면 영양상 불균형이 생겨 졸음과 피곤함에 더욱 시달리게 된다.

이를 위해 비타민B1이 풍부하게 함유된 콩, 보리, 팥 등 잡곡을 밥에 섞어 먹는 것이 좋다. 현미는 흰쌀에 비해 칼로리가 높고 단백질과 지방이 많이 들어 있으며 칼슘과 비타민B를 두 배 이상 함유하고 있다. 신선한 산나물이나 들나물을 많이 먹어 비타민C와 무기질을 충분히 보충해 주는 것도 잊지 말아야 할 식이요법 중 하나다.

3. 낮잠, nap

우리 몸은 따뜻한 봄에 적응하기 위해 신진대사, 호르몬계, 신경계 변화가 동반되면서 나른한 피로감, 졸음, 식욕 부진, 소화 불량, 현기증 등 이상 증상을 호소하게 된다. 소위 '춘곤증'이다.

이정권 삼성서울병원 가정의학과 교수는 "봄철 나른할 때는 낮잠을 20분 정도만 자면 증상 개선에 도움이 된다"며 "주중에 쌓인 피로를 풀겠다고 휴일에 잠만 자면 오히려 다음날 더 심한 피로를 느낄 수 있어 주의해야 한다"고 조언한다.

춘곤증이 발생하는 요즘 술을 과음(過飮)하면 증상이 더욱 심해지기 때문에 가급적 술을 마시지 말아야 한다. 무리한 업무를 하거나 심한 스트레스도 원인이 되므로 잘 관리해야 한다.

4. 수분, moisture

봄철은 공기가 건조해 피부 가려움증을 비롯한 피부병을 많이 일으킨다. 특히 노인이나 아토피성 피부염이 있는 아이들은 피부가 건조해지면서 무척 가렵고 심하면 물집까지 생기는 피부습진 때문에 고생을 많이 한다. 알레르기나 천식이 있는 환자들은 건조한 공기와 봄철 꽃가루 때문에 병이 심해질 때가 많다.

박민선 서울대병원 가정의학과 교수는 "봄철 미세먼지, 황사, 꽃가루에 가장 취약한 신체조직은 호흡기인데, 수분이 부족하면 호흡기 점막이 건조해져 유해물질이 더 쉽게 침투하도록 하기 때문에 따뜻한 물이나 음료를 적어도 하루 1.5ℓ 이상 마셔야 한다"고 조언한다. 기도와 기관지 점액섬모는 미세분진을 입으로 끌어  올려 배출하는 기능을 하는데 구강과 기관지가 건조해지면 이 기능이 상실된다. 목욕이나 세안 후에는 피부 각질층 수분이 증발하기 전에 바로 충분한 보습제를 발라줘야 한다. 또한 비누를 너무 많이 쓰거나 너무 강하게 때를 밀지 말아야 한다.

5. 휴식, relaxation

3월이 되면 한낮 기온이 영상 15도까지 올라가 밤낮 기온 차이가 10도를 웃돈다. 일교차와 계절 변화는 우리 몸에 스트레스로 작용한다. 우리 몸은 정신적·신체적 스트레스를 받으면 코르티솔, 엔도르핀, 에피네프린 등 스트레스 호르몬을 분비한다. 스트레스가 만성화하면 호르몬 분비에 불균형을 초래해 고혈압, 당뇨, 면역력 저하, 만성피로 등 각종 스트레스성 질환을 유발한다.

봄철 스트레스와 피로감을 풀어주는 가장 좋은 방법은 수면이다. 환절기에는 하루 7~8시간 정도 충분한 수면과 휴식을 통해 생체리듬 회복에 신경을 써야 한다. 특히 오후 11시부터 새벽 3시 사이에는 신체 면역력을 강화하는 멜라토닌 호르몬이 분비되므로 이 시간대에 깊은 수면을 취해야 한다.

〈이병문, 매일경제, 2014. 03. 11.〉

봄이 왔다. 꽃샘추위가 봄을 시샘하지만 개구리가 겨울잠에서 깨어난다는 경칩(6일)을 지나 춘분(21일)이 다가오면서 남녘 들에는 꽃이 피고 연초록빛 새순이 돋아나고 있다. 봄이 가진 위대한 생명의 힘을 실감케 된다. 만물이 소생하는 봄을 건강 측면에서 그렇게 녹록지 않다. 실제로 봄철에는 겨울보다 질병이 더 많이 생기고 더 악화될 때가 많다. 우리나라 사망 원인 통계를 보더라도 고혈압, 심장병, 호흡기 질환 등 만성질환을 앓는 사람들이 가장 많이 목숨을 잃는 계절이 바로 봄철이다.

그 원인은 무엇일까. 노용균 한림대 강남성심병원 가정의학과 교수는 "계절이 변화하는 만큼 우리 몸이 따라주지 못하고 아직 준비가 안 되어 조금만 무리해도 커다란 화를 자초하기 때문"이라고 설명한다. 봄철 건강 악화의 중요한 원인으로 지적되는 것이 생체리듬의 급격한 변화이다. 이른바 '춘곤증'이 바로 대표적인 봄철 피로 증상이다. 이는 낮 시간이 길어지고 일교차가 심해지는 봄으로 넘어가는 외부환경에 우리 몸이 빨리 적응하지 못하기 때문에 발생한다. 입는 옷이 얇아지면서 체온의 변화가 많이 생기고, 활동량이 많아지면서 에너지 소비량이 많아지는 것이 봄철의 생활이다. 이러한 외부환경에 적응하기 위해 우리들의 몸은 무척 바쁘고 힘겹다. 체온보호를 위해 피부와 근육, 혈관의 수축과 이완이 자주 일어나고, 심장박동의 변화도 많다. 이러한 변화를 조절하기 위해 각종 호르몬의 분비도 변화가 많아진다. 따라서 별로 힘든 일을 하지도 않는데 몸에서 소비되는 에너지가 많을 수밖에 없다. 평소에 고혈압이나 당뇨병, 심장병 등을 앓고 있는 사람들은 이러한 신체 부담감으로 병이 더 깊어지고 합병증이 생길 가능성이 높아지는 것이다.

흔히 감기는 겨울에 많은 병으로 알고 있으나 실제로는 봄이나 가을과 같은 환절기에 더 감기가 기승을 부린다. 바이러스 감염이 원인이 되는 감기도 단지 추운 날씨 때문에 생기는 병이 아니라, 기온의 변화와 신체 저항력의 저하가 더 큰 원인이기 때문이다. 게다가 알레르기성 질환을 앓고 있는 사람들은 봄철 여러 꽃가루에 의해 악화될 위험이 높아진다. 그래서 알레르기성 비염, 결막염이나 천식을 앓는 사람들에게는 꽃피는 봄철이 고통의 시간이다. 그리고 봄이면 몇 차례씩 찾아오는 황사도 호흡기 증상을 유발하는 중요한 원인이다. 특히 만성기관지염이나 폐기종과 같은 만성 폐질환이 있는 사람들은 봄철 황사 경보에 집중해야 한다.

　따라서 우리 몸도 봄을 맞기 위한 준비운동이 필요하다. 웅크려 있던 몸을 깨우기 위한 운동은 봄 건강을 위해 매우 중요한 키워드이다. 매일 조금씩 규칙적으로 운동을 하고 비타민 섭취를 하고 나른하면 낮잠을 20분 정도만 자도 괜찮다. 수분 섭취도 필요하고 휴식을 위해 충분한 수면을 취하는 것도 필요하다.

연습 소주제문과 뒷받침 문장을 생각하면서 한 단락 쓰기를 해보십시오. 다만, 제시한 내용 중 하나를 선택하여 관련 내용으로 소주제를 완성하도록 하십시오.

- 생각하는 대로 살지 않으면 사는 대로 생각하게 된다.
- 마음이 늙지 않아야 유연한 눈으로 세상을 보고, 고지식한 판단과 행동을 하지 않는다.

소주제(문)	
뒷받침 문장	

④ 머리말 쓰기

머리말은 서두(序頭)라고도 하는데, 글의 첫머리를 말한다. 글의 제목 다음으로 첫인상을 좌우하는 부분이다. 머리말부터 고루하거나 독자의 관심이나 기대치를 충족하지 못하면, 읽는 이는 더 이상 글을 읽지 않을 것이다. 머리말은 제목과 마찬가지로 흥미를 유발하고, 글의 전개 방향이나 내용을 내세우는 부분으로써 고심하여 시작하여야 한다.

본격적인 글쓰기는 제목을 잡고 머리말을 쓰는 것부터 시작된다. 개요가 잘 준비된 상태에서 일단 글쓰기의 시작 단계가 쉬 이루어지면, 인간의 사고는 왕성한 재생과 유추 활동을 하기 때문에 그리 어렵지 않게 글을 써 내려갈 수 있다. 그런데 이 시작 단계가 그리 만만치 않다. 글쓰기의 실질적인 능력은 서두 잡기에서 우선 판가름 나는지도 모르겠다.

💡 서두에서 유념해야 할 사항

① 지극히 고루한 표현으로 시작하는 것
② 감정적이거나 독자를 무시하는 듯한 표현
③ 글의 목적이나 추구하는 바를 지나치게 장황스럽게 늘어놓은 것
④ 이미 잘 알고 있는 내용을 중언부언하는 것
⑤ 주제와 무관한 내용으로 시작하는 것

서두를 쓸 때, 글의 목적과 내용에 맞게 또는 독자의 흥미나 관심을 끌 수 있도록 쓰는 능력은 우선 다양한 형태로 서두를 써 보는 경험에서 길러진다. 몇 가지 머리말 쓰기의 유형을 살펴보면 다음과 같다.

1) 글의 내용과 목적·방법을 밝히는 서두

글을 쓰는 목적이나 방향, 다룰 내용이나 방법론 등을 내세우는 방법이다. 독

자에게 무엇을 어떻게 다룰 것인지 미리 제시하는 방식이다. 논문, 논설문, 설명문, 보고서 등과 같은 글에 많이 쓰인다.

> 한국문학사에 있어서 지식인의 시대정신이나 저항성을 논의할 때 이육사(李陸史, 1904~1944)는 빠짐없이 거론된다. 특히 현대 시문학사에서 차지하는 위치는 일제 치하에서의 치열한 독립투쟁의 삶과 연계한 시정신을 통해서 평가되고 있다. 본고에서는, 우려할 수 있는 명성에 따른 타성(惰性)을 배제하고 객관적이고 합리적인 시각에서 이육사의 시 절정(絶頂)에 대하여 원전 텍스트 확정에 관한 문제를 살펴보고, 이를 바탕으로 미학적 요소를 살펴보고자 한다. 시에서 텍스트성을 이해하는 일은 시의 여러 표현 기법들이 어떻게 효과적인 예술적 장치로 활용되고 있는지 또 이것들이 유기적으로 작용하여 어떻게 문학적 성과를 획득하고 있는지를 살펴보는 작업이다.
>
> 〈경동논총〉

2) 글의 주제를 밝히는 서두

글쓴이의 의도나 주제를 글의 처음에 제시하는 방법이다. 논문, 논설문, 설명문, 보고서 등에 많이 쓰인다.

> 사람의 됨됨이를 말할 때, 그 사람의 언어 활동과 식사 예절을 기준으로 하는 것이 보통이다. 이 둘은 모두 가정교육에 바탕을 둔 것으로서, 어릴 때부터 온전한 가정에서 올바르게 교육을 받지 못한 사람으로 온건한 인격자로서 한 평생을 보내기 힘든 경우가 많다. 그래서, 이 글에서는 올바른 언어생활에 대해서 생각해 보기로 하겠다.
>
> 〈강신항, 바람직한 국어 생활〉

휴머니즘은 인간성(人間性, humanity)의 문제가 중심이 된다. 인간성을 어떻게 규정하느냐에 따라서 휴머니즘의 성격도 달라진다. 그것은 그 규정 여하에 따라서 인간 대 인간의 관계, 인간 대 신의 관계, 인간 대 자연의 관계, 우주에 있어서의 인간의 위치 등, 즉 인간관(人間觀)·세계관이 달라지기 때문이다. '동양적 인간형'이란 제목은 서양적 인간형을 전제한 것같이 생각된다. 그렇다면 동양적 인간형을 말하려면 자연히 서양적 인간형과 대비하여 말하지 않고는 그 특성이 잘 드러나지 않을 것이다. 그러나 서양에 있어서 인간형의 내용이란 것이 일치해 있지 않은 이상, 어느 한 사람의 사상이나 어느 한 시대의 사상을 가지고 논할 수 없으므로 양쪽을 비교하려면 부득이 휴머니즘의 중심문제요 공통문제인 '인간성'의 견해를 양쪽 역사를 통해서 비교해 보는 것이 가장 간편한 방법이 아닐까 생각한다.

〈이상은, 동양적 인간형〉

3) 관련 화제나 회상 또는 과거 현상이나 사실로 이야기를 시작하는 서두

화제를 내세우거나 회상적인 이야기를 먼저 내세우는 방법이다. 대체로 주의를 환기시키거나 흥미를 유발하는 효과가 있다. 또 과거의 현상이나 사실에 대한 자신의 식견을 내세우면서 앞으로 전개될 내용의 정당성을 입증하고자 한다. 특정 전문 분야에 관계되는 글에서는 드물지만 일반적인 논설문, 설명문, 특히 수필과 같은 문예문에는 두루 쓰는 방법이다.

어떤 기업 광고에서 '콜럼버스의 달걀'을 소재로 삼아 상식을 뛰어넘는 발상의 전환을 강조하는 것을 보았다. 콜럼버스의 아메리카 대륙 상륙이 뭐 별거냐고 시비가 붙자 즉석에서 달걀 세우기 논쟁이 벌어졌다. 콜럼버스가 달걀을 집어 들고 퍽 하니 그 밑동을 깨고 세웠다는, 소문으로 전해지는 유명한 이야기다. 이 이야기에는 일이라는 것이 해놓고 보면 별것 아닌 듯싶지만 언제나

'최초의 발상 전환'이 어렵다는, 매우 자존심 강한 메시지가 담겨 있다.

〈김민웅, 콜롬버스여 달걀 값 물어내라〉

"선생님, 안녕하세요?"

"그래, 흥연이 왔구나!"

선생님께서는 선생님의 연구실을 찾는 저에게 늘 환하게 웃으시며 아버지와 같이 반겨주셨습니다. 저는 열심히 공부하지 못하는 부끄러운 마음과 바쁘다는 핑계로 자주 찾아뵙지 못한 죄송한 마음을 갖고 선생님을 찾아갑니다. 그러나 그럴 때마다 모든 것을 알고 계시는 듯한 선생님의 얼굴에는 변함없는 이해와 사랑이 흘렀습니다. 너그러우신 선생님을 찾아뵙는 발걸음은 마치 친정집을 찾아가는 발걸음과 같았습니다. 친정집은 늘 그립고 마냥 좋고 편안한 곳이지요. 선생님이 계신 연구실도 그렇습니다. 잘해 드리지 못하는 안타까운 마음, 앞으로 더 잘해 드려야지 하는 약속의 마음을 함께 가져가는 곳, 그곳이 친정집과 선생님의 연구실입니다.

〈원흥연, 늘 푸른 목소리〉

4) 문제를 제기하는 서두

글의 첫머리에 풀어나가고자 하는 문제를 먼저 제기하는 방법이다. 필자의 소신을 부각시키고, 독자의 주의를 집중시키는 데 적당하며, 두루 쓰이는 형식이다.

역사와 문학의 관계는 어떠한 것일까? 그것은 서로 어떻게 다르고 어떻게 같을까? 이 문제에 대하여 우리는 표면적인 경험적 관찰로 대답할 수 있다. 역사는 사실을 기록하고 문학은 허구의 구조물을 만들어 내며, 역사는 있었던 일에 관계되고 문학은 있을 수 있는 일에 관계되며, 역사는 집단의 운명을 추적하고 문학은 가공 인물의 개척적 운명을 추적한다 등등. 이러한 관찰은 모두 다 중요한 관찰이면서 역사와 문학의 내적인 관계에 대한 근본적인 검토가 없이는 이것은 피상적인 관찰일 수밖에 없다.

〈김우창, 구체적 보편성에로-역사와 문학의 관계에 대한 고찰〉

5) 일화를 제시하는 서두

어떤 일화를 내세워 주의를 환기시키거나 흥미를 유발하는 효과가 있다. 이도 두루 사용된다.

글을 좀 쓸라치면 겁부터 납니다. 말은 잘 떠들다가도 그 말한 것을 그대로 글로 옮겨 보라고 하면 탁 막히게 되지요. 그 이유는 간단합니다. 연습을 하지 않아서 그런 것입니다. 어릴 적부터 정답 만들기 입시공부만 한 나는 나름대로의 생각을 창조하는 글쓰기에 대해서 당연히 겁나 하겠죠. 그러나 결국 나의 삶은 주어진 4지 선다형 안에 정답이 있는 그런 삶이 아니기 때문에 주어진 답을 찾는 일이 아니라 창조적인 문제풀이를 만들어 가는 그런 연습을 해야 하는 것입니다. 그런 일을 하는 첫 단추로서 나는 글을 쓰는 것입니다.

그러면 구체적으로 글을 어떻게 해야 잘 쓸 수 있는지 말해 봅시다. 결론부터 말하자면 가장 좋은 글쓰기의 해법이란 없습니다.

〈최종덕, 나의 글쓰기〉

6) 속담, 격언, 명언 등을 인용하는 서두

서두에 속담, 격언, 명언 등을 인용하는 방법이다. 글의 신뢰를 높이고, 독자의 공감을 사전에 이끌어 내고자 주로 쓰는 것으로, 흔히 사용된다.

'길가 하찮은 돌멩이도 연분이 있어야 찬다.'라는 우리 속담이 있다. 그러고 보면 만물의 영장이라 하는, 한 생명의 탄생과 존재는 결코 가벼이 볼 수 없는 크나큰 은혜요, 역사요, 존엄함이 깃들어 있다. 더욱이, 내 가까이 있는 가족과 이웃, 동료와 지기라면 그 인연이 깊디깊을 수밖에 없다. 서로를 존중하고 사랑해야 할 원리가 어쩌면 여기에 있지 않을까? 내 스스로의 생명과 타인의 생명에 대한 가치를 귀중하게 여기는 것은 어떤 사랑의 원리보다 우선함은 말할 것도 없다.

〈이하(李夏), 생명과 인연〉

7) 용어의 뜻을 정의하는 서두

주제와 관련 있는 용어의 개념을 제시하거나 대상을 객관적 또는 주관적으로의 확실히 정의하여 서두로 삼는 방법이다. 즉, 어떤 문제를 본격적으로 파헤치기 전에 반드시 알아 두어야 할 사항이나 명확하게 정리되어야 할 개념에 대해 설명해 줌으로써 오해의 소지가 없도록 하는 것이다. 그러나 이런 과정에서도 명심해야 할 것은, 글의 내용이 앞으로 전개될 주제와 밀접한 연관성이 있어야 한다는 것이다. 내용과 직접적으로 상관이 없는 데도 박식함을 드러내기 위해 쓴다든가 하는 일은 피해야 한다. 설명이나 논증적인 글에 많이 쓰인다.

'학문(學問)'이라는 말은 오랜 전통을 지니고 있어 다행스럽다. 그 점은 '철학(哲學)'이니 '인문학(人文學)'이니 '과학(科學)'이니 하는 말이 모두 서양 용어의 번역인 것과 다르다. '학문'이란 "배우고 묻는다"는 말이다. 배우고 묻는 것은 두 가지 뜻이 있다. 스승이 이미 지니고 있는 지식을 배우고 묻는다는 뜻이기도 하고, 아직 알려지지 않은 사물의 이치를 배우고 물어 밝혀 낸다는 뜻이기도 하다. 요즈음 말로 하면, 학습과 연구를 함께 지칭하고 있다.

〈조동일, 우리 학문의 전통과 방향〉

8) 자기 신상이나 고백(告白)으로 시작하는 서두

글쓴이의 신상이나, 가족 등 주변사를 내세우거나 경험한 사실 또는 생각을 솔직하게 고백하는 것으로 시작하는 방법이다. 친근감과 진솔함을 느끼게 하는 효과가 있으나 지나치면 반감이 있을 수 있다.

> 광복 전에 나는 경남에서 군수 노릇을 한 일이 있다. 광목이 되자, 나는 그것이 부끄러워 견딜수가 없었다. 그래서 다소나마 속죄가 될까 하여 교육계에 투신하기로 결심했다.
>
> 〈이항녕, 깨어진 그릇〉

9) 사실의 기록으로 시작하는 서두

필자 자신이 경험한 객관적 사실을 내세우고, 이를 기준으로 이야기를 풀어나가는 방법이다. 신문 칼럼이나 수필 등 일반적으로 쓰이는 형식이다.

> 지난 2월 속초시가 영북 지역의 대학들과 관학협정을 체결하고 관학컨소시엄을 구성하였다. 뒤늦은 감이 없지 않으나 참으로 바람직한 시정의 하나로 평가하고 싶다. 이제 실질적인 관학 협력의 출범을 보면서 필자는 몇 가지 희망과 기대를 갖는 것은 2년 전 이 문제를 처음 제기한 인연이 있고, 다 변화 시대에 지식 가치를 상호 존중하고 교류하는 것은 지역 사회 발전과 상호호혜에 더 없는 기회가 된다는 인식 때문이다.
>
> 〈이하, 설악신문〉

10) 비유나 유추로 시작하는 서두

어떤 사실을 빗대어 표현하는 방법이다. 주의를 환기시키고, 그려진 이미지를 통해 상황을 선명하게 하고자 하는 방법이다. 칼럼에서 많이 볼 수 있다.

윤리적 소비는 소지자 주체성을 회복하는 운동이라는 관점에서 소비자의 권리인 동시에 소비자의 의무 또한 책임이라고 할 수 있다. '똑똑한' 소비자들은 기업의 사회적 책임과 윤리를 따져 묻고 개선을 요구하고 있으며 환경적으로 건전한 세상을 만들고자 능동적으로 움직이고 있다. 우리 사회에 불고 있는 윤리적 소리 운동 현상의 원인과 진행 상황에 대해 알아보자.

아래 글의 머리말은 과거 회상으로 시작하고, 맺음말은 질문 형식의 권유로 맺은 글이다.

🔍 예시 글 꽃내음

삼십 년 전쯤이다. 초등학교 국어 교과서를 집필하면서 단원 이름을 '생각의 나래를 펼치자'고 했더니 편수관이 바로 '생각의 날개를 펼치자'로 고쳤다. 기러기는 날개를, 생각은 나래를 펼쳐야 말맛이 난다고 했더니, 어문 규범에서 나래는 표준어가 아니란다.

낱말에는 다양성과 섬세함이 담겨 있다. 비록 개념적 의미는 같다 하더라도 상황에 어울리게 낱말 하나하나는 정서적 의미를 품고 있다. 비록 날개와 나래는 개념적 의미가 같다 하더라도 정서적 의미는 분명히 다른 느낌으로 다가온다. '앞뜨락에 꽃내음이 싱그럽다'에서 뜨락과 꽃내음도 그때는 비표준어였다. '꽃냄새가 싱그럽다'가 바른 규범이지만 영 말맛이 나지 않는다.

내가 국립국어원장으로 일할 때 펼친 일 가운데 한 가지. 언어 현실과 규범에 차이가 있는 경우, 모든 사람이 편하게 받아들여 쓰는 단어는 규범으로 받아들여 쓰는 단어는 규범으로 받아들여 우리말을 풍부하고 섬세하게 표현하도록 하는 것이 국민의 언어생활에도 도움이 되고, 또한 규범의 가치를 높이는 일이 된다고 생각했다. 왜냐하면 일상생활에서 버젓이 잘 쓰고 있는 말을 규범이 아니라고 통제한다면 국민이 규범을 우습게 볼 것이기 때문이다.

자료 수집을 통해 의견을 모으고 또 학자들의 검토를 거쳐 2011년 8월 국어심의회에서 드디어 큰 결정을 내렸다. 지금까지 표준어가 아니었던 '내음, 뜨락 나래, 손주'가 '냄새, 뜰, 날개, 손자, 손녀'와 함께 당당히 표준어가 되었다. 아울러 그날 '짜장면, 먹거리'도 '자장면, 먹을거리'와 함께 복수 표준어로 인정되었다. '사랑이 뭐기에'만 쓰라고 했던 규범은 '사랑이 뭐길래'도 허용했다.

나는 이런 몇몇 단어의 생명력을 불어넣은 것이 참으로 뿌듯했다. 그렇다. 말은 생명력을 지닌다. 그래서 쓰이던 말이 사라지기도 하고, 또 새로운 말이 생겨 널리 퍼지기도 한다. 이러한 생명력을 거쳐 우리말은 발전한다. 5월, 봄꽃 가득한 뜨락에서 꽃내음을 즐기며 생각의 나래를 마음껏 펼쳐 보는 것은 어떨까?

〈권재일, 조선일보, 2020. 05. 06.〉

5 맺음말 쓰기

'유종(有終)의 미(美)'라는 말이 있듯이 글 또한 결말을 잘 매듭지어야 온전한 한 편의 글이 된다. 맺음말 쓰기는 머리말과 본문에서 이어지는 여러 사실들을 결집시키고, 글쓴이의 의도를 집약하거나 부언하는 부분이다.

맺음말은 전체 글의 내용을 요약하여 제시하는 부분으로 머리말에서 시작한 주제나 문제를 본론에서 완전히 해명한 다음, 맺음말에서 본론의 핵심 내용을 정리하여 읽는 이로 하여금 전체 글에서 어떠한 내용을 논의한 것인지 한눈에 볼 수 있게 하는 곳이다.

따라서 맺음말은 전체를 완성시킨다는 점과 함께 전달하고자 하는 바가 압축되어 제시되는 곳이라고 할 수 있다. 글을 평가할 때는 결론만 읽어보고도 그 글 전체의 수준을 짐작할 수 있으므로 맺음말 쓰기에도 세심한 주의를 기울일 필요가 있다.

💡 맺음말 쓰기의 유의점

① 본론에서 논의한 내용에서 벗어나 논점을 흐리는 일이 없도록 한다. 결론은 새로운 내용을 제시하는 곳이 아니다.

② 본론을 요약·정리할 때 내용이 단순 반복되지 않도록 한다. 결론이 본론이 내용을 간결학 압축하여 인상적으로 제시해야 한다.

③ 부분적인 결론이 아니라 전제적인 결론이 되도록 쓴다. 결론은 어디까지나 글 전체의 결론이어야지, 본론의 마지막에서 논의하고 있는 내용과 관련하여 결론을 맺어서는 안 된다.

④ 결론의 분량은 서론도 마찬가지로 전체 글의 1/5 이상을 넘지 않도록 한다. 결론은 글을 압축적, 인상적으로 마무리 지으면 되는 것이지 불필요하게 늘여씀으로 하여 글을 산만하게 만들 필요는 없다.

맺음말을 쓸 때는 먼저, 머리말에서 제시한 '주제나 문제' 등을 다시 한번 확인하고, 본론에서 제시한 바가 그것을 정확히 해결하고 있는지 검토해야 한다. 맺음말을 본론과 동떨어진 내용으로 마무리해서는 안 되기 때문이다. 머리말 부분에 대한 확인이 끝나면, 본론에서 주장하고 제시한 내용을 정리하고, 자신이 설명하거나 주장하고 있는 내용을 핵심적인 내용으로 묶어 최종적인 답변에 해당하는 내용만을 정리하여 쓴다.

맺음말을 쓸 때 군더더기를 붙이지 말고 간결하게 써야 한다. 특히 본론 부분에서 다루지 않은 내용을 쓸데없이 덧붙이거나, 양을 채우기 위해 상식적이고 구태의연한 주장을 남용하지 않도록 주의해야 한다. 그러나 맺음말을 급하게 한두 줄로 마무리하거나, 맺음말이 없는 글은 독자에게 쓰다가 급하게 마무리한 느낌을 주거나 중간에 끝냈다는 느낌을 주기 때문에 세심하게 준비해 놓는 것이 좋다. 맺음말 구상은 개요를 작성할 때나 글을 집필할 때 미리 생각해 놓으면 맺음말을 쓸 때 큰 도움이 된다.

글의 마무리 방법에는 글의 종류에 따라 차이는 있으나 대체로 다음과 같이 할 수 있다. ①~③은 주로 설명과 설득적인 글에 많이 쓰며 ④~⑦은 문예문에서 주로 사용하는 방법이다.

① 앞에서 다루어진 주안점을 간략히 요약 정리하는 방법

② 요약하되 앞에서 다루지 못한 사항을 보충하여 제시하는 방법

③ 요약하되 관련된 제언이나 전망을 내놓은 방법

④ 앞에서 서술한 내용과 다른 의외의 반전으로 마무리하는 방법

⑤ 여운이나 강한 인상을 주기 위하여 제삼의 이야기로 맺는 방법

⑥ 앞에서 다룬 구체적인 내용들을 일반화하여 결말을 짓는 방법

⑦ 서두를 다시 인용하여 마무리하는 방법

결론을 어떻게 쓰는가에 대해서는 반드시 정해진 유형이 있는 것은 아니고, 글의 성격이나 필자의 의도에 따라 달라질 수 있다. 글의 결론이 어떤 방법으로 쓰이고 있는지 구체적인 문장을 통해 알아보자.

1) 본론의 내용을 요약 정리하는 방식

이 방식은 논리적이 성격의 글에서 흔히 사용되는데, 읽는 이로 하여금 글쓴이의 의도나 본론에서 언급한 중요 내용을 쉽게 파악할 수 있게 한다.

무릇 참다운 국가의 교육 목표를 달성하고 선진국으로 향하는 문턱에 한걸음 더 다가서기 위해선, 단순 기술의 조작(造作)만이 아닌, 기본 지식의 완벽한 정리와 이해가 필요한 것이며, 그런 바탕 위에 비로소 컴퓨터 등의 새로운 매개물의 활용을 도모하여 첨단 기술의 지속적인 개발을 추구하는 것이 보다 중요한 일이라고 할 것이다.

〈이용태, 컴퓨터의 조기 교육의 허(虛)와 실(實)〉

2) 과제나 자신의 의견을 제시하는 방식

앞부분에서 논의한 결과에 대한 해결책이나 의견 제시로 끝맺는 방법이다. 대개 본론의 내용을 요약한 후, 주제와 관련하여 전망을 말하거나 읽는 이에게 어떤 자세를 요구하는 경우가 있다.

이제까지의 주택 정책은 발등의 불을 끄기에 급급한 것이었다. 그러나 이런 정책은 오히려 문제를 악화시킬 가능성도 있다. 따라서 앞으로의 주택 정책은 이번 조사에서 나타난 사회 변화와 인구의 이동 추세 등을 적절히 수용하고 조절할 수 있는 종합적인 내용의 것이 되어야 한다.

〈중앙일보, 1991.〉

한글은 이렇게 세계의 모든 글자 가운데 비교할 글자가 없을 정도로 우수한 글자다. 그러나 훈민정음을 창제한 세종대왕의 거룩하신 정신과 훈민정음에 담긴 문화적 가치를 생각한다면 한글날이 갖는 의미는 더욱 크다. 이제 한글이 우리 민족의 우수성을 세계에 알릴 수 있는 문화라는 자긍심을 갖고 한글을 사랑해야 한다. 그리고 한글날은 다른 국경일처럼 휴일로 되도록 해야 한다.

〈조오현, 늘 푸른 목소리〉

특정한 문헌에만 의존해서는 글의 주제를 충분히 소화한 좋은 글을 쓰기 힘듭니다. 따라서 문제 발전에 도움이 되는 일차 독서를 거친 이후에는 자신의 논지 전개에 필요한 심층적인 독서가 뒷받침되어야 합니다. 자신의 논거를 뒷받침하는 견해를 찾는 데만 만족하지 말고, 쟁점이 되는 논거에 관해서는 다른 입장을 취하는 저자의 글도 찾아 읽는 것이 좋습니다.

〈서정수, 글쓰기 교실〉

일에서 진정으로 만족할 수 있는 유일한 방법은 바로 자신이 정말 멋지다고 생각하는 일을 하는 것이다. 멋진 일이란 다름 아닌 당신이 진정으로 사랑하는 일을 하는 것입니다. 아직 그런 대상을 발견하지 못했다면, 적당히 타협하지 말고 계속해서 찾으시기를 바랍니다. 성심을 다해 찾는다며 결국 찾을 수 있게 될 것입니다. 다른 관계와 마찬가지로 당신과 당신이 사랑하는 일의 관계는 세월이 흐를수록 더욱더 깊어지게 될 것입니다. 그러니 그것을 찾을 때까지 절대 안주하지 말고 계속 찾으세요.

〈스티브 잡스, 대학교 졸업식 축하 연설〉

3) 일반적인 진술로 마무리하는 방식

앞에서 말한 구체적인 진술을 추상적이고 일반적인 진술로 마무리 짓는 방법이다. 수필에서 흔히 사용한다.

귤(橘)이 회수(淮水)를 건너면 탱자가 된다는 말이 있다. 예전엔 남의 문물이 해동(海東)에 들어오면 행동 문물(海東文物)로 변했다. 그러나, 그것은 탱자가 아니라 진주(眞珠)였다. 그런데, 근래에는 반드시 그렇지만은 않은 것 같다. 남의 것이 들어오면 탱자가 될 뿐만 아니라, 내 귤까지 탱자가 되고 마는 것 같은 안타까울 때가 있다.

〈윤오영, 마모자〉

4) 추론의 결과로 끝맺기

이 방법은 본론에서 논의해 온 결과를 결론으로 삼으면 된다. 본론의 내용을 요약 정리하는 방법은 본론에서 논증의 결과까지 이루어진 것을 다시 결론에서 요약하고 정리하는 데 반해 추론의 결과로 끝맺는 방법은 본론의 논증 결과가 결론에서 다루어진다는 데 있다.

이와 같은 맥락에서 볼 때 국악(國樂)에 나타나는 연속성이야말로 우리들 동이정신(東夷精神)의 음악적 화신(化身)이자 우리들 고유의 정체성(正體性)을 가장 적나라하고도 상징적으로 대변해 주는 예술적 증표가 아닐 수 없다고 하겠다.

〈한국 전통 음악 대전집〉

다음에 제시한 글은 머리말은 인용으로 시작하고, 맺음말은 여운이나 강한 인상을 주기 위하여 제삼의 이야기로 맺은 글이다.

예시 글 15분의 힘

서양 연극에 '단지 15분(Just 15 minutes)'이라는 작품이 있다. 뛰어난 성적으로 박사 과정을 마친 한 청년에게 '시한부 인생' 진단이 떨어졌다. 남은 시간은 단 15분. 망연자실한 사이에 5분이 지나갔다. 그때 억만장자 삼촌이 그에게 거액의 유산을 남겼다는 전보가 도착했다. 몇 분 후에는 박사학위 논문이 최우수상을 받게 됐다는 전보가 왔다.

죽음을 앞둔 그에게는 아무런 위안이 되지 못했다. 절망에 빠진 그에게 또 한 통의 전보가 날아왔다. 애타게 기다려온 연인의 결혼 승낙이었다. 하지만 그 전보도 시간을 멈추게 할 수 없었다. 마침내 15분이 다 지나고 그는 세상을 떠났다. 이 연극은 한 인간의 삶을 15분이라는 짧은 시간에 응축시켜 보여 줬다.

15분은 하루(1,440분)의 1% 정도에 불과하지만 활용하기에 따라 엄청난 차이를 보인다. 하루 15분씩 한 달이면 약 8시간, 1년이면 91시간이다. 하루에 15분씩 독서 하면 1년에 10권 이상을 읽을 수 있고, 영어 단어 5개씩 암기하면 1,800개를 외울 수 있다. 이 '틈새 시간'은 누구에게나 공평하게 주어져 있다.

세계적인 의학 학술지 '랜싯'에 따르면 하루 15분씩 운동한 사람의 평균

수명은 그렇지 않은 사람보다 3년 길었다. 영국 초등학교에서는 매일 15분간 1마일(1600m)을 뛰는 '데일리 마일(daily mile)' 프로그램으로 비만 학생들의 체지방을 연 4% 줄이는 데 성공했다. 과목별 성적은 전국 평균보다 14~26% 높아졌다.

예로부터 "시간을 지배하는 사람이 세계를 지배하고, 자신의 운명까지도 지배한다"고 했다. 성공한 사람일수록 시간을 헛되이 쓰지 않는다. 일본 정신과 전문의 와다 히데키는 "이불 속에서 꾸물거리거나 약속 장소에서 만남을 준비하는 15분이 당신의 직급과 연봉을 좌우한다"며 "퇴근 전에는 15분간 내일 업무를 점검하라"고 권한다.

서명석 유안타증권 사장은 직원들과의 15분 면담으로 놀랄 만한 성과를 올렸다. 15분간의 짧은 시간에 무슨 대화가 될까 싶지만, 미리 받은 서면답변을 바탕으로 깊은 얘기를 나눈다고 한다. 그는 이 과정에서 인공지능을 활용한 매매시스템 등의 참신한 아이디어를 얻었다. 덕분에 지난해 순이익을 전년 대비 48.1%나 늘릴 수 있었다.

어떤 일에 15분(quarter) 이상 집중하기 힘든 현상을 쿼터리즘(quarterism)이라고 한다. 이를 뒤집어 보면 15분이야말로 한 가지에 깊이 몰입할 수 있는 '황금 시간'이다. 그런데도 우리는 시간의 중요성을 잊고 산다. 로마 철학자 루시우스 세네카가 "인간은 항상 시간이 모자란다고 불평하면서 시간이 무한정 있는 것처럼 행동한다"고 2000년 전에 벌써 일깨워줬건만…

〈고두현, 한국경제, 2019. 03. 11.〉

연습 신문에서 사설이나 칼럼을 하나 선정하고, 머리말과 맺음말 부분을 분석하여 따라 쓰거나 고쳐 써보십시오.

머리말 부분		
분석	1	머리말 쓰기 방법 중 어떤 방법을 사용하고 있는가?
	2	사용하고 있는 방법이 전체 글과 어울리면서 효과적인가? 만약, 그렇지 않다면 어떤 방법으로 바꿀 수 있는가?
쓰기		※ 머리말이 전체 글과 어울리게 쓰였다면 그대로 따라 쓰고, 그렇지 않다면 고치십시오.

맺음말 부분		
분석	1	맺음말을 어떤 방법과 내용으로 쓰고 있는가?
	2	내용과 방법이 효과적인 마무리인가? 만약, 그렇지 않다면 어떤 내용이나 방법으로 바꿀 수 있는가?
쓰기		※ 맺음말이 효과적으로 마무리된 글이면 그대로 따라 쓰고, 그렇지 않다면 고치십시오.

6. 다양한 진술 방식

진술 방식은 글을 써 내려가는 방식이다. 진술 방식은 글쓴이의 의도에 따라 설명하기, 논증하기, 서사하기, 묘사하기로 나누어 볼 수 있다. 집필할 때 글의 목적을 어디에 두느냐에 따라 다양하게 기술할 수 있다. 따라서 글을 쓸 때는 무엇을 의도하는지 정확하게 정하고 쓰는 것이 중요하다. 그러나 글의 목적이 설득을 위한 글이라도 다양한 진술 방식을 사용할 수 있다. 예를 들면, 한 편의 설득을 위한 글에서 관련 사건이나 현상에 대한 설명이 필요하고, 논의에서 전제되는 중요한 사항을 먼저 설명하는 부분도 필요하다.

다시 말해, 설득을 목적으로 하는 글에서 '논증'의 방식 말고도 여러 가지 진술 방식을 쓸 수 있다는 것이다. 즉, 설득을 위해서 설명 방식으로 정보를 제공하고, 서사나 묘사의 방식으로 정서적 표현을 통해 설득의 효과를 높일 수 있다. 서사와 묘사의 진술 방식도 정서를 표현하는 글뿐만 아니라 객관적인 실용문에도 사용할 수 있다. 서사와 묘사의 진술 방식이 정서를 표현하여 공감을 형성하는 일기, 편지 같은 개인적인 글에서부터 소설이나 수필과 같은 문학 작품에 이르기까지 주관적인 느낌과 견해를 밝히는 글에 많이 사용하지만, 신문 기사나 자기소개서, 보고서 등과 같이 실용문에도 자주 사용하고 있다.

글쓴이의 의도하는 목적에 따라 글 속에서 다양한 진술 방식을 쓸 수 있는데, 설명은 풀이가 주가 되고, 논증은 주장이 주가 되고, 서사는 사건의 펼쳐 보임이 주가 되고, 묘사는 무엇인가의 인상이 주가 되는 것으로 이해하면 좋다.

설명하기 논증하기 서사하기 묘사하기

©www.hanol.co.kr

🔺 그림 2-9_ 다양한 진술 방식

❶ 설명하기

　설명은 독자에게 어떤 사실을 정의하여 알려주고 정보를 제공하여, 사물이나 상황을 이해시키는 방식이다. '그것이 무엇이냐'는 질문에 '그것은 어떤 것이다'라고 사물의 본질을 규명하거나 실재성을 밝혀준다. '설명하기'는 독자들에게 어떤 사실이나 상황, 주제나 대상에 대한 정보를 제공해 주는 진술 방식으로 정보전달을 위한 글이다.

　설명을 위해서는 먼저 무엇을, 누구에게, 어떻게 설명할 것인가를 정하고, 그에 필요한 정보를 찾아 정확하게 이해한 후, 독자에게 쉽게 전달해야 한다. 설명의 문장은 명확하고 객관적이어야 한다. 좋은 설명은 주관적이거나 감정적인 문장을 피하고 모호함이나 논리적인 비약 없이, 쉬운 방법으로 독자가 원하는 정보를 정확하고 충분하게 전달하는 것이다. 뭔가 궁금해하거나 잘 모르고 있는 독자가 간단명료한 설명을 읽고, 바르게 이해할 수 있을 때 비로소 좋은 설명이 된다. 설명하기 방식은 '사실, 사건, 현상, 경험' 등을 풀어 쓸 때 다양하게 사용할 수 있다.

💡 설명하기의 필수 요건

　　① 사실성: 정확한 지식과 사실을 근거로 성실하게 전달함
　　② 객관성: 글쓴이의 주관적·감정적 의견이나 주장이 들어가지 않도록 함
　　③ 명료성: 독자들이 쉽게 알 수 있도록 함(도표, 그림, 사진 등의 시각적 자료 활용)

　개념이나 사건, 상황 등을 효과적으로 설명하기 위해서는 구체적인 방법을 다양하게 사용할 수 있다. 설명을 효과적으로 돕는 구체적인 방법에는 '정의, 예시, 비교, 분류, 분석' 등이 있다. 구체적인 방법을 동원하여 설명하면 독자가 이해하기 쉽고, 명확하고 충실한 설명의 글이 된다. 구체적인 방법은 누구에게 설명할 것인가에 대한 대상과 어떤 것을 설명하는가에 대한 소재, 그리고 글의

목적에 따라 선택하여 쓸 수 있다. 설명의 내용을 객관적으로 쉽게 파악할 수 있도록 데이터, 표, 그래프, 사진 등의 시각적인 자료를 사용하면 더욱 효과를 볼 수 있다. 설명하기를 할 때는 기본적인 내용에서 복잡한 내용으로, 겉에서 속으로, 전체적인 내용에서 구체적인 세부 내용의 순서로 쓰는 것이 독자의 이해를 효과적으로 돕는다.

🔺 그림 2-10_ 설명하기의 구체적인 방법들

1) 정의

정의는 어떤 개념이나 대상의 의미를 명확하게 규정하며 간단명료하게 풀어 쓰는 방법이다. 정의는 가장 일반적인 설명 방식으로써 신뢰감을 주는 좋은 방법이다.

정의의 구성요소는 정의할 용어인 피정의항(정의되는 항)과 그 용어를 설명하는 정의항(정의하는 항)으로 성립된다. 정의항은 다시 '종차'와 '유개념'으로 구성된다. 다시 말해 정의는 정의할 용어와 종차와 유개념을 포함한 피정의항의 한 문장으로 이루어진다. 유개념은 정의하고자 하는 대상이 어떤 부류에 포함되는지 밝히는 것이고, 종차는 유개념에 속하는 다른 개념들과 구별되는 점을 제시하는 것이다. 예를 들면, '사람은 이성적 동물이다'라고 정의를 내릴 때, '사람은'은 피정의항이고 '이성적 동물이다'는 정의항이며, 정의항의 '동물이다'는 사람을 포함하는 유개념(상위 개념)이고, '이성적'은 '사람'을 다른 동물과 구분시키는 종차이다.

💡 '정의'의 구성요소와 예

피정의항(정의할 용어)	정의항(설명하는 부분)	
	종차(개별적 특성)	유개념(상위 범주와 부류)
사람은	이성적	동물이다.

정의를 내릴 때, 적절한 유개념을 설정하고, 같은 유개념에 속하는 모든 다른 종들과 구별될 수 있는 종차를 설정하는 것이 중요하다. 따라서 정의를 할 때는 본질적인 속성을 기술하고 모호한 말이나 비유적인 표현은 쓰지 않는 것이 좋다. 또한 정의항에 피정의항과 똑같은 의미의 말을 쓰지 않아야 하며, 긍정적인 정의가 가능할 경우는 부정적인 정의를 사용하지 않는 것이 좋다.

정의는 단순한 용어를 하나의 문장으로 명확하게 규정할 때뿐만 아니라 추상적인 용어들과 같은 복잡한 개념들을 구체적으로 설명할 때도 유용하게 활용할 수 있다. 다음은 '정의'를 사용하여 개념이나 용어를 설명하고 있는 예문들이다. 글을 쓸 때 참고할 수 있다.

> 신호란 어떤 사건의 발생, 또는 긴박성(緊迫性), 물건이나 사람의 출현, 또는 정세(情勢)의 변화 따위를 알리는 것을 말한다. 신호에는 일기예보(日氣豫報), 위험(危險) 신호, 행(幸)·불행(不幸)에 관한 길흉(吉凶) 징조, 과거사(過去事)에 나오는 경고(警告) 따위가 있다.

> 환자의 "위 통증"은 뚜렷한 원인을 찾을 수 없다. 대학병원의 치료로는 몇 달째 효과를 보지 못하고 있고, 한방병원에서는 스트레스가 근본적인 원인이라 진단한다. 게다가 그는 엎친 데 덮친 격으로 갑작스레 비문증까지 앓게 되는데, 비문증이란 안구 속 유리체에 그림자 같은 것이 끼는 노화의 한 현상이다. 이 병은 다른 이유로 젊은 층에서도 나타나는데, 익숙해지는 것 말고는 확실한 치유 방법이 없다고 한다.
>
> 〈김선주, 예술과 일상의 경계: 언어의 흔적들 문장〉

2) 예시

　예시는 예를 들어 설명하는 방법으로 어떤 개념이나 대상을 이해시키는 데 효과적인 방법이다. 대표적인 사례나 구체적인 사례를 들어서 일반적인 개념이나 이론을 설명하는 '예시' 방법은 독자들에게 훨씬 쉽게 이해할 수 있도록 돕는다.

　예시를 들 때는 쉽게 이해할 수 있는 것으로 하고, 문제의 핵심을 보여주는 대표 사례를 선정하는 것이 바람직하다. 예시에서 보이는 사례가 설명 대상의 일부만을 보여주는 것은 피해야 하며, 관련된 사례가 많다고 너무 많은 예를 제시하는 것도 좋지 않다. 설명하고자 하는 대상을 명확하게 드러내면서 독자의 흥미를 끌 수 있는 인상적인 예를 선정하는 것이 중요하다. 예시를 제시할 때 '가령, 예를 들면, 예컨대' 등의 접속 어구를 사용할 수 있다.

> 세상의 모든 일은 처음, 중간, 끝으로 이루어져 있다. 학교생활 입학, 재학, 졸업으로 되어 있고, 하루도 아침, 점심, 저녁으로 되어 있으며 말도 생성, 변화, 소멸의 단계를 거쳐 간다. 이 중 본론은 서론에서 제시된 논지의 해명과 증명, 주장과 중심 내용을 전개해 가는 부분이다. 이 부분이야말로 논리 전개의 핵심 부분이다. 앞뒤 내용이 자연스럽게 전개되면서도 그 이치가 명백해야 한다. 논리적 모순이나 비약에 의해 설득력을 잃지 않아야 한다. 그러므로 처음부터 끝까지 논리 정연한 글이 이루어지고 있는가를 주의 깊게 살펴 써 내려가야 한다.
>
> 〈이만식·김용경, 글쓰기와 말하기를 어떻게 할 것인가〉

> 임연수어는 그 이름의 유래가 독특하다. 옛날에 임연수라는 사람이 살고 있었는데, 이 사람이 잘 낚는 물고기라고 해서 임연수어라는 이름이 붙었다는 것이다. 명태를 명천에 사는 태서방이 잘 잡았던 물고기라고 설명하는 것과 같은 방식이다. 민간어원설 중에는 이처럼 사람의 이름을 빗대어 어원을 설명하려는 것들이 많다. 비교적 간단하게 그럴듯한 이야기를 꾸며낼 수 있었기 때문이리라.
>
> 〈이태원, 현산어보를 찾아서〉

3) 비교

비교는 어떤 대상의 특성을 설명하기 위해 그와 관련되는 다른 대상을 어떤 기준을 내세워 둘 혹은 둘 이상의 것을 견주어 가면서 그 본질이나 속성을 설명하는 방법이다. 어떤 대상을 설명하기 위해 또 다른 대상을 견주어 활용할 때는 기본적으로 공통점과 차이점을 갖고 있다. 비교의 좁은 범위로 대상들 사이의 공통점을 밝히며 강조하면 비교라 하고, 서로 반대되는 것을 강조하여 그 차이점을 선명하게 밝히어 설명하면 대조라 한다.

비교와 대조는 모두 잘 알려져 있는 사물을 통하여 알려지지 않은 사물을 설명할 때 사용하는 방법이므로 그중의 하나는 독자들에게 이미 알려진 것들이어야 한다. 대상들을 비교하는 방법에는 두 가지가 있다. 하나는 개체로서의 대상을 각각 전체로 설명하여 비교하는 방법이요, 다른 하나는 일정한 기준을 정해 그 기준에 해당하는 대상의 부분과 부분을 비교한 후 차례로 다른 기준으로 옮아가 결과적으로 대상의 전체를 비교하는 방법이다. 앞의 경우는 대상들 간에 공통되는 기준을 찾기 힘들 경우 자주 쓰인다.

> 여자는 남자와 사고유형(思考類型)이 상당히 다르다. 여자는 대개 현재의 상태(狀態)에 관해서 생각하는 경향(傾向)이 있고, 남자는 대개 미래(未來)에 대하여 눈을 두고 있다. 여자는 보통 가정, 사랑 그리고 안전성(安全性)을 위주로 생각한다. 이는 남자들이 모험(冒險)과 성(性, sex) 문제를 중심으로 생각하는 것과는 대조적이다. 여자들은 조그마한 성취(成就)에 대하여도 퍽 기뻐한다. 남자들이 큰 성공(成功)을 거두지 않고는 만족(滿足)하지 않는 것과는 또 다른 점이다. 이처럼 여성은 남성과 생각하는 방식이 다른 바가 있다.

> '발전'이란 변화 일반('운동'이라고도 한다)과 일치하는 것은 아니다. 그것은 지금까지 없었던 새로운, 한층 고도의, 한층 복잡한 질의 사물이 생겨나고 전진적·

상승적 변화를 가리키는 것이다. 이 경우 '한층 고도의, 한층 복잡한'이라는 것은 그 이전의 단계에서 발생한 것을 요소로 포함하고 그것을 근거로 하되 그것으로는 해소될 수 없는, 따라서 전체적으로 수준이 한 단계 상승하고 구조 또한 한 단계 복잡하게 되는 것을 말한다. 예를 들어 무생물과 생물 중에는 후자가 '한층 고도의 질'이다. 이것은 무생물의 세계에 작용하고 있는 생리학과 화학의 법칙이 생물 가운데서도 물론 관철되고 있지만, 그렇다고 해서 생리학과 화학으로써 생물학을 대신할 수 없다. 생리학과 화학의 법칙으로 환원될 수 없는 생명현상의 법칙이 새롭게 등장하고 있기 때문이다. 마찬가지로 생물 일반과 인간 중에는 후자가 '한층 고도의 질'이다. 인간도 생물인 이상 생물학 (혹은 생리학)의 법칙에 따르는 것은 물론이지만, 그렇다고 생물학과 생리학만으로 인간과 인간사회의 모든 현상을 이해할 수는 없다.

〈교양과학연구회, 일하는 자의 철학〉

4) 분류

분류는 여러 대상을 일정한 원리에 따라 나누어 대상을 상호 간의 관계나 각 대상이 전체에서 차지하는 위치를 드러내는 방법이다. 이때 계층적인 부류 조직의 상위에서 하위로 이행하는 방식을 구분이라 하고 그 반대의 경우를 좁은 의미의 분류하고 한다. 다시 말하면 전자는 유개념에서 종개념으로 확산하여 설명하는 방식이며, 후자는 종개념에서 유개념으로 집합하여 설명해 가는 방식이다.

분류는 기술하고자 하는 대상의 모습이 너무 크거나 복잡하여 그 모습을 파악하기 어려울 때 대상을 여러 부분으로 나누어 대상에 대한 이해를 돕는 데 효과적인 설명 방식이다. 분류할 때 주의해야 할 점은 유사한 상위 개념과 하위 개념 사이에 그 개념적 속성이 변화하지 않는 것만 분류의 대상이 될 수 있다는 것이다.

대학에는 크게 다섯 가지 전공 분야가 있다. 그 하나는 인류의 역사나 인간의 삶, 인생의 본질의 문제를 다루는 분야인 인문과학이다. 또 다른 한 분야는, 인간은 혼자서 살 수가 없으므로 두 사람 이상이 만나서 이룬 사회라는 집단 속에서 어떻게 살아가는지를 연구하는 사회과학이다. 세 번째 분야는 자연이 운행되는 이치를 알고자 자연 세계를 연구하는 분야로 기초 자연과학이라고 한다. 이 밖에 그런 자연이 운행되는 이치에 대한 이해를 토대로 인간의 삶을 편리하고 쾌적하게 만드는 것을 연구하는 응용과학 분야가 있다. 다섯 번째 분야는 우리를 둘러싸고 있는 이 자연, 사회, 인간의 세계에서 아름다운 것, 유쾌한 것, 신나는 것, 기쁨을 주는 것들을 발견하여 표현하고 탐구하는 예술 분야이다.

병원이나 의원에 내원하기 전 일반의와 전문의를 구별하는 가장 쉬운 방법은 간판을 보는 것이다. 2010년 개정된 의료법 시행규칙 제40~42조에 따르면 병원 간판은 환자가 전문의와 일반의를 구분할 수 있도록 규정에 맞춰 표기해야 한다. 일반 병원·의원은 고유 명칭 다음에 바로 종류 명칭이 붙고 진료 과목을 별도로 표기하는 식이다. 현행 의료법 시행규칙상 전문의만 자신이 운영하는 병원 이름에 전문 과목을 표시할 수 있다. 전문의는 병원 간판에 직접적으로 ○○ 성형외과 의원, ××× 피부과 의원으로 표기가 가능하다.

5) 분석

분석은 하나의 개체 또는 통일체를 어떤 특정한 관점에 따라 나누어서 그 내용을 드러내 밝히는 방법이다. 본질적으로는 구분 또는 분류에 내포되지만, 대상 그 자체에 어떤 객관적 기준을 갖고 있지 않은 경우라도 필자의 자의에 따라 분절할 수 있다는 점에서 구별이 가능하다. 시간의 단위로 나누는 시간적 분석, 개념을 형성한 의미로 나누는 개념적 분석, 개체를 구성하는 요소로 나눠 보는 물리적 분석이 있다.

분석은 복잡한 내용이나 많은 내용을 지닌 대상을 정확하게 이해하기 위해서 목적과 일정한 기준에 따라 그 내용을 단순한 요소로 나누어 설명하는 것이다. 분석을 위해서는 먼저 대상의 전체와 구성 요소의 관계를 파악하는 일이 중요하다. 분석의 목적은 대상의 구성 요소와 그것들 사이의 상호 연관성을 파악하여 대상의 본질을 이해하는 데 있으므로 각 요소의 관계를 통일적으로 정리하는 것도 매우 중요한 작업이다. 분석을 잘하려면 각각의 구성 요소들 사이의 연결 고리를 명확하게 파악하여 그 연결의 원리를 밝히고 대상의 의미를 해석해야 한다.

분석은 설명 대상이 여러 요소들로 조직되어 있는 구조 안에서 가능하므로, 동일 대상이라도 그것을 어떠한 시각과 관점으로 보느냐에 따라 그 분석 결과가 달라질 수 있다.

권리에는 적극적 권리와 소극적 권리가 있다. 개인이 가만히 있는 국가를 상대로 인간다운 생활을 위해 각종 '급부 요구'를 할 수 있는 사회권이 적극적인 권리에 속하며, 국가가 개인의 자유 영역에 간섭해 들어올 때 비로소 주장되는 자유권이 소극적 권리에 속한다.

세계보건기구에서 정의한 건강의 개념으로 신체적 건강, 정신적 건강, 사회적 건강이 있다. 신체적 건강은 신체적으로 편안한 상태를, 정신적 건강은 정신적으로 안정·만족한 상태를, 사회적 건강은 대인관계·사회생활이 원만한 상태를 말한다.

봄이 되어도 아직 추위가 가시지 않았을 때, '봄의 추위'를 가리키는 순우리말이 여럿 있다. 이른 봄날의 추위는 '봄추위'라고 하고, 이른 봄에 꽃이 필 무렵의 추위는 '꽃샘추위'라고 한다. 또 잎이 나올 무렵의 추위는 '잎샘추위'라고 부른다. 다채로운 순우리말에 관심을 가지고 즐기면서 봄철 추위를 이겨보면 좋겠다.

다음 글은 '미국의 의료보험'에 대한 설명 글의 일부분이다. 설명을 목적으로 하는 글이지만, 자신이 겪은 일을 서사적으로 풀어 쓰면서 어려운 내용을 편안하게 읽을 수 있도록 하고 있다. 또한 설명의 다양한 방법을 활용하여 독자의 이해를 효과적으로 돕고 있는 글이다.

🔑 예시 글

아들의 갑작스러운 고열로 미국에 온 지 3개월 만에 응급실과 소아과를 처음으로 경험하게 되었다. 병원의 하드웨어나 의료 서비스는 미국이 한국에 비해 확실히 우월했다. 하지만 미국의 뛰어난 의료 시설 및 서비스 이면에는 엄청나게 비싼 의료비가 자리하고 있었다. 일례로 미국에서는 의사를 한 번 만나는 데에만 수백 불(십만 원 단위), 응급실에 한 번 가게 된다면 수천 불(백만 원 단위), 수술이라도 하게 된다면 수만 불 이상(수천만 원에서 수억 원)의 의료비를 지출할 각오를 해야만 한다. 그래서 미국에서는 의료보험이 반드시 필요하다.

미국의 의료보험을 이해하기 위해서는 먼저 아래의 세 가지 기본적인 용어부터 알고 있어야 한다.

- 디덕터블(deductible)
- 코페이(co-pay)
- 아웃 오브 포켓(out-of-pocket)

디덕터블은 우리나라 자동차 보험의 '본인부담금'과 유사한 개념이다. 만약 자동차 사고가 나서 자신의 차에 물질적 피해가 발생하게 되면, 보험에 가입되어 있어도 일정액의 수리비용을 본인이 부담해야 한다. 미국 의료보험의 디덕터블도 이와 비슷하다. 미국에서는 일단 디덕터블만큼 비용을 본인이 지불한 다음에야 보험 혜택을 받을 수 있다. 예를 들면, 본인이 보험의 디덕터블이 매년 $1,000이라고 하면, 본인이 병원에 지불한 금액이 $1,000를 초과한 순간부터 비로소 보험 회사가 의료비용을 지원하게 된다. 그래서 그전까지는 그냥 본인이 직접 의료비를 지불해야 하는 것이다. 매달 꼬박꼬박 의료보험료를 내면서 $1,000까지는 여전히 진료비를 또 내 돈으로 내는 게 미국의 의료보험이다. 그럼 도대체 왜 보험에 드는 걸까? 일단, 보험을 들게 되면 의료비의 할인을 받을 수 있다. 미국은 보험회사와 병원이 서로 미리 계약을 맺어서, 해당 보험에 가입된 사람들에 대해서는 정상 가격보다 할인된 금액(negotiated fee)으로 진료비를 청구한다. 즉, 내가 디덕터블로 내야 하는 의료비가 실제로는 할인된 금액이기 때문에 나름 "간접적"으로 의료보험의 혜택을 받는 거라고 생각할 수 있다. 디덕터블이 낮을수록 본인 주머니에서 나가는 돈은 적어지는데, 다만 그만큼 매월 내는 보험료가 올라간다. 그래서 보험을 들기 전에 매월 보험료를 많이 내면서 디덕터블을 낮추는 게 좋은지, 아니면 보험료를 적게 내는 대신 디덕터블을 올리는 게 좋은지를 잘 판단해야 한다.

〈이하 생략〉

〈토마스, 미국의 의료보험, 다음 브런치〉

다음 글은 복합적인 성격을 가진 '독서토론의 개념'을 세 가지로 분석하여 그 개념을 쉽게 설명하고 있다.

💡 예시 글   독서토론의 개념

독서토론의 개념에 대해서 알아보겠습니다. 독서토론은 단어 그 자체인 독서와 토론 외에 복합적인 의미를 가지고 사용됩니다. 책을 읽고 나누는 이야기는 책에 따라, 사람에 따라 다양한 갈래로 퍼질 수 있기 때문이죠. 크게 3가지 성격으로 정리해 보겠습니다.

하나는 토론(debate)입니다. 찬성과 반대로 나누어서 열띤 대화를 나누는 모습이 떠오르실 텐데요. 책을 바탕으로 이야기를 하다가도 생각이 달라지는 부분이 있으면 상대방을 설득하는 입장에서 논리적으로 대화가 진행되곤 하죠. 찬성과 반대보다 서로 다른 입장에서 주장과 근거를 바탕으로 이야기하는 과정을 생각하면 더 쉽습니다. 여기에서의 근거는 책 안에서 찾으면 좋겠죠.

다음은 토의(dicuss)입니다. 하나의 주제를 바탕으로 더 좋은 해결책을 위해 머리를 맞대고 생각을 나누는 과정이라고 할 수 있습니다. 충돌하는 지점 없이도 생각을 교류할 수 있어 회의 시간 같은 자리에서 주로 볼 수 있어요. 나아가서 문제 해결을 위한 구체적인 방법까지 도출할 수 있다면 더욱 값진 시간이 되겠죠.

마지막은 수다(chat)입니다. 앞에서의 묵직함과는 다르게 책을 읽고 느낀 나의 감상을 즐겁고 편하게 나누는 것이에요. 같은 취미를 가지고 있는 사람들, 하나의 책을 읽고 모인 사람들이 서로 이야기를 나누는 것만으로도 충분히 행복한 시간이죠. 가벼운 것이 나쁜 것만은 아닙니다. 지속적인 독서와 토론 활동을 위해서 빠질 수 없는 부분이죠. 하지만 너무 과하다면 '독서토론'을 하는 의미가 없겠죠. 그래서 적절한 균형이 중요합니다.

〈이승화, 독서토론의 유연한 개념성과 그 필요성, 다음 브런치〉

연습 자신의 학과나 장래 희망 업무에 대해 설명하는 글을 써보십시오.(600자 내외)

단락 소주제	
설명 방법	
글	

2 논증하기

논증은 어떤 사실이나 원칙, 문제에 대하여 명확한 근거를 바탕으로 자신의 주장을 증명하면서 상대방을 설득하는 방식이다. 논증(argument)은 불확실한 사실이나 자신의 주장을, 근거를 바탕으로 밝혀내는 진술 방식으로 상대방이 충분히 긍정할 수 있는 객관적이고 타당한 근거를 제시하는 것이 매우 중요하다. 뚜렷한 근거에 기반한 주장은 독자가 그것이 옳다고 믿게 하고 행동할 수 있게 한다.

모든 논증에는 '주장'과 '근거'가 포함된다. 논증의 구성 요소로 주장과 근거 외에 다른 내용이 필요할 수도 있다. 즉, 주장과 근거 사이의 인과 관계를 이어 주기 위한 내용이나 근거를 더 보충해 주는 내용 또는 예외나 반박의 조건들이 필요할 수 있다. 그러나 이러한 요소들은 주장을 더욱 설득력 있게 돕고 타당하게 만들 수 있는 요소이지, 논증에 꼭 필요한 요소라고 보기는 어렵다. 따라서 논증을 할 때는 기본적으로 주장과 근거를 명확하게 세우고 기타 필요한 요소들을 추가하여 주장을 효율적으로 펼치는 것이 바람직하다.

주장은 논증에서 매우 중요한 핵심 요소이다. 주장은 논증의 궁극적인 목적이자 구체적인 결과이다. 주장에는 사실을 바탕으로 그 사실에 대한 옳고 그름을 판단하는 사실 주장, 어떤 제도나 사물 혹은 사상에 대하여 좋고 나쁨을 따져 가치에 대한 판단을 제시하는 가치 주장, 대상에 대하여 "마땅히 그렇게 되어야 함," 즉 당위성을 내세우는 정책 주장이 있다.

올바른 주장을 위해서는 근거와 합리적인 추론이 필요하다. 논증에서 근거를 특별히 '논거'라고 한다. 먼저, 논거에 대해 살펴보자. 논거는 이미 논증이 끝난 것이므로 새로운 논증이 불필요한 것으로, 논거에는 사실 논거와 소견 논거가 있다.

아래 예문은 사실 논거로 구체적이고 실제적인 사실로 되어 있는데, 이들에는 정보, 통계, 체험, 역사적 자료 등을 통해서 주로 제시된다. 특히, 통계 수치를 제시할 때는 막연하게 제시하는 것보다는 쉽게 이해할 수 있도록 제시하는 것이 좋다. 가령, '○○○○km보다 서울과 부산을 ○번 왕복할 수 있는 거리'

라고 제시하면 더욱 실감이 날 수도 있다. 그런데 이러한 사실 논거가 신빙성을 가지려면 그 출처가 분명해야 한다는 것이다. 막연하게 제시하는 것은 애써 쌓은 탑을 일시에 무너뜨리는 격이 되고 만다. 그러나 여기서 한 가지 주의할 것은 직접 체험하거나 경험할 수 있는 것이 좋지만 너무 특수한 사례들을 들면 보다 대표성을 갖지 못하는 경우가 생긴다.

❶ 사실 논거의 예

> 오늘날 전국적, 나아가 전 인류적으로 심각하게 대처해야 할 문제로 환경오염을 꼽고 있다.(중략) 그러나 이 일을 너무 거창하게 생각할 필요는 없다. 우선 실천 가능한 일부터 시작하면 된다. 그 하나가 쓰레기를 줄이고 이를 분리하여 재활용하게 하는 일이다. 국립 환경 연구원의 발표에 따르면 우리가 하루에 버리는 쓰레기는 8톤 트럭으로 18,000대분이 된다고 한다. 이를 365일, 나아가 10년 이상 계속해서 버린다면 어떻게 될 것인가? 참으로 심각한 문제가 아닐 수 없다. 그러나 이보다 더 심각한 것은, 한번 버린 쓰레기는 쉽게 썩지 않는다는 것이다. 우유 팩, 비닐봉지, 일회용 컵은 5-20년, 스타킹, 알루미늄, 깡통은 30-100년, 일회용 기저귀는 300-500년, 그리고 발포 플라스틱은 영원히 썩지 않는다고 한다.

소견 논거는 소견을 가진 사람의 전문성과 그 방면의 권위에 따라 신뢰도가 결정된다. 따라서 어떤 분야에 깊은 연구나 소양이 있는 학자가 있을 때, 이를 그대로 인용하면 충분한 논거로 사용할 수 있다. 그러나 소견 논거도 상황에 맞는 적절한 것이어야 하고, 너무 자주 인용함으로써 자신의 주장인지 다른 사람의 주장인지 구별이 되지 않게 해서는 안 된다.

❷ 소견 논거의 예

> • 한 나라의 모든 사람의 공통 의식(共通意識)이 모이면 민족의식(民族意識)을 이룬다. 민족의식의 표현은 그 나라 말로 나타난다. 따라서 각 민족이 쓰는 말에는 그 민족 나름대로의 세계상(世界像)이 들어 있다. 우리 겨레가 쓰는 말은 우리 겨레의 세계상을 담는 그

릇이요, 우리 겨레의 공통적인 정신의 상징이다. 그러므로 '말은 겨레의 얼'이라고 한다. 이것은 겨레의 흥망(興亡)과 말의 흥망이 기복(起伏)을 같이하는 역사적 사실을 보아도 잘 알 수 있다. 말의 인식은 자기를 깨치는, 곧 자각(自覺)하는 일인 동시에 민족을 깨치는 일이요, 나아가서 민족을 결합하는 원동력(原動力)이 된다. 이와 같은 사실은 스위스의 언어학자 소쉬르도 밝혀, "말의 공통성이 곧 같은 혈족(血族)을 뜻하는 것은 아니지만, 같은 말은 공통적인 민족성을 나타내는 것이므로, 민족 통일을 이루는 데에 그것이 무엇보다도 우선한다."라고 했다.

- 사람은 사회적 동물이다. 사람은 본성적으로 다른 사람들과 공동체를 이루어 살게 되어 있는 것이다. 사람은 가정이라는 작은 사회에서 태어나 본성을 갖고 하나의 공동체 속에서 살아가는 것이다. 따라서 자기 자신만을 내세우는 유아독존적 생활 태도는 지양되어야 한다. 토마스 만의 지적대로 인간은 하나하나의 개체로서가 아니라, 그 개체의 상호 연합에 의해서만 위대성이 구현되는 것이다.

다음은 위의 논거를 바탕으로 추론을 내릴 차례이다. 원래 추론은 어떤 것을 근거로 삼아 다른 문제에 관한 결론을 내리는 것이다. 이러한 추론 방법에는 귀납추리와 연역추리, 그리고 유비추리로 나눌 수 있다.

귀납추리는 개별적이고 특수한 사례를 들어 일반적이고 보편적인 원리를 이끌어 내는 추론방식이다. 이러한 귀납추리는 개별적 사례들을 통해서 공통된 일반적 원리를 이끌어 내기 때문에 충분한 사례를 들어 주어야 한다. 그리고 열거되는 사례들은 대표성이 인정될 수 있어야 한다.

❶ 귀납추리의 예

- 어떤 여론 조사 기관에서 뇌사를 인정하는 법률의 제정이 필요한가에 대해 전국의 전화 가입자 2,000명을 대상으로 설문 조사를 했더니, 그 결과 68%가 필요하다고 응답했다. 이로 보아 우리나라 국민의 과반수가 뇌사 인정에 찬성하고 있음을 알 수 있다.

- 약간의 황산을 넣은 물속에 100V의 전압을 가진 전류를 통하게 했더니 물이 끓어 올랐다. 220V로 바꾸어서 똑같이 했더니 결과는 마찬가지였다. 다음에는 황산을 넣은 물에

전류를 끊었더니 물거품이 떠오르지 않았다. 마지막으로 맹물에 100V의 전압을 가진 전류를 통하게 했는데도 물거품이 떠오르지 않았다. 그러므로 황산과 전류 그리고 물의 분해는 인과 관계를 가지고 있다.

연역추리는 일반적인 원리를 근거로 하여 구체적이고 특수한 여러 사실들을 이끌어 내는 추론방식이다. 아래 예문은 연역추리로 첫째 문단은 '인간 능력의 양면성'을 주장하고 있으며, 둘째 문장은 그렇게 볼 수 있는 두 가지 사례를 들고 있다. 이러한 연역추리는 일반적 원리를 전제로 하여 특수한 사실을 알아내는 방법이다. 그런데 이러한 추리를 할 때는 논리적 비약이나 모순에 빠지지 않도록 주의해야 한다.

❷ 연역추리의 예

천재라는 말이 어떤 사람의 능력이 유전에 의해 타고났음을 의미하는 데 비해 영재 교육은 그 능력도 갈고 닦지 않으면 제대로 빛을 내지 못함을 암시하고 있다. 따라서 이러한 말을 자주 쓰는 우리는 이미 어떤 행동이나 능력의 발달에 유전과 환경이 모두 중요하다는 것을 알고 있는 셈이다. 이에 관한 본보기 실험으로 흰머리참새에 관한 것이 있다. 부화하여 갓 나온 새끼를 아무 소리도 들리지 않는 공간에 옮겨 키워보면 자라면서 이상한 울음소리를 낸다. 그러나 아비새의 울음소리를 들려주며 키워보면 제 울음소리를 낸다. 그래서 얼핏 학습과 경험이 어디까지나 기본이고 열쇠라는 생각이 든다. 그러나 한편, 격리된 새끼 새들에게 이번엔 여러 종류의 새 울음소리를 들려주며 키워보았다. 그랬더니 새끼들은 그 가운데 흰머리참새의 울음소리를 골라서 우는 것이었다. 이것은 그 전에 들어본 적이 없는데도 이 흰머리참새의 울음을 들으면 즉시 인지하는 어떤 본보기를 몸 내부에 이미 갖고 있고 또 그 울음소리를 낼 수 있는 능력을 이미 타고났다는 뜻이 된다.

〈이병훈, 유전자들의 논쟁〉

유비추리는 이미 알고 있는 특수한 사실들을 근거로 하여 다른 특수한 사실을 추리하는 방법으로 '유추'라고도 하는데, 이 방법은 넓은 의미로 귀납추리에 포함된다. 아래 예문은 유비추리 방법으로 주장을 펼치는 경우이다.

❸ 유비추리의 예

> 우리 반 아이들의 삼 분의 일은 고수머리(일명 곱슬머리)다. 이들 고수머리인 아이들은 학급 일에 적극적으로 참여하는 아이들이다. 그렇지만 한번 고집을 부리기 시작하면 굽힐 줄을 모른다. 어제 우리 학급에 '종호'라는 아이가 전학을 왔는데 고수머리이다. 이 아이도 분명히 학급 일에 적극적이며 고집이 센 아이일 것이다.

유추는 기본적으로 비유를 전제로 하는 것이기 때문에 논리적 상상력을 바탕으로 한다. 이는 비교가 논리적 구조가 유사한 것을 우선 전제로 하는 것과는 다른 것이다. 유추는 서로 완전하게 다른 범주의 것도 설명할 수 있으므로 표면적으로 지시하는 것과 의미상으로 지시하는 것 사이를 연결하기 위한 논리적 상상력이 필요하다. 즉, 밀접한 논리의 유사성이 아닌 논리의 상상력이 두 대상을 유추의 관계로 묶을 수 있게 하는 것이다.

유추는 이처럼 서로 다른 분야의 대상을 비교의 대상으로 삼을 수 있으므로 독자들에게 쉽게 다가설 수 있다는 장점이 있다. 어려운 개념을 지닌 대상을 친숙한 것으로 비교함으로써 독자의 이해를 돕는 것이다. 그뿐만 아니라 유추는 언어를 통한 논리적 상상력을 기반으로 해서 다른 분야와의 교섭을 가능하게 하고 서로 다른 시각으로 대상을 바라보게 할 수 있다는 점에서 창조적인 진술 방법이다. 글쓴이가 유추로 설명할 수 있는 대상을 탐구하는 과정에서 다른 분야의 창조적인 시각이 투영될 수 있기 때문이다.

✎ 연습   다음의 주제들에서 하나를 선택하여 자신의 주장을 펼쳐보십시오. 주장을 펼칠 때 주장과 논거를 명확하게 제시하십시오.

- 사회복지정책
- 1인 미디어
- 능력주의

주장	
논거	
글	

③ 서사하기

서사란 대상의 움직임이나 사건을 서술하는 것이다. 행동과 사건에 대한 것이 구체적으로 시간의 경과에 따라 나타나야 한다. 사건의 전후 관계나 문맥적 관련 등이 구체적으로 나타나야 한다. 서사란 단순히 일정한 시간적 과정에서 일어나는 사건이 아닌, 일정한 의미와 가치를 지닌 것으로서 보편적 관심의 대상이 될 수 있어야만 한다. 서사의 필수 요소는 '사건, 시간, 의미'이다.

서사문을 구성하기 위해서는 배경이 되는 세계와 인물, 그리고 그것을 토대로 해서 전개되는 이야기가 필요하다. 배경에는 장소, 사물, 시간, 공간적 상황 등이 포함되고, 이야기에는 그 세계 속에서 일어난 사건이나 행동들이 포함된다. 물론 이때의 사건이나 움직임이란 시간의 경과에 따라 전개되는 의미 있는 행동을 의미하며, 발단부터 종결에 이르기까지의 전 과정을 드러낼 수 있어야 한다. 인물과 사건, 배경은 서사를 이루는 기본적인 요소로서, 이것들이 상호 연관성 속에서 완결된 하나의 의미, 주제를 파생시키게 될 때, 훌륭한 서사 글이 되는 것이다.

서사적 글에는 기사문과 보고문, 자서전, 회고록, 역사 서술, 소설, 서사시, 희곡, 동화, 신화, 전설, 르포르타지 등 의미적 사건을 서술하는 모든 종류의 글을 포함한다. 서사문은 전체 글의 성격이나 장르에 있어서 차이가 있음에도 불구하고 각기 일정한 사건의 전개를 시간적 연계성 위에서 진술하는 특색을 보여준다.

> 그는 수다를 멈추고 싶었지만 멈춰지지가 않았다. 유치하게도 자신이 살면서 얼마나 착한 일을 많이 했는지 모두에게 말하고 싶었다. 마치 학교 갔다 집에 돌아와서 엄마에게 이런저런 수다를 떠는 어린아이처럼. 그는 한국에 온 지 일주일밖에 되지 않은 외국인노동자의 핸드폰을 찾아준 이야기도 하고, 길을 걷다 폐지 줍는 노인들만 보면 몰래 리어카를 밀어준다는 이야기도 했다. 말을 하면 할수록 얼굴이 화끈거렸다. 양 볼이 붉어지는 것이 느껴졌다.
>
> 〈윤성희, 상냥한 사람〉

> 경동대학교(총장 전성용)는 16일 강원도 고성 글로벌 캠퍼스에 재학 중인 네팔 국적의 유학생 모한 살라미(26. 국제호텔경영학과 4) 씨가 고성군 토성면 광포길의 모음식점에 발생한 화재를 진압하여 자칫 큰 피해를 막았다고 밝혔다. 모한 살라미씨는 14일 밤 10시 반쯤 아르바이트 후 귀가하던 중 토성면 봉포리 한 식당 수족관 근처에서 크게 일어난 불을 발견하였다. 마침 숙소가 식당 맞은편이라, 모한 씨는 즉시 숙소로 가 화재 사실을 전파 후 소화기를 들고 뛰어나와 진화에 나섰다. 불이 난 곳은 4층 건물로 대형 화재로 확산될 상황이었으나, 다행히 적절한 조치로 소방차 도착 시에는 이미 진화가 끝난 상태였다. 유중근 고성소방서장은 "화재 초기의 소화기 1대는 소방차 1대의 소방 효과를 발휘한다"며 적절한 대처를 칭찬하였다. 모한 살라미 씨는 "2019년 봄 고성산불

발생 며칠 전, 화재진압 및 대피 훈련을 받았다. 그래서 모두 안전하게 대피할 수 있었다"고 말했다. 또 "그때 배운 소화기 사용법으로 이번 불을 껐다"며, 산불 피해를 경험해 봐서 다른 생각 없이 뛰어다니며 조치를 취했다고 화재진압 당시 상황을 설명하였다.

〈중앙일보, 2021. 03. 16.〉

📝 연습   최근 겪었던 경험을 선정하여, 서사적 글을 완성해보십시오. 신문 기사문 중 사건을 중심으로 작성한 글을 참고하여 활용하도록 하십시오.(600자 내외)

사건	
글	

4 묘사하기

묘사는 사물로부터 받은 느낌을 생동감 있게 감각적으로 재현하여 전달하는 방식이다. 대상에 대한 체험과 인상을 구체적이고도 생생하게 떠올릴 수 있어야 한다. 묘사는 설명적 묘사와 암시적 묘사로 나뉜다.

설명적 묘사의 경우는 대상에 대해 정확한 정보를 제공하는 데에 그 목적이 있는 경우이고, 암시적 묘사는 대상에서 받은 인상이나 느낌을 가능한 한 생생하게 전달하는 데에 초점이 있는 경우이다. 설명적 묘사는 전달 동기에 의해 쓴 것이라면, 암시적 묘사는 표현 동기에 의해 쓴 것이라 할 수 있다. 따라서 설명적 묘사의 경우는 과학적이고 객관적인 글쓰기가, 암시적 묘사는 읽는 이의 상상력을 자극하여 심미적 즐거움과 감동을 줄 수 있는 글쓰기 진술 방식이다.

> 묵은 눈이 갈라진 자리에 햇볕이 스몄다. 헐거워진 흙 알갱이 사이로 냉이가 올라왔다. 흙이 풀려서 빛이 드나드는 틈새를 싹이 비집고 나왔다. 바늘 끝 같은 싹 밑으로 실뿌리가 흙을 움켜쥐고 있었다. 행궁 뒷마당과 민촌의 길바닥에, 산비탈이 흘러내려 들에 닿는 언덕에, 냉이가 지천으로 돋아났다.
>
> 〈김훈, 남한산성〉

> 노목희가 대파를 썰어서 냄비에 넣었다. 파가 끓는 국물에 잠기면서 김 속에서 단내가 풍겼다. 노목희는 레인지 불을 끄고, 달걀을 풀어넣었다. 냄비 속에 남은 잔열에 달걀이 익었다. 달걀은 반쯤 익으면서 국물 속으로 풀어졌다. 달걀이 풀어지자 대파가 익는 단내가 부드러워졌고 파의 날카로움이 숨을 죽였다. 노목희가 라면 한 개를 두 그릇에 나누어 펐다. 김이 피어오르고, 냄새가 방 안에 찼다. 대파와 달걀이 국물 속에서 익어가면서 서로 스민 냄새였다. 문정수가 비닐봉지에서 김밥과 겉절이김치를 꺼내 식탁 위에 놓았다. 경찰서 구내식당에서 김밥을 살 때 얻어온 김치였다. 노목희가 말했다.
>
> 〈김훈, 공무도하〉

> 내 휴대폰 케이스는 아주 진한 노란색인데 카메라 위쪽으로 실리콘으로 된 하얀 인형 장식이 달려 있다. 전면부의 가장자리에는 회색에 가까운 검은색으로 띠가 둘러져 있는데 이것 역시 실리콘으로 되어 있어 손이 미끄러지지 않도록 해 준다. 하단의 스피커 쪽은 전체의 색과는 다르게 더 진한 색으로 처리되어 있다.

그녀의 스타일이 완전히 바뀌어 있었기 때문이다. 시원한 쇼트커트로 정리된 머리카락, 이마에 늘어진 앞머리카락에는 아직도 가위의 흔적이 남아 있는 듯했다. 네이비블루의 반팔 원피스 위에 얇은 카디건을 걸쳤고, 구두는 굽이 중간 정도 높이인 검정색 에나멜, 스타킹까지 신고 있었다.

〈무라카미 하루키, 스푸트니크의 연인〉

🖊️ 연습 묘사 대상을 정하고, 선정한 대상을 묘사해보십시오.(600자 내외)

묘사 대상	
글	

7. 다양한 수사 기법

글의 내용을 효과적으로 표현하기 위해 다양한 표현 기법을 적재적소에 적절하게 활용하는 것이 필요하다. 수사법의 활용은 언어의 의미를 표현하는 과정에서 생각의 핵심을 전달하는 동시에 그 의미를 효과적으로 표현하기 위한 노력이다. 글쓴이의 다양한 수사 기법 활용은 글의 의미를 잘 전달하게 할 뿐만 아니라 인상적인 글로 남게 한다. 또한 그 과정을 통해 표현의 즐거움도 맛

볼 수 있다.

표현 기교는 다양하고 많다. 그중 일반적으로 활용하는 것을 살펴보면 '비유하기, 변화 주기, 강조하기'가 있다. 비유하기에서는 '비유(比喩, metaphor/직유법, 은유법, 의인법, 대유법), 상징(象徵, Symbol)', 변화 주기에서는 '반어법, 도치법, 대구법', 강조하기에서는 '과장법, 점층법, 설의법'이 있다.

글을 쓰는 사람은 의도적으로라도 다양한 표현 기법을 활용하고 연습하여 언어의 한계를 뛰어넘는 언어 의미의 변용을 경험하고, 다양한 표현 기법 기술을 터득할 필요가 있다.

① 비유하기

비유는 표현하고자 하는 대상을 의미상 관련 있는 다른 사물이나 개념에 빗대어서 표현하는 방법이다. 이는 표현하고자 하는 것(원관념)과 비유하는 다른 사물(보조 관념) 간의 유사성이나 암시성으로 성립된다. 대개의 경우 비유하기를 활용하면 표현의 구체성, 선명함, 인상적인 효과를 볼 수 있다. 더 쉽고 빠르게 전달하거나 이해나 설득력을 높이는 데 효과적이어서 일상어나 산문에서도 쓰이나, 시에서 특히 많이 쓰인다. 따라서 비유하기의 기법인 비유(직유법, 은유법, 의인법, 대유법)와 상징을 잘 활용하면 글의 예술성이나 전달의 효과를 극대화할 수 있다.

1) 직유법

직유법이란 원관념과 보조 관념 사이의 유사성을 이용하여 '~처럼, ~같은, ~마냥, ~인 듯' 등의 말을 넣어 "무엇은 무엇 같다." 혹은 "무엇 같은 무엇"의 형태로 직접 연결시키는 표현 기법이다.

· 좋은 양분을 먹고 자란 나무처럼 마을 교육 공동체에서의 활동을 통해 크게 성장하기를 바랍니다.
· 고민하는 친구들 마음속에 햇살 같은 포근함을 전해 볼까요?

- 게눈 감추듯이 먹어 치운다, 자린고비처럼 인색한 사람(속담)
- 인제는 돌아와 거울 앞에 선/내 누님같이 생긴 꽃이여(서정주, 菊花 옆에서)

2) 은유법

은유는 원관념과 보조 관념을 동일한 속성으로 빗대는 방법인데, 'A(무엇)처럼 =B(무엇이다)'가 직유의 공식이라면 은유는 'A(무엇)는 B(무엇)이다' 또는 'A의 B'라고 나타낸다.

- 다양한 창작 공간에서의 활동은 우리들의 아이디어에 현실의 날개를 달아줄 것입니다.
- 우리들의 영원한 쉼터인 지구를 지키기 위해 작은 일부터 실천합시다.
- 낙엽은 폴란드 망명 정부의 지폐(김광균, 추일 서정(秋日抒情))
- 세상을 잘못 만나서 진수 니 신세도 참 똥이다, 똥.(하근찬, 수난 시대)

3) 의인법

사람이 아닌 사물이나 추상적인 개념을 사람으로 의인화하여 나타내는 기법이다. 즉, 어떤 생물이나 무생물, 그리고 추상적인 개념까지도 사람의 말과 행동으로 표현한다. '우화'나 '동화'에는 동식물을 직접 주인공으로 하는 이야기나 자기의 심경을 어떤 동물이나 식물에 감정을 이입시키는 것도 의인법의 일종이다.

- 다양한 창작 바다는 뿔뿔이/달아나려고 했다.(정지용, 바다 9)
- 너는 나를 보고 핀다 하지만/나는 너를 보고 피는 걸(이하, 달, 달맞이꽃에게)

4) 대유법

대유법은 어떤 유사성을 가진 사물을 통하여 그와 관련되는 다른 사물을 가리키거나(환유), 부분으로 전체를, 혹은 전체로 부분을 나타내도록 하는(제유) 비유법이다.

- 왕물과 왕관(지배자)이 굴러 떨어져/낫과 삽(평민)과 흙 속으로 구르는구나
- 그 팀은 차범근과 손흥민(뛰어난 축구 선수)이 몇 명 있는 것 같아

5) 상징법

상징법은 표현하고자 하는 원관념은 진술의 표면에 직접 나타내지 않고 그것의 보조 관념만 드러내어, 원관념을 간접적으로 암시하는 기법이다. 그러므로 원관념은 불가시적(숨겨져 드러내지 않음)이며 이를 암시하는 가시적인 것(구체적인 사물의 이미지 형태로 드러냄)이 보조관념이다.

'그 전쟁에 드디어 비둘기가 날아들었다.' 했을 때 '비둘기'라는 보조관념만 드러나고 '평화'라는 원관념은 표현되지 않고 있다.

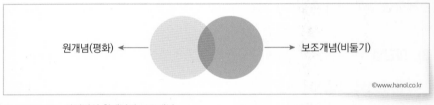

원개념(평화) ←   → 보조개념(비둘기)

©www.hanol.co.kr

🔺 그림 2-11_ 상징법의 원개념과 보조개념

상징은 두 사물 간의 연결이 어떤 유사성에 토대하지 않는다. 상징의 속성은 동일성과 양면성, 다의성, 암시적이어서 지나치면 글이 난해해질 수 있음에 유의해야 한다. 일종의 상징은 확장된 은유이며 그 반복 형태라고 볼 수 있으나 차이가 있다. 아래 예문을 보면 상징은 비유의 형태에서 원개념을 떼어 버리고 보조개념만 남아 있는 모습이다.

- 여자는 연약한 갈대다.(은유)
- 갈대는 속으로만 울며 산다. 바람에 흔들리며 가냘피 산다.(상징)

• 껍데기는 가라/껍데기는 가라/동학년 곰나루의 그 아우성만 살고/껍데기는 가라(신동엽, 껍데기는 가라)

② 변화 주기

변화 주기란 어구나 서술상에 변화를 주어 느낌이나 의미를 새롭게 하고 독자의 시선을 끄는 수사법이다. 글의 형식상의 단조로움이나 지루함을 방지할 수 있는 효과적인 방법이다.

1) 반어법

반어법은 겉으로 표현한 내용과 속마음에 있는 내용을 서로 반대되게 말하는 수사법이다. 역설법은 겉으로 보기에는 모순된 설명이지만, 곰곰이 생각하면 의미가 통하도록 표현하는 수사법이다. 반어법은 언어 표현 자체에서는 모순이 없으나 지시하는 대상이나 숨겨진 의미 사이에 모순이 생기는 반면 역설은 언어 표현 자체에 모순이 생기는 것이다. 반어와 역설은 엄격한 관점에서는 구분할 수 있지만, 역사적으로 역설은 반어의 하위 범주로 분류되기도 한다. 반어법은 독자에게 강한 인상을 주고 문장의 변화를 주는 효과적인 표현법이다.

• 과거는 미래 속에 존재하고 미래는 과거 속에 존재합니다.
• 나는 초등학생들에게 많은 것을 가르쳤다고 생각했다. 하지만 내가 가르친다고 생각했던 그 아이들이 오히려 내게 따뜻함과 순수함을 가르쳐 준 스승이었다.
• 세상을 따뜻하게 만드는 나눔의 마법 작은 것을 나누면 더 큰 것을 얻게 됩니다.

2) 도치법

도치법은 정상적인 문장 배열의 순서(배치)를 바꿈(전도)으로써 변화를 주는 수사법이다.

- 전시된 대포들을 보니 경건한 마음이 들었다, 마치 당시 격전의 현장에 와 있는 것처럼.
- 미소 짓는 코스모스 나도 몰래 끌렸네, 여리고 순수한 그의 마음에.
- 철새들 북쪽으로 날아가는데 내 발걸음 제자리에 머무네. 언제나 갈 수 있으려나? 뛰놀던 어린 시절 그 고향.

3) 대구법

대구법은 비슷한 문장 구조를 지닌 어구를 나란히 배치하여 문장에 변화를 주는 수사법이다.

- 상대를 향해 내뱉는 분노의 욕설 … 자신을 향해 돌아온 격분의 화살
- 무심코 불을 켜면 한숨 쉬는 나무들 … 당신이 불을 끄면 미소 짓는 나무들
- 심신의 피로를 따스하게 보듬어 주는 어머니 … 환경의 가치를 넉넉하게 가르쳐 주는 스승
- 가는 말이 고와야 오는 말이 곱다(속담)

❸ 강조하기

강조하기란 표현하려는 대상이나 내용을 부각하기 위해 사용하는 수사법이다. 주로 내용상 대상에 대해 지니고 있던 익숙한 느낌에서 오는 단조로움과 평이함을 깨뜨리는 데 그 목적이 있다.

1) 과장법

과장법이란 사물을 실제보다 과장하여 강조하는 수사법이다. 과장법은 실제보다 크게 표현하는 확대 과장과 실제보다 작게 표현하는 축소 과장으로 나눌 수 있다.

2) 점층법

점층법은 점점 더 크게 또는 더 높게, 강하게 표현하는 수사법이다. 중요성이 작은 사항을 앞에 두고 큰 것으로 점차 나아가는 방식을 점층식, 반대의 경우가 점강식이라고 한다. 단락이나 문장에 주로 쓰인다.

- 나를 알고 이웃을 이해하고 사회와 소통해 보세요.
- 내가 살린 우유 팩, 나무를 지키고 우리가 지킨 나무, 지구를 살립니다.
- 나는 걷는다, 당신도 걷는다, 우리 모두는 걷는다.

3) 설의법

설의법은 쉽게 판단할 수 있는 사실을 의문의 형식으로 설정하여 상대방이 스스로 판단하게 하는 수사법이다. 설의법은 누구나 다 알고 있는 사실을 의문의 형태로 제시하여 독자가 스스로 그 해답을 찾아내게 하여 의미를 강조하는 방법이다. 주장을 설의법으로 표현하면 평서문으로 표현할 때보다 격정적인 느낌을 주어 독자의 마음을 움직이는 데 효과적이다.

- 기부는 돈이 많은 사람이나 유명한 사람만이 할 수 있는 것일까?
- 정책 도입은 사회적 합의로부터 비롯되는 것이 아니겠는가? 따라서 사회적 의식 개선을 위한 홍보 활동을 강화하고 재정적 지원을 확대하기 위한 법률을 마련해야 한다.

- 자가용 사용을 줄이고 가까운 거리는 걸어서 가기. 이것만으로도 탄소 발자국 줄일 수 있지 않겠습니까?

8. 다듬고 고치기

글쓰기의 완성은 다듬고 고치기에 있다. 글쓰기를 완성하기 위한 최종의 과정을 '퇴고(推敲)'라고 한다. 자신이 쓴 글을 두고 효과적으로 적절하게 표현하였는가를 검증하고 교정하는 과정으로서, 세부적으로는 표현 방법을 중점적으로 살펴보는 것이지만, 글쓰기의 전체 과정을 점검하는 일에 해당한다. 글을 다 쓴 후 자신이 생각할 때 더 고칠 부분이 없다고 생각할지 모르지만, 초고의 경우는 퇴고의 여지가 항상 남아 있기 마련이다. 이 퇴고의 과정을 거침으로써 부분적인 표현의 오류뿐만 아니라 의도했던 주제와 실제 원고 사이의 차이를 발견하여 그것을 수정할 수 있다. 또 전체적인 상황성, 통일성, 일관성, 논리성 등의 결함을 발견하고 이를 바로 잡는다는 면에서 퇴고는 필요하다.

사실 글을 수정하는 시기는 글을 다 쓴 후 이루어지는 것이 아니라 쓰기의 전체 과정에서 이루어진다. 다시 말하면, 글의 수정은 종이에 첫 글자를 쓰기 전에 시작되는 것으로 볼 수 있다. 이러한 수정의 시기는 크게 초고를 쓰기 전과 초고를 쓰는 동안, 그리고 초고를 쓴 후로 나누어 볼 수 있다. 어느 시기에 수정을 하든 마지막 단계로서 퇴고는 최종 글다듬기인 동시에 표현력, 사고력, 비평력을 기른다는 기대 효과가 있다.

퇴고할 때 글의 변화에 대한 가능성과 기대감을 갖고 꼼꼼하게 다듬는 태도는 긍정적인 방향의 변화를 가져올 수 있다. 겸허한 마음으로 자신의 글에 스스로가 중요한 조언자가 됨을 기억하면서 초고의 문제점을 찾아 개선하는 노력이 필요하다. 또한 자신의 초고를 다른 사람에게 보이는 것도 좋은 방법이다.

타인의 지도와 협조, 적절한 비평, 의견 교환이 퇴고의 효과를 배증시키고 작문 능력을 키운다. 타인에게 자신의 초고를 보이는 것은 두려운 일이지만, 다른 사람의 피드백이 자신의 글을 더욱 윤택하게 만드는 기회가 됨을 생각하면 충분히 해낼 수 있다. 글은 자주 반복하여 쓰고, 쓴 글을 수정하고 보완하면서 글의 완성도가 점차 높아진다.

① 퇴고의 기능

퇴고의 기능은 해당 작품에 대한 수정과 글쓴이의 작문 능력 배양이라는 크게 두 가지 기능으로 나누어 볼 수 있다.

첫째, 퇴고는 글을 객관적으로 다시 살펴보면서 최종적으로 다듬어 완결하는 수정 작업의 기능을 한다. 주로 초고를 쓴 다음에 내용과 형식을 포함한 글쓰기 전체 과정에 대한 점검이며 교정하는 작업이다.

흔히 글을 쓸 때, 집필 단계에서는 매우 집중하면서도 초고 이후의 퇴고 과정에서는 형식적일 때가 많다. 자신의 표현 방식에 몰입되고 습관이 되어 오류를 발견하지 못할 수 있으며, 또 애써 수집한 제재와 심혈을 기울여 표현한 기법에 애착과 미련을 가질 수도 있기 때문이다. 그러나 아무리 좋은 집필 과정이 이루어졌더라도 퇴고를 소홀히 하면 글 자체가 미완성으로 남을 때가 많다. 자신이 쓴 글을 퇴고한다는 것은, 자신을 객관화하여 본다는 점에서 독자의 입장으로 돌아가 냉정하게 살펴보는 것이다. 제삼자의 입장에서 자기 글을 보거나 다른 관점, 여러 각도에서 자기 글을 보는 노력이 필요하다.

둘째, 일련의 퇴고 과정은 자신의 작문 능력을 발견케 하고, 글쓰기 실력을 키우는 동시에 동기유발과 비평 안목을 기르게 하는 기능을 한다. 애써 고치고 다듬는 한 편의 작품에 대한 애착심이 생기고 그 성취감으로 인하여 새로운 창작 욕구를 불러일으킨다는 점도 간과해서는 안 된다.

💡 퇴고의 기능

① 글을 올바르게 수정하는 직접적인 기능을 함
② 글을 쓰고자 하는 의욕과 동기유발을 가지게 함
③ 작품을 구상하는 능력을 다시 한번 환기시키고, 전개 기술의 능력을 향상시킴
④ 최종적으로 바른 표현, 좋은 표현을 모색하는 태도와 실현하는 능력을 키움
⑤ 비교 능력과 교정 능력, 비평 능력을 향상시킴

2 퇴고의 방법

집필 이후의 퇴고 단계는 글쓰기 이전이나 글쓰기 단계처럼 중요하다. 글을 고치고 다듬는 최종의 시기이기 때문이다. 글을 다듬고 고칠 때는 무조건 바꾸는 것이 아니라 더욱 아름답고 풍부한 언어로 매끄럽게 고쳐나가는 것에 주안점을 두어야 한다.

Getty Inmages

잘 고치고 다듬기 위해서는 고치는 방법에 기준이 필요하다. 다시 말해, '무엇을 고칠까?'라는 점검 사항이 있어야 하는데, 기술자에게 연장 도구가 많으면 좋은 것처럼 점검 사항의 목록이 많을수록 좋다. 고치기는 기술적 측면이다. 보통 평균적으로 5~6번을 고친다. 고치고 다듬을수록 분명 글이 좋아진다. 특히 소리를 내어 읽으면서 고치는 방법을 추천한다. 필자의 입장에서 독자의 입장으로 바꾸어 여러 번 읽어 보면 틀린 부분이나 어색한 부분이 쉽게 찾아져서 자연스러운 표현으로 고칠 수 있다. 읽는 횟수도 많을수록 좋다.

퇴고의 과정에서 어떤 내용을 고칠까에 해당하는 점검 사항 목록을 살피기 전에 퇴고의 6가지 실행 형태를 알아야 한다. 퇴고는 크게 '재배열, 대체, 추가, 삭제, 간결, 편집'의 6가지 방법으로 실행한다.

초고를 퇴고하는 단계에서 한 번에 모든 것을 고쳐내려 하는 것은 금물이다. 여러 차례 반복하여 고쳐쓰기를 하는 것이 바람직하다. 다만 5~6차례 고쳐 쓰기를 할 때 각 차례에서 어떤 부분을 중점적으로 검토할 것인지에 대한 분명한 계획을 갖고 실행하는 것이 좋다. 계획과 기준이 없이 고치려면 퇴고 과정이 너무 힘들고, 체계적인 퇴고 과정을 밟지 못하여 글을 고치기가 더 어려워진다. 따라서 각 차례에서 다듬고 고칠 주안점을 정하고 실행해야 한다. 일반적으로 고쳐 쓰기는 전체 영역에서 좁은 영역의 순서로 좁혀 나간다. 넓은 영역의 것을 먼저 검토하여 큰 틀을 안정적으로 만든 후에 세부적인 것을 고쳐 쓰면 퇴고의 과정이 효율적이다. 세부적인 내용의 문장이나 어휘 검토는 '한글 자동고침 프로그램'이나 국립국어원에서 제공하는 '한글맞춤법 프로그램' 등을 이용할 수 있다. 또한 포털 사이트(다음, 네이버)에서도 사전 프로그램이 매우 잘되어 있다. 퇴고할 때 참고하고 사용하면 유익하다. 퇴고의 순서와 내용을 살펴보자.

1) 전체 검토 단계

① 글의 목적에 맞게 주제가 잘 드러나고 있는가?
② 독자의 공감을 이끌고 있는가?

③ 새로운 경험(정보, 지식)을 제공하고 있는가?

④ 글의 전반적인 흐름이 논리적이고 자연스럽게 이루어졌는가?

2) 단락 검토 단계

① 단락별 주제가 명료한가?

② 각 단락은 주제를 타당성 있게 지지하면서 효율적으로 나타나고 있는가?

③ 단락과 단락이 논리적이고 긴밀하게 연결되어 있는가?

④ 다양한 표현 기법이 사용되고 있는가?

3) 문장 검토 단계

① 어색하거나 잘못된 문장은 없는가?

② 애매하거나 모호한 표현이 있는가?

③ 문장이 반복되거나 쓸데없는 문장이 있는가?

④ 문장의 길이가 적절한가?

4) 정서법 검토 단계

① 정서법(표준어, 어문 규범, 띄어 쓰기)을 잘 지키고 있는가?

② 오탈자가 있는가?

③ 문장부호를 적절하게 사용하고 있는가?

④ 단어의 선택을 적절하고 정확하게 하고 사용하고 있는가?

5) 종합적인 검토 단계

① 이전 단계에서 검토된 내용이 잘 반영되었는가?

② 글 전체의 페이지 구성과 단락 구분 방식을 잘 표현하고 있는가?

③ 낭독을 해서 부자연스러운 곳이 있는가?
④ 글의 주제와 제목이 일치하는가?

표 2-20_원고지 첨삭 부호

교정부호	기능	교정하기 전	교정하고 난 후
∨	띄어 쓸 때	그렇다고 친구에게 거짓말을 하면 안되지.	그렇다고 친구에게 거짓말을 하면 안 되지.
∩	붙여 쓸 때	이렇게 된 이상 도전 할 수 밖에 없다.	이렇게 된 이상 도전할 수밖에 없다.
⊙	한 글자를 고칠 때	세 금새 완성되었다.	금세 완성되었다.
⌣	여러 글자를 고칠 때	드리 잠자는 사자의 코털을 건들어지 말고 넘어가자.	잠자는 사자의 코털을 건드리지 말고 넘어가자.
⌄	글자를 끼워 넣을 때	의 내 친구 강아지는 참 귀엽다.	내 친구의 강아지는 참 귀엽다.
⌐_	줄을 바꿀 때	그가 다급한 목소리로 소리쳤다. "그들이 옵니다. 얼른 도망치세요."	그가 다급한 목소리로 외쳤다. "그들이 옵니다. 얼른 도망치세요!"
⌒	줄을 이을 때	팔이 욱신 거렸다. 왜냐하면 오는 길에 벽에 부딪혔기 때문이다.	팔이 욱신거렸다. 왜냐하면 오는 길에 벽에 부딪혔기 때문이다.
⌐	글자를 오른쪽으로 옮길 때	둘째, 그 공약은 실현되기 어렵습니다.	둘째, 그 공약은 실현되기 어렵습니다.
⌐	글자를 왼쪽으로 옮길 때	따라서 누구에게도 이익이 되지 않는다.	따라서 누구에게도 이익이 되지 않는다.
∽	글의 순서를 바꿀 때	친구가 만들었다 김밥을	친구가 김밥을 만들었다.
◌	글자를 뺄 때	마음에도 없었는 말이다.	마음에도 없는 말이다.
生	글자를 되살릴 때	우리의 졸업식 生	우리의 졸업식

아래 글은 마지막 퇴고 과정(예시 글 1)과 퇴고 후 완성한 글(예시 글 2)을 보여주는 학생 글이다.

📖 예시 글 1 퇴고 과정: 코로나 확진자의 동선을 공개해야 한다.

코로나바이러스란 2019년 12월 중국 우한에서 처음 발생한 이후 중국 전역과 전 세계로 확산해(확산하고 있는) 새로운 유형의 코로나바이러스에 의한 호흡기 감염질환이다. 코로나바이러스는 감염자의 침방울이 호흡기나 눈, 코, 입의 점막으로 침투될 때 전염된다. 코로나바이러스에 감염되면 약 2~14일의 잠복기를 거친 뒤 발열 및 기침이나 호흡곤란 등 호흡기 증상, 폐렴이 무증상으로(증상으로) 나타나지만 무증상 감염 사례 빈도도 높게 나오고 있다. 전문가인 최영애 국가인권위원회 위원장은 설명을 통해 '정부와 지자체가 코로나 확진자의 이동 경로를 알리는 과정에서 사생활 정보가 필요 이상으로 과도하게 노출되는 사례가 발생하는 데 우려를 표한다.'라고 밝혔다. 환자 개인을 특정하지 않고, 시간대별로 방문 장소만을 공개하는 방안을 세워야 한다며 상세한 이동 경로를 공개하면 오히려 의심 증상자가 사생활 노출을 꺼려 자진 신고를 망설이거나 검사를 피할 우려가 있다고 했다. 하지만(토론을 진행한 결과) 토론을 통해 확진자의 신분과 동선을 공개해서는 안 된다는 찬성 측과 확진자의 신분과 동선을 공개해야 한다는 반대 측 입장으로 나누어진다. 우선 찬성인(확진자의 신분과 동선을 공개하면 안 된다는 의견이 있었다) 확진자의 신분과 동선을 공개해서 안 된다는 의견에서 확진자의 신분과 동선을 공개하게 된다면 개인 정보 노출이 일어남으로써 범죄로 악용이 나타날 수 있고 비난을 회피하기 위해 확진자의 검진 거부 가능성이 커지게 될 수도 있고 사생활 침해가 우려되며, 특정 장소나 가게에 대한 다수의 사람이 과도한 경계심이 생길 우려가 있어 공개되지 않아야 한다는 찬성 측의 의견이다.(한다는 것이 찬성 측의 의견이다.) 이와 반대로 반대 측에서는 '확진자의 신분과 동선을 공개해야 한다는 의견에서(의견이다.) 확진자의 신분과 동선을 알리는 목적은 코로나바이러스의 무분별한 확산을 막기 위함이며 확진자 수를 감소시키기 위하여(위한 것이기 때문에) 확진자의 동선을 알려 접촉 인원을 검사하고 확진 판정을 받은 사람들을 격리 조처를 하는 효과적인 감소를 이끌 수 있다. 확진자의 신분과 동선을 공개하지 않다면 수많은 접촉자 또는 확진자가 많이 나타날 것으로 생각해 공개해야 한다는 반대의 의견이다.

  나는 확진자의 신분과 동선을 공개해야 한다는 반대 측의 입장이다. 코로나바이러스는 전염성이 높은 아주 강한 바이러스여서 확진자가 다녀간 곳에 머물렀던 사람들에게 위험성을 알리고 추가적인 위험을 예방하자는 차원에서 공개하는 게 옳은 방법이라고 생각한다. 백신 개발 전이라 현재할 수 있는 수단은 동선을 공개해 스스로 사람들이 밀집된 지역을 피하게 함으로써 심리를 이용한 전염 예방의 효과를 볼 수 있고 동선을 사전에 감지하고 접촉 인원은 검사할 수 있게 도와주고 확진자를 격리 치료함으로써 효과적인 전염 예방의 도움이 될 수 있다. 동선이 공개되지 않으면 위치 확인을 못 해서 2차 감염이 발생할 가능성이 크다. 동선 공개를 감염 예방 차원에서 사람들이 위험을 인식하여 스스로 경계하고 조심할 수 있어 확진자의 동선과 신분을 공개하는 것이 사람들에게 코로나바이러스를 예방하는 데에 있어 매우 결정적인 역할을 할 것이다. 실제로 법 제34조의 2에 따라 감염병 환자의 이동 경로, 이동수단, 진료의료기관 또는 접촉자 현황 등을 정보통신망에 기재하거나 보도자료를 배포하는 등의 방법으로 국민에게 공개해야 한다고 나와 있다. "법 제6조(국민의 권리와 의무)에서 국민은 감염병 발생 상황, 감염병 예방 및 관리 등에 관한 정보와 대응방법을 알 권리가 있고, 국가와 지방자치단체는 신속하게 정보를 공개하여야 한다.", "제34조 2(감염병 위기 시 정보공개)에서 보건복지부 장관은 국민의 건강에 위해가 되는 감염병 확산으로 인하여 〈재난 및 안전관리 기본법〉 제38조 제2항에 따른 주의 이상의 위거정보가 발령되면 감염병 환자의 이동 경로, 이동수단, 진료의료기관 또는 접촉자 현황 등 국민이 감염병 예방을 위하여 알아야 하는 정보를 정보통신망 기재 또는 보도자료에 등의 방법으로 신속하게 공개해야 한다.", "제27조 3의(감염병 위기 시 정보공개 범위 및 절차)에서 감염병에 관하여 〈재난 및 안전관리 기본법〉, 제38조 제2항에 따른 주의 이상의 예보 또는 경보가 발령된 후에는 법 제34조의 2에 따라 감염병 환자의 이동 경로, 이동수단 진료의료기관 또는 접촉자 현황 등을 정보통신망에 기재하거나 보도자료 등 방법으로 국민에게 공개해야 한다."가 있지만, 사람들은 사생활 침해와 사생활 노출 문제로 현재 원주지역의 확진자가 늘어나고 있지만, 시청 블로그에 들어가면 실제로 '2020년 10월 7일부터 〈감염병의 예방 및 관리에 관한 법률〉 및 〈확진 환자의 이동 경로 등 정보공개 지침〉에 따라 역학조사 결과 확진 환자 이동 경로(공간) 내 모든 접촉자가 파악된 경우에는 이동 경로(건물, 상호 등)를 공개하지 않는다. 단 파악된 접촉자 중 신원이 특정되지 않은 접촉자가 있어 대중에 공개할 필요가 있는 경우에만 해당 장소를 공개한다고 했다.' 이러한 문구가 있으면서 동선을 공개하지 않고 있다.하지만 코로나바이러스의 확진자가 늘어나면서 동선 공개는 더더욱 해야 한다고 생각한다. 동선 공개를 통해 2차 피해가 감소하는 효과가 있고 사람들이 위험을 인식하여 스스로 경계하고 조심할 수 있고 사회적 거리 두기를 통해 많은 확진자가 발생하지 않을 것이다. 그리고 동선을 공개하면 사생활 침해나 문제가 될 거라 걱정하시는 분들도 계시지만 공개하는 목적은 코로나 확산을 막기 위해 실시하는 것이다. 그리고 수원에서는 코로나바이러스 확진자의 인권을 보호하기 위해 인터넷 모니터링 단은 운영하여 지나간 확진자 정보를 삭제에 적극적이다. '이제 그만, 지우개'라는 이름의 수원시 인터넷 모니터링 단은 지침상 공개기간이 지난 코로나바이러스 관련 정보들을 온라인에서 찾아내 삭제를 유도하는 역할을 한다. 확진자가 발생한 경우 시민들의 안전을 위해 수원시가 공개한 확진자 관련 정보와 이동 경로 등이 대상이고 수원시에 따르면 중앙방역대책본부는 확진자의 마지막 접촉자가 발행한 날로부터 14일이 지나면 확진자의 동선 등 관련 정보는 삭제하도록 지침을 정했다. 이뿐만 아니라 코로나바이러스 감염증 확진자 동선 파악을 두고 사생활 침해 부작용 논란이 제기된 가운데 사생활 침해를 최소화한 앱이 개발되고 있다. 스마트폰이 일종의 '블랙박스'로 작용해 동선을 효과적으로 파악하는 게 핵심이다. 스마트폰 블랙박스 시스템은 스마트폰에 내장된 GPS나 와이파이, 블루투스, 관성 센서 등을 통해 수집한 신호를 보관했다가 2주가 지나면 자동으로 폐기하는 시스템이다. 사용자가 수시로 해당 앱의 버튼을 눌러 바이러스 노출 여부를 쉽게 빠르게 검사할 수 있어 지금처럼 확진자 정보가 메시지를 통해 전달되고 개개인이 직접 확진자 동선을 확인하는 불편함을 줄일 수 있다. 다만 앱을 깔지 않는다면 동선 파악 자체가 어렵다는 점과 2주후 정보가 폐기되기는 하지만 평상시 행적이 기록되는 점, 해킹의 위험이 방지돼야 한다는 점은 보완해야 할 점으로 꼽힌다. 2020년 3월에 대구 신천지교회로 인해 코로나바이러스 신규 확진자 수가 늘어나면서 유치원, 초등학생, 중학생, 대학생 개학이 연기가 된 적이 있다. 그리고 2020년 5월 초에는 이태원 클럽에서 집단감염이 발생하였고 8월에는 사랑제일교회에서 많은 확진자가 발생했다. 2020년 5월에 이태원 클럽에 많은 확진자가 나와 확진자의 불필요한 사생활 침해를 방지하고 검사 참여를 높이기 위해 익명검사를 전국으로 확대해 시행했다. 익명검사는 검사 대상자의 이름을 비운 채 보건소별 번호를 부여하고 전화번호만 확인해 검사를 시행하였고 사람이 집단으로 노출된 장소에 대해서는 취합해서 일괄 공개를 하고 개별 환자 동선은 분리해 같은 업소를 방문했더라도 업소 이름 등을 공개하지 않기도 했다. 그리고 중앙재난안전대책본부에서는 검사과정이나 확진 이후에도 개인 정보를 보호하기 위한 조처를 하고 있으므로 이태원 일대 유흥시설을 다녀온 분은 신속히 진단검사를 받아달라고 강조를 했다. 하지만 2020년 5월 이태원 클럽에 다녀온 뒤 조사 과정에서 직업 등을 속여 7차 감염을 일으킨 인천 학원 강사가 실형을 선고받은 사건도 있다. 3번의 역학조사에서 직업과 동선에 대해 20차례 이상 거짓 진술하거나 누락을 해서 적발된 시점까지 피고인의 접촉자에 대해 자가 격리 조치가 제때 이루어지지 않았고 많은 사람에게 코로나바이러스를 전파했다. 이로 인해 학원 강사와 확진자는 전국적으로 80명 이상에 달했으며 7차 감염사례까지 나왔고 거주하는 인천에서만 40만 넘게 감염됐다. 이 사건처럼 확진자의 사생활 보호를 위해 익명검사를 시행했는데 동선을 거짓말해서 많은 확진자가 발생했고 2, 3차 감염을 불러올 위험이 커 동선을 거짓말하는 것은 다른 사람에게 피해를 주는 행동이다. 이러한 문제점들이 발생해 신용카드 사용 명세 조회, 기지국 접속사 파악, 경찰과의 협조를 통해 연락이 닿지 않은 이태원 클럽 방문자를 추적했다. 코로나 확진자가 동선을 거짓말하는 때도 있지만 가짜뉴스를 전달해주는 일들도 발생한다. 코로나바이러스 감염증 여파로 허위 정보가 전염병처럼 퍼지는 것을 '인포데믹'이라고 한다. 질병관리본부에서 확진자 동선 공개 등이 소문 확산을 막는데 주요했다고 분석이 나왔다. 가짜뉴스에서는 비타민C를 섭취하면 코로나바이러스를 예방할 수 있거나 LED 자외선 살균기로 소독하며 마스크를 재활용할 수 있다는 식의 해결책 찾는 뉴스로부터 말라리아 치료제인 클로로퀸이 치료에 효과가 있다는 등 내용은 다양했다. 방역 당국이 일선 의료 현장에서 진단검사를 못 하게 해 확진자 수가 줄었다는 식의 소문도 있었다. 전문가들은 소문 및 가짜뉴스가 국민 불안감을 가중한 영향이 있다는 것을 보고 정부가 신속하고 정확한 소통을 기반으로 형성한 신뢰가 상대적으로 가짜뉴스에 따른 잘못된 예방 행동이나 사재기 등 부작용을 최소화한 것으로 분석했다. 충분히 공개한다면 잘못된 정보의 확산을 막을 수 있다고 생각한다. 따라서 나는 확진자의 동선 공개를 통해 2차 감염을 예방하고 확진자 수를 감소시키기 위해 확진자의 접촉 동선을 사전에 공개하고 접촉 인원을 사전에 검사해서 확진자의 격리 조치를 통해 효과적인 방법으로 예방할 수 있다고 생각한다. 사람 간의 접촉도 없어지면서 사람들이 위험을 인식해 스스로 경계하고 조심하는 대처방법도 생길 거고 정확한 정보전달로 인해 가짜뉴스나 이상한 소문에 대한 피해도 사라질 가능성이 커 확진자의 동선과 신분을 공개해야 한다.

코로나바이러스란 2019년 12월 중국 우한에서 처음 발생한 이후 중국 전역과 전 세계로 확산하고 있는 새로운 유형의 코로나바이러스에 의한 호흡기 감염질환이다. 코로나바이러스는 감염자의 침방울이 호흡기나 눈, 코, 입의 점막으로 침투될 때 전염된다. 코로나바이러스에 감염되면 약 2~14일의 잠복기를 거친 뒤 발열 및 기침이나 호흡곤란 등 호흡기 증상, 폐렴이 증상으로 나타나지만 무증상 감염 사례 빈도도 높게 나오고 있다. 전문가인 최영애 국가인권위원회 위원장은 설명을 통해 '정부와 지자체가 코로나 확진자의 이동 경로를 알리는 과정에서 사생활 정보가 필요 이상으로 과도하게 노출되는 사례가 발생하는 데 우려를 표한다.'라고 밝혔다. 환자 개인을 특정하지 않고, 시간대별로 방문 장소만을 공개하는 방안을 세워야 한다며 상세한 이동 경로를 공개하면 오히려 의심 증상자가 사생활 노출을 꺼려 자진 신고를 망설이거나 검사를 피할 우려가 있다고 했다.

토론을 진행한 결과 확진자의 신분과 동선을 공개해서는 안 된다는 찬성 측과 확진자의 신분과 동선을 공개해야 한다는 반대 측 입장으로 나누어진다. 확진자의 신분과 동선을 공개하면 안 된다는 의견이 있었다. 확진자의 신분과 동선을 공개하게 된다면 개인 정보 노출이 일어남으로써 범죄로 악용이 나타날 수 있고 비난을 회피하기 위해 확진자의 검진 거부 가능성이 커지게 될 수도 있고 사생활 침해가 우려되며, 특정 장소나 가게에 대한 다수의 사람이 과도한 경계심이 생길 우려가 있어 공개되지 않아야 한다는 것이 찬성 측의 의견이다. 이와 반대로 '확진자의 신분과 동선을 공개해야 한다고 주장하였다. 이것은 확진자의 신분과 동선을 알리는 목적은 코로나바이러스의 무분별한 확산을 막기 위함이며 확진자 수를 감소시키기 위한 것이기 때문에 확진자의 동선을 알려 접촉 인원을 검사하고 확진 판정을 받은 사람들을 격리 조처를 하는 것이 효과적인 감소를 이끌 수 있다. 확진자의 신분과 동선을 공개하지 않는다면 수많은 접촉자 또는 확진자가 많이 나타날 것으로 생각해 공개해야 한다는 것이 반대 측의 의견이다.

나는 확진자의 신분과 동선을 공개해야 한다는 반대 측의 입장이다. 코로나바이러스는 전염성이 높은 아주 강한 바이러스여서 확진자가 다녀간 곳에 머물렀던 사람들에게 위험성을 알리고 추가적인 위험을 예방하자는 차원에서 공개하는 게 옳은 방법이라고 생각한다. 백신 개발 전이라 현재 할 수 있는 방법은 동선을 공개해 스스로 사람들이 밀집된 지역을 피하게 함으로써 시민들이 위험을 피하기 위한 심리를 이용하여 전염 예방의 효과를 볼 수 있고 동선을 사전에 감지하고 접촉 인원은 검사할 수 있게 도와주고 확진자를 격리 치료함으로써 효과적인 전염 예방의 도움이 될 수 있다. 동선이 공개되지 않으면 위치 확인을 못해서 2차 감염이 발생할 가능성이 크다. 동선 공개를 감염 예방 차원에서 사람들이 위험을 인식하여 스스로 경계하고 조심할 수 있어 확진자의 동선과 신분을 공개하는 것이 사람들에게 코로나바이러스를 예방하는 데에 있어 매우 결정적인 역할을 할 것이다.

실제로 법 제34조의 2에 따라 감염병 환자의 이동 경로, 이동수단, 진료의료기관 또는 접촉자 현황 등을 정보통신망에 기재하거나 보도자료를 배포하는 등의 방법으로 국민에게 공개해야 한다고 나와 있다. "법 제6조(국민의 권리와 의무)에서 국민은 감염병 발생 상황, 감염병 예방 및 관리 등에 관한 정보와 대응방법을 알 권리가 있고, 국가와 지방자치단체는 신속하게 정보를 공개하여야 한다.", "제34조 2(감염병 위기 시 정보공개)에서 보건복지부 장관은 국민의 건강에 위해가 되는 감염병 확산으로 인하여 〈재난 및 안전관리 기본법〉 제38조 제2항에 따른 주의 이상의 위기경보가 발령되면 감염병 환자의 이동 경로, 이동 수단, 진료의료기관 또는 접촉자 현황 등 국민이 감염병 예방을 위하여 알아야 하는 정보를 정보통신망 기재 또는 보도자료에 등의 방법으로 신속하게 공개해야 한다.", "제27조 3의(감염병 위기 시 정보공개 범위 및 절차)에서 감염병에 관하여 〈재난 및 안전관리 기본법〉, 제38조 제2항에 따른 주의 이상의 예보 또는 경보가 발령된 후에는 법 제34조의 2에 따라 감염병 환자의 이동 경로,

이동 수단 진료의료기관 또는 접촉자 현황 등을 정보통신망에 기재하거나 보도자료 등 방법으로 국민에게 공개해야 한다."가 있다.

그러나 사람들은 사생활 침해와 사생활 노출 문제로 현재 원주지역의 확진자가 늘어나고 있다 해도 시청 블로그에 들어가면 실제로 '2020년 10월 7일부터 〈감염병의 예방 및 관리에 관한 법률〉 및 〈확진 환자의 이동 경로 등 정보공개 지침〉에 따라 역학조사 결과 확진 환자 이동 경로(공간) 내 모든 접촉자가 파악된 경우에는 이동 경로(건물, 상호 등)를 공개하지 않는다. 단 파악된 접촉자 중 신원이 특정되지 않은 접촉자가 있어 대중에 공개할 필요가 있는 경우에만 해당 장소를 공개한다고 했다.'라고 되어 있다. 이러한 문구가 있기 때문에 이에 따라 동선을 공개하지 않고 있다.

하지만 코로나바이러스의 확진자가 늘어나면서 동선 공개는 더더욱 해야 한다고 생각한다. 동선 공개를 통해 2차 피해가 감소하는 효과가 있고 사람들이 위험을 인식하여 스스로 경계하고 조심할 수 있고 사회적 거리 두기를 통해 많은 확진자가 발생하지 않을 것이다. 그리고 동선을 공개하면 사생활 침해나 문제가 될 거라 걱정하는 사람들도 있지만 공개하는 목적은 코로나 확산을 막기 위해 실시하는 것이다. 그리고 수원에서는 코로나바이러스 확진자의 인권을 보호하기 위해 인터넷 모니터링 단을 운영하여 지나간 확진자 정보를 삭제하는 일에 적극적이다. '이제 그만, 지우개'라는 이름의 수원시 인터넷 모니터링 단은 지침상 공개 기간이 지난 코로나바이러스 관련 정보들을 온라인에서 찾아내 삭제를 유도하는 역할을 한다. 확진자가 발생한 경우 시민들의 안전을 위해 수원시가 공개한 확진자 관련 정보와 이동 경로 등이 대상이고 수원시에 따르면 중앙방역대책본부는 확진자의 마지막 접촉자가 발행한 날로부터 14일이 지나면 확진자의 동선 등 관련 정보는 삭제하도록 지침을 정했다.

이뿐만 아니라 코로나바이러스 감염증 확진자 동선 파악을 두고 사생활 침해 부작용 논란이 제기된 가운데 사생활 침해를 최소화한 앱이 개발되고 있다. 스마트폰이 일종의 '블랙박스'로 작용해 동선을 효과적으로 파악하는 게 핵심이다. 스마트폰 블랙박스 시스템은 스마트폰에 내장된 GPS나 와이파이, 블루투스, 관성 센서 등을 통해 수집한 신호를 보관했다가 2주가 지나면 자동으로 폐기하는 시스템이다. 사용자가 수시로 해당 앱의 버튼을 눌러 바이러스 노출 여부를 쉽게 빠르게 검사할 수 있어 지금처럼 확진자 정보가 메시지를 통해 전달되고 개개인이 직접 확진자 동선을 확인하는 불편함을 줄일 수 있다. 다만 앱을 깔지 않는다면 동선 파악 자체가 어렵다는 점과 2주 후 정보가 폐기되기는 하지만 평상시 행적이 기록되는 점, 해킹의 위험이 방지돼야 한다는 점은 보완해야 할 점으로 꼽는다.

2020년 3월에 대구 신천지 교회로 인해 코로나바이러스 신규 확진자 수가 늘어나면서 유치원, 초등학생, 중학생, 대학생 개학이 연기가 된 적이 있다. 그리고 2020년 5월 초에는 이태원 클럽에서 집단감염이 발생하였고 8월에는 사랑제일교회에서 많은 확진자가 발생했다. 2020년 5월에 이태원 클럽에 많은 확진자가 나와 확진자의 불필요한 사생활 침해를 방지하고 검사 참여를 높이기 위해 익명검사를 전국으로 확대해 시행했다. 익명검사는 검사 대상자의 이름을 비운 채 보건소별 번호를 부여하고 전화번호만 확인해 검사를 시행하였고 사람이 집단으로 노출된 장소에 대해서는 취합해서 일괄 공개를 하고 개별 환자 동선은 분리해 같은 업소를 방문했더라도 업소 이름 등을 공개하지 않기도 했다. 그리고 중앙재난안전대책본부에서는 검사과정이나 확진 이후에도 개인 정보를 보호하기 위한 조처를 하고 있으므로 이태원 일대 유흥시설을 다녀온 사람은 신속히 진단검사를 받아달라고 강조를 했다.

하지만 2020년 5월 이태원 클럽에 다녀온 뒤 조사 과정에서 직업 등을 속여 7차 감염을 일으킨 인천 학원 강사가 실형을 선고받은 사건도 있다. 3번의 역학조사에서 직업과 동선에 대해 20차례 이상 거짓 진술하거나 정보 누락을 해서 적발된 시점까지 피고인의 접촉자에 대해 자가격리 조치가 제때 이루어지지 않았고 많은 사람에게 코로나바이러스를 전파했다. 이로 인해 그 학원 강사에게 감염된 사람은 전국적으로 80명 이상에 달했으며 7차 감염사례까지 나왔고 거주하는 인천에서만 40만 넘게 감염됐다. 이 사건처럼 확진자의 사생활 보호를 위해 익명검사를 시행했는데 동선을 거짓말해서 많은 확진자가 발생했고 2, 3차 감염을 불러올 위험이 커 동선을 거짓말하는 것은 다른 사람에게 피해를 주는 행동이다. 이러한 문제점들이 발생해 신용카드 사용 명세 조회, 기지국 접속사 파악, 경찰과의 협조를 통해 연락이 닿지 않은 이태원 클럽 방문자를 추적했다. 코로나바이러스 감염증 여파로 허위 정보가 전염병처럼 퍼지는 것을 '인포데믹'이라고 한다. 질병관리본부에서 확진자 동선 공개 등이 소문 확산을 막는데 주요했다고 분석이 나왔다.

가짜뉴스에서는 비타민C를 섭취하면 코로나바이러스를 예방할 수 있거나 LED 자외선 살균기로 소독하며 마스크를 재활용할 수 있다는 식의 해결책을 찾는 뉴스로부터 말라리아 치료제인 클로로퀸이 치료에 효과가 있다는 등 내용은 다양했다. 방역 당국이 일선 의료 현장에서 진단검사를 못하게 해 확진자 수가 줄었다는 식의 소문도 있었다. 전문가들은 소문 및 가짜뉴스가 국민 불안감을 가중한 영향이 있다는 것을 보고 정부가 신속하고 정확한 소통을 기반으로 형성한 신뢰가 상대적으로 가짜뉴스에 따른 잘못된 예방 행동이나 사재기 등 부작용을 최소화한 것으로 분석했다. 충분히 공개한다면 잘못된 정보의 확산을 막을 수 있다고 생각한다.

따라서 나는 확진자의 동선 공개를 통해 2차 감염을 예방하고 확진자 수를 감소시키기 위해 확진자의 접촉 동선을 사전에 공개하고 접촉 인원을 사전에 검사해서 확진자의 격리 조치를 통해 효과적인 방법으로 예방할 수 있다고 생각한다. 사람 간의 접촉도 없어지면서 사람들이 위험을 인식해 스스로 경계하고 조심하는 대처방법도 생길 거고 정확한 정보전달로 인해 가짜뉴스나 이상한 소문에 대한 피해도 사라질 가능성이 커 확진자의 동선과 신분을 공개해야 한다.

경영자에 가까웠던 퇴계 이황의 삶은 어떤 모습이었나?

이 치 억

흔히 우리나라의 문화 또는 정신을 대표하는 말로 '선비'를 꼽습니다. 성격은 다르지만, 영국의 신사도나 일본의 무사도처럼 말이지요. 선비는 학교의 윤리교과서나 교양서, 또 영화나 드라마에서도 심심치 않게 접할 수 있습니다.

여러분은 '선비'라고 하면 어떤 이미지가 떠오르는지요? '꼿꼿함', '강직', '고결', '청렴', '정직' 등과 같은 긍정적인 단어도 있습니다만, 한편으로 '융통성 없는', '답답한', '꼰대' 등등 부정적인 이미지도 없지 않습니다. 요컨대 선비는 의관을 정제하고 하루 종일 글만 읽으며 재미없고 지루한 일상을 보내는 백면서생(白面書生)으로 생각되기 쉽습니다.

그러니 '선비'를 외치기는 하지만, 현실적으로 오늘날을 사는 우리가 그들로부터 배울 것이라고는 그다지 많지 않아 보입니다. 선비의 경지는 너무 고결하여 속인(俗人)으로서 범접하기 힘들기도 하거니와, 솔직히 재미도 없어 보이기 때문입니다.

평소 날이 밝기 전에 일어나서 이부자리를 거두어 정돈하고, 세수하고 머리 빗고 의관을 갖추어서 매일 '소학(小學)'의 내용으로 스스로를 다스렸다. 젊은이나 어른들이 글방에 모여 여럿이 제멋대로 자세를 흩트리고 있는 속에서도 반드시 몸을 거두어 단정히 앉았으며, 옷매무새를 반드시 단정히 하고 언행을 언제나 삼갔다.('퇴계선생언행록' 권2)

현대인인 우리가 이런 모습으로 살 수 있을까요? 아니, 이렇게 살고 싶다고 생각하는 사람이 과연 얼마나 될까요?

1. 선비도 밥은 먹는다

선비도 사람인 이상, 경제생활에서 자유로울 수 없습니다. 실력과 운이 겸비되어 나라의 녹을 받을 수 있는 자리에 오른다면 그나마 낫겠지요. 그러나 오늘날의 고시와 마찬가지로 관료가 되는 길은 바늘구멍이었습니다. 관직에 나아가지 못하거나, 자발적으로 관직을 거부한 선비들은 어떻게 먹고 살았을까요? 이와 관련하여, 이 글에서는 일반적으로 잘 알려지지 않는 선비의 경제생활, 그리고 그와 관련된 '나눔'의 이야기를 나누고자 합니다.

바로 위에 묘사된 선비상의 주인공 퇴계 이황(1501~1570) 선생의 이야기입니다. 자호(自號)에 사용된 물러날 '퇴(退)'자에서 짐작할 수 있듯, 퇴계는 관직에 나아가기보다, 관직에서 물러나기를 선호했습니다. 34세에 대과에 급제하여 관로에 들어서기는 했지만, 이윽고 그 일을 후회했다고 합니다. 50세 이후에는 주어지는 관직을 거의 대부분 사양하고 나아가지 않거나 마지못해 나아간 경우에는 서둘러 사직을 하고 낙향하곤 했습니다. 그러니 퇴계에게 국가의 녹봉은 거의 경제적 기반은 되지 않은 셈입니다.

2. 최고경영자 퇴계

학자로서의 퇴계의 모습은 우리에게 익숙합니다. 그러나 상당한 토지를 소유한 재력가이자, 농업 경영인으로서의 퇴계의 면모는 잘 알려져 있지 않습니다. 오늘날의 직업 개념으로 따지면, 사실 퇴계는 관료나 선생님이었다기보다는 경영자에 가깝습니다. 관직은 자주 사직했고, 제자를 가르치는 스승으로서의 퇴계는 거기에서 어떠한 보수도 받지 못했기 때문입니다. 오히려 반대로 경제적으로 궁핍한 제자에게 물질적 도움을 주는 입장이었습니다.

퇴계의 주 수입원은 약 3000두락에 달하는 전답이었습니다. 현재의 단위로 환산하면 약 60만 평에 해당하는 면적입니다. 그것도 한곳에 모여 있는 것이 아니라, 여러 지역에 흩어져 있었습니다. 자경(自耕)을 했을 리는 없지요. 그렇다면 어떻게 그 전답을 경작했을까요? 그것은 300여 명에 달하는 노비가 있었기 때문에 가능했습니다.

노비라고 하니, 독자 여러분 중에는 퇴계가 300여 명의 몸종을 거느리고 호화생활을 한 것으로 오해해서 상상하실 수도 있습니다만, 전혀 그렇지 않습니다. 여기서 노비는 집안일을 담당하는 솔거노비가 아닌 외거노비, 즉 소작농을 가리킵니다. 각각 독립된 영역의 전답을 경작하고 해마다 소작료를 납부하는 방식을 취한 것으로, 오늘날의 감각으로 보면, 고용주와 고용인의 관계에 해당합니다. 즉, 퇴계는 300여 명의 직원을 둔 농업회사의 최고경영자였던 셈입니다.

3. 그러나 궁핍한 삶

상당한 규모의 회사를 가진 최고경영자이니만큼, 이론적으로 퇴계의 생활은 경제적으로 넉넉했어야 합니다. 그러나 전혀 그렇지 않은 방향으로 흘러갑니다. 퇴계는 항상 검소하고 청빈한 삶을 살았습니다. 평생을 단칸방을 벗어나 본 적도 없고 고급스런 옷과 음식을 즐기지도 않았습니다.

선비니까 그런 것이라고 이해할 만합니다. 그런데 이해하지 못할 것이 한 가지 있습니다. 당시의 문헌이 보여주는 퇴계의 생활상입니다.

> 영의정 심연원과 대제학 정사룡이 아뢰기를,
> "이황은 재주와 행실을 함께 갖추어
> 사람들의 존중을 받아온 지 오래되었습니다.
> 이황은 청빈으로 자신을 지키므로, 서울에 있을 적에도
> 본디 집에 부리는 하인이 없어서 땔나무도 대기가 어려웠습니다."
>
> <명종실록> 권24, 무오(1558년) 6월 9일

> "늦곡식이라도 심어서 싹이 나야 할 텐데 어쩌면 좋으냐?
> 식구는 많고 양식은 다 떨어져서 굶고 있는 것은 아닌지 모르겠다.
> 올해는 살아갈 길을 보통 때처럼 대처해서는 안 되고,
> 철저히 절약해서 어떻게든 연명해 가야 할 것이다."
>
> <아들 준에게 답하는 편지>(1553년)

문헌은 드러나는 퇴계는 검소나 청빈의 수준을 넘어 매우 궁핍한 삶을 살았음을 보여줍니다. 심지어 때로는 의식주도 제대로 충족시키지 못할 정도였지요. 이것은 무슨 일일까요?

4. 나 혼자 잘 먹고 잘 살 순 없다.

당시 조선사회는 전반의 국가 경제가 침체된 상황이었습니다. 중종부터 명종 대까지 조선은 연속된 흉년에 시달렸습니다. 퇴계가 대량의 농지를 가지고도 '연명'을 걱정해야 했다는 것은 이런 전반적인 국가 경제 상황에서 이해할 수 있습니다.

그런데 잘 생각해 보면, 지주의 입장에서 재산을 축적해 풍요를 누릴 방법이 없었던 건 아닙니다. 소작료를 높이면 간단하겠지요. 사실 그 많은 땅에서 조금씩만 소작료를 높여도 금세 눈덩이처럼 재산을 불릴 수 있었을 겁니다.

하지만 퇴계는 궁핍하게 살지언정 그런 방식을 취하지 않았습니다. 지주의 형편이 그 정도라면, 소작농은 더 어려운 상황에 처해 있었을 것이 분명합니다. 어려운 농민으로부터 소작료를 올려 받는다는 것은 선비로서 차마 할 수 있었던 일이 아니었습니다.

오히려 퇴계는 없는 살림 속에서 하나라도 더 친지와 이웃에게 베풀며 살았습니다. 퇴계는 사회적으로 상당한 지위에 있었기 때문에 타인으로부터 들어오는 선물도 많았습니다. 선물이 들어올 때마다, 받을 수 있는 것과 받으면 안 될 것을 꼼꼼히 따져서, 많은 경우 거절하거나 돌려보내곤 했습니다. 받을 수 있는 것은 받아서, 자신의 소유로 삼지 않고 대부분 친지나 이웃에게 나누어주곤 했습니다. 재산을 거부하지는 않았지만, 그렇다고 자기 소유로만 삼지 않고, 타인을 배려하는 '나눔'을 실천했던 것이지요.

5. 나눔의 실천

학자나 스승으로서의 선비 퇴계는 우리에게서 조금 멀리 있을지도 모릅니다. 그러나 경제인으로서 퇴계는 누구나가 닮을 수 있는 선비의 모습입니다. 직업을 막론하고 우리는 누구나 경제생활을 영위하는 경제인이기 때문입니다. 능력이 닿는 만큼 최대한 벌어서 나눌 수 있는 만큼 최대한 나누는 것이 진정한 경제, 즉 경세제민(經世濟民)의 길이 아닐까요?

이는 퇴계처럼 극도로 궁핍하게 살자는 것이 아닙니다. 퇴계가 궁핍했던 이유는 전적으로 당시의 시대적 상황 때문이었습니다. 만일 퇴계가 현대사회를 살아간다면, 그렇게 곤궁한 생활로 일관하지는 않을 것입니다. 전반적으로 다 함께 잘사는 시대가 되었기 때문이겠지요.

확실한 것은 빈부의 격차가 있고 그로 인해 고통받는 약자가 있는 한, 퇴계는 여전히 끊임없이 '나눔'을 실천하며 살아갈 것입니다. 혼자만이 잘사는 것이 진정한 행복이 아님을 잘 알고 있을 것이기에 말입니다.

이치억   일본 메지로대학교 지역문화학과, 성균관대학교 대학원 유학과 졸업, 철학박사, 국립한국국학진흥원 책임연구원 역임, 국립공주대학교 윤리교육과 조교수, 저서 〈인생교과서 퇴계(사람 된 도리를 밝히는 삶을 살라)〉 등이 있음

지식인의
글쓰기

제3장

글쓰기 윤리

시간과 정성을 들이지 않고 얻을 수 있는 결실은 없다.

– 발타자르 그라시안

1. 쓰기 윤리란

글을 쓸 때, 다른 사람의 아이디어나 자료에 대한 권리를 정당하게 인정해야 한다는 인식이 높아지고 있다. 다른 사람의 권리를 인정한다면 쓰기 윤리를 지키면서 글을 써야 한다. 따라서 다른 사람의 자료나 아이디어 등을 사용할 때, 자료나 아이디어를 활용하는 방법이 윤리적으로 적절하게 이루어져야 한다.

쓰기 윤리란 글쓴이가 글을 쓰는 과정에서 준수해야 하는 윤리적인 규범이다(박영민, 2009). 교육과학기술부(2012)도 '다른 사람이 생산한 자료를 표절하지 않고 올바르게 인용하기, 연구 결과를 과장하거나 왜곡하지 않고 사실에 근거하여 기술하기, 인터넷 등에 허위 내용 및 악성 댓글 유포의 윤리적 문제를 인식하고 건전하고 책임감 있는 태도로 글쓰기'를 지도하는 것이 중요함을 강조하고 있다. 또한 최근 대학 글쓰기 교재에서도 쓰기 윤리를 교육 내용으로 제시하는 경향을 보아도 쓰기 윤리가 글쓰기 교육 내용으로 자리매김하고 있다는 것을 알 수 있다.

글쓰기의 과정에서 글쓴이가 범할 수 있는 비윤리적인 글쓰기 행위는 표절, 위조, 변조일 것이다.

💡 비윤리적인 글쓰기 행위

- 표절: 타인의 아이디어, 연구 내용 및 결과 등은 적절한 인용 없이 사용하는 행위(교육과학기술부훈령 제260호 제4조의 3호)
- 위조: 존재하지 않는 데이터 또는 연구 결과 등을 허위로 만들어 내는 행위(교육과학기술부훈령 제260호 제4조의 1호)
- 변조: 연구 재료 장비 과정 등을 인위적으로 조작하거나 데이터를 임의로 변형·삭제함으로써 연구내용 또는 결과를 왜곡하는 행위(교육과학기술부훈령 제260호 제4조의 2호)

2. 글쓰기 활동과 쓰기 윤리

대학생들은 인용과 출처를 제시하는 일을 리포트나 논문의 형식을 맞추는 것으로 인식하는 경향이 있다. 또한 인용 방법과 자료의 출처를 제시하는 방법에 대해 정확하게 알기보다는 피상적으로 알고 있는 경향이 있다(황성근, 2008). 실제로 대학 신입생들은 글을 쓸 때, 쓰기 윤리를 지키는 방법에 대해 어려움을 겪고 있는 것으로 조사되었다. 즉, 리포트를 쓸 때 학술적 글쓰기 장르 자체를 낯설어하고, 자료 인용을 한 뒤 참고문헌을 작성하는 일에 어려움을 겪고 있는 것으로 나타났다(안상희, 2017).

대학생들의 글에서 발견되는 비윤리적인 행위의 유형을 정리할 수 있다.

① 비윤리적인 글쓰기 행위 유형

(1) 표절

- 자료의 내용을 요약하여 글쓰기를 했는데 출처를 제시하지 않은 경우
- 표, 그림, 사진 등을 사용하면서 출처를 밝히지 않은 경우
- 타인의 보고서나 논문을 전부 또는 일부분 그대로 사용해서 글을 쓴 경우
- 본인의 글이지만 이전에 제출했던 글을 일부 변경하거나 그대로 글로 쓴 경우
- 같은 학기, 한 수업에서 제출한 글을 다른 수업의 과제로 제출한 경우
- 인터넷에서 보고서나 논문을 위탁하거나 구매해서 제출한 경우

(2) 위조

- 타인의 문제 풀이 혹은 실험을 자기 것으로 글에 쓴 경우
- 설문조사나 실험을 하지 않아 데이터가 없는 보고서를 쓴 경우
- 다른 이의 실험보고서를 참고해서 실험보고서를 작성한 경우

(3) 변조

- 실험 결과를 조작하거나 데이터를 이론에 맞춰서 조작하여 보고서를 쓴 경우
- 연구에 참여하지 않은 동료의 이름을 넣어준 경우
- 연구 결과와 반대되는 앞선 문헌자료를 의도적으로 제시하지 않은 경우

표절예방시스템을 이용하여 비윤리적인 글쓰기 활동을 점검할 수 있다. 표절예방시스템은 글쓴이가 자신의 글을 타인의 논문이나 보고서와 비교해 유사도를 검사해서 표절을 예방할 수 있도록 도와준다. 표절예방시스템 '카피킬러'는 표절 검사와 유사도 검사를 할 수 있도록 서비스하고 있다. 카피킬러(https://www.copykiller.com)에 접속하여 이용할 수 있다.

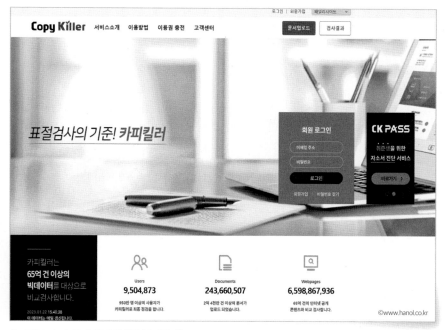

🔵 그림 3-4_ 논문 유사도 검사기 '카피킬러'

1 인용

글쓰기 과정에서 자신의 견해나 판단을 전개해 나아갈 때 다른 사람이 먼저 기술한 주장이나 판단을 비판하면서 자신의 주장에 대한 근거를 마련해 나갈 수밖에 없다. 이러한 글쓰기 과정에서 쓰기 윤리를 지키기 위해서는 '인용'을 해야 한다.

인용이란 다른 사람의 말이나 글을 내가 쓰는 글에 사용하는 것이다. 인용은 직접인용과 간접인용이 있다. 직접 인용은 원저자의 주장이나 표현을 원문 그대로 내 글에 사용하는 것을 말하고, 간접 인용은 원저자의 주장이나 표현을 변형시켜서 사용하는 것을 말한다.

1) 직접 인용 방법

- 원문을 그대로 제시하는 방법
- 인용부호(큰따옴표, " ")로 인용한 부분을 표시
- 인용하고자 하는 원문이 길 경우에는(4~5행 이상) 행을 바꾸고 좌우 여백을 둔 별도의 문단으로 표시함. 이때, 폰트나 줄 간격 등의 설정을 달리하는 방법도 있음

2) 간접 인용 방법

- 원문을 풀어쓰거나, 원문의 문장 구조를 바꾸거나, 원문과 다른 표현을 사용하는 등의 방법으로 인용
- 직접인용과 달리 인용부호는 사용하지 않음
- '누구는 …라고 말한다.', '누구의 견해를 정리하면 다음과 같다.' 등의 인용

표시구를 사용하여 자신의 글과 명확하게 구분해야 함

한 편의 글에서 직접 인용이 불필요하게 많은 경우에는 글의 흐름에 방해가 될 수 있다. 또한, 부득이하게 다른 사람이 인용한 글을 다시 인용할 경우 '재인용'이라고 표시하지만, 일반적으로 학술적인 글에서 재인용은 바람직하지 않다. 타인의 글이나 아이디어를 인용할 때 이와 같은 점은 주의해야 한다.

A. 직접 인용	B. 간접 인용
그러나 그 두 시대를 모두 연구한 베리(1861-1927, 아일랜드 출신의 영국 역사가)가 말했듯이 "고대사와 중세사의 기록은 빈틈투성이이다."[1] 역사는 분실된 조각이 많은 거대한 조각 그림 맞추기라는 말이 있다. 그러나 주요한 곤란은 빈틈 때문에 생기는 것이 아니다. 기원전 5세기의 그리스에 관한 우리의 그림에 결함이 있는 이유는 주로 수많은 조각들이 우연히 분실되었기 때문이다.	나는 '신비주의(mysticism)'란 역사의 의미를 역사 밖의 어딘가에서, 즉 신학이나 내세론의 영역에서 찾을 수 있다는 견해—베르댜예프나 니부어나 토인비와 같은 필자들의 견해—를 뜻하리라고 생각한다.2) '냉소주의(cynicism)'란 역사에는 아무런 의미가 없다, 혹은 유효하기도 하면서 동시에 쓸모없기도 한 수많은 의미들이 있다, 혹은 우리가 마음대로 골라잡아 부여한 의미만이 있다는 견해를 뜻하는데, 〈중략〉
_____	_____
J. B. Bury. Selected Essays(1950), p.52.	토인비가 의기양양하게 주장했듯이, '역사는 신학(神學)이 되어버린다'(Civilization on Trial, 1948. "서문").

❷ 주석

주석은 인용을 했을 때 자료와 정보의 출처를 밝히는 형식을 말한다. 인용은 기능과 위치에 따라 구분한다. 각주는 다시 내주와 외주로 구분한다.

1) 기능에 따른 주석 분류

- 인용주: 자료의 출처를 밝히는 주석
- 내용주: 해설주로, 내용을 부연설명하거나 부가적인 정보를 제공하는 주석

2) 위치에 따른 주석 분류

- 각주: 인용이 발생한 쪽에 주석을 다는 방식
- 미주: 글의 끝부분에 주석을 다 모아서 표시하는 방식

3) 각주

- 외주: 본문 밖에 인용 출처와 서지사항을 밝히는 각주 방식
- 내주: 본문 안에 인용 출처를 밝히되, 저자 이름, 출판연도, 쪽수만 간략히 밝히는 각주 방식

A. 외주	B. 내주
지식에 대한 단순한 이해뿐 아니라 이해한 것을 종합하고 새로운 것을 탐구하며 자신의 견해를 표현하는 학습인 것이다. 이런 맥락에서 볼 때 21세기 대학의 목적은 사람들이 지식 정보를 효율적으로 다루고 재생산하게 하는데 이바지함에 있다. 현 시대 대학은 지식 정보화 시대의 중심에서 다양한 변화를 주도해가는 역할을 하고 있다.[1]	지식에 대한 단순한 이해뿐 아니라 이해한 것을 종합하고 새로운 것을 탐구하며 자신의 견해를 표현하는 학습인 것이다. 이런 맥락에서 볼 때 21세기 대학의 목적은 사람들이 지식 정보를 효율적으로 다루고 재생산하게 하는데 이바지함에 있다. 현 시대 대학은 지식 정보화 시대의 중심에서 다양한 변화를 주도해가는 역할을 하고 있다(정희모, 2013:55).
정희모(2013), 「대학 이념의 변화와 인문학의 미래」, 『철학탐구』 제34권, 중앙대학교 중앙철학연구소, pp.169-193.	

❸ 참고문헌

참고문헌은 글을 쓰는 과정에서 인용한 자료들의 자세한 서지사항을 확인할 수 있도록 정리한 목록이다. 대개 참고문헌은 본문에서 선택한 각주의 방식에 따라 작성하는 것이 일반적이다. 이를테면, 본문에서 내주 방식으로 출처를 표

시했다면 참고문헌도 내주 방식으로 기술하고, 본문에서 외주 방식으로 출처를 표시했다면 참고문헌도 외주 방식으로 표시한다.

(1) 외주 참고문헌 표시: 저자명, 서명, 출판사명, 출판연도.

- 최영미, 『평창방언 성조와 분화』, 박이정, 2015.
- 안상희, 「대학 신입생 필자의 리포트 쓰기 수행 연구」, 고려대학교 박사학위논문, 2015.
- 정희모, 「대학 이념의 변화와 인문학의 미래」, 『철학탐구』 제34권, 중앙대학교 중앙철학연구소, 2013, pp.169-193.
- 황성근, 「대학생의 글쓰기 윤리와 표절 문제」, 『사고와표현』 제1권 1호, 한국사고와표현학회, 2008, pp.231-265.

(2) 내주 참고문헌 표시: 저자명(출판연도), 서명, 출판사명.

- 최영미(2015), 『평창방언 성조와 분화』, 박이정.
- 안상희(2015), 「대학 신입생 필자의 리포트 쓰기 수행 연구」, 고려대학교 박사학위논문.
- 정희모(2013), 「대학 이념의 변화와 인문학의 미래」, 『철학탐구』 제34권, 중앙대학교 중앙철학연구소, pp.169-193.
- 박영민(2009), 「중학생의 쓰기 윤리 인식 분석」, 『작문연구』 제8권, 한국작문학회, pp.165-196.

주석과 참고문헌을 제시하는 방법은 학문 분야, 자료 양식, 특정 학회에 따라 다를 수 있다. 다양한 주석과 참고문헌을 제시하는 방법은 제10장 보고서 쓰기(p.423~425)를 참고할 수 있다.

4. 쓰기 윤리를 지키기 위한 노력

글쓴이는 쓰기 윤리를 지켜야 한다. 글을 쓰는 사람은 스스로가 글쓰기 윤리 의식을 가지고 표절, 변조, 위조를 하지 않도록 주의해야 한다. 표절 행위는 윤리적인 문제뿐만 아니라 지적 재산권과 관련한 법적인 문제도 될 수 있다는 점을 심각하게 인식해야 한다. 쓰기 윤리의 실천은 타인의 자료와 아이디어를 인용할 때, 그 출처를 각주와 참고문헌으로 정확하게 밝혀야 한다.

글쓰기를 시작하기 전에 글쓴이는 마음속으로 쓰기 윤리를 지키겠다는 마음가짐을 가져야 한다. 글을 쓰는 사람은 글을 쓰는 과정 내내 쓰기 윤리를 지킬 수 있도록 스스로 아래와 같은 약속을 상기해야 할 것이다.

💡 **쓰기 윤리를 위한 우리의 약속**

첫째, 나는 실제로 읽은 자료를 이해한 범위 안에서 정직하게 인용을 할 것이다.

둘째, 나는 타인의 글을 인용했으면 반드시 인용한 사실과 원문의 출처를 밝힐 것이다.

셋째, 나는 원문을 왜곡하거나 나의 주장에 유리한 대로 인용하지 않을 것이다.

넷째, 나는 재인용은 되도록 피하며 재인용을 하였을 경우 재인용의 사실을 밝힐 것이다.

지식인의
글쓰기

죽음의 문턱에서

윤 재 열

삼 년 전에, 폐 일부를 절제했다. 그리고 항암 치료, 방사선 치료까지 힘겹게 마쳤다. 그 과정에서 부작용까지 겹쳐 제법 오랫동안 누워 있었다. 거의 죽음의 공포에 갇혀 있었다. 그러다가 1년이 지나서 자리에서 일어났다.

그동안 삶의 길목에서 뜻하지 않게 불행이나 슬픔을 만날 때도 있었다. 하지만 그때마다 아주 작은 것이어서 아픔을 느끼지 못했다. 그런데 이번은 달랐다. 깊은 늪에 빠져 정신을 못 차렸다. 1년이었지만 삶에서 가장 긴 시간이었다. 그때 다시는 봄 햇살 한 줌도 못 볼 줄 알았다.

아침마다 내 힘으로 자리에서 일어나는 평범함이 놀라웠다. 이제 예전처럼 여러 가지 생각을 하고, 마음에 담겨 있는 말을 할 수 있었다. 무엇보다 걸을 수 있다는 것이 기뻤다. 내일 어떤 일을 할지 계획도 세울 수 있었다. 새로 태어난 기분이었다.

아프고 나서 밖으로 나와 제일 먼저 노인들이 보였다. 사실 주변에 있는 노인은 그저 힘이 없는 존재라고 여겼다. 그렇다고 낮잡아 본 것은 아니지만 특별히 우러러보는 마음도 두지 않았다. 그런데 이제 존경스러웠다. 저 연세까지 살아온 인생이 경이롭게 보였다. '나는 저 나이까지 살아갈 수 있을까?'라는 의문이 들어올수록 그들을 그윽하게 바라보게 됐다.

우리는 나이에 상관없이 욕심의 열차를 타고 살아간다. 속도는 점점 빨라지고, 오직 높은 곳으로 오르겠다는 정신에 갇혀 주변을 돌볼 겨를도 없다. 생각해 보니 우리나라 전체가 그렇게 살았다. 산업화, 근대화 역사가 전개되면서 모두가 풍요롭게 사는 것이 목표였다. 좋은 집을 사고, 재물을 모으기 위해 몸이 부서지는 줄도 몰랐다. 저 노인들이 그랬고, 나도 그러지 않았을까.

해질녘 서쪽 하늘을 물들이는 노을을 등진 채 걸어가는 노인을 본다. 장엄한 노을에 아랑곳하지 않고 굽은 허리로 걷는 모습이 의연하다. 저 늙은 가슴을 이해하는 것은 길가의 꽃망울뿐이다.

언뜻 보면 그들의 삶에는 특별한 것이 없어 보인다. 그저 무심하게 시간을 밀어내고 있는 것처럼 보인다. 몸집이 작은 만큼이나 욕심도 없어 보인다. 끊임없이 욕망의 물고기를 낚는 데 힘을 쏟았던 젊은 날 삶의 그물도 어느 곳에 던져 버렸는지 아득하다. 하지만 그들은 평생 거칠고 험한 세상을 지나왔다. 큰 뜻을 품고 망망대해로 향했다. 좁은 계곡의 바위를 몸으로 이겨 내면서 시퍼렇게 멍드는 줄도 모르고 왔다. 절벽을 만나서도 두려움에 떨지 않고 시원스럽게 떨어졌다. 그들은 특별한 일이 없는 것처럼 보이지만, 이제 큰 바다를 눈앞에 두고 유유히 흘러가고 있다. 고요한 일상에 몰입하며, 나름대로 방식으로 살아가고 있다.

노인의 삶을 자세히 들여다보며 새삼 느낀다. 우리의 삶이란 시간의 흐름에 따라 완성된다. 나무도 비바람에 휘어지며 나이를 먹어 가며 기품을 보인다. 골동품 같은 것도 오랜 시간을 견딘 것이 더 멋을 낸다. 이 모두가 오래돼서 높은 가치를 얻는다. 이는 단순히 오래돼서 그런 것이 아니라 새것과 견주어 여전히 가치를 지니기 때문이다. 사람도 나이만 먹을 것이 아니라 이왕이면 제대로 늙어야 한다. 촛불의 물결에도 맹목적으로 태극기를 흔드는 것은 향기 나게 늙지 못하는 노인들의 모습이다.

가슴에 통증을 안고 다니다 보니 몸이 앞으로 쏠리면서 허리가 굽은 듯 보인다. 걸음걸이도 늦어졌다. 이래저래 남들보다 일찍 노인의 된 기분이다. 한편으로 잘됐다는 생각도 든다. 몸 핑계 삼아 스마트폰도 컴퓨터도 책을 보는 것조차 자제하고 싶다. 천천히 살아가면서 몸을 추슬러야 한다. 세상이 필요 이상으로 빨리 가는데, 이참에 좀 늦게 걸어가자. 몸이 아파 늦은 것도 광속의 삶에서 지치는 것보다 낫다.

병상에 누워 있는 동안 죽는다는 두려움을 알았다. 그리고 회복하면서 인생의 유한함을 깨달았다. 영원한 삶이 불가능하다. 지금, 이 순간을 포기하지 않을 때 영원함이 있다. 사람들은 저마다 찬란한 순간을 기다리며 산다. 그러나 찬란한 순간은 오지 않는다. 찬란한 순간을 기다리는 것이 아니라 지금 만들어야 한다. 햇빛이 밝으면 밝은 순간을, 달빛이 비치면 달빛을 따라 마음을 나누면 찬란한 순간이다. 영원함에 대한 갈망이 새로운 삶의 도전으로 이끌어 주었다. 죽음에 대한 두려움이 삶을 튼실하게 북돋운다.

병상에서 일어나 집 밖에 나왔을 때 늘 익숙했던 풍경이 낯설게 다가왔다. 눈 부신 햇살 아래 의연하게 서 있는 나무, 그 아래 작은 꽃, 모두가 생명의 잔치다. 세상 만물이 의연하게 버티는 모습을 보면서 생명의 존귀함을 본다. 미처 눈여겨보지 않았던 것들에 눈길을 주면서 여유가 만들어지고 풍요로워진다. 사랑할수록 생명이 더욱 푸르게 다가온다.

이제 풍요롭게 소유하기보다 풍성하게 존재하고 싶다. 시간도 소중하게 써야겠다. 급한 일보다 중요한 일에 마음을 둔다. 어차피 구부러지지 않은 길은 없다. 그리고 그 길에도 희망은 있다. 비록 날카로운 칼로 폐를 절제한 아픔을 안고 살아가지만, 내 안에서도 새로운 희망이 크고 있다.

윤재열 수필가, 아주대학교 교육대학원 국어교육 전공, 수석교사 퇴직, 한국 문인 협회, 국제펜클럽 한국본부 회원, 2015년 수원문학상을 수상, 교육부 교과서 조사 위원, 『수필집 나무는 추위에 떨지 않는다』, 『나의 글밭엔 어린 천사가 숨 쉰다』, 『삶의 향기를 엮는 에세이』, 『행복한 바보』 등이 있음

지식인의
글쓰기

좋은 글 2

어머니와 감나무

안동규

감을 따러 나섰다.

아버지께서 생전에 자식, 손주 위해 심어 놓은 감나무이다. 전에는 곶감을 만들어 팔기도 하고, 감을 나무째 팔기도 했지만, 지금은 감이 흔해서 사가는 사람도 없고 그렇다고 따서 먹을 사람도 딱히 없다. 열 그루도 넘는 감나무에 따지 않은 감이 붉게 물들어 있다. 이젠 힘이 빠져 어쩔 도리 없이 바라만 보던 어머니께 "감을 좀 따서 나도 먹고 애들도 좀 줄까?" 했더니 갑자기

신이 나시나 보다. 긴 장대를 들고 감나무가 있는 들로 앞장서서 걸으신다.

오래간만에 고개를 쳐들고 장대질을 했더니 조금 어지러웠다. 잠시 앉아 있으려니 어머니는 근심 어린 눈빛으로 홍시를 내민다. 그리고는 당신이 그 길고 무거운 장대를 들고 감을 따기 시작했다. 말려도 괜찮다면서 감 따기에 열심이다. 너는 자리에서 좀 쉬었다가 오라면서 10킬로도 족히 넘을 듯한 감 자루를 들고 먼저 가신다. 무릎이 아프다며 언덕길 걸음도 힘들어하는 분인데….

아들이 힘들어할까 구순의 어머니는 당신이 가진 힘을 전부 쓰는 듯하다.

문득 어머니도 감나무 같다는 생각이 든다. 비료나 퇴비를 제대로 주지 않아도 감나무는 해마다 열매를 충실히 맺어준다. 아무것도 제대로 해드린 것 없는 어머니인데, 어머니는 온 힘을 쏟아서 마늘, 양파, 깨, 고추, 배추 등을 만들어 내어 놓으신다. 사시사철 당신 사랑의 표현을 그렇게 하신다.

나를 낳으시고 지금까지 60년이 넘도록 알뜰살뜰 보살펴 오셨다. 얼굴 가득한 주름만큼 평생 자식 걱정 속에 사셨을 분이 구순이 다 된 지금까지도 당신의 희생이 먼저다.

"첫째는 직장도 학교도 다 잘 다니고 있고, 둘째도 시험준비 한다고 공부 열심히 하고 있어."

"그래야지. 애들 햇땅콩 좀 보내줘라. 모양은 별로라도 맛은 괜찮더라. 애들이 열심히 한다니 내가 힘이 난다."

"하하, 그래? 힘이 난다니 반가운 소리네."

"네가 가고 나면 내일은 콩도 따고, 저 건너 들깨도 베야겠다."

"아이고, 아직도 할 일이 많네."

하룻밤 다녀가는 길. 들일 하랴, 밥해 대랴, 피곤한 어머니께 힘이 될 수 있을까. 손자 이야기로 잠자리에 든다.

고구마, 감, 배추, 파 등 트렁크에 한가득 어머니의 정성이 실렸다. 차 막힌다고 서둘러 길을 떠나는 아들의 차 뒤에, 오늘도 어머니는 감나무처럼 서서 손을 흔든다.

'엄마, 오래오래 건강하게 사세요. 사랑합니다.'

안동규   한문학자, 성균관대학교 대학원 졸, 문학박사, 군포고등학교 교장 퇴임

제4장

여행과 탐방
(기행문)

익숙한 삶에서 벗어나 현지인들과 만나는 여행은 생각의
근육을 단련하는 비법이다.

— 이노우에 히로유키

왜 우리는 여행을 꿈꿀까? 소설가 김영하 작가는 "풀리지 않는 난제들로부터 도망치고 싶을 때, 소란한 일상으로부터 벗어나 홀로 고요하고 싶을 때, 예기치 못한 마주침과 깨달음이 절실하게 느껴질 때" 여행을 떠난다고 한다. 참 공감이 된다. 집을 떠나 새롭고 낯선 곳에서 스스로 가치 있는 삶의 의미를 찾는 행위가 여행이라고 생각된다.

호모 비아토르(Homo Viator). 여행은 자기 성찰의 기회다. 삶은 익숙한 것과 결별하는 순간 앞으로 나갈 수 있다. 과거의 나와 작별하고 새로운 나를 찾고자 할 때, 내 삶이 방향성을 상실한 듯하고, 일상이 진부하게 느껴지고, 심각한 갈등관계에 봉착해 있다면 '호모 비아토르'의 삶을 갈구할 것이다. 프랑스 철학자 가브리엘 마르셀은 늘 무언가를 향해 움직이는 인간 본연의 모습을 '여행하는 인간'이라고 했다. 여행은 나 자신을 찾고, 가슴 뛰는 벅찬 감동이 있는 삶을 살아갈 수 있게 한다. 인간은 여행을 통해 삶을 통찰하는 기회를 갖는다. 그렇다고 거창하고 비용이 많이 드는 여행일 필요는 없다. 여행자의 가슴속에 삶에 대한 울림이 있다면 동네 박물관을 방문하는 것도 충분하다.

기행문은 여행을 하면서 보고, 듣고, 느낀 점을 시간 순서와 여정에 따라 기록한 글이다. 기행문에는 여행자의 여정, 견문, 감상이 생생하게 담겨야 한다. 여정은 어디에서 출발하여 어디를 거쳐 어디로 갔다는 형식의 여행 경로를 말한다. 견문은 여행지에서 보고 들은 점을 말한다. 여행을 떠나면 우리는 그곳에서 많은 것을 보고 듣고 체험하게 된다. 색다른 풍경이나 낯선 사람들을 만나 그들의 생활 모습을 직접 보거나, 여행지에 관한 설명이나 전하는 이야기를 듣는다. 마지막으로 감상은 보고 들은 내용에 대한 글쓴이의 생각이나 느낌이다. 여정과 견문에 대한 글쓴이의 생각이나 느낌으로, 글쓴이의 개성을 잘 드러낼 수 있다. 여행 중에 스친 정서나 감상을 표현하는 것이 기행문의 핵심이다.

기행문 쓰기는 자기를 알리는 행위이다. 지금은 1인 미디어 시대다. 1인 미디어는 사람들이 다양한 콘텐츠를 직접 생산하고 공유할 수 있는 커뮤니케이션 플랫폼이다. 대학생들은 스마트폰 하나로 나만의 콘텐츠를 제작하고 전 세계와 공유하며, 댓글, 리트윗(retweet), 멘션(mention) 등을 활용하여 빠른 속도로 정보 교류를 하고 여론을 형성한다. 요즘 대학생들은 SNS, 페이스북, 블로그 등을 이용해서 자신이 했던 여행을 자유롭게 소개하고, 독자에게 여행 정보를 알려주는 동시에 여행을 통해 자신이 보고, 듣고, 느낀 점을 글로 생생하게 표현해서 다른 사람들과 소통한다.

2. 톺아보기

기행문은 수필에 속하는 글이다. 수필은 일정한 형식을 따르지 않고 인생, 자연, 일상생활에서의 느낌이나 체험을 생각나는 대로 쓴 글이다. 기행문을 쓸 때, 글쓴이가 여행한 장소를 가보지 못한 사람도 마치 여행을 다녀온 것처럼 생생하게 여정, 견문, 감상을 느낄 수 있도록 써야 한다. 독자는 글쓴이가 보고, 듣고, 느끼고, 경험한 것에 공감하여 설득되기도 하고 글쓴이와 다른 생각이나 판단을 할 수도 있을 것이다.

① 준비하기

1) 사실과 감상을 구분하여 메모한다.

여행지, 여행의 목적, 여정 등을 사실대로 정리한다. 여행을 출발하기 전의 기대와 느낌, 여행하면서 얻은 견문과 감상을 구체적으로 정리해야 한다. 이때, 여정을 차례대로 쓰되, 중요한 내용이나 큰 사건을 중심으로 정리하도록 한다.

2) 사진을 찍어서 빛나는 순간이나 경험을 기록한다.

사람들은 흔히 "여행에서 남는 것은 사진뿐이다"라고 말한다. 이는 사람의 기억에는 한계가 있다는 것이다. 여행지에서 오래도록 간직하고 싶은 순간순간의 경험과 느낌을 꼼꼼히 사진 속에 담아보자. 사진에 담긴 글쓴이의 모습은 글을 쓸 때 이야기로 만들어질 좋은 제재가 될 것이고, 독자에게 사진은 글쓴이의 여행을 더욱 생생하게 전달해줄 것이다.

3) 새로 알게 된 것들을 기록한다.

여행은 여행자의 삶을 변화시킨다. 여행지에서 보고, 듣고, 느낀 점을 통해서 글쓴이는 자기 삶과 만나게 된다. 낯선 여행지에서 만난 사람들의 삶에서 자신의 삶을 성찰하게 되거나 처음 보는 물건이나 건축물에서 평소 생각하지 못한 깨달음을 얻을 수 있을 것이다. 하찮은 느낌이라도 잘 정리하여 글감으로 사용하자.

4) 글의 주제를 정한다.

주제는 글의 내용에서 가장 중심이 되는 생각과 참된 의도이다. 글을 쓸 때, 글쓴이가 '무엇'에 대해 글을 쓸 것인지 정확하게 아는 것은 매우 중요하다. 따라서 쓰고자 하는 글의 주제를 구체적으로 정해야 한다.

5) 주제문은 화제, 주제를 구체화하는 과정을 통해 진술할 수 있다.

화제는 크고 넓은 글감을 지칭한다. 대개 글쓴이는 주제를 드러내기 위해 많은 소재와 제재를 사용한다. 소재는 글감이 되는 모든 재료를 일컫고, 제재는 주제를 형상화하기 위하여 여러 소재 중에서 선택한 소재이다. 결국, 글쓴이가 화제를 정한다는 말은 포괄적이고 넓게 글쓰기 대상과 진술 범위를 설정하는

그림 4-1_ 주제문 쓰기 예시

것으로, 글의 제재를 정하는 일이다. 화제를 정했다면, 주제를 정해야 한다. 주제는 화제를 토대로 글의 진술 범위를 구체화한 것이다. 주제문은 주제에 대한 글쓴이의 가치 판단이나 주장을 더한 진술문이다.

② 기행문 구성하기

구성은 주제를 효과적으로 표현하기 위해서 수집한 자료를 배열하여 글의 틀을 만드는 과정이다. 기행문은 일반적으로 자연적 구성을 활용하는데, 여정에 따라, 시간의 흐름에 따라 글의 내용을 진술하는 시간적 구성을 일반적으로 사용한다.

기행문은 수필이다. 따라서 기행문의 형식은 자유롭다. 일기, 시, 편지, 만화, 기사문 등 다양한 형식으로 쓸 수 있으나 일반적으로 전체 글이 '처음-중간-끝'을 가지도록 한 형식을 사용한다. 본문의 중심생각을 기준으로 이해를 도울 수 있도록 처음과 끝의 내용을 구성하는 것이 좋다. 기행문의 구조에 따른 전개 방식을 알아보자.

기행문의 시작 부분은 여행 동기나 목적, 출발 전의 설렘 또는 기대, 여행 정보 등을 기술하여 독자가 글쓴이의 여행에 관심과 흥미를 가질 수 있도록 기술한다. 중간 부분은 여행의 인상적인 여정, 견문, 감상 등을 설명하는 것이다. 이

표 4-1_ **기행문 구성하기**

구성	단락	진술 내용
시작	단락1	여행 동기나 목적, 출발 전의 설렘 또는 기대, 여행 정보, 여행지에서 가서 알아보고 싶은 것
중간	단락2	인상적인 여정, 견문, 감상 설명(1)
	단락3	인상적인 여정, 견문, 감상 설명(2)
	단락4	인상적인 여정, 견문, 감상 설명(3) (필요에 따라 단락을 추가하여 구성할 수 있음)
끝	단락5	여행이 끝난 후 여행의 의미나 종합적인 느낌, 여행을 통해 알게 된 것이나 깨달음

때, 여행지에서 생긴 모든 내용을 자세하게 쓸 필요는 없다. 가장 기억에 남고 독자와 공유하고 싶은 느낀 점을 선택하여, 구체적이고 생생하게 글로 표현하는 것이 중요하다. 끝부분에서는 여행이 끝난 후 이번 여행의 의미나 종합적인 느낌이나 여행을 통해 알게 된 것이나 깨달음을 기술한다.

③ 효과적인 진술 방법

기행문은 여행지의 날씨나 일정, 동행자와 함께 본 여행지 주변 경치, 그 지역 사람들의 이야기 등에서 인상이 깊은 여정, 견문, 감상을 독자에게 실감나게 전달해야 한다. 이에 따라 독자에게 여행의 감상을 생생하게 전달하기 위해 여러 진술방법 중 묘사의 방법으로 기술한다.

묘사는 어떤 대상을 눈앞에 있는 것처럼 실감나게 표현하는 방법이다. 시각, 촉각, 미각, 후각, 청각의 오감을 통하여 받은 인상과 느낌을 전달할 수 있는 진술방법이다. 효과적으로 묘사하기 위해 고려할 점은 다음과 같다.

첫째, 가장 특징적인 인상을 중심으로 쓴다.

둘째, 비유를 통하여 감각적인 느낌을 생동감 있게 표현한다.

셋째, 대상을 구체적으로 표현한다.

넷째, 일정한 방향성을 가지고 글을 쓴다. 이를 테면 전체에서 부분으로 또는 부분에서 전체로 글의 내용을 기술한다.

3. 관찰하기

기행문은 여행지에 대한 정보도 알 수 있고 여행지에서 글쓴이가 느꼈던 감동을 전해받을 수 있다. 독자가 기행문을 읽으면서 알지 못했던 여행지에 대한 호기심도 생기고 여행지에 대한 환상도 가질 수 있다. 그 반대로 여행지에 대한 실상을 알게 되어 여행지에 대한 환상이 깨질 수도 있다. 잘 쓰인 기행문은 많은 독자를 갖게 되고 독자에게 새로운 꿈과 희망을 품게 할 수도 있다.

> **TIPS** 기행문 읽기
> ❶ 여행지를 마음속으로 떠올리면서 읽는다.
> ❷ 글쓴이의 여정을 따라 장소를 기록해 본다.
> ❸ 글쓴이가 느낀 것이 무엇인지, 공감이 되는 부분을 파악하면서 읽는다.
> ❹ 표현이 잘된 곳을 찾아본다.

월출산의 조형성

이 글은 글쓴이가 국토의 최남단인 강진과 해남 땅을 직접 가서 둘러보고 우리 문화를 조사한 내용을 적은 문화 답사기이다. 글쓴이는 월출산, 도갑사, 월남

사터, 다산초당, 백련사, 칠량면의 옹기마을, 사당리의 고려청자 가마터, 해남 대흥사와 일지암, 고산 윤선도 고택인 녹우당, 달마산 미황사, 땅끝(土末)에 이르는 답사 여정을 '남도 답사 1번지'라 지칭하였다. 아래 글은 남도 답사를 하는 여정에서 영암 월출산을 답사하면서 쓴 글이다.

※ 다음 답사기를 읽고 이야기해보십시오.

🔍 예시 글 **월출산의 조형성**

〈중략〉

반남을 지난 우리의 버스가 영암에 거의 다 닿았을 때 일행은 모두 육중하게 다가오는 검고 푸른 바위산의 준수한 자태에 탄성을 지른다. 처음 보는 사람에게 월출산은 마냥 신기하기만 하다. 완만한 곡선의 산등성이 끊기듯 이어지더니  너른 벌판에 어떻게 저러한 골산(骨山)이 첩첩이 쌓여 바다부터 송두리째 몸을 내보이고 있는 것일까? 그것은 신령스럽기도 하고, 조형적이기도 하면서 한편으로는 대단히 회화적이다.

계절에 따라, 시각에 따라, 보는 방향에 따라 월출산의 느낌과 아름다움은 다르기 마련이지만 겨울날 산봉우리에 하얀 눈이 덮여 있을 때, 아침 햇살이 역광으로 비칠 때, 그리고 저녁나절 옅은 안개가 봉우리 사이사이로 비치면서, 마치 산수화에서 수묵의 번지기 효과처럼 공간감이 살아날 때 그것 자체가 완벽한 풍경화가 된다.

현대미술에 관심이 많은 그 늙은 학생이 내게 또 물었다.

"호남 화단에 수많은 산수화가, 풍경화가가 있는데 왜 월출산을 그리는 화가는 없나요? 혹시 있습니까?"

없다! 아니. 있기는 있다. 어쩌다 전라남도 도전(道展)의 도록이나, 개인전 팸플릿에서 슬쩍 본 적은 있다. 그러나 그것은 월출산의 혼을 그린 것은 아니었다. 무덤무덤한 풍경화에 지나지 않았다. 그러기에 아직껏 이 명산의 화가는 없는 셈이다. 그것은 호남화단의 고루함과 매너리즘을 말해주는 물증이기도 하다. 일부 민족미술인을 제외하고 대부분의 호남 화가들은 관념과 전통의 인습에 파묻혀 있을 뿐, 현실과 현장은 외면하고 있다. 호남 화단의 양적 풍부함은 그래서 허구로 비칠 때도 있다. 광주, 목포, 영암, 강진, 해남 어디를 가나 집집마다 식당, 다방 심지어는 담뱃가게에도 그림과 글씨가 주렁주렁 걸려 있다. 액틀 하나라도 걸 줄 아는 것이 남도사람들의 풍류인 것만은 틀림없지만 그 내용은 의미도 모르고 읽지도 못하는 초서 현판, 있을 수 없는 공상의 산수, 감동은 빼버린 사군자 나부랭이들이다. 남도의 황토와 아름다운 산등성, 너른 들판, 야생초, 동백꽃, 월출산 같은 그림은 눈을 씻고 보아도 없다. 이래도 남도의 화가들은 아니라고 우길 것인가.

호남의 화가들이여! 예술은 관념에서 시작하는 것이 아니라 모름지기 대상에 대한 사랑과 감동에서 시작함을 다시 한번 새길 일이다.

〈중략〉

〈유홍준, 나의 문화유산답사기〉

❶ 월출산에 가본 적이 있는가? 가보았다면, 월출산을 보고 느낀 감정을 생각하여 친구들과 이야기해보십시오. 만약 월출산에 가보지 못했다면 검색을 통해 영암 월출산을 느껴보십시오.

❷ 글쓴이는 월출산의 느낌을 독자에게 생생하게 전달하기 위해 진술방법으로 '묘사'를 사용하고 있습니다. 묘사로 기술된 부분을 찾아서 써보십시오.

❸ 글쓴이의 경험에 공감이 되는 부분에 대해서 쓰고 이야기해보십시오.

❹ 답사나 여행이 삶에 주는 영향은 좋은 것인가? 자신의 경험을 통해 이야기해보십시오.

② 진정한 사랑을 배우고 온 소중한 캠프 -꽃동네 사랑의 봉사 캠프 -

이 글은 충청북도 음성 꽃동네 사랑의 연수원에서 개최한 '사랑 체험 봉사 캠프'에 다녀온 후 쓴 글이다. 꽃동네 사랑의 연수원은 사랑의 결핍의 원인을 치료하고, 행복한 개인, 가정, 국가, 인류를 이루도록 온 국민에게 사랑을 일깨워 주고자 '사랑의 봉사 캠프'를 해마다 개최하고 있다. 글쓴이는 '사랑의 봉사 캠프'를 다녀와서 스스로를 돌아보며 삶을 방향을 새롭게 다잡는 성찰을 하고 있다.

※ 다음 탐방기를 읽고 이야기해보십시오.

📖 **예시 글   진정한 사랑을 배우고 온 소중한 캠프**

꽃동네 사랑의 봉사 캠프

2020년의 끝자락에서 난 소중한 경험을 할 수 있었다. 단순한 봉사활동이라고만 생각하고 신청한 '사랑의 봉사 캠프'에서 한 해를 마무리해야 할 시간에 참사랑을 배우고 왔다.

사랑을 배우는 첫날. 인사하는 방법부터 배웠다. 이곳 꽃동네에서의 인사는 '사랑합니다'이다. 처음에는 어색하고 쑥스러웠지만 곧 익숙해졌고 인사를 하고 받을 때면 마음이 따뜻해지는 걸 느낄 수 있었다. 그리고 첫째 날에 하이라이트 '장애 체험'을 한다. 다른 수련원에서도 해본 적이 있지만 꽃동네에서 한 경험은 뭔가 다른 것을 느낄 수 있었다. 다른 곳에서 해보지 않은 눈 가리고 징검다리 건너기라든지 앞이 안 보이는 장애우들에게 길 안내하는 방법이나 안내할 때 손잡는 방법 등을 배워서인지는 모르지만 꽃동네의 장애 체험은 장애우들의 마음을 더 깊이 이해할 수 있다.

둘째 날, 해가 떠오르기도 전에 '사랑 체험'을 하기 위해 나섰다. 나는 심신 장애우들이 살고 있는 '희망의 집'에서 사랑을 베풀고 또 배우고 왔다. 다른 곳과는 달리 우리가 2박 3일 동안 먹고 자는 생활관과 그리 멀지 않아 걸어서 갔다. 새벽이라 좀 춥긴 했지만 하늘에 별이 가득했고 사랑을 주러 간다는 생각에 들떠 있었다. '희망의 집' 안에서 사랑을 나눠줄 곳을 배정받고 각자의 자리로 갔다.

처음 방 안에 있는 장애우를 만날 땐 두려움이 있었는지 말도 못하고 뭘 해야 할지도 모른 채 가만히 서 있었다. 난 집에 치매가 있으신 할머니도 계시고 '희망의 집'에 계신 분들과 비슷한 장애가 있는 누나를 잘 알고 있어 별 어려움이 없을 거라고 생각했다. 그러나 처음엔 정말 어쩔 줄을 몰랐다. 그때 거기서 계신 한 분께서 먼저 말을 꺼내셨다. 우리가 무슨 일을 해야 하는지 다 알고 계신 듯 조금은 퉁명스러운 목소리로 외투를 벗고 양말을 벗고 바지를 걷어 올리라고 하셨다. 난 어리둥절해하며 시키는 대로 했다.

말없이 앉아 있기를 십여 분. 장애우들의 아침밥이 나왔다. 그곳에서 사랑을 베풀고 계신 선생님의 지시에 따라 한 분씩 혼자서는 식사하시기 힘든 분들의 식사를 도와드렸다. 정말 하나도 모른 상태여서 어떻게 해야 할지 몰랐는데 그분들께서 힘겹지만 어떤 식으로 해달라고 말씀해 주셨다. 식사를 다 마치고 이를 닦는 것도 도와드리고 약도 먹여드렸다.

그러고 나서 방 청소를 했다. 양말을 벗고 바지를 걷으라는 게 다 이것 때문이었다. 방바닥을 비눗물로 한 번 칠한 뒤 걸레로 닦아내길 여러 번, 신체적으로는 많이 힘들었지만 몸이 불편한 사람들을 위해 뭔가를 한다는 생각에 기뻤다. 시키신 일을 어느 정도 마무리하고 그곳에 계신 분들과 이야기도 나누고 휴대폰 문자 메시지 쓰는 방법도 가르쳐드렸다. 어느덧 나는 그곳에서 계신 분들 중 좀 젊으신 분에게 형이라고 부르고 있었고 형들도 내 이름을 불러주고 좀 어려운 일이 있다 싶으면 불러주셔서 기분이 좋았다.

장애우를 돕는 걸 잠시 뒤로 하고 의무실에 계신 수녀님을 도와드렸다. 약봉지에 방 번호를 적는 거였는데 생각보다 약이 많았다. 힘든 건 둘째 치고 평생을 이렇게 많은 약을 먹지 않으면 살지 못할 거란 생각에 마음이 아팠다.

시간이 흘러 점심때가 되었다. 어느 정도 그곳의 형들과 친해질 무렵 헤어질 시간이 되었다. 2박 3일 동안 약 6시간 정도의 '사랑 체험', '사랑을 모두 주고 오기엔 턱없이 모자란 시간이었다. 나오기 전에 한 분 한 분과 손잡으며 인사를 드리는데 정말 아쉬웠다.

오후에 한 '관 체험'은 나를 다시 한번 되돌아볼 수 있는 기회였다. 처음 '관 체험'을 한다고 들었을 땐 장난 식으로 '관 속에 들어가서 한숨 자다 와야지'라고 했었는데 막상 흔들거리는 한 개의 촛불 아래에서 유서를 쓰고 나니 공포감, 두려움 같은 것이 느껴졌다. 관 속에 들어가 눕고 뚜껑이 닫히고 망치소리가 들리니 심박동도 빨라지고 공포가 더더욱 밀려왔다. 왠지 모르지만 눈물이 나오려 했다. 그때 뚜껑이 열렸다. 관에서 나와 내가 쓴 유서 밑에 좌우명을 썼다. '베풀 줄 알고 베풀 수 있는 사람이 되자' 나의 좌우명이다. 얼마나 베풀 수 있을지는 모르지만 많은 사람에게 가슴에서 우러나오는 사랑을 베풀도록 노력하겠다.

마지막 날 소감문을 작성하고 자신의 소감을 발표하는 시간을 가졌다. 그리고 우리들이 사랑을 주고 있는 모습을 담은 비디오도 감상했다. 그리고 2박 3일 동안 수녀님의 따뜻함을 주는 강의도 들었다. 강의 시간 동안 피곤함 때문에 졸기도 했지만 수녀님의 강의를 통해서 사랑, 생명의 소중함 등 여러 가지 것을 배웠다. 그리고 지금까지 내가 거지였다는 것을 알았다. 거지란 받기만 할 뿐 베풀지 않는 사람이기 때문이다. 우리가 길거리에서 보는 못 입고 못 먹는 사람들을 가리켜 거지라고 부르는 것은 자기 자신에게 하는 말이었던 것이다.

2박 3일 동안 짧은 시간이었지만 많은 것을 배우고 얻었고 보람이 있고 뜻있게 보낼 수 있었다. 그동안 불행하다고만 느꼈던 나 자신이 불편한 몸을 가지고 더없는 행복을 느끼는 꽃동네 가족들을 보고 다시 한번 반성했고 새해부터는 내 주위 사람들에게라도 베풀 수 있는 사람이 되겠다.

〈학생 글〉

❶ 탐방 과정(여정)을 정리해보십시오.

❷ 탐방기에서 글쓴이 스스로 성찰의 내용이 드러난 부분을 찾아서 이야기해보십시오.

❸ 글쓴이의 경험에 공감이 되는 부분에 대해서 쓰고 이야기해보십시오. 자신의 경험을 생각해서 이야기해도 괜찮습니다.

❹ 글을 읽고, 기행문을 쓸 때 수정하고 싶은 부분이 있다면 무엇이고 그 이유를 하나만 적어보십시오.

• 수정하고 싶은 부분 :

• 그 이유 :

• 자신의 글이라고 생각하며 수정해보십시오.

기행문은 여행하면서 보고, 듣고, 느끼고, 겪은 것을 적는다. 일기체, 편지 형식, 보고서 형식으로 작성하기도 하지만 우리는 수필 형식으로 한 편의 기행문을 써봅시다. 기행문을 쓸 때에는 아래 사항을 고려하며 구성하여 개요를 짠 후에 집필과 퇴고를 하는 것이 좋다.

첫째, 여행을 떠나는 즐거움을 표현한다.

둘째, 여행의 과정을 분명하게 드러낸다.

셋째, 시간의 흐름이나 장소의 이동에 따라 서사적으로 쓴다.

넷째, 여행지의 특색과 여행지에서 받은 인상을 제시한다.

다섯째, 자신의 개성을 드러낸다.

여섯째, 여행지와 관련된 지나친 지식 나열은 피한다.

일곱째, 여행지의 전설 또는 독특한 풍습 등을 쓴다. 즉, 여행지에 관련된 역사적 사실이나 전설, 지역적인 특색이 드러나도록 쓴다.

※ 다음 지시에 따라 한 편의 기행문을 써보십시오.

1) 구상하기

❶ 최근에 갔던 여행을 떠올려 보고 다음 내용을 써보십시오.

여행 일정	
여행 장소	
여행지	
이동 수단	

❷ 여행을 떠나게 된 동기나 목적을 써보십시오.

❸ 시간에 따라 여정을 정리해보십시오.

날짜	여정	
_____ 월 _____ 일	▶	▶
_____ 월 _____ 일	▶	▶
_____ 월 _____ 일	▶	▶
_____ 월 _____ 일	▶	▶
_____ 월 _____ 일	▶	▶

❹ 여행에서 인상 깊었던 장소를 적어보고 그 장소에서 보고 듣고 느낀 점을 정리해보십시오.

여행 장소	보고, 듣고, 느낀 점

❺ 여행에서 느낀 점이나 새롭게 알게 된 점을 정리해보십시오.

❻ 위의 내용으로 개요를 짜보십시오. 단, 필요에 따라 단락 구성을 달리할 수 있습니다.

구성	단락	진술 내용
시작		
중간		
끝		

2) 집필하기

구성한 개요에 따라 기행문을 써보십시오.

제목:

글쓴이:

이 글은 한국과 중국 간에 국교를 수립하기 전인 1990년 문화교류단으로 다녀온 기행문이다. 당시 중국의 모습과 이에 대한 시각을 살펴볼 수 있다. 또한 이 시기만 해도 작문 어휘로 국한문을 많이 썼음을 알 수 있다.

흐르는 강 흐르지 않는 물

- 中國, 그 미지의 廣國을 가다 -

이 하

1. 이국에 첫발을 놓고

中國을 간다. 아니, 中國이라면 아직 낯설은 국호요, 中共으로 表現하는 것이 더 선명하다.

새벽 공기가 오늘 따라 유난히 스산스럽다. 낯선 나라를 가는 緊張 때문일까? 아니면 첫 海外 나들이라 설렘 탓일까? 5月 25日 金曜日 동트기에도 이른 時間에 우리 研修團은(敎員國外 研修 第28 團) 中央敎育研修院 뜰에 모여 金浦空港으로 가는 버스에 몸을 실었다. 이미 2泊 3日의 豫備研修 敎育을 通하여 交流가 있었던 선생님들이라 그간의 情談을 나누는 金浦空港 第2廳舍에 다다랐다. 간단히 手續을 마치고 09 : 00 홍콩행 KAL 617 機에 搭乘하였다. 現職敎師들에게 海外의 見聞을 넓혀 敎壇敎育에 實質的인 도움과 敎師相互間 우호를 다지기 위한 9泊 10日의 國外研修의 장도에 오른 것이다.

홍콩항이 機內 창 곁으로 다가선 것은 正午가 조금 넘은 時間이었다. 港口를 끼고 機着한 뒤 空港內로 들어오는 동안 이국 땅이라는 것을 새삼 느낀다. 오고가는 사람, 그들의 對話, 廣告, 그러나 세 시간 남짓 걸려 到着한 곳이고 보면 그렇게 아득한 곳만은 아닐 텐데 모두가 낯설다. 어느 분인가 "어, 우리 商表도 많네" 하는 소리에 一行은 인척이나 만난 듯 그곳으로 시선이 쏠렸다. 수화물 손수레 중 相當한 數의 것에 우리 企業의 商表가 붙어 있어 모두들 흐뭇하다. 우리는 짧은 時間內의 홍콩 여정이었지만 우리 企業의 海外 市場 進出의 모습을 곳곳에서 確認할 수 있어 반가웠다.

우리가 알고 있던 홍콩은 섬이었고 到着한 곳은 九龍半島였다. 九龍에서 홍콩(香港鳥)으로 이어지는 길은 해저 터널이었다.

世界的인 貿易 都市이며 國際都市, 우리에게는 映畵의 장면대로 無法과 밀수와 遊興의 都市로 생각되던 곳이기도 하다. 그러나 이제는 中國으로 經由地로 각광을 받고 있다. 僑胞가 運營하는 食堂에서 불고기가 곁들인 한식이 異國임을 잠시 잊게 해주었다.

날씨는 쾌청했다. 午後 3時頃에 우리 一行은 버스 편으로 홍콩의 象徵이기도 한 타이거 밤(Tiger bam)으로 向했다. 車內에서 영토 반환에 關한 言及이 있었다. 現地 案內員의 說明에 따르면 홍콩은 1997年度 中國에 返還되는 곳은 홍콩 섬이 아니라 九龍半島라는 것이다. 우리가 이미 報道를 접하여 알고 있듯이 홍콩은 英國에서 中國으로 1997年 7月 1日을 期하여 그 主權이 返還에 關한 觀心이 줄어들기는 했지만 홍콩의 以後 向方에 對하여 특히 中國人 홍콩민은 내심 불안해한다는 것이다. 그래서 수많은 사람들이 英國이나 美國으로 이민을 떠났고 떠나고 있다고 한다. 그것은 그곳에 영원히 定着하고자 하는 것이 아니라 일단 第3國의 國籍을 取得한 후 돌아오려는 目的에서이다. 自由世界에서 살아온 홍콩민들의 中國 共産政府에 대한 不安感을 間接的으로나마 읽을 수가 있었다.

홍콩거리는 최신식 建物과 낡은 근세기 建物이 한데 어우러져 있다. 아파트의 경우 外形은 언뜻 보기에도 심하게 낡고 지저분하다. 그러나 室內에는 生活에 必要한 施設이 잘되어 있고 정갈하다고 한다. 불길한 숫자인 13層을 除外한 높을수록 비싸다는 맨션아파트 베란다마다 빨래를 널 수 있는 공간이 튀어나와 있고 빨래를 널어놓은 베란다 창문이 닫혀 있는 것이 이채롭다. 습기가 많은 바닷바람이 몹시 불기 때문이란다.

建物이 낡아 補修하고자 할 때 中國人은 豫約을 일주일 전쯤 해야 한다고 한다. 그래도 補修日이 이삼일 늦어지는 것은 예사이고 自己가 맡은 補修 外에는 그 자리에서 고쳐줄 수 있는 다른 部分의 결함이 있더라도 관여하지 않는 것이 中國人이라니 듣던 대로 "만만디"이다. 이 性格은 나에게는 觀察하고 싶은 궁금한 部分이기도 했다. 生活에 대한 "여유"인지 "나태"인지 아니면 "無關心"에서 나온 것인지를.

홍콩의 심벌이라 하기에는 싱겁게 느껴진 호문호화원, 일명 타이거 밤은 오히려 "萬金油" 發明者 별장이라면 우리에게 그리 생소하지는 않다. 1935年

에 지어진 이곳은 무일푼의 胡文虎가 만금유를 發明하여 일약 巨富가 되어 홍콩 庶民에 대한 利益 還元과 道德性 補給을 위하여 지었단다. 대부분, 시멘트로 된 佛敎와 도교적인 부조 및 그림들이 형형색색 그려져 있다. 各種 짐승 상이 언덕의 경사면을 利用한(極樂과 地獄을 뜻하는) 階段과 人工的인 작은 동굴들 周邊에 놓여 있다. 어찌 보면 요란스럽기도 하고 조악하게도 여겨진다. 別莊 뒤편의 산중턱에 십여 채의 곧 쓰러질 듯한 판자촌이 묘한 아이러니를 느끼게 하였다. 貧富의 심한 隔差를 보는 듯 했으나 우리와는 달리 巨富의 別莊 바로 뒤쪽에 그러한 곳이 버젓이 철거당하지 않은 채 있다는 사실이 놀랍다. 있는 자와 없는 자가 동등한 立場으로 어울려 사는 곳이 이곳이라는 案內者의 說明이고 보면 납득이 가기도 했지만 住宅 賃貸料가 月 百餘萬원 以上가는 빅토리아 파크 내 住宅의 主人이 판잣집에서 사는 사람들이라니 왠지 수수께끼를 對한 듯하다.

映畵에서나 볼 수 있었던, 배 위에서 家庭을 꾸리고 있는(現在 3萬 餘名 된다고 함) 水上家屋船과 산중턱의 빅토리아 가든에서 내려다 본 홍콩과 九龍半島의 빌딩 숲, 그리고 헤아릴 수 없이 많은 貿易船들의 오고가는 모습을 뒤로 한 채 4時 40分頃에 버스 편으로 中國 國境으로 向했다.

이제야말로 갈 수 없는 나라로만 여겼던 中國으로 가는 것이다. 30分 남짓 달렸을 때 우리의 軍事分界線과 같은 철조망과 20여 미터 距離로 設置되어 있는 보안등, 구릉에 자리 잡고 있는 哨所들을 볼 수 있었다. 車內는 점차 홍콩에 관한 見聞의 對話가 줄어들고 잠시 후 入國 申告書와 稅關申告書를 받아 들었다. 携帶한 카메라, 녹음기, 손가방, 高價品과 現金(US $, 엔 ¥)에 관한 記錄이 꽤 까다롭다. 中國에서는 귀한 게 取扱되는 電子製品과 사진기에 대한 암거래 防止策이라 한다. 다른 國家와는 달리 所持한 現今을 記錄하는 것은 出國時 記錄하는 申告書와 대조되어 使用額을 統計 내고자 한다 하니 統制經濟의 일면을 보는 듯했다. 保安檢索과 稅關檢査를 거치고 午後 6時頃 建物 반대편으로 나오니 中國旅行社의 버스가 待期하고 있었다. 一般觀光客이 아닌 硏修團이어서인지 생각보다 간단한 入國 節次였다.

버스 내부 施設과 車體가 우리나라와 홍콩에 北해 舊形이라 "앞으로 좀 불편한 여정이 되겠구나" 하는 생각이 든 것은 비단 나뿐만이 아니었으리라. 이곳부터 中國의 마지막 여정지인 상해까지 함께 同行하고 가이드 役割을 擔當할 우리 僑胞 2世인 김 선생을 紹介받았다. 또한 각 地域마다 現地 案內員이 별도로 나와 同行하는 것이 우리나라의 觀光運營과 다른 면이다. 現地 가이드인 3世 僑胞 청년의 "案內事業을 맡아 지금부터…"라는 함경도 말씨인 人事말에서 北韓과 가까운 中國에 왔다는 事實이 더한층 실감이 났다.

30分 가량 달려 심천(深川)에 到着하여 화교빈관에서 첫 中國飮食을 대하였다. 中國料理 중에서도 乳名한 남부연안지방의 광동요리이다.

中國의 料理, "하늘의 비행기를 除外한 모든 날짐승, 네 발 가진 것은 탁자의 다리를 除外한 개, 고양이, 쥐, 심지어 유충까지 모든 것을 먹는다."는 것이 中國人의 食生活이다. 특히 모든 飮食을 불로 장수와 聯關하여 認識하였기 때문에 飮食物의 材料, 調理法에 대한 關心과 執着이 대단한 모양이다. 4대 요리라면 北京, 상해, 사천, 광동요리인데 그중에서도 탕수육, 팔보채, 부용게 등 韓國에서도 흔히 대할 수 있는 料理의 진원지가 광동요리여서 본토요리에 대한 기대와 함께 식도락이듯 원탁에 앉았다. "미인 많은 소주에서 태어나고, 놀 곳이 항주에서 놀고 광주에서 먹어라"는 中國 한담의 그러한 곳이기도 하다. 그 기대는 "만만디" 그대로 오랜 시간 뒤에야 確認할 수 있었다. 그 確認은 먹음직스러운 飮食 빛깔과 하나 둘 차례로 나오는 飮食의 열 댓 가지 수로써 이루어졌다. 그러나, 中國 특유의 진하디 진한 향내와 불면 풀풀 날릴 듯한 - 흡사 어린 시절 가난의 기억으로 남아 있는 쉰밥을 물로 헹궈 대바구니에 담아놓은 듯한 - 큰 대접에 담아온 쌀밥이 이내 그 기대의 충족은커녕 식욕마저 잠재우기에 充分했다. 우리 一行은 특히 우리 體質에는 전혀 맞지 않는 中國 특유의 향신료(한 공기 이상을 도저히 먹을 수 없이 느끼한) 냄새로 인하여 매식마다 고생을 해야 했다. 우리의 김치 된장 냄새를 外國人이 상쾌하게 여기지 않듯이 中國 고유의 냄새이니 이것 또한 旅行의 독특하고 珍奇한 經驗이리라.

深川은 開放 特別地域이어서인지 한창 現代式 建物붐이 일고 있었고 活氣가 있었다. 첫 숙박지인 광주로 가기 위하여 밤 8時頃 深川驛에 到着하였다. 큰 驛舍內에는 기차를 利用하기 위한 백여 명의 中國人이 장사진을 이루고 있었다. 플랫폼에 나가기 앞서 대기석 맞은편에 허름한 차림의 中國人과 필담이 이루어졌다. 그는 人民公司에서 生産活動을 하고 있는 人員이었다. "我是大韓民國人"이라 소개했더니 모르는 듯하여 괄호에 "南朝鮮"이라 덧붙였더니 알아듣는 듯 소박한 웃음을 띄웠다. 그리고는 수첩을 꺼내 自身의 人民證과 몇 개의 공원 신분증을 보여준다. 나이가 38세인데 40대 후반으로 보일 만큼 초췌하였으나 순박하고 꾸밈이 없다.

밤 9시에 出發하여 늦은 시각인 11時에 광동성 所在地 광주에 到着 하였다. 完工한지 1년 밖에 안 되어 제반 施設이 깨끗한 貴都酒店(Hotel)에서 여정을 풀었다.

이국의 밤, 그 미지의 나라, 先代에서는 뗄 수 없는 關係를 지닌 中國, 우리와 체제가 다르고 비록 전후 世代이지만 6.25 사변의 피의 상흔을 익히 들어 잊어버리기에는 너무 세월이 이른 中國의 첫 밤은 피곤함에도 쉬 잠들지 않는다.

2. "원 딸라(1$)"라는 流行語

어느 곳이나 아침은 都市를 움직이게 하는가 보다. 부산한 아침거리를 내려다보았다.

自動車가 드물고 자전거가 유달리 많다는 것을 制外하면 우리나라 여느 中小都市의 都心距離이다.

짐을 챙겨 호텔 방을 나서는 순간 각방을 돌던 룸 보이(從業員)가 "원 달라, 원 달라" 하고는 베개 밑을 본다. 팁을 은근히 要求하는 것이다. 원래 中國 호텔은 거의 國營이고 여기에 勤務하는 從業員 역시 政府로부터 任命되어 勤務하는 일종의 公務員 身分이므로 팁을 사양하였다 하나 近來에는 암암리 許容되고 있는 모양이다. 이 "원 달라"의 말은 이후 들러 본 觀光地 노점상마다 작은 紀念品은 무조건 "원 달라"라 외치면서 호객행위를 하고 있어 研修 一行 교사들 간에 流行語가 되어버렸다. 中國은 요사이 천안문 事態以後 經濟事情이 더욱 惡化되었고 外貨 벌이에 지대한 關心을 지니고 觀光事業을 펼치고 있다는 말을 외신을 通해 알고는 있었다. 그러나 一般人들에게까지 달러의 소중함이 認識된 것은, 달러가 있으면 환전에 유리하고 그네들이 사기 어렵고 구하기 힘든 物品을 살 수가 있어 인기가 있다고 한다.

호텔 換錢所에서 旅行에 必要한 經費를 다시 中國 貨幣로 바꾸었다. "中國銀上海分行 外汇兌 煥水錢"이라고 쓰인 外貨交換 證明書를 써야 했다. 그 證明 複寫本을 保管해 두어야만이 남은 돈을 再換錢 할 수 있다니 번거롭고 不便하다. US 100$를 내니 459원(元) 2角 5分을 내어준다. 우리 돈으로 환산하면 中國 1元이 現 換率로 157원 2전이 되는 셈이다. 中國의 貨幣는 "中國銀行"이라 쓰인 外貨兌煥券 "中國人民銀行"의 人民幣로 나뉘어져 있다. 外國人의 경우 人民幣를 使用하지 못하도록 되어 있어 여간 不便하지 않다. 一般商店을 利用하면 잔돈은 人民幣로 거슬러주니 자연 두 가지 돈을 쓰게 되는 셈이다.

外貨券만으로 살 수 있는 高級品과 收入品을 암암리 購入하기 위해 中國民들은 이 外貨券이 必要하고 外貨券을 얻고자 달러를 선호하는 모양이다. 그래서인지 호텔 周邊 골목길에는 "체인지 머니"를 은근히 부르는 암달러상들을 쉽게 접할 수가 있었다. 1달러에 중국돈 4.6元이나 암달러상은 6~7元으로 交換한다 하니 貨幣流通構造를 짐작할 만하다. 암달러상과의 換錢이 훨씬 득을 볼 수 있지만 嚴格히 不法으로 統制되어 적발되면 國外退去나 상당한 벌금을 물게 되며, 換錢이 이루어지는 동안 속임술이 發達되어 빈번히 損害를 보는 境遇가 허다 하니 그렇게는 못할 노릇이다.

人民幣가 심하게 낡은 반면에 外貨券은 깨끗하다. 人民券을 자세히 들여다보니 中國의 廣大함과 고민을 함께 읽을 수 있어 興味를 끈다. 알파벳 발음기호 외에 흡사 아랍권 문자 모양같이 보이는 글이 돈의 후면의 아랫부분에 조그맣게 印刷되어 있다. 이 文字는 中國이 각기 다른 民族으로 構成된 탓에 몽고문자, 티벳문자, 위구르문자, 치원문자가 쓰여 있었던 것이다.

午前에는 황하강 72 열사묘에 들리고 中山 紀念館에 들렀다. 기념관은 8角形의 壯大한 建物로써, 內部는 劇場이나 大會議場 構造인데 1層 2層에 4,792個의 의자가 빽빽하다. 손문을 기념하여 1931年에 完工한 이 建物은 中國의 1沈 국공합작이 열린 場所로도 有名하다. 기념관 넓은 잔디밭에는 幼

稚院生들이 各種 놀이를 敎師의 指導에 따라 明朗하게 즐기고 있었다.

紀念舘 內의 紀念品店에는 광주의 特産物인 벼루, 도자기, 자수, 옥조각, 꽃병, 수저 등이 販賣되고 있었다. 土産品인 돌 벼루와 큰 먹은 35달러에 샀다. 첫 쇼핑인 셈이다. 그것도 50달러의 價格表에서 割引하여 샀으니 흐뭇해하면서 그러나, 中國에서 머무르는 동안 비슷한 製品을 많이 보았는데 15달러에서 60달러까지 價格이 들쑥날쑥하였다. 싼 價格表를 보았을 때는 "본고장에서 샀으니 製品이 다르겠지" 하고는 자위하는 수밖에.

正午 즈음에, 오랜 옛날 다섯 명의 선인이 입에 이삭을 물고 있는 5마리의 양을 데리고 광주에 왔다는 傳說을 토대로 세운 五羊석상이 있는 월수 公園에 들렀다. 이 公園內에 있는 광주 博物館은 광주 歷史를 한눈에 짐작할 수 있어 반갑다. 5層 누각에 古代부터 近世紀까지 광주지역에서 나온 出土品과 遺品, 지방사와 關聯된 寫眞과 그림이 時代別로 整理整頓이 잘되어 있다. 各 地方의 主要都市마다 이러한 博物館이 있다 하니 歷史에 대한 애착심을 읽을 수가 있다.

地方文化의 活性化가 더욱 증대되어야 하는 우리나라의 實情에 비추어 鄕土史의 保存과 整理가 잘되어 있는 이곳의 모습을 본받을 만하다. 평소 校壇 生活에서 가끔 느끼는 것은 우리 高校生들의 역사관이 아주 貧弱하다는 事實이다. 入試 위주의 史的 知識에만 얽매여 있어서일까? 아무튼 市單位別이라도 鄕土 博物館이 設立되어 자라나는 청소년들에게 愛鄕心을 鼓吹시키고 자랑스런 우리 傳統 文化에 대한 자긍심을 갖게 하는 기회를 줄 수 있다면 이것이야말로 現場敎育이요, 산 교육이 아닐까?

土曜日이어서인지 學生들도 수십 명을 만날 수 있었다. 그중에서 올해 卒業했다는 高校卒業生과 高 1인 여동생 一行을 만나 서로 간의 어설픈 英語와 필담으로 꽤 많은 이야기를 나누었다. 광주시 유화로에 산다며 이름이 "鍾軍"이라고 自身을 紹介한 그는 그래도 英語발음이 서툴지는 않았다. 나 역시 大韓民國에서 왔음을 말하고 "올림픽 코리아"라고 덧붙였더니 高 1인 學生도 알아들은 듯 "86 아시안게임 開催地"라고 아는 척 했다. TV에서 본 서울 거리가 차도 많고 크고 아름답더라고 卒業生이 덧붙였다. 짜인 日程이라 함께 紀念 撮影을 하고 가지고 있던 "붓펜"을 주었더니 처음 대해 보는 듯 신기해하며 써보고는 좋아한다. 해맑은 學生들의 表情이다.

午後에 가본 六榕寺는 절 안의 사리탑(化塔)이 有名하다. 外形은 9層이나 外部構造는 17層으로 이루어졌다. 탑 내로 들어가 1層에서 2層으로 오르고 2層에서 3層으로 오르자면 塔의 난간으로 나와 8個의 문중 하나만이 통로이므로 통로를 찾아 57m나 되는 끝까지 오르자니 등줄기에 땀이 흥건히 배인다. 맨 위층에서 내려다본 광주 시가지, 분지 위 都市라 建物과 建物만이 숲을 이룬다. 대개 5~7層 정도의 우중충한 建物의 연속이다. 크고 깨끗한 建物은 대개 호텔이다. 광주는 화·교민의 故鄕이며 中國 對外開放貿易 中心地로서 중심가를 흐르는 珠江처럼 유유히 開放化의 世界로 움직이고 있는 都市이다.

곧 一行은 19C 말에 完工한 陳氏書院으로 발길을 옮겼다. 陳氏 일가의 뛰어난 조각 솜씨를 보면서 잠시나마 환상적인 工作品의 世界 속에 들어갔다. "공수의 성녕인가, 귀부로 다듬었는가"라고 읊었던 송강 선생의 관동별곡 구절이 절로 입안에서 구른다. 지붕이며 기중이며 室內의 구석구석 彩色된 자기요, 현무암의 彫角이며, 각 실마다 정교한 工藝品이 즐비하게 展元되어 있다.

午後 4時頃 정주로 가기 위하여 광주 空港으로 갔다. 차내에서 現地 가이드인 僑胞 3世 성양이 서툰 솜씨이나마 우리가요를 불러 흥취가 감돈다. 그녀는 광주에 친척이 있다고 紹介하고 명절 때는 모두 모여 흥겹게 하루를 보낸다고 한다. 大學을 갓 卒業하고 試驗을 치러 合格한 후 旅行社에서 勤務한단다. 大學卒業者의 90% 以上이 國家가 配置하는 職場에 勤務하게 되는데 中國은 가장 인기 있는 職種이 貿易業에 從事하는 것이고 그다음이 여행가이드와 호텔 從業員이다. 이는 外國사람과 자주 接觸할 수 있는 기회가 많고 收入이 보통 公務員보다 부수입이 있어 5倍 以上 높기 때문이기도 하다. 이에 반해 硏究院은 할 일이 없어 時間 浪費가 많고 보수도 적어 인기가 없다고 한다.

"애인 있어요?" 어느 先生이 묻는다.

"애인 없시오. 中國에는 結婚한 사람은 애인이고, 사랑하는 사람은 연인이야요. 그냥은 친구야요." 하며 얼굴을 붉힌다.

"연애결혼 많아요?"

"예, 있어요. 그거야 눈이 맞아야지요.

그런데 반대하는 父母 많아요. 먼저 남자 쪽에 살 집이 있으면 그래도 괜찮아요."

中國에도 住宅難은 우리나라만큼 深刻한 모양이다. 國家에서 분배하는데 개인집과 상품집도 있다고 한다. 개인집은 歷代로 살던 집이요. 상품집은 個人이 購入하는 집이다. 대개 1평방미터에 1, 400元 한다니(한화로 22만 원 정도) 웬만해서는 購入하기 힘들다. 中國人의 月平均 收入이 100元 정도에 못 미친다니 더욱 그렇기도 하다.

호텔에서 보았던 우리 企業 마크가 달린 텔레비전이 空港 內에도 設置되어 있었다. 第三世界로 뻗어나가는 國力의 상징들을 대한 듯 반갑다. 待合室에서 기다리던 중 갑자기 待合室이 소란해지면서 모두들 出口로 뛰어나가 일대 混雜을 이룬 진풍경이 있었다. 분명 座席券이 있을 텐데 中國人들은 먼저 나가려고 아우성이다. "만만디"가 무색하다.

飛行機는 17 : 00 發 豫定이 10分밖에 늦어지지 않았다. 퍽 多幸이다. 1, 2時間 늦는 것이 빈번하고 아예 못 가는 境遇도 허다하다. 날씨가 나쁘거나 故障이 났을 때 대체 飛行機가 없기 때문이다. 가이드 성양의 말대로 거의 正時에 出發을 했으니 오히려 "不正常"(非正常)으로 離陸한 셈이다. 飛行機 內에서 본 陸地는 경지 整理가 잘된 平野였다.

정주 국제반점에서 여장을 풀었다. 우리들의 무거운 가방들을 旅行社에서 별도로 運送해 오는데 언짢은 일이 發生했다. 몇 분의 가방 자물쇠가 열려 있고 담배 서너 보루가 없어졌다. 다행히 事前敎育대로 主要物品은 손가방에 들고 다녀 貴重品을 잃어버린 것은 없었다. 가난한 나라의 허술함을 만나는 순간이었다. 一行 몇 분과 호텔 周邊 밤거리를 거닐었다. 步道에 우리의 포장마차와 같은 夜食場에는 우동, 만두, 술과 안주를 파는 노점상이 십여 개 있었다. 낮에는 中國 政府에서 配置한 職場에서 勤務하고 이제는 自營이 部分的으로 許可되어 副收入을 위해 밤 10時 정도까지 運營하고 있단다. 理髮所와 구멍가게에도 들러 필담을 나누었는데 "Korea"라는 英語를 알아듣지 못해 卓球選手인 "자오즈민"과 "올림픽 南朝鮮"이라 하니 아는 체했다.

호텔 內部에는 광주에서 묵은 호텔의 방 구조와 똑같았다. 샤워기의 물이 아주 작게 나와 不便했던 점도 同一하였다.

3. 선각자들이 발자취를 찾아서

中國에서 마지막 여정지인 上海이다. 5月 31日이다. 내일이면 日本으로 떠나는 6월의 첫날이다. 自由를 爲해 몸바친 넋을 기리기 爲한 현충일이 있고 결코 잊어서는 아니 될 6.25 事變일이 있는 달이다.

上海는 우리에게는 감회가 남다른 都市이다. 獨立運動家들의 발자취가 곳곳에 서린 곳이기 때문이다.

아침 食事를 마치고 尹奉吉 義士의 義擧 現場인 홍구공원으로 갔다. 公園 正門에는 '노신 公園'이라 명명되어 있었다. 몇 해 전에, '阿. Q 정전'으로 우리에게도 잘 알려져 있는 中國의 대문호 노신을 紀念하기 爲하여 공원명을 고쳤다 하니 홍구공원이 더 親熟한 우리로서는 조금은 섭섭하다.

公園 內 여기저기서 봉술 체조나 태극권으로 身體를 鍛鍊하는 老人들을 많이 볼 수 있었다. 1932年 尹奉吉 義士가 日本 侵略國의 戰勝 記念式에 爆彈을 投擲하여 獨立의 혼을 불살랐던 그 現場에는 밧줄로 둘러놓았을 뿐 案內 표지판조차 없다. 國交가 樹立되어 紀念碑라도 세웠으면 하는 생각이 절로 든다. 案內人에게 "北韓의 공관원이나 觀光客이 이곳에 온 적이 있느냐고" 물으니 "그들은 金日成이 解放시켰다 하더라"라는 것이다. 우상화에 烈士들의 행적마저도 지우고 있다니 웃지 못할 노릇이다.

노신 紀念館 안으로 案內되었다. 紀念品 販賣店이다. 아무리 둘러보아도 노신을 紀念하는 展示物이 보이지 않아 물어보니 2層에 있단다. 다른 곳에서도 번번이 그랬지만 中國 案內員은 지나치게 쇼핑점을 案內해 준다. 萬里長城에서도 좀더 둘러보고픈 마음인데 서둘러 재촉하여 간 곳이 우의상점이었고 그곳에서 오히려 活用時間을 많이 주어 一行 모두 조소를 금치 못했었다. 상행위가 지나치다. 그것도 터무니없이 비싼 價格表를 달아놓고 깎아주는 체하면서 紀念品店 入口에 尹奉吉 義士 義擧를 紀念하기 爲하여 中國人 書藝家의 어록을 썼다는 書藝作品을 販賣하고 있었다. 유일하게 대하는 義士의 체취이건만 記念館 어느 귀둥이라도 의거 안내문 하나 없이 紀念한다니 韓國 訪問客을 겨냥한 얄팍한 中國人의 상흔을 보는 것 같아 씁쓸한 기분이 감돈다.

午後에는 옥불사를 들린 뒤 中國의 3대 호수이며 10대 절경에 든다는 태호(太湖)로 가기 爲해 무석행 기차(火車)에 올랐다.

우리 一行이 탄 客車칸은 軟座(부드러운 座席)이고 뒤편에 단 車輛은 硬座(딱딱한 座席)로써 中國 內國人이 利用한다. 칸마다 女案內員이 있고 경좌칸을 구경코자 가려했으나 가지 못하게 한다. 버스와 마찬가지로 汽車를 타려는 사람들이 서로 먼저 타려고 混雜을 이루자 철도공안원이 秩序를 잡는다. 우리 客車 內에는 台灣 觀光客들이 많았다. 自由往來할 수 있는 모습을 보니 부럽다.

車窓을 스치는 시골 風景을 보면서 茶 한 잔을 마셨다. 中國 사람들은 '사흘 밥은 굶어도 하루 茶 한 잔은 못 굶는다' 한다. 英語의 'Tea' 어원이 中國에서 나왔다 하니 天餘年이나 된다는 茶 文化가 짐작된다.

太湖의 물은 황토의 影響인 듯 매우 혼탁하였다 生活手段으로 고기를 잡는 황포돛단배가 한가롭게 떠 있는 것과 아득하게 광활한 것을 除外하고는 別 感興이 없다. 가슴이 탁 트여 旅行의 疲勞를 씻어주는 듯하다. 주위 風景은 절경이라는 이름에 걸맞지 않게 그리 뛰어나지 못했다.

北韓에서 몇 해 전에 中國인 男便을 따라 移民왔다는 案內者에게 이러한 感想을 말하고는 "金剛山에 그 아름다움을 비하겠습니까?라고 물으니" 金剛山에 못 가봤시오, 白頭山은 가도 金剛山은 觀光 못 가요. 軍事地域이라 禁止되어 있시오"라 한다.

4. 廣國이여, 安寧

6月 1日, 8日째 되는 날이다. 上海 空港에서 中國 민항편으로 日本 오사카를 가기 爲해 飛行機에 올랐다. 一行 모두는 그간의 不便하고도 바쁜 일정에 쪼들린 듯 疲困한 빛이 역력했으나 서로의 追憶談을 상기된 표정으로 나누고 있었다.

飛行機가 徐徐히 離陸하자 긴 터널을 벗어나는 기분이 든다. 비단 나뿐만 아니리라.

문득 어느 僑胞의 말이 생각난다.

"이제 共産主義의 流行은 지났시오."

인공위성을 쏘아 올리고 核武器를 開發했다고 해서 大國은 아니다. 人口와 國土가 넓다고 해서 더더욱 大國일 수는 없다. 中國은 潛在力이 充分하다고 한다. 豊富한 資源과 人力, 오랜 歷史와 文化의 底力이 뒷받침하는 나라여서이다. 그러나, 潛在力이 潛在力으로만 남아서는 現代 世界에서는 永遠한 後進國일 수밖에 없다. 세계사는 軍事力이 政治力을 左右해오면서 흘러왔을지는 모르나, 莫强한 中央 執權力이 國民을 左右하여 왔을 지는 모르나, 分明 變化하고 있다. 東歐圈의 變化가 그것이며, 日本의 世界市場 제패가 그것이며 우리나라를 包含한 新興工業國이 國際舞台에서 注目 받는 것도 國民 生活과 나라의 經濟力이 그 뒷받침되었다는 事實이 잘 말해주고 있다.

廣國이여 安寧, 물은 永遠히 갇혀 있지는 않으리라.

어떠한 理念이라도 人類의 問題를 모두 解決할 수는 없다. 共産體制의 統制가 國民의 삶을 均等한 福祉로 이끌기는커녕 均等하게 찌든 삶을 초래시켰다는 事實을 이곳에서 절실히 보고 느꼈다. 國民들에게 直接的으로 必要한 신발 한 켤레, 옷 한 벌, 비누 한 장과 農器具 어디에도 하나같이 後進性을 면하지 못하고 있었다. 이제 中國이 後進性에서 벗어나는 길은, 眞正한 대국이 되는 길은 世界 趨勢에 뒤떨어지지 않게 개방의 문호는 더욱 박차를 기하는 길뿐일 것이다. 천안문 事態 以後 中國 共産黨 指導層은 理念과 思想性 强化에 더욱 박차를 가하고 있다고는 하나 中國의 歷史가 그래 왔듯이 決코 永遠한 壓制란 있을 수 없을 것이다. 人間 個人의 본성인 自由에 對한 欲求는 漸次 저변까지 擴散되고 그것은 천부의 權利를 主張하는 改革運動으로 漸次 擴大되기 마련이다.

日本 오사카에서 금각사와 이조성, 오사카성을 둘러보고, 교또의 동대사를 觀光 한 後 6月 3日 歸國길에 올랐다.

日本에서 各各 하룻밤씩 묵는 동안 日本은 역시 잘살고 있는 나라라는 것을 한눈에 알 수가 있었다. 中國과는 너무나 대조적인 世界였다. 優先 번화한

距離에 사람들의 生活이 活氣차 보였다.

遺跡地는 中國에 비하여 歷史도 規模도 떨어지지만 조리 있게 紹介하고 있었다. 심지어 發掘 過程까지도 資料寫眞과 함께 紹介하고 있어서 작은 것에도 疎忽히 하지 않는 면모를 여기서도 볼 수 있었다. 어찌 보면 포장 솜씨가 뛰어나다고나 할까?

記憶에 남는 것은 거리가 청결하고 秩序가 있다는 점이다. 또한, 修學旅行을 온 學生들이 自身들의 遺跡地에 對하여 대단히 學究的인 態度로 觀察하고 있었다. 손에는 遺跡地 態度와 간단하게 紹介해 놓은 案內書를 들고 그때그때 案內者의 說明을 보충 메모하고 있었다. 사전에 學校에서 資料를 만들어주어 과제로 삼은 듯했다. 特히 印象에 남는 것은 都心으로 흐르는 시내가 발을 담그고 싶을 程度로 깨끗하여 놀라웠다.

遺跡의 材料로 보아 우리나라가 돌의 나라라면 中國은 벽돌의 나라요, 일본은 나무의 나라라고 볼 수 있었다.

日本을 旅行해 본 사람들은 대개 韓國의 실체에 對하여 왜소함을 느끼고 그들의 生活을 부러워한다고 한다. 내가 보기에는 몇 해 전의 일일 것이다. 오히려 經濟 大國인 日本에 다가서고 있다는 느낌이 들어 뿌듯하다.

잠깐 사이에 우리나라 上空에 다다랐다. 평야로만 펼쳐진 中國과 都心地로 이어지는 日本의 모습보다, 韓國人이어서가 아니라 部分的인 觀察이어서가 아니라 참으로 갖출 것 갖춘 아름다운 강산이다.

평소 가보리라고는 생각지도 못했던 중국과 가깝고도 멀다는 日本을 다녀오면서 이 貴重한 체험이 學校 敎育에 크나큰 도움이 되리라 確信한다. 그간에 하나라도 놓치지 않으려고 애쓰면서 民間外交의 몫까지 충실히 해 온 濟28研修團 모든 先生님들도 所重한 機會로 간직할 것이다.

이제 韓國은 世界로 進出하는 韓國이 아니라 進出한 韓國이다. 그렇다고 먼저 興奮해서는 아니 되며 感想에 젖어서도 아니 될 것이다. 또한, 現 位置를 격하해서도 격상시켜 評價해서도 아니 될 것이다. 한層 더 冷疗한 시각으로 대해를 바라보며 흘러야 하리라.

〈 끝 〉

이만식　시인(필명 이하), 시조시인, 문학박사, 조각보시 창시, 경기일보 등 칼럼니스트, 경동대학교 산학부총장. [저서] 〈이상 시의 어휘 사용 양상과 공기관계 네트워크〉(2013), 〈하늘도 그늘이 필요해〉(2015), 〈스무 살의 사랑은 창을 닮는다〉(2017) 등 16권

제5장

예술과의 교감
(감상문)

좋은 책을 읽는다는 것은 과거의 가장 훌륭한 사람들과 대화하는 것이다.

― 데카르트

감상문은 어떤 작품을 보고 느낀 바를 쓴 글이다. 이때 작품이 반드시 책일 필요는 없다. 영화, 연극, 음악, 그림, 사물, 자연현상 등도 감상의 대상이 될 수 있다. 이처럼 감상은 어떤 대상을 보고 마음속에서 일어나는 느낌이나 생각으로, 객관적인 사실이 아니라 주관적인 느낌이다. 감상문을 쓸 때는 객관적이고 사실적인 정보보다는 대상에 대한 글쓴이의 주관적인 느낌이 중요하다. 즉, 글쓴이가 어떤 대상을 보고 무엇을 느끼고 생각하였는가가 훨씬 중요하게 진술되는 글이다. 따라서 좋은 감상문은 대상을 보고 단순하고 피상적인 느낌만 쓰는 것이 아니라 경험과 삶 속에서 사유하고 성찰한 글쓴이 자신만의 감상을 기술한 글이라 하겠다.

좋은 책은 새로운 삶을 개척하는 안내자이다. 대학은 학생들에게 많은 독서량을 요구한다. 전공 능력을 높이기 위한 교재를 포함한 전문서적과 지식인에 걸맞은 기초 교양을 갖추기 위한 교양서적까지 수업시간과 비교과프로그램을 통해서 많고 다양한 책 읽기를 권고하고 있다. 그러나 교과서·학습참고서·수험서를 제외한 일반 도서를 한 권 이상 읽은 우리나라 성인의 연간 독서량은 전체 평균 7.5권이고 독서자 기준으로 보아도 13.5권으로 나왔다(문화체육관광부, 2020). 하지만, 독서에 대한 인식과 실제 독서량에는 괴리감이 있다. 독서에 대한 중요성을 인식하고 있으니 독서량도 높을 것이라 기대할 수 있으나 실제로 우리나라 국민의 독서량은 그리 많지 않다. 따라서 좋은 책을 선택해서 읽는 것은 대학생활에서 매우 중요한 습관 중에 하나가 되어야 할 것이다.

책을 읽는다는 것은 책과 대화하는 것이다. 중국 속담에 "처음 책을 읽는 것은 새로운 친구를 알게 되는 것이고, 그 책을 두 번째 읽는 것은 옛 친구를 다시 만나는 것과 같다"라는 말도 있다. 책을 읽는 동안 독자인 우리는 글쓴이와 책 속에 나오는 사람들의 생각을 만난다. 독자가 글쓴이와 만나기 위해서는 진정 마음을 다해서 독서 활동에 필요한 대화의 에티켓을 터득하고 글쓴이에게 적극적으로 말을 걸어야 진솔한 대화가 시작될 수 있을 것이다.

나의 생각은 타인의 생각이 쌓인 것이다. 나의 생각을 풍부하게 하기 위해 우리는 책을 읽는다. 책 속에서 시간과 공간을 초월하여 다양한 사람들의 생각을 만난다. 책을 읽는 과정에서 감명을 받기도 하고, 이제까지 알지 못했던 정보를 얻기도 하며, 바람직한 정서와 올바른 가치관을 마련할 수 있다. 따라서 책을 읽는 행위는 단순히 문자를 이해하는 것으로 파악하면 안 된다. 사람들은 글을 읽으면서 자신의 경험과 상황적 맥락을 기반으로 의미를 재구성하고, 그 재구성한 의미를 사용하여 글을 쓸 수 있다.

우리는 독서 감상문으로 타인과 소통하고 인간관계를 맺을 수 있다. 인터넷에 접속해서 다른 사람들의 블로그, 카페, SNS를 검색하다 보면, 자신이 읽은 책에 대한 감상문을 차곡차곡 기록하여 자신의 삶을 성찰하고 있는 글을 보곤 한다. 잘 쓴 독서 감상문을 읽은 독자가 글 아래에 공감의 댓글이나 '좋아요', '하트'와 같은 이모티콘을 남기면 글쓴이가 그 댓글에 감사 인사나 소감에 가까운 메시지를 다시 남기는 것을 흔하게 볼 수 있다. 이처럼 웹상에서 이용자들이 인적 네트워크를 형성할 수 있게 해주는 서비스를 이용해서 글쓴이는 독자와 소통한다.

2. 톺아보기

독서 감상문은 책을 읽고 나서 새롭게 알게 된 것이나 가장 기억에 남는 장면이나 마음속에 남는 느낌을 적은 글이다. 독서 감상문은 읽은 책의 내용에 대한 글쓴이의 주관적인 생각이나 느낌이 중심내용이 된다. 좋은 독서 감상문은 책을 읽지 않은 사람도 글쓴이가 보고, 듣고, 느끼고, 경험한 것을 글로 기술하여 공감할 수 있도록 쓰인 글이라고 생각한다. 무엇보다도 독서 감상문을 쓰기 위해서는 좋은 책을 잘 읽은 후에 쓸 수 있다.

① 준비하기

(1) 좋고 필요한 책을 선정한다.

좋은 책을 선정하는 일은 매우 중요하다. 왜냐하면 독서의 목적 달성과 효율성을 높이는 데 중요한 영향을 끼치기 때문이다. 스스로 깊이 생각할 수 있는 사려 깊은 독자는 독서의 목적을 정하고 계획적으로 독서를 한다. 좋은 책을 선정하기 위한 방법을 생각해봅시다.

▲ 그림 5-1_ 책 선정과 독서하기

❶ Why: '왜 독서를 하는가?'에 대해서 스스로 알고 싶은 것이 무엇인지 생각한다. 알고 싶거나 궁금한 것, 즉 'A'를 정했다면, 'A'에 대해 무엇을 알고 싶은지를 정하는 단계이다. 이 단계는 국어사전이나 백과사전을 검색해서 정할 수 있다. 예를 들면, 필요하고 알고 싶은 정보가 '훈민정음'이라면 백과사전에서 훈민정음을 검색해서 '훈민정음의 과학성은 무엇일까?'처럼 필요한 정보나 알고 싶은 정보를 구체적으로 파악한다.

❷ What: '훈민정음의 과학성'을 다룬 다양한 책을 찾아서 읽을 책을 선정하는 단계이다. 이때, 하나의 도서만 정할 필요는 없다. 독서의 목적을 달성할 수 있을 만큼의 책을 찾아서 정할 필요가 있다.

❸ 독서하기: 책을 선정했다면, 독서 목적을 이루기 위한 독서 순서나 방법, 도서 내용의 난이도 등을 기준으로 독서 계획을 수립하여 전략적으로 독서활동을 하는 단계이다.

(2) 인상 깊은 장면과 느낌을 메모하면서 읽는다.

독자는 독서의 과정에서 자신의 독서 목적에 따라 무엇이 중요한 정보인지 결정하는 데 탁월한 능력을 보인다. 또한, 창의적으로 깊이 생각하는 독자는 책 속의 주요 정보를 결정하기 위해 자신의 삶과 세상일에 관한 지식과 내용을 활용한다. 인상 깊은 장면에 대한 자신의 생각과 느낌을 독자 자신의 삶과 경험을 통해 정리할 수 있다. 독자가 메모한 장면과 느낌은 독서 감상문을 쓸 때 핵심적인 내용으로 사용될 수 있다.

(3) 글을 읽을 독자를 정한다.

내가 쓴 독서 감상문은 누가 읽을 것인가를 생각해야 한다. 과제로 부여된 독서 감상문을 쓴다면 그 글의 독자는 선생님일 것이다. 자신이 읽은 모든 책을 독서 감상문으로 정리하긴 쉽지 않겠지만 읽은 책에 대해 스스로 정리하고자 한다면 글쓴이 자신이 독자일 것이다.

(4) 글의 주제를 정한다.

주제는 글의 내용에서 가장 중심이 되는 생각과 참된 의도이다. 글을 쓸 때, 글쓴이가 '무엇'에 대해 글을 쓸 것인지 정확하게 아는 것은 매우 중요하다. 따라서 쓰고자 하는 글의 주제를 구체적으로 정해야 한다.

(5) 주제문은 화제, 주제를 구체화하는 과정을 통해 진술할 수 있다.

화제는 크고 넓은 글감을 지칭한다. 대개 글쓴이는 주제를 드러내기 위해 많은 소재와 제재를 사용한다. 소재는 글감이 되는 모든 재료를 일컫고, 제재는 주제를 형상화하기 위하여 여러 소재 중에서 선택한 소재이다. 결국, 글쓴이가 화제를 정한다는 말은 포괄적이고 넓게 글쓰기 대상과 진술 범위를 설정하는 것으로, 글의 제재를 정하는 일이다. 화제를 정했다면, 주제를 정해야 한다. 주제는 화제를 토대로 글의 진술 범위를 구체화한 것이다. 주제문은 주제에 대한 글쓴이의 가치 판단이나 주장을 더한 진술문이다.

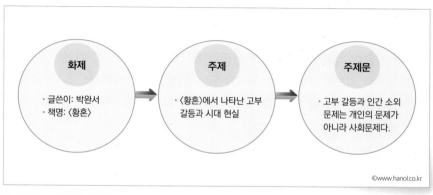

🔺 그림 5-2_ 주제문 설정 예

② 독서 감상문 구성하기

구성은 주제를 효과적으로 표현하기 위해서 수집한 자료를 배열하여 글의 틀을 만드는 과정이다. 독서 감상문은 수필이므로, 형식이 자유롭다. 일반적으로 전체 글이 '시작-중간-끝'을 가진 형식을 주로 사용한다. 본문의 중심생각을 기준으로 이해를 도울 수 있도록 처음과 끝의 내용을 구성하는 것이 좋을 것이다. 감상문의 구조에 따른 전개 방식을 살펴보자.

표 5-1_ 감상문 구성하기

구성	단락	진술 내용
시작	단락 1	책에 대한 정보(제목, 저자, 출판사, 출판연도) 독서 동기(지적 호기심이 드러나도록 쓰기)
중간	단락 2	인상 깊은 장면에 대한 설명과 그 이유(1)
	단락 3	인상 깊은 장면에 대한 설명과 그 이유(2)
	단락 4	인상 깊은 장면에 대한 설명과 그 이유(3)
끝	단락 5	읽은 책의 주제 유추와 글쓴이의 느낌을 독자가 공감할 수 있도록 기술하기

독서 감상문의 구성 단계별 쓰기를 알아보자. 우선, 시작 단계에서는 책에 대한 정보인 제목, 저자, 출판사, 출판연도 등을 정확하게 제시하고, 책을 읽게 된 동기를 기술한다. 특히 책을 읽게 된 동기를 기술할 때에는 책 안에서 알고 싶은 지식이나 정보를 기술하여 구체적인 지적 호기심이 드러나도록 쓰면 된다. 중간 단계에서는 인상 깊은 장면을 제시하고, 그 이유를 기술하되, 시작 부분에서 제시한 지적 호기심을 해결할 수 있도록 기술한다. 또한 인상 깊은 장면에 대한 이유와 글쓴이의 느낌을 기술할 때 진술 내용의 통일성과 완결성을 갖출 수 있도록 한다. 마지막으로 끝 단계에서는 읽은 책의 주제 유추와 글쓴이의 느낌을 기술한다. 끝부분을 기술할 때 고려할 점은 독자가 공감할 수 있도록 기술해야 한다는 점이다.

독서 감상문을 구성할 때 균형감을 고려하여 내용을 적절히 활용해야 한다. 다음과 같은 3가지 유의점을 고려해야 한다.

첫째, 독서 감상문을 쓸 때 지적 호기심을 충족시켜 줄 수 있는 독서 체험, 독자와의 공감 등이 균형 있게 기술되어야 한다. 예를 들면, 서론을 지나치게 장황하게 기술하거나 줄거리만 장황하게 늘어놓지 말아야 한다.

둘째, 책의 내용은 글쓴이의 느낌을 뒷받침하는 선에서 사용한다. 독서 감상문을 책의 줄거리 요약으로 이해하는 경우가 있다. 책의 전체 내용을 요약하는 것보다 독서 감상문에서는 독서 체험에서 느낀 점을 효과적으로 기술해야 한다.

셋째, 결말에서 근거 없이 '내용이 우수하다, 또는 가치가 있다' 등과 같이 진술해서는 안 된다. 독자가 공감할 수 있도록 근거를 제시하면서 독서 체험을 설명해야 한다.

❸ 효과적인 진술 방법

독서 감상문은 책을 읽으면서 인상 깊은 장면에 대한 설명과 그 이유를 기술하여, 글쓴이가 겪은 독서 경험을 독자가 공감할 수 있도록 전달해야 한다. 이에 따라 독서 경험을 통해 얻은 글쓴이가 독자에게 공감할 수 있도록 글을 쓰기 위해 서사의 진술 방법을 사용하면 좋을 듯하다.

서사는 어떤 사실을 있는 그대로 기록하는 방법으로, 일정한 시간과 공간 속에서 일어나는 사건(장면)이나 행위를 시간 순서에 의한 진술하는 방식이다. 서사는 책 안에서 벌어지는 일련의 사건과 그 진행 과정을 실감할 수 있도록 전달할 수 있는 진술방법이다. 서사의 진술 방식과 글쓴이의 사건에 대한 느낀 점을 함께 기술한다면 독자가 효과적으로 공감할 수 있는 독서 감상문을 쓸 수 있을 것이다.

3. 관찰하기

독창적으로 쓰인 독서 감상문은 독자에게 원작을 읽는 것과는 또 다른 감동을 줄 수 있다. 책을 읽고 난 후 감동을 받은 장면과 새로 알게 된 지식을 글쓴이 자신의 삶에 제대로 녹여낸다면, 아마도 독자로 하여금 원작을 읽고 싶게 만들 것이다. 같은 책을 읽었을 경우 다른 사람의 독서 감상문을 읽는다면 독자가 느끼지 못했던 새로운 사실을 알게 될 것이다. 왜냐하면 독자마다 살아온 삶이 다르고, 삶 속에서 겪은 경험과 가치관이 다르기 때문이다.

> **TIPS** 독서 감상문 읽기
> ❶ 읽은 책에 대한 정보가 정확하게 제시되었는가?
> ❷ 구성 방식이 잘 드러나게 기술하였는가?
> ❸ 개성이 잘 드러나게 표현되었는가?
> ❹ 감동을 받은 장면에 대한 설명과 느낌을 공감할 수 있도록 진술했는가?

❶ 박완서의 〈황혼〉을 읽고

이 글은 박완서 작가의 〈황혼〉을 읽고 난 후 쓴 독서 감상문이다. 박완서 작가는 6·25전쟁과 분단문제, 물질만능주의 풍조와 여성문제 등을 작품에 담아낸 우리나라 대표 작가이다. 글쓴이는 〈황혼〉에 나오는 시어머니와 며느리의 관계를 단순히 고부갈등으로만 보지 않고 있다.

※ 다음 독서 감상문을 읽고 이야기해보십시오.

> 🔊 **예시 글**　**박완서의 '황혼'을 읽고**
>
> '황혼'이라는 말은 시간적 의미를 지니는 말이다. 해가 넘어갈 저물 무렵을 뜻하는 이 말이 인생의 의미를 드러낼 때에는 무엇인가 쓸쓸하면서도, 안식을 필요로 한다는 뜻을 내포하게 된다. 박완서의 소설 '황혼'(박완서 전집, 작가세계)에서는 이러한 시간적 개념을 인생의 의미와 연계시켜 노년의 삶을 반성하는 자리로 활용하고 있다.
> 　소설의 주인공은 젊은 여자와 늙은 여자다. 두 여자의 관계는 늙은 여자는

시어머니, 젊은 여자는 며느리인 셈인데, 어찌된 일인지, 이 소설에서는 두 사람의 호칭 관계가 잘 드러나지 않는다. 그 까닭은 젊은 여자가 시어머니를 '어머니'라 부르지 않는 데서 비롯된다. 이러한 호칭상의 문제점은 흔히 스쳐지나가기 쉬운 '고부간의 갈등'을 암시한다.

우리들은 흔히 '고부갈등'이라 하면, 못된 시어머니가 애처로운 며느리를 구박한다는 시집살이를 떠올리게 될 것이다. 수많은 문학작품을 통해, 우리들은 이러한 줄거리에 익숙해져 있다. 그러나 박완서가 주목한 것은 현대판 고부갈등이다. 곧 시집살이가 아니라 '며느리살이'의 한 단편을 보여주려 '황혼'이라는 제목을 붙인 것이다.

현대판 며느리살이는 자식을 위해 온갖 희생을 다한 어머니-우리들 시대에 흔히 볼 수 있는 어머니상은 자식들에게 보살핌을 받지 못한 채, 무관심과 외로움 속에 버림받는 내용으로 구성된다. 이러한 구성은 오늘날 흔히 볼 수 있는 현상이다. 자식의 공부를 위한 행상인이나 가정부 일까지도 부끄럽지 않게 열심히 해온 어머니이건만, 자식들은 부모를 양로원에 보내거나 심지어는 거리에 내다버리는 현대판 고려장이 얼마나 많은가. 그러나 어찌 본다면 이보다 더 심한 것은 함께 살면서, 부모를 무시하거나 무관심하게 대하는 것이 더 심한 고문일지도 모른다.

박완서의 '황혼'은 바로 이러한 점을 부각시키고 있는 것이다. 젊은 여자는 늙은 여자를 한 번도 '어머니'라 부르지 못할 뿐만 아니라 시어머니가 어떤 일에 관심을 두는지, 혹은 무엇을 바라는지는 아예 관심 밖의 일이다. 오히려 가슴이 아픈 시어머니가 아들이나 며느리가 자신의 배를 쓰다듬어주길 은근히 바라는 것을, '홀로된 지 오래된 여자의 성적 충동'쯤으로 치부하여 모욕을 주기도 한다. 늙은 여자의 체험으로는 가슴이 아픈 노인에게 아들 며느리의 손길은 가장 효과적인 명약임을 알고 있는 것이다. 그는 자신의 시어머니에게 그것을 배웠다. 그러나 자신의 며느리는 애써 이를 외면하는 것이다.

'황혼'에서 박완서가 우리에게 제시한 고부간의 갈등은 단순한 노인 문제나 효도와 관련된 문제만은 아니다. 여성 작가의 섬세함이란 이러한 점에서 직접

화법으로 우리에게 무엇을 주장하지는 않지만, 현대 여성들이라면 누구나 쉽게 이러한 문제를 공감할 수 있을 것이다. 오늘날 대부분의 여성들은 여권신장이라는 말에 익숙해져 있다. 또한 자신의 삶의 터전보다도 권리를 찾는데 더 익숙한 여성들도 많다. 이 점에서 남편이나 시부모가 자신에게 짐이 된다거나 혹은 자식조차도 짐이 된다고 느끼는 사람들이 많아지는 것이 일반적 경향이다. 얼마 전 한림과학원에서 조사한 바에 따르면 [전환기에 선 한국인의 가치관](소화출판사) 가운데, 자식의 부모 부양에 관한 가치관과 자녀의 사회화에 대한 가치관이 가장 큰 편차를 보이는데, 연령이 높을수록 보수적이고 낮을수록 변화 지향적이라는 결과가 보고된 바도 있다. 그 가운데 연령층 높은 사람들은 주로 가족화합, 존경에 관심이 많은 반면, 연령층이 젊은 사람들은 가족들은 가족들의 사회적 체면에 관심을 갖는다는 결과는 주목할 만한 것일지도 모른다.

오늘날 많은 사람들이 자신이 속한 가족으로부터 애정과 사랑보다는 체면과 재산 상속 등의 실리에 관심을 갖는 경향이 있다. 박완서의 '황혼'에서도 젊은 여자와 남편이 그러한 부류에 속함을 암시하는 것이다. 이와 같은 현상 속에서 우리는 또 하나 간과하는 것들이 있다. 그것은 누구나 노년은 찾아온다는 것이다. 황혼은 비단 시어머니만의 문제가 아닌 것이다. 이에 대해 사회복지론자들은 노년을 맞이하기 위해 충분한 준비를 하라고 충고한다. 예를 들어 사회보장제도나 개인의 노후 대책을 강조하는 것이다. 그러나 좀 더 본질적인 것은 '하이얀 수염을 쓰다듬고, 흰 머리칼을 휘날리며 손자를 안아보는 노인들의 행복'을 좀 더 품위 있게 여길 수 있는 사회적 분위기가 아닐까. 어느 서양 수필가는 '품위 있는 노년을 맞이하기 위하여'란 수필에서, '서양인은 손자가 태어나면, 내가 벌써 늙었다구?'라고 인상을 찌푸리는 대신, 동양인은 '손자를 보았으니 나도 좀 더 너그러운 사람이 되어야겠구나'라고 한다는 표현을 썼다. 그렇다면, '황혼'은 그다지 무서운 황혼이 되지는 않을 것이다. 그러한 황혼은 평온한 밤이 기다리는 황혼이 될 수 있지 않겠는가.

〈허재영, 교양인과 글쓰기〉

❶ '나이가 들어간다'는 사실에 대한 여러분의 생각을 이야기해보십시오.

❷ 여러분이 훗날 늙었을 때 어떤 삶을 살고 있을지 생각해보십시오.

❸ 우리나라의 고령화 문제는 점점 심각해질 것이다. 글쓴이의 경험에서 공감이 가는 부분은 어디인지 이야기해보십시오.

② 현대인이 잊지 말아야 할 교훈

이 글은 유성룡의 '징비록'을 읽고 난 후 쓴 독서 감상문이다. 유성룡은 1542년에 태어나서 1607년에 생을 마친 조선의 문인이다. '징비록'은 유성룡이 겪은 임진왜란과 정유재란을 교훈으로 삼아 후일에 닥쳐올지도 모를 우환을 경계토록 하기 위해 쓴 글이다. 글쓴이는 '징비록'에서 나온 장면에서 배운 교훈을 현대사회의 문제에 투영시키고 있다.

※ 다음 독서 감상문을 읽고 이야기해보십시오.

🔍 **예시 글**   **현대인이 잊지 말아야 할 교훈**

나의 첫 역사 수기,《징비록》

독서 토론과 발표라는 교양 필수 과목을 수강하며 읽게 된《징비록》은 가뜩이나 평소에 책을 별로 읽지 않았던 나에게는 더욱더 생소하게 느껴졌던 책이었다. 우리나라의 역사 속에서 실존했던 인물이 쓴 수기라는 점 때문이었다.《징비록》은 "미리 징계하여 후환을 경계한다."라는 뜻으로, 선조 때 주요 관직에 있었던 류성룡이라는 사람이 쓴 수기이다. 주요 관직에 있었기 때문에 임진왜란 당시의 상황을 정말 잘 알았는데, 정유재란으로 탄핵된 후 고향에서 임진왜란 당시의 상황을 담은《징비록》을 쓰게 되었다고 한다. 옛날과 지금의 언어는 많이 다르다는 것을 알았기 때문에 한글로 옮겼다고 해도 읽기 어려울 것 같아 걱정되었다. 아니나 다를까 책을 펼쳤을 때는 페이지마다 어려운 한자어가 많아 진땀을 빼긴 했지만, 뜻이 적혀 있어 이해가 쉬워 내용 전반을 잘 이해할 수 있었다.

반복된 실패, 치욕스러운 후퇴

조선은 임진왜란이 일어나기 전 200년간의 평화에 익숙해져 있어 군사 정비가 제대로 되어 있지 않았다. 또 초기에 황윤길과 김성일의 보고를 받고 전쟁에 대한 만반의 준비를 하지 않았기 때문에 왜적이 금세 수도인 한양까지 쳐들어오게 된다. 이 때문에 선조는 한양을 떠나 평양으로 피난을 가는 전대미문의 선택을 하게 되었는데, 나는 그것이 정말 치욕스럽다고 생각하였다. 결국 명나라의 도움을 받아 상황을 타개하는 데에는 성공했지만, 한양은 나라의 수도이다. 수도를 버리고 떠난다면 백성들과 군사들의 사기가 크게 떨어질 것이고, 수도에 있는 많은 백성이 죽거나 다치는 등의 큰 피해가 생길 것이다. 또한 중요한 국보나 역사기록들이 많이 보관되어 있을 텐데, 이런 것들을 끝까지 지키지 않는다는 것은 임금으로써의 본분을 저버리는 것이라 생각이 들었다. 처음부터 대비를 잘 해놓지 않아 이런 일이 생겼다는 것에 답답함을 많이 느꼈다. 이 모습을 다시 생각해 본다면 군이 전쟁 상황이 아니더라도, 현재 한국의 요소수 부족 사태와도 비교할 수 있다고 생각한다. 중국의 요소수 수출이 제한되면서 요소수 부족 현상을 겪게 될 것을 정부는 미리 알고 있었지만, 요소수의 중요성을 몰라서 빠른 대비책을 세워놓지 않아 전국에 요소수 대란이 일어나게 되었다고 한다. 요소수는 소방차, 구급차, 각종 유통을 담당하는 대형, 중형 트럭이 운행하려면 필요한 것이라 없어서는 안 되는 물건인데, 요소수 대란 때문에 당장 운행을 하지 못하는 차량들이 많아 문제라고 한다. 정부는 대책을 급하게 마련했지만 현재 사람들은 상황을 크게 진정시킬 수 없는 말 그대로 '급하게 만든 해결책'이라고 한다. 《징비록》은 후세 사람들이 큰일이 일어날 것을 예견하고 이에 대비하지 않아 피해를 받는 일을 겪지 않도록 쓴 책이었는데, 비슷한 일이 또 일어나서 안타깝다고 생각하였다.

맡은 일에 대한 의무를 끝까지 지키는 절망적 상황 속의 희망

임진왜란 상황에서는 당시 조정에서의 대처에 실망스러운 부분도 많았지만, 한국 사람이라면 대부분이 알고 있는 《명량》의 주인공 이순신 장군의 활약과 정보들 또한 기록되어 있어 이순신 장군의 대단함을 느낄 수 있었다. 이순신 장군의 명량해전 전투는 내가 읽은 출판사의《징비록》에 자세히 기록되어 있지 않아 아쉬웠지만, 다른 전투들에서의 대단함을 충분히 느낄 수 있었다. 해상 전투는 이순신이 있었기 때문에 그나마 임진왜란에서 참패를 면할 수 있었다고 생각했다. 특히, 나는 노량 해전에서 자신이 죽었다는 사실을 병사들이 알면 사기가 떨어져 전투에서 패배할 수 있기 때문에, 죽는 순간까지 자신이 맡은 일을 성공적으로 끝낼 수 있도록 이성적인 판단을 내리는 이순신 장군에게 정말 깊은 감명을 받았다. 죽음을 맞이한다는 것은 어찌 보면 자기 입장에서 모든 일이 끝나는 것이기 때문에, 죽는 순간만큼은 자신의 사명 또한 생각나지 않는 것이 당연하다 생각했는데, 이순신 장군은 그러지 않아 대단하게 느껴졌다. 한편 이순신 장군은 평소에 자신의 직업에 대한 고찰을 게을리하지 않고, 의무 또한 정확히 알고 있었기 때문에 자신이 죽는 순간에도 그런 결정을 내린 것 같다는 생각이 들기도 하였다. 자신의 직업에 대한 의무를 잊어버려 돌이킬 수 없는 행동을 하는 사람도 존재한다.

현재 사람들이 큰 문제로 보고 있는 유치원 교사, 보육교사의 아동학대를 그 예로 들 수 있다. 유치원 교사와 보육 교사는 아이들이 더욱더 행복하게 자라날 수 있도록 특정 나이의 아이들의 특성을 이해하고 그에 걸맞은 교육 방법을 제공해 주는 것이 그 의무이다. 그래도 교사는 사람이라는 것을 알고 있다. 화나고 힘들 때도 분명 있겠지만 그 상태에서 아이들이 어른들과 다른 행동을 하더라도 그 감정이 가르치고 있는 아이들에게 향하면 안 된다. 유아의 발달 과정에서 나타나는 특성과 행동 중 어른들의 입장에서는 이해할 수 없는 행동이 많이 존재하지만, 교사들은 그 특성을 이해하고 교육을 받았기 때문에 당연한 것이라 생각을 한다면 화가 나지 않기 때문이다. 나는 미래에 유치원 교사가 되기를 희망하는 학생으로서 이순신 장군처럼 죽는 순간만큼은 아니더라도, 내가 다른 일로 힘든 상황이었을 때 내 직업에 대한 의무를 생각하며 아이들에게 돌이킬 수 없는 상처를 남기는 행동은 하지 말아야겠다고 다시 한번 다짐하게 되었다.

이순신의 승리의 비결

이순신은 장수들과 함께 밤낮을 가리지 않고 전투를 연구하면서 지내는 '운주당'이라는 집에서 아무리 졸병이라고 해도 군사에 관한 내용이라면 언제든지 와서 자유롭게 말할 수 있게 했다고 하였다. 그러다 보니 모든 병사가 군사에 정통하게 되었고 이순신을 더욱더 신임하게 될 수 있었다고 한다. 하지만 이순신이 죄를 받아 원균이 대신 병사들을 이끌게 되었는데, 이순신과는 다르게 첩을 데려다가 술을 마시고, 술주정을 하여 병사들이 원균을 신임하지 않았다고 한다. 그렇기 때문에 원균은 전투에서 승리하기 어려웠을 것이라는 생각이 들었다. 아랫사람이 권력자에게 자신의 의견을 말한다는 것은 당시의 분위기에는 용납되지 않을 법도 한데, 이순신은 그러지 않고 의견을 들어주었다는 사실이 정말 대단했다. 민주주의 사회인 현대에 와서는 직원들의 말을 들어주고 반영하려는 기업들 또한 많이 생겨나고 있지만, 아직 그런 분위기가 익숙하지 않은 기업 또한 많이 남아 있다. 모든 의견을 수용할 수는 없겠지만 의견을 들어주고, 어느 정도 타협점을 찾아 수용하려는 노력이 있어야 기업 또한 우수하게 성장할 수 있다고 생각한다. 병사들의 의견을 들어주어 신임을 얻어 전투에서 승리하는 이순신처럼, 나도 유치원 선생님을 넘어 언젠간 유치원 원장이 되어 나의 유치원을 만들게 된다면 유치원 선생님들의 의견을 적극적으로 들어주는 원장이 되고 싶다는 생각이 들었다.

《징비록》을 읽고 나서

《징비록》에는 임진왜란 당시의 실패들과 성공들이 기록되어 있다. 내가 존경하고 있는 이순신 장군에 대한 훌륭한 이야기들이 많이 적혀 있다 보니 감명을 받은 부분이 대부분 이순신 장군에 대한 부분이 되어버렸지만, 나는 《징비록》이 "미리 징계하여 후환을 경계한다."라는 뜻인 것처럼, 임진왜란의 결말과 이순신 장군의 승리보다는 '이렇게까지 된 이유'에 주안점을 두어야 한다고 생각한다. 전쟁이 일어날 가능성을 크게 신경 쓰지 않고 대비하지 않앴던 조선은 임진왜란으로 수도를 점령당하는 수모를 겪게 되는 등의 큰 피해를 입게 된다. 200년간의 평화가 지속되었다는 전제를 갖고 있는 임진왜란 이야기는 현재 우리 한반도의 상황과 비슷하다고 생각한다. 6.25가 끝나고 휴전상태를 이루고 있는 남한과 북한은 현재까지도 긴장을 유지하고 있다. 하지만 휴전 상태가 더 지속된다면 《징비록》에 쓰여 있는 절차를 똑같이 밟게 될지도 모른다. 그렇기 때문에 정부와 우리는 전쟁이 끝나지 않았다는 것을 항상 명심하고 만반의 대비를 해놓아야 한다고 생각했다. 《징비록》을 정말 감명 깊게 읽고 난 후, 《징비록》이 미래의 한반도 일을 똑같이 예언하는 '예언서'가 되지 않고, 후손들에게 후환을 대비하도록 도움을 준 '지도서'가 되도록, 우리 현대인은 항상 《징비록》의 의미와 교훈을 마음에 품고 살아가야 한다고 생각하게 되었다.

〈학생 글〉

❶ 유성룡은 어떤 사람인지 조사해서 이야기해보십시오.

❷ 유성룡이 쓴 '징비록'에 대해 조사해보고 정리해서 이야기해보십시오.

❸ 징비록에 대한 글쓴이의 느낌에서 공감이 가는 부분은 어디인지 이야기해보십시오. 만약 '징비록'을 읽었다면, 자신의 경험을 이야기해도 괜찮습니다.

❹ 위 독서 감상문에서 자신이 글쓴이라면 수정하거나 바꾸고 싶은 부분을 생각하여 적어보고, 자신의 생각대로 바꿔보십시오.

• 수정하고 싶은 부분 :

• 그 이유 :

• 자신의 글이라고 생각하여 수정해보십시오.

❸ 표현하기

독서 감상문은 책을 읽고 난 후 느낀 점을 정리하는 글이다. 그러나 단순히 읽은 책의 내용을 요약하는 것이 아니다. 책을 읽어가면서 글쓴이가 가장 인상 깊었던 장면과 배운 점을 창의적으로 정리한 글이다. 독서 감상문을 쓸 때, 세 가지를 유의해야 한다.

첫째, 주어진 주제에 대한 불평이나, 독서 체험과 관련이 없는 내용을 진술하면 안 된다.

둘째, 지극히 상식적인 이야기나 진부한 인생론으로 글을 시작하는 것이다.

셋째, 글을 쓰게 된 동기나 과정을 지나치게 길게 설명해서 실제 독서 체험을 통한 감동을 약화시켜서는 안 된다.

※ 다음 글을 읽고 한 편의 독서 감상문을 써보십시오.

📖 예시 글　같은 하늘 아래 그 자리

　　내 이름은 "똘이" 두 살이 채 안 된 강아지입니다. 하지만 몸집은 남자 어른만 하죠. 흔히 품종을 궁금해하는데 말라뮤트라고 시베리안 허스키랑 흡사하게 생겼죠. 나는 힘도 무지 세서 알래스카에선 짐도 잔뜩 싣고 광활한 얼음대륙을 광속 질주한답니다. 하지만 여기에선 일 미터 남짓한 줄에 매여 있어요. "성실자원"이라는 곳에 경비를 서는 것이 내 임무랍니다.

　　이곳은 흔히 고물상이라고 불리는 재활용 제품을 분리하고 취급하는 곳입니다. 나는 사람들을 아주 좋아해요. 지나가는 사람들은 나의 늠름한 모습에 반해 매번 감탄하지요. 그래서 내가 컹컹거리며 반응을 보이면 왠지 그들은 놀라며 슬금슬금 피한답니다. 내가 짖으면 홍씨 성을 가진 "홍 아저씨"는 고물을 분리하다가 쫓아와서 큰소리로 "이놈" 하며 혼을 냅니다. 하지만 난 아저씨가 참 좋아요. 매일 맛있는 음식을 가져다주거든요.

　　고물상에서 일하는 사람들은 점심때가 되면 우르르 몰려나갑니다. 난 또 혼자가 되는 것이 슬퍼서 워우 하고 울어대고 홍 아저씨는 내 머리를 쓰다듬으며 얼른 가서 맛난 거 가져다줄 테니 기다리라고 속삭입니다. 아무도 없는 공장은 날 너무 외롭게 합니다. 난 매일 같은 자리에서 같은 하늘만 바라봅니다. 이곳 아닌 다른 곳은 어떨까요? 내 목에 단단히 조여진 저 줄은 언제쯤 내게서 사라질까요? 조금이라도 더 앞으로 나아가고 싶어도 어쩔 수 없이 매일 그 자리입니다. 저 멀리 진돌이가 보이네요. 진돌이는 어디든 자유롭게 다니는 개랍니다. 가끔 내 쪽으로 와서 약 올리는 일만 없으면 참 좋은 아인데…. 요 녀석 내 밥그릇을 탐내고 있어요. 하지만 빈 그릇인 걸 알고 물러가네요. 내가 저 조그만 녀석한테 지는 줄 알지만 사실 봐주는 겁니다. 이렇게 묶여 있지 않으면 난 저 녀석을 단박에 제압할 수 있지요. 사람들이 옵니다. 역시 홍 아저씨는 검정 봉지에 음식을 듬뿍 담아오는군요. 정말 고마운 아저씨예요.

어둠이 깔리면 모두 일을 끝내고 다들 집으로 갈 준비를 합니다. 난 이때가 제일 불안하고 힘들어요. 긴 밤을 혼자 보낼 생각을 하니 벌써 심장이 콩콩 뛰기 시작합니다. 내가 참지 못해 컹컹거리자 이번엔 정 씨 아저씨가 뛰어나옵니다. 이 아저씬 날 싫어해요. 더럽다고 막 소리치고 혼낸답니다.

"이 개 좀 치울 수 없어, 냄새 때문에 미치겠어."

"좀 참아 사장님이 공장 지키라고 데려왔잖아, 이렇게 묶여있는 것도 불쌍한데…."

홍 아저씨가 저쪽에서 나를 측은하게 바라보며 편을 듭니다. 고맙습니다.

캄캄한 밤입니다. 난 집도 없어요. 잠도 그냥 대문 옆에서 쪼그리고 잔답니다. 그래야지 나쁜 사람들로부터 우리 공장을 지킬 수가 있으니까요. 하지만 오늘은 유난히 추운 거 같아요. 몸을 더 많이 웅크리고 있어야겠어요. 얼른 내일이 왔으면….

아침이 밝았네요. 사람들이 하나둘 공장 안으로 들어오기 시작합니다. 난 꼬리를 힘차게 흔들면서 들어오는 사람들에게 아침 인사를 열렬히 합니다. 정 씨 아저씨 덤프트럭도 들어오네요. 썩 내키진 않지만 그래도 반가운 척은 해야겠지요. 아 근데 줄이 대문 앞 모서리에 꼬였어요. 제아무리 꼬인 줄을 풀려고 몸을 이리저리 움직여도 점점 더 감겨오네요. 정 씨 아저씨 트럭이 날 보지 못했나 봐요. 커다랗고 시커먼 바퀴가 내 눈앞까지 다가왔어요. 하지만 난 움직일 수가 없어요.

정 씨 트럭이 왜 들어가지 못하고 입구에서 저리 헤매는감. 홍 아저씨는 1톤 트럭 창문을 열고 얼른 들어가라고 소리쳤지만, 정 씨 아저씨에겐 들리지 않는 듯합니다. 홍 아저씨는 기다리다 못해 작업복 윗주머니에서 담배 한 개비를 꺼내 뭅니다. 오늘 하늘이 유달리 파랗구먼. 어젯밤 비가 내려서 그랬나. 똘이 녀석 비를 맞고 생쥐가 됐구먼. 안쓰러운 마음에 홍 아저씨는 사장에게 똘이를 자신의 집으로 데려가겠노라 말할 참입니다. 오늘따라 목줄이 너무나 심하게 이리저리 움직이고 있습니다. 녀석 격하게 정 씨를 반기는구먼. 홍 아저씨는 담배 연기를 내뿜으며 다시 하늘을 쳐다봅니다. 똘이야! 내일은 다른 곳에서 하늘을 보게 될 거야. 홍 아저씨는 혼잣말로 중얼거렸습니다.

〈김선주, 좋은 만남〉

(1) 구성하기

구성	단락	진술 내용
시작	단락 1	
중간	단락 2	
	단락 3	
	단락 4	
끝	단락 5	

(2) 집필하기

구성한 개요에 따라 독서 감상문을 써보십시오.

제목:

글쓴이:

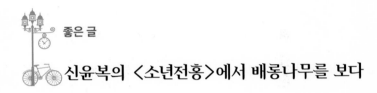

좋은 글

신윤복의 〈소년전홍〉에서 배롱나무를 보다

이 하

이를 어쩌죠? 할 일은 태산과 같은데, 앞뜰 배롱나무가 꽃을 피웠으니 행장을 꾸려야 할지, 그냥 뜰에서 장진주사를 읊어야 할지 수선합니다. 사육신 성삼문(成三問)은 배롱나무를 사랑하여 다음의 '백일홍' 시를 남겼는데 저라고 흥이 다르겠습니까?

昨夕一花衰 작석일화쇠/지난 저녁 꽃 한 송이 떨어지고
今朝一花開 금조일화개/오늘 아침 꽃 한 송이 피우니
相看一百日 상간일백일/서로 백 일 동안 바라보니
對爾好衡盃 대이호형배/너와 마주하여 즐거이 술잔 기울이노라

저는 천석고황(泉石膏肓-자연을 좋아하는 병)의 하나로 매화꽃나무병과 수수꽃다리병을 앓고 나면 다음으로 배롱꽃나무 열병이 오거든요. 석 달 열흘 꽃 피우니 매화보다는 완상이 느긋하기는 하지만 왠지 들뜹니다. 사실 꽃송이가 백 일 동안 피어 있는 것이 아니라 원뿔형 꽃차례(원추화서, 圓錐花序)를 이루는 작은 꽃들이 백 일 가량 끊임없이 서로서로 도와 총총 피어나는 두레 꽃나무입니다. 피고 지기를 세 번 하고 세 번째 필 쯤 햅쌀이 난다고 해서 "쌀밥나무"라고도 하니 그야말로 여름 내내 피는 셈입니다. 이 꽃과 함께하는 동안 꽃말 그대로 '행복, 부귀'하고 한편 '벗을 그리워함'도 있습니다.

담양 명옥헌, 안동 병산서원, 강릉 오죽헌의 배롱, 화순 등 배롱 가로수는 여러 번 대했습니다. 그러나 남원의 선국사, 화순 만연사, 장흥 송백정, 특히 부산진구 동래 정 씨 시조묘 배롱은 차일피일 미뤄두고 있어 제게는 출사의 설렘도 있습니다.

배롱나무는 백일홍나무입니다. 곁에서 백일홍배기롱배롱 말하며 맨살로 자라는 이 나무의 기둥을 간질어봅니다. '백일홍(百日紅)'을 빠르게 대여섯 번 말하다 보면 배기롱〉배롱인데 간지럼에 못 견디어 실제로 가지 끝이 간들거리니 간지럼나무(파양수: 怕癢樹-약할 파, 간지럼 양)로 불리기 때문에 장난을 걸어본 겁니다. 수피가 없어서인지 일본에서는 '사루스 베리(猿滑, 원숭이가 미끄러지는 나무)'라고 부른답니다. 한편 신선의 세계에 붉게 핀다 하여 자미목(紫薇木)으로 불리기도 하는데 붉기로는 속세의 연애만큼 붉은 이미지가 있을까요?

신윤복(申潤福, 1758~?)의 〈소년전홍(少年剪紅)-소년이 붉은 꽃을 꺾다〉라는 작품에 배롱나무가 등장합니다. 장죽을 문 청년이 처자의 손목을 잡고 있고 처자의 엉덩이는 거부하는 모양새이나 상체는 기울이고 있으니 그리 거부하는 것 같지는 않습니다. 고려가요 '쌍화점'마냥 묘한 에로티즘이 감돕니다. 주위에 그려진 괴석(怪石)과 목백일홍(百日紅) 세 그루가 분위기에 동조합니다. 괴석도 나무도 처자처럼 간지럼 타듯 배배 꼬고, 또 꼬고 선정적입니다. 행초서로 쓴 화제(畵題: 그림에 써넣은 시나 글)도 그리 해석하니 저의 주관이 오히려 한 몫 하는지도 모릅니다.

密葉濃堆綠 밀엽농퇴록/빼곡한 잎사귀엔 초록이 농염하게 쌓였는데
繁枝碎剪紅 번지쇄전홍/수많은 가지는 붉은 꽃잎 자잘하게 오려 붙였네

그러고 보니 이 그림 때문에 배롱나무를 너무 요염하게 다루었군요. 사실 장미나 칸나가 그러하지 배롱나무는 화려하면서도 수수한 이미지를 동시에 가지고 있습니다.

오히려 선조들은 선비 나무로 여겼습니다. 100일 동안 끊임없이 피고 지니 줄기차게 학문을 닦고 정진하라는 뜻이 있고, 붉은 꽃처럼 처음 먹은 뜻을 쉽게 접지 말라, 떨어져도 다시 피우라, 껍질과 속이 다 매끈하니 겉과 속이 같은 표리일체(表裏一體)의 표상으로 여겼습니다. 그래서 서원이나 정자 주변, 사찰 정원에 많이 심었고 지금은 모두 명소가 되어 있습니다.

신윤복(申潤福, 1758~?)의 <소년전홍(少年剪紅)-소년이 붉은 꽃을 꺾네>

　꽃 색은 백일홍의 전설에도 반영됩니다. 이무기 제물로 바쳐진 처녀를 구하기 위하여 사랑을 맹약한 총각이 떠나면서 "내가 성공하면 흰 깃발을 달고, 내가 실패하면 붉은 깃발을 달 것이다." 하는 대목이 있습니다. 두 남녀의 가혹한 운명은 이 색의 구분에서 예견됩니다. 백 일 후 배가 돌아오는데 이무기 피가 흰 깃발에 묻어 있었고 이를 붉은 깃발로 오인한 처녀는 상심하여 절명하게 되는데 나중 무덤가에 백 일 동안 이 꽃이 피었답니다. 실제로 꽃백일홍이나 목백일홍은 흰 꽃도 있고 붉은 꽃도 있습니다.

　저는 이 나무꽃을 보며 눈시울을 붉힌 적이 있습니다. 이유가 없이 그냥. 그리고 이 시 한 편을 썼고 낭송시로 즐깁니다.

　　그냥 그리운 걸 어떡해
　　그냥 그리워할 때가 있다는 것은
　　빈 하늘로 가는 배롱나무 가지 끝처럼 아련한걸
　　그리워할 것 같지 않은 그리움이
　　소식 더딘 나목의 움을 닮아
　　느릿느릿 피더니

네 숱한 꽃잎처럼 일순 지고
꽃차례 그늘이 더 짙은 그늘을 드리우고 나면
또다시 조금씩 내밀어
그리워한 것이 무엇인지
기다린 게 따로 있었던 겐지
가지 끝에서 가지 같은 꽃대가 필 때야 알았는걸
쉴 없이 열사를 건넌 바람은
불다가 불다가 지쳐
백일홍배기롱배롱거리며
꽃잎 하나씩 타고 꽃그늘로 가고
종일 닿지 못한 사랑은
외딴 들녘 노을처럼 헐벗어
네 껍질 없는 웃음에 앉아
미끄러지고 미끄러져 저 먼 가지 끝에서
깔깔대며 몸서리치고 있는걸
너처럼 깊은 뿌리 적토까지 게워내어
온통 붉은 자미목이 되도록
그냥 그리워 더 그리운 걸 어떡해
한 번 피고 매정한 사랑보다야
지고 지고 또 져도
번갈아 뙤약볕 석 달 열흘 동안
꽃그늘이 되는 배롱나무 아래에 서서
오늘에야 낱낱이 그리운 너를 기다리는걸

이만식 시인(필명 이하), 시조시인, 문학박사, 조각보시 창시, 경기일보 등 칼럼니스트, 경동대학교 산학부총장. [저서] 〈이상 시의 어휘 사용 양상과 공기관계 네트워크〉(2013), 〈하늘도 그늘이 필요해〉(2015), 〈스무 살의 사랑은 창을 닮는다〉(2017) 등 16권

제6장

독서와 생각
(서평)

최소한의 단어로 쓰지 않으면 독자는 건너뛰고 올바른 단어로
쓰지 않으면 독자는 오해를 한다.

— 존 러스킨

1. 알아보기

 서평은 책의 내용이나 가치를 평가한 글이다. 서평은 책을 읽은 후 인상 깊은 장면이나 느낌을 쓴다는 점은 독서 감상문과 같지만 책의 가치를 평가한다는 점에서 다르다. 즉, 글을 쓸 때 독서 감상문은 주관적인 감성으로 진술한다면 서평은 책을 평가한다는 점에서 책과 저자에 대한 지식이나 정보, 책의 주제 등을 객관적인 관점에서 기술하는 점이 다르다.

 서평은 비평문에 속하는 글이다. 따라서 서평은 주장과 근거를 갖고 대상에 대한 분석과 해석에 집중하는 글이다. 비평문이라고 해서 읽은 책의 결점을 찾는 글로 오해해서는 안 된다. 서평은 읽은 책의 장점과 의미를 발견해 내서 독자에게 책 소개를 하는 목적을 가진 글이다. 따라서 서평은 책의 흥미로운 요소들과 의미를 발견하고 그에 대한 풍부한 해설을 더해 독자가 그 책에 주목할 수 있도록 해야 한다.

 서평을 쓰는 목적은 책에 대한 평가를 해서 독자에게 책에 대한 정보와 가치를 알려주는 것이다. '평가'라는 목적을 달성하기 위해서는 책에 대한 꼼꼼한 이해와 분석이 필요하다. 따라서 책을 깊이 읽고 자세하게 읽어서 주장에 대한 근거를 마련해야 할 것이다.

 서평은 보통 기술 중심 서평, 분석 중심 서평, 해설 중심 서평으로 나눌 수 있다. 서평은 세 분류 중 하나의 형태로 쓰기도 하지만 대개 둘 또는 세 가지 형태를 종합해서 한 편의 서평을 기술하기도 한다.

 첫째, 기술 중심 서평: 책의 내용과 구성 등을 평가하지 않고 저자의 주장을 사실 그대로 기술한다.

 둘째, 분석 중심 서평: 글쓴이가 자신의 학문적 판단에 근거하여 책의 내용과 구성에 나타나는 저자의 주장을 평가하는 것이다.

셋째, 해설 중심 서평: 저자가 주장하는 내용의 정확한 의미를 파악하고, 어려운 내용이나 용어를 이해하기 쉬운 형태로 바꿔서 분석하는 것이다.

한편, 요즘 인터넷 포털사이트에 접속해서 서평을 검색해보면, 블로그나 카페에 자신이 읽은 책에 대한 서평을 써서 공유하고 있는 것을 볼 수 있다. 이를 통해 블로거는 책을 소개하고 블로그나 카페를 방문하는 독자와 의사소통하고 있다.

2. 톺아보기

서평은 책을 평가하고 책을 소개하는 글이다. 독자는 서평을 읽으면서 책에 대한 정보와 내용을 파악할 수 있다. 따라서 읽은 책을 소개하는 내용을 기술할 때는 저자, 줄거리, 구성 방식, 표지, 삽화에 대한 정보를 기술해야 하고, 책을 평가하는 부분을  설명할 때는 책 속에서 다루는 주제가 분명한지, 어떤 점에서 매력적인지, 글쓴이가 왜 그렇게 생각하는지 등과 같은 책에 대한 평을 분명하게 써야 한다.

❶ 준비하기

(1) 책 선정을 한다.

서평의 대상이 될 책은 신중하게 선정할 필요가 있다. 글쓴이에게 개인적으로 의미가 있는 책을 선정하되, 독자에게 소개할 만한 가치가 있는 책으로 선정해야 한다. 책을 선정하는 일은 독서의 목적 달성과 효율성을 높이는 데 중요한 영향을 끼치기 때문이다.

(2) 꼼꼼히 독서를 한다.

책 선정이 끝났다면, 스스로 깊이 생각할 수 있는 사려 깊은 독자는 독서의 목적을 정하고 계획적으로 독서를 한다. 서평을 쓰기 위해서 대상 책을 꼼꼼히 읽어 내려가야 한다. 다음의 사항을 유념하면서 읽어야 한다.

첫째, 책의 내용을 정확하게 파악한다.
둘째, 글쓴이 자신의 기준에서 작품을 평가하면서 의미를 부여한다.
셋째, 내용이나 중요한 부분을 메모하면서 읽되 간략한 인상을 덧붙인다.

(3) 글을 읽을 독자를 정한다.

내가 쓴 서평의 독자가 누구인지 정해야 한다. 과제로 부여된 서평을 쓴다면 글의 독자는 선생님이겠지만, 개인 블로그나 카페에 올릴 서평이라면 불특정 다수일 것이다. 글을 쓰기 전에 독자를 분석하는 것은 매우 중요하다.

(4) 글의 주제를 정한다.

주제는 글의 내용에서 가장 중심이 되는 생각과 참된 의도이다. 글을 쓸 때, 글쓴이가 '무엇'에 대해 글을 쓸 것인지 정확하게 아는 것은 매우 중요하다. 따라서 쓰고자 하는 글의 주제를 구체적으로 정해야 한다.

(5) 주제문은 화제, 주제를 구체화하는 과정을 통해 진술할 수 있다.

'화제-주제-주제문'의 3단계에 걸쳐 주제문을 작성하는 일은 글의 전체적인 논지를 일관되게 유지하는 데 꼭 필요한 일이다.

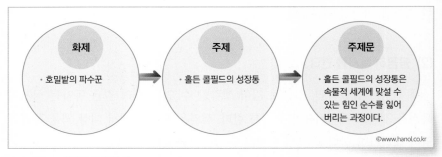

화제
· 호밀밭의 파수꾼

주제
· 홀든 콜필드의 성장통

주제문
· 홀든 콜필드의 성장통은 속물적 세계에 맞설 수 있는 힘인 순수를 잃어 버리는 과정이다.

©www.hanol.co.kr

◎ 그림 6-1_ 주제문 쓰기 예시

② 서평 구성하기

구성은 주제를 효과적으로 표현하기 위해서 수집한 자료를 배열하여 글의 틀을 만드는 과정이다. 서평도 한편의 글이므로, 전체 글이 '시작-중간-끝'을 가 진 형식이 되도록 구성해야 한다.

📊 표 6-1_ **서평 구성하기**

구성	단락	진술 내용
시작	단락 1	- 저자와 책에 대한 개괄적 소개 (저자, 제목, 출판연도, 줄거리 등)
중간	단락 2	- 책에서 다루고 있는 내용 분석 - 저자와 글쓴이의 생각 비교 - 책의 가치 평가와 의미 해석
	단락 3	
	단락 4	
끝	단락 5	- 책의 가치와 의미 그리고 한계

시작 부분은 저자와 책에 대한 개괄적인 소개를 한다. 책의 저자, 제목, 출판 연도, 줄거리 요약 등으로 소개를 할 수 있다. 중간 부분은 책에서 다루고 있는 내용을 소개하면서, 책의 가치를 평가하고 의미를 해석한다. 특히 책의 내용을

분석할 때 저자와 글쓴이의 생각을 비교하여 책의 가치를 판단하고 책의 의미를 해석하면 보다 신뢰도가 높은 글을 쓸 수 있을 것이다. 끝 부분에서는 책의 가치와 의미를 설명하고, 책이 갖는 한계도 언급하는 것이 좋다. 서평에는 책을 소개하는 목적도 있으므로 책의 가치와 의미를 비중이 있게 기술하는 것이 좋다.

❸ 효과적인 진술 방법

앞에서도 말했듯이 서평은 책의 내용이나 가치를 평가한 글이다. 서평은 저자와 글쓴이의 생각을 비교하면서 작품의 요지, 작품의 의의, 작품의 가치 등을 객관적으로 분석해야 한다. 따라서 서평의 효과적인 진술 방법으로 '분석'을 제시할 수 있다.

분석은 복잡한 개념이나 현상을 줄여서 개별적인 요소나 성질을 나누는 것이다. 그러나 분석은 단순히 구분에서 그치는 것이 아니라 각 요소가 전체와 어떤 관계를 맺고 있는지를 찾아내야 한다. 따라서 분석은 사물이나 행위 따위의 내용을 판단하고 이해하는 해석에 가깝다고 할 수 있다. 서명을 쓸 때, 책의 가치나 수준 따위를 평가하기 위해서는 분석이 유용하다고 할 수 있다. 책의 가치나 의미를 평가하기 위한 절차는 다음과 같다.

1단계
- 대상에 대한 꼼꼼한 이해
- 작가, 발표시기, 발표 매체 등의 소개
- 서사가 있는 경우 인물, 사건, 배경 등에 대한 기술

2단계
- 다양한 각도에서 분석과 해석이 필요함
- 객관적인 관점으로 책의 전체적인 특징 분석 또는 부분에 대한 구체적인 특징을 분석함
- 책에 대한 분석과 해석은 책의 가치를 평가할 수 있는 준거임

3단계
- 저자의 의도와 주제 파악
- 책의 창작 배경과 저자의 주장 정리
- 저자와 글쓴이의 생각 비교

4단계
- 책에 대해 객관적으로 가치를 평가함
- 분석과 해석을 토대로 책과 책의 내용을 진단하고 종합적으로 평가함
- 가치 평가는 작품을 둘러싼 사회와 문화를 근거로 함

©www.hanol.co.kr

🔺 그림 6-2_ 분석과 해석의 절차

1 어른이 된다는 것은 유능한 '게이머'가 되는 것

이 글은 제롬 데이비드 샐린저의 〈호밀밭의 파수꾼〉에 대한 서평이다. 청소년 홀든 콜필드의 성장통을 통해서 어른이 된 우리 모두에게 '성장'의 의미를 재정립하고 있다.

※ 다음 독서 서평을 읽고 이야기해보십시오.

> 🖋 예시 글   **어른이 된다는 것은 유능한 '게이머'가 되는 것**

세상에는 변하는 것과 변하지 않는 것이 존재한다. 흐르는 세월은 우리에게 변하는 것의 신비로움과 변하지 않는 것의 소중함을 알려준다. 돌이켜보면 사람은 누구나 아이에서 자라나 어른이 되지만, 이상하게도 어른이 되어서 아이적의 순순함을 그대로 간직하는 사람은 흔치 않다. '성장'한다는 것은 무슨 의미일까, 아이들이 자라나 어른이 된다는 것은 무슨 의미일까, 제롬 데이비드 샐린저의 〈호밀밭의 파수꾼〉은 한 때 아이였지만 지금은 어른이 된 우리 모두에게 이렇게 '성장'의 의미를 물어본다.

어린이는 어른의 아버지

〈중략〉

근대적 혁명정신의 총아였던 루소는 어린이야말로 인간본성의 자연 상태, 즉 자유롭고 평등하며 공감과 연민을 간직한 '선'(善)의 상태를 구현한 존재라고 생각하였다. 그는 인간본성인 '선'을 지키기 위해서는 문명화된 교육이 아닌 자연 속에서 아이들을 키워야 한다고 하였다. 특히 루소는 〈에밀〉에서 청소년기야말로 '제2의 탄생기'이며 우정, 동정과 같은 도덕적, 종교적 감정교육의 시기이자 성의식이 형성되는 중요한 시기라고 보았다. 아마도 시인 워즈워스가 "어린이는 어른의 아버지"라고 한 까닭도 어른들은 잃어버린 천부적으로 선한 사람의 본성이 아이들에게는 있기 때문일 것이다.

1951년 처음 출판된 〈호밀밭의 파수꾼〉은 50년이 지난 지금도 미국에서만 해마다 30만부 이상이 팔리는 인기작품이다. 샐린저는 이 한 권으로 일약 세계적인 작가가 되었고, 2차 세계대전 이후 미국이 겪었던 물질적 풍요와 정신적 결핍을 신랄하게 파헤친 비판적 선구자가 되었다. 이 작품은 루소가 말한 '제2의 탄생기'에 접어든 홀든 콜필드라는 16살 소년의 정신적 방황을 그린 성장소설이다. 뉴욕의 부유한 가정출신인 홀든은 5과목 가운데 4과목에 낙제하고, 학교생활에도 적응하지 못해 결국 펜시 프렙 보딩스쿨마저도 떠나게 된다. 학교로부터 퇴학을 당한 홀든은 크리스마스방학을 앞둔 어느 토요일 밤 펜실베이니아의 학교 기숙사를 떠나 뉴욕에서 혼자 며칠간을 보낸다. 학교는 나왔으나 집으로 돌아갈 수는 없어 방황하는 한 소년의 2박 3일간의 쓸쓸한 일탈기가 이 소설의 전체 줄거리이다.

게임은 약자에게 공정할까

사춘기에 접어든 홀든에게는 학교뿐 아니라 가정과 사회 모두가 바보천치들의 세계였다. 우정을 배워야 할 기숙사는 친구들끼리 겁주고 싸움하는 장소였고, 부모로부터 사랑과 평화를 느껴야 할 집은 숨어들어 가거나 도망쳐야 할 장소였다. 게다가 루소가 말한 청소년기 교육의 중요한 부분인 역사는 그에게 게임의 법칙을 가르치는 교과목에 불과했다. 학교를 떠나는 날 찾아간 역사교사인 스펜서 선생은 홀든에게 인생은 규칙에 따라 경기를 벌이는 게임이라고 조언해준다. 게임이란 결국 남과의 경쟁을 통해 우열과 승패를 가리는 것이다. 정말로 역사가 게임이라면 처음부터 보잘것없는 쪽에 선 경우에도 게임이 될 것인가, 규칙은 약자들에게도 공정하게 적용될 것인가, 게임에서 진

약자들은 어떻게 될 것인가, 홀든은 그런 세상의 법칙에 의문을 던진다.

또한 성의식에 눈을 뜬 홀든은 룸메이트인 스트레드레이터의 데이트 상대가 자기가 좋아했던 제인이었음을 알고 절망한다. 왜냐하면 그 룸메이트는 첫 데이트에서부터 섹스를 하는 것으로 유명했기 때문이다. 제인과의 순수한 추억을 간직한 홀든과 그저 하룻밤 데이트였던 스트레드레이터 간의 시비는 결국 싸움으로 번지고, 격투에서 진 홀든은 모두가 잠들자 조용히 짐을 꾸려 학교를 떠난다. 하지만 게임의 규칙이 엉망이긴 뉴욕 거리도 마찬가지였다. 뉴욕에서 처음 만난 에드몬드호텔의 엘리베이터 직원은 홀든에게 5달러에 창녀를 소개해주지만 다음 날 아침이 되자 가격은 10달러로 치솟아 있었다. 공정함을 요구하던 홀든에게 돌아온 것은 또다시 폭력이었다.

학교에서부터 뉴욕에 이르기까지 홀든이 며칠간 들여다본 세계는 거짓과 위선, 불의와 폭력이 가득한 곳이었다. 엄격하고 무관심한 아버지와 날카롭고 예민한 어머니, 돈 때문에 자신의 재능을 할리우드에 파는 형, 부모의 옷차림으로 사람을 대하는 학교장, 유일하게 믿고 의탁했으나 결국 성추행을 하는 앤톨리니 선생 등, 그곳은 다른 존재의 상처에 대해 아무도 관심을 보이지 않는 세계였다. 마치 센트럴파크 연못에 살던 오리들이 날씨가 추워지면 어떻게 살아가는지 아무도 관심이 없는 것처럼 말이다. 또 마치 아이들이 호밀밭에서 정신없이 놀다가 혹시 절벽 아래로 떨어지지 않을까 아무도 걱정하지 않는 것처럼 말이다.

사랑하는 여동생 피비를 보기 위해 숨어들어 간 집에서 홀든은 여동생에게 자신은 호밀밭의 파수꾼이 되고 싶다고 말한다. 주위에 어른이라고는 아무도 없으니 자신이라도 절벽 가에 서서 아이들이 놀다가 떨어지는 것을 막아주겠다는 것이다. 그러나 사실 절벽으로 떨어지려는 홀든을 잡아주는 것은 오히려 자신이 지켜주겠다고 한 10살 된 여동생 피비였다. 집을 버리고 몰래 서부로 떠나려는 홀든과, 가방을 들고 나서며 무조건 오빠를 따라가겠다는 피비. 결국 홀든은 가출을 포기하고 여동생을 동물원에 데려가게 된다. 회전

목마를 타며 웃는 동생과 내리는 빗속에서 그런 여동생을 바라보는 오빠 홀든, 그 순간 서로가 서로에게 느꼈던 공감과 연민만이 절벽 아래로 떨어지려는 홀든을 잡아줄 수 있었다. 결국 홀든은 가출을 포기하게 되고 집으로 돌아와 정신치료를 받는다.

속물적 세계에 맞설 힘 '순수'

청소년기란 아이에서 어른으로 눈떠가는 과정이다. 홀든이 여동생을 기다리며 본 초등학교 담벼락의 욕과 낙서들처럼 이 세상엔 인간 본성의 순수함과 아름다움을 위협하는 거짓들이 가득하다.

Getty images

홀든이 경험한 어른의 세계란 물질주의적이며, 비인간적이고, 공허한 속물들의 세계일뿐이었다. 아이에서 어른이 된다는 것은 원래 있었던 이런 천부적인 선한 본성은 점차 잃고, 세상의 게임법칙에는 더욱 유능해지는 것일지도 모른다. '성장'이 고작 그런 세계로의 진입을 의미하는데 어떻게 저항하지 않을 수 있겠는가. 그러나 어른이 되면 저항했던 모든 소년들은 사라지고 현실세계에는 유능한 게이머들만 가득하게 된다. 우리 모두도 한때 순수한 세계에서 시작했건만 왜 어른이 되면 다 잊어버리는 것일까? 워즈워스는 설령 그 세계가 세월이 흐르면 사라져버리는 것이라 할지라도 그 세월 속에 남아 있던 광채를 기억하는 것이 중요하다고 말한다. 선한 사람의 본성을 잠시나마 간직했던 어린 시절은 이런 속물적인 세상에 맞설 힘을 주기 때문이다. 워즈워스는 저항과 공감은 결국 순수에서 나오는 것이라고 한다.

〈후략〉

〈박혜영, 한겨레신문, 2006. 02. 17.〉

❶ 〈호밀밭의 파수꾼〉의 저자 제롬 데이비드 샐린저를 조사하고 이야기해보십시오.

❷ 여러분의 청소년기의 경험을 떠올리면서 성장의 의미에 대해 정리하고 이야기해보십시오.

❷ 김도언의 '소설가의 변명'

이 글은 김도언의 '소설가의 변명'에 대한 서평이다. 글쓴이는 김도언 작가의 '소설가의 변명'에는 이웃에 대한 따뜻한 연민의 정이 녹아 있다고 평하고 있다.

※ 다음 서평을 읽고 이야기해보십시오.

🔎 예시 글　김도언 작가의 '소설가의 변명'

　임어당의 '생활의 발견'이라는 책에는 '어떻게 독서할 것인가'라는 목록이 나온다. 공감하는 부분이 있어 소개하자면 이런 내용이다. '평소에 독서하지 않는 사람은 시간적, 공간적으로 자기만의 세계에 감금되어 있으며, 그의 생활은 틀에 박힌 상투적인 것이다. 그 사람이 교제하고 대화하는 것은 극소수의 친구나 지기뿐이며, 그 사람이 보고 있는 것은 대부분 신변에 일어나는 사소한 일에 불과할 뿐이다. 그 감금에서 벗어날 길은 없다.'

　책 읽기가 어떤 종류의 감금으로부터 해방시켜 줄 수 있다는 얘기인데, 그저 머리를 끄덕이며 수긍하고 각성한다. 어느 순간 일상의 순간들이 권태로워지는 시기가 있다. 모든 게 새로웠던 시절에는 호기심만으로 견딜 만했으나 나이라는 연륜이 쌓이면서 대중문화의 기반이 상투의 감금에서 그다지 벗어나지 못하고 있다는 사실을 알게 됐다. 이미 여러 번 겪어본 상황은 더 이상 새로운 흥미를 유발하지 못한다. 이런 면에서 책 읽기는 인내와의 싸움이 아니라 인류가 고안해 낸 훌륭한 엔터테인먼트 중의 하나일 거라 생각한다. 어렵거나 의미 없어 내던지고 싶은 책이 많을 만큼 아직도 쉽게 정복할 수 없는 분야이기도 하지만, 몰랐던 분야의 지식이나 생에 대한 새로운 관조법을 발견하고, 무료를 덜어준다는 점에서 무한 긍정을 갖고 있다.

　뜬금없이 임어당의 독서론을 꺼낸 것은 작가 김도언이 최근 펴낸 '소설가의 변명'이라는 산문집에 대한 서평을 위해서다. 이미 소설가이면서 시인으로, 언론 칼럼니스트로 자리를 잡고 있기에 그의 글에 대한 품평이 가당찮다는 사실을 잘 알고 있다. 하지만 애정을 지닌 호사가로서 작가인 그를 평한다고 한다면, 그나마 양해를 얻을 수 있을 터이다.

　그는 작가이면서 엄청난 다독가이다. 이 책은 독서를 통해 구축된, 작가 이전의 한 자연인의 사유가 어떤 독창성을 유지하고 있는지 명확하게 보여준다.

이미 시중에 나온 소설이나 산문집을 읽고, 또 SNS를 통해 지속적으로 그의 글을 접해왔다. 그리고 이번에 출간된 '소설가의 변명'이라는 책을 '소가 되새김질 하듯' 찬찬히 읽어내렸다.

그의 글에 대한 느낌은 특급호텔 일류 요리사의 잘 벼려낸 칼날과 같다는 것이다. 독특한 사유와 시니컬한 위트, 부조리, 허무, 그리고 휴머니즘이 제 색깔을 잃지 않으면서 조화롭게 버무려져 있다. 산문집을 통해 이렇게 여러 맛을 한꺼번에 볼 수 있다는 것은 희귀한 경험이었다. 능수능란하게 글을 요리하는 그의 칼질 솜씨가 없었다면 아마 쉽지 않았을 것이다.

그는 범속한 일상에서 쉽게 알아챌 수 없는 삶의 이면을 포착하는 데 천부적인(또는 동물적인) 감각을 지니고 있다. 인생의 생물학적 나이가 그렇게 많지 않다는 점을 떠올린다면, 그의 날카로운 눈은 부럽기만 하다.

'나는 인간의 악의, 악행, 도덕적 타락에 대한 이해가 선의에 대한 이해보다 인간의 본질을 설명하는 데 훨씬 수월하고 유효하다는 판단을 하고 있다는 것이다. 이것 역시 비관주의자다운 것이겠지만 선의는 보통 위장되거나 왜곡되어 있기 쉽지만 악의나 악행은 있는 그대로의 것일 가능성이 크기 때문이다.'(비관주의자, 24p)

〈중략〉

그의 산문집에서 어떤 경우에는 베르나르 베르베르의 '상상력 사전'에서 맛본 '영감'이 떠오르고, 다자이 오사무의 '인간실격'에서 느꼈던 진한 허무가 생각나고, 데이비드 샐린저의 '호밀밭의 파수꾼'에서 읽어낸 시니컬한 유머와 세상에 대한 조롱을 읽어내기도 했다. 하지만 그의 산문집에서 무엇보다 빼놓고 생각할 수 없는 것은 이웃에 대한 따뜻한 연민의 정이다.

'어쨌거나 그(왜소증 장애인)를 만나는 아침이면, 무언가 죄스럽고 민망한 기분이 감정의 골을 가득 메운다. 이 알량한 양심과 윤리로 삶에 드리운 겨울의

강을 건너가고 있다. 오늘 하루 그에게 영광 있기를. 내 마음속 연민과 안도 사이에 놓인 비겁의 징검다리를 본다.'(238p)

〈중략〉

어느 시기에 '우리 시대 주목할 만한 작가'라는 코너가 생긴다면 나는 작가 김도언을 천거하기에 주저하지 않을 것이다.

〈나성률, 전자신문 2015.06.14〉

❶ 글쓴이가 분석한 내용이 무엇인지 찾아서 정리하고 이야기해보십시오.

❷ 내가 서평을 쓴다면 어떤 내용을 추가하면 좋겠는지 이야기해보십시오.

4. 표현하기

서평을 쓰려면 1차적으로 책의 핵심 내용을 정확하게 파악해야 한다. 즉, 독서 과정에서 책의 내용을 분석해서 저자가 말하려는 중심 생각을 파악해야 한다. 그런 후에 글쓴이 자신의 생각과 저자의 생각을 비교한 후에 책의 가치나 의미를 파악해서 기술해야 한다. 또한 서평은 궁극적으로 책을 소개하는 목적을 가지고 있다. 독자들에게 책의 강점과 단점을 명확하게 설명해야 한다. 따라서 책의 내용이나 가치를 부풀려서 기술하는 것은 바람직하지 않다. 서평을 쓸 때 다음과 같은 항목을 고려해서 써야 한다.

> **TIPS** 서평에 포함되어야 하는 내용
> ❶ 저자 탐구: 저자의 프로필이나 성장배경, 사상적 배경 및 학문적 업적 등을 소개한다.
> ❷ 책의 내용: 책의 개요를 소개하면서 주요 내용을 발췌하여 인용한다.
> ❸ 평가: 저자의 주장과 견해의 독창성, 가치, 한계를 분석한 내용을 기술한다.

※ 읽은 책 중에서 가장 소중한 친구에게 추천하고 싶은 책을 선정해서 서평을 써보십시오.

(1) 책 선정

• 제목:

• 저자:

• 출판사:

• 출판연도:

(2) 구성하기

구성	단락	진술 내용
시작	단락 1	
중간	단락 2	
	단락 3	
	단락 4	
끝	단락 5	

(3) 집필하기

구성한 개요에 따라 서평을 써보십시오.

제목:

글쓴이:

지식인의
글쓰기

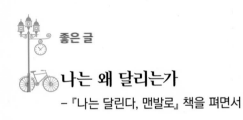

나는 왜 달리는가
– 『나는 달린다, 맨발로』 책을 펴면서

백 우 진

"인생에 있어서 멀리 희미하게 보이는 것보다는 가까이 있는 분명한 일들을 먼저 해야 한다."

영국 역사가 토머스 칼라일(1795~1881)의 말이다. 당시 내게 미래는 불투명했고 내 목표는 더 어렴풋했다. 난 앞으로 나아가지 않은 채 어느 길로 갈지 궁리하며 남는 시간을 허비했다. 내 일상은 내면과 겉돌았다.

쳇바퀴를 돌리는 일상에 매듭을 지을 무언가가 필요했다. '무언가에 열중하다 보면 멀리 희미하게 보이던 일이 윤곽을 드러내겠거니' 생각했다. 궁리하는 즈음 내가 근무하던 월간 매체의 대표가 풀코스를 완주했다. 그에게서 자극받아, 변화를 모색할 활동으로 달리기를 택했다. 2003년 11월 중순이었다. 2004년 목표 중 하나로 풀코스 완주를 올렸다.

마라톤을 하게 된 다른 동기는 건강 회복이었다. 잦은 술자리와 꾸준한 흡연에 운동 부족으로 피돌기가 원활하지 않았다. 잠자다 종종 팔이 마비되는 증상에 시달렸다. 40대를 앞두고 건강을 관리할 때였다.

사람들이 마라톤을 하는 목표는 넷 정도로 구분되는 듯하다. 첫째가 건강을 되찾는 것이고, 둘째는 일상의 변화를 꾀하는 것이다. 셋째, 성취 지향적인 사람이 또 다른 목표로 마라톤을 잡는 경우다. 넷째는 운동 마니아가 자신의 종목에 마라톤을 추가하는 경우다. 나는 첫째와 둘째가 합쳐진 유형이었고, 두 목표를 이뤘다.

2004년 봄에 하프 마라톤을 처음 완주했다. 10월 말 가을 대회에서 생애 첫 풀코스를 뛰었다. 기록은 4시간 13분이었다. 이후 풀코스를 약 50번 완주했다. 개인 최고 기록은 3시간 37분이다.

'인생은 마라톤과 같다.' 이 말의 의미는 마라톤을 완주한 사람만이 온전하게 체득해 실행할 수 있다. 인생과 동일하게 마라톤은 누적적이다. 작은 차이가 큰 변화로 나타난다. 예를 들어 100m를 1초만 빨리 달려도 풀코스 기록을 약 422초, 7분 2초나 단축할 수 있다. 마라톤을 하면서 나는 이처럼 작은 차이라도 오래 쌓으면 큰 성과를 만들 수 있다는 이치를 터득하고 실천하게 됐다. 마라톤하듯 이룬 성과 중에는 금연도 있다. 하루 금연이 일주일이 되고, 한 달이 되며, 일 년이 됨을 믿고 실행해 담배를 끊을 수 있었다.

마라톤의 뜻밖의 특징이 정신적인 운동이라는 것이다. 처음 뛸 때에는 잡념이 계속 머리 안팎을 드나들고 뇌수를 오르내린다. 그러나 오래 뛰다 보면 잡념이 씻겨나가고 미릿속이 맑아진다. 유산소 운동의 장점인 두뇌 활성화는 달리기의 기본적인 장점이다.

마라톤의 '정신성' 중 정점에는 명상 효과가 있다. 명상으로 도달하는 명경지수의 경지를 선(禪)이라고 부른다. 그 경지에서 정신과 마음은 지극히 잔잔하고 맑아진다. 달리다 보면 맞이하는 '러너스 하이'가 바로 그런 상태다. 러너스 하이에 들어서면 몸이 잘 닦인 레일 위를 저절로 미끄러지는 듯하고, 마음은 한없이 고요하면서도 경쾌해진다.

내 생각에, 명상에 이르는 여러 경로 중 쉬운 것이 러닝이다. 왜냐하면 일정한 박자로 착지하는 동안 그 리듬이 뇌에 계속 자극을 주는데, 규칙적인 진동은 뇌의 전두엽이 명상에 진입하기에 유리한 조건이기 때문이다. 불교에 '행주좌와 어묵동정(行住坐臥 語默動靜)이 모두 선'이라는 말이 있다. 일상의 순간순간이 모두 선이 될 수 있다는 의미이다. 나는 이를 바꿔 "행주좌와 어묵동정(行住坐臥 語默動靜)이 모두 선이고, 그중에 주(走)가 가장 쉽다"고 주장한다.

마라톤은 신체뿐 아니라 정신의 지구력도 단련해 준다. 정신력과 체력은 분리하기 어렵다. 정신력은 체력을 키우는 과정에서 강해진다. 물론 정신의 지구력을 정신적인 활동을 통해서 끌어올릴 수도 있겠다. 그러나 마라톤과 같은 운동이 더 체계적이고 효과적이다. 운동은 목표 설정과 도달을 수치로 측정하고 관리할 수 있어서다.

마라톤에는 글 한 꼭지에는 도저히 담지 못할 많은 이야기가 있다. 그래서 작가 무라카미 하루키는 책 『달리기를 말할 때 내가 하고 싶은 이야기』를 썼고, 나는 『나는 달린다, 맨발로』를 썼다. 내 책이 '맨발'이어서 내키지 않는가? 하루키 책을 읽어보라. 달리기가 들려주는 이야기와 유혹에 한번 자신을 노출시켜 보라.

사람은 달리게끔 태어났다. 게다가 어느 포유류보다 더 오래 뛸 수 있도록 만들어졌다. 그러므로 사람이라면 누구나 오래 달릴 수 있다. 이를 간결하게 표현한 명언이 있다. '새는 날고 물고기는 헤엄치고 사람은 (오래) 달린다.' 뛰자, 뛰자, 오래 뛰어보자꾸나.

백우진 번역가, 저술가, 글쓰기 강사, 가천대 미디어커뮤니케이션학과 겸임교수. 서울대학교 대학원 경제학 석사 학위, 동아일보 기자와 편집장 역임. 저서 《슈퍼개미가 되기 위한 38가지 제언》, 《일하는 문장들》, 《백우진의 글쓰기 도구상자》, 《단어의 사연들》 등이 있음

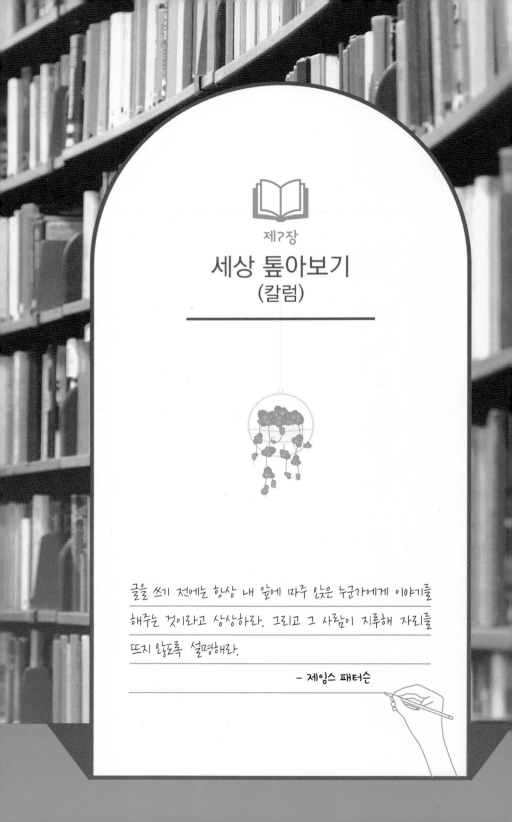

제7장

세상 톺아보기
(칼럼)

글을 쓰기 전에는 항상 내 앞에 마주 앉은 누군가에게 이야기를 해주는 것이라고 상상하라. 그리고 그 사람이 지루해 자리를 뜨지 않도록 설명해라.

― 제임스 패터슨

1. 알아보기

칼럼은 신문, 잡지 따위의 고정된 난을 두고 주로 시사, 사회, 풍속 등의 문제에 관하여 짧게 평가를 하는 글이다. 칼럼 쓰기는 사회와 공동체를 성찰하는 대학생으로서 사회 인식을 확립할 수 있는 계기를 마련할 수 있는 글쓰기이다. 더욱이 칼럼은 자신의 정보와 정서를 정확한 문장으로 표현하고 전달하는 훈련의 촉매가 될 수 있다. 일상에서 문제의식을 발견하고 자신의 언어로 표현하면서 '더 나은 세계'를 위해 사고의 스펙트럼을 확장할 수 있을 것이다.

칼럼은 자신이 함께 살아가는 사회를 관찰하고 문제의식을 발견하는 목적을 성취해야 하는 글쓰기이다. 칼럼 쓰기에서 대학생인 자신의 삶과 관련된 주제를 선정하여, 자신의 경험을 토대로 글을 작성할 수 있도록 안내하는 것이 필요하다. 칼럼의 주제는 다양하겠지만, 칼럼 글쓰기에 적합한 주제로 세 가지를 제시할 수 있을 것이다.

첫 번째 주제는 복지에 대한 인식과 가치관을 정립하는 문제이다. 복지의 가치, 신념, 행동 지향에 대한 인식을 사회구성원들과 공유함으로써 집단적 의식으로 확장할 수 있을 것이다.

두 번째 주제는 자신의 진로이다. 대학생 스스로가 자신의 특성을 이해하고 다양한 역할을 수행하면서 자신의 정체감을 확립하고 이를 기초로 진로에 대해 구체적으로 탐색하고 의사결정을 하며, 더 나아가 자신의 미래상을 구축할 수 있는 계기를 마련할 수 있다.

세 번째 주제는 공감과 연대이다. 공감과 연대의 정신을 함양하는 것은 대학생들에게 중요한 가치이다. 현대 사회에서 강조되고 있는 책임감 있는 시민, 정의로운 시민, 다문화적 시민, 세계 시민 등 다양한 정체성과 역량을 가진 '시민상(市民像)'으로 확장할 수 있는 기회를 마련할 수 있을 것이다. 이를 통해 자신과 세상을 변화시킬 수 있는 성숙한 인격체로서 '윤리적인 시민'의 역량을 기를 수 있을 것이다.

한편, 칼럼 글쓰기를 매체에 공유함으로써 사회적 공론장에 참여할 수 있도록 할 수 있다. 글쓰기의 활동 결과를 자신의 블로그, 카페, SNS 등에 올려서 다른 사람과 공감하는 기회로 삼을 수 있다. 더 나아가 신문이나 잡지에 기고하여 글쓰기의 효능감을 극대화시키고 사회적 공론을 형성하는 지식인이 될 수 있도록 유도할 수 있다.

2. 톺아보기

논리적이고 딱딱한 '사설'과 달리 칼럼은 글쓴이의 주장이나 신념을 비교적 자유롭고 부드러운 표현으로 드러낼 수 있다. 칼럼의 성격은 신문과 잡지 등 지면의 성격에 따라 다소 차이가 있다. 대개 일화, 인용, 의견, 주장 등으로 전개해 나간다. 일화가 많이 인용되기 때문에 칼럼은 독자들의 흥미를 끌 수 있다.

① 준비하기

1) 화제인 현안문제를 정한다.

한국 사회를 성찰하며 화제인 글감을 정해야 한다. 이때 다양한 신문이나 잡지의 칼럼을 수집하고 정리해서 우리 사회의 중요한 문제들을 투영하고 있는 화제를 선택해야 한다. 이때 글쓴이가 주목할 수 있는 관심 영역으로 선택하는 것이 글쓰기 동기부여를 높일 수 있다.

2) 화제에 대해서 분석한다.

책 선정이 끝났다면, 현안문
제에 관심을 갖고 비판할 수 있
는 능력이 있어야 한다. 사회에
서 일어나는 문제를 피상적으
로 보지 않고, 문제의 원인과
결과를 탐색하는 과정이 필요
하다. 현안문제를 폭넓게 사고
하고 다양한 관점에서 분석할 수 있어야 한다. 필요하다면 동료들과 토의와 토
론을 하면서 화제에 대한 글쓴이의 생각을 확장시킬 수 있다.

3) 글을 읽을 독자를 정한다.

내가 쓴 칼럼의 독자가 누구인지 정해야 한다. 과제로 부여된 칼럼을 쓴다면
글의 독자는 선생님이겠지만, 개인 블로그나 카페에 올릴 칼럼이라면 불특정
다수일 것이다. 칼럼은 신문사나 잡지사에 투고할 수도 있다.

4) 글의 주제를 정한다.

주제는 글의 내용에서 가장 중심이 되는 생각과 참된 의도이다. 글을 쓸 때,
글쓴이가 '무엇'에 대해 글을 쓸 것인지 정확하게 아는 것은 매우 중요하다. 따
라서 쓰고자 하는 글의 주제를 구체적으로 정해야 한다.

5) 주제문은 화제, 주제를 구체화하는 과정을 통해 진술할 수 있다.

'화제-주제-주제문'의 3단계에 걸쳐 주제문을 작성하는 일은 글의 전체적인
논지를 일관되게 유지하는 데 꼭 필요한 일이다.

○ 그림 7-1_ 주제문 쓰기 예시

② 칼럼 구성하기

구성은 주제를 효과적으로 표현하기 위해서 수집한 자료를 배열하여 글의 틀을 만드는 과정이다. 칼럼도 한 편의 글이므로 전체 글이 '시작-중간-끝'의 형식을 갖출 수 있도록 구성해야 한다.

⊞ 표 7-1_ **칼럼 구성하기**

구성	단락	진술 내용
시작	단락 1	• 문제 제기 • 독자의 관심 유발 및 호기심 환기 • 주제 선정 이유 제시
중간	단락 2	• 문제에 대한 상황 서술과 원인 분석 • 문제로 인한 결과나 영향 제시 • 글쓴이의 입장 또는 주장을 구체적인 기술 • 실현 가능한 해결방안 모색 또는 평가
중간	단락 3	
중간	단락 4	
끝	단락 5	• 문제에 대한 해결방안 제시 • 전망 또는 문제해결 실현 가능성 제시

시작 부분에서는 글쓴이가 선정한 화제에 따라 문제를 제기하고, 주제에 대한 선정 이유를 기술한다. 또한 독자의 관심을 끌고, 지적 호기심을 불러일으킬

수 있는 내용도 기술하는 것이 필요하다. 중간 부분에서는 문제에 대한 상황을 기술하고 문제가 발생하게 된 원인을 분석하여 제시한다. 또한 문제로 인해 야기된 결과나 사회·문화적 영향을 분석하여 글쓴이의 입장 또는 주장을 구체적으로 기술해야 한다. 그런 후에 제제에 대한 실현 가능한 해결방안 모색 또는 평가가 이루어져야 한다. 마지막으로 끝부분에서는 문제에 대한 해결방안을 제시하고 그 실현 가능성을 기술하거나 전망을 예측하여 기술한다.

③ 효과적인 진술 방법

책의 내용이나 가치를 평가하는 서평과 달리 칼럼은 시사, 사회, 풍속 등의 문제에 관하여 짧게 평가를 하는 글이다. 칼럼은 글쓴이가 쓰고자 하는 화제, 즉 현안문제에 대한 다각적이고 객관적인 분석이 필요하다. 따라서 칼럼의 효과적인 진술 방법으로 '분석'을 제시할 수 있다.

Getty Images

분석은 복잡한 개념이나 현상을 줄여서 개별적인 요소나 성질을 나누는 것이다. 그러나 분석은 단순히 구분에서 그치는 것이 아니라 각 요소가 전체와 어떤 관계를 맺고 있는지를 찾아내야 한다. 따라서 분석은 사물이나 행위 따위의 내용을 판단하고 이해하는 해석에 가깝다고 할 수 있다. 칼럼을 쓸 때, 문제에 대한 원인과 결과를 탐색하는 과정이 필요하고, 이 탐색 과정을 통해서 현안문제를 폭넓게 사고하고 다양한 관점에서 평가해야 한다. 칼럼을 쓰기 위한 문제 분석의 절차는 다음과 같다.

1단계 · 화제(현안 문제) 선정 및 주제문 설정
· 자료 수집 및 정리

2단계 · 현안 문제에 대한 다각적인 분석과 평가
· 글쓴이의 의도와 주장 도출하기
· 글쓴이의 경험, 인용문(현안 문제에 대한 평가와 관련된 자료), 에피소드 등을 정리하여
논거 만들기

3단계 · 객관적이고 사회 · 문화적인 가치 평가 준거 설정
· 현안문제를 진단하고 종합적으로 평가

©www.hanol.co.kr

🔵 그림 7-2_문제 분석 과정

3. 관찰하기

① **UAE 원전, 한국 원자력의 역사를 쓰다**

이 칼럼은 한국의 원자력 발전이 국격을 높여주고, 세계 평화에 기여하길 바라는 글쓴이의 바람을 담고 있다. 이 글을 읽고 대한민국의 탈원전 정책의 문제를 다시 생각해봅시다.

※ 다음 칼럼을 읽고 이야기해보십시오.

🔍 예시 글 **UAE 원전, 한국 원자력의 역사를 쓰다**

대한민국은 지난 반세기 제조업과 지식기반 산업을 중심으로 급속한 성장

을 이뤘다. 이를 바탕으로 최근에는 다양한 기술의 융복합을 통해 4차 산업 혁명 시대로 진입하고 있다. 급속한 시대 변화와 더불어 원자력 산업은 오랜 기간 국내 에너지의 기저로서 국가발전의 원동력이 돼왔다. 현재는 국내에 24기의 원자력발전소를 가동하고 있으며, 아랍에미리트(UAE) 원전 수출을 통해 글로벌 원전 공급국으로 성장했다.

최근 대한민국 최초의 수출 원전인 UAE 원전 1호기가 상업 운전에 착수했다는 기쁜 소식을 듣게 됐다. 평생을 우리 원자력 기술 개발과 안전성 향상을 위해 일해온 필자에겐 경사를 넘어 새로운 역사로서, 감격스러운 마음을 금할 수 없다. 수주 당시, 주 계약자인 한국전력은 국내의 여러 원전 협력사들과 함께 '팀 코리아' 군단을 출범시켰고, 2011년 3월 UAE의 바라카 지역에서 4개 원전이 동시에 건설되는 대역사의 첫 삽을 떴다. 오랜 건설 기간을 거쳐 지난해 2월 1호기 운영 허가를 받은 이후, 약 1년간의 최종 성능시험을 거쳐 마침내 지난 4월 6일 첫 번째 상업운전 개시를 발표했다. UAE가 아랍지역 최초로 평화적 목적의 상업용 원전 이용 국가가 된 것이다.

포스트 석유 시대에 대비한 에너지 다변화, 청정에너지 확대 및 온실가스 감축 노력 등 UAE 정부가 '아부다비 경제비전 2030'에서 계획했던 혁신적인 정책들이 하나씩 결실을 보기 시작했다. UAE 정부의 선도적인 에너지 정책은 주변 아랍국들에 큰 자극이 될 것으로 기대된다. 더욱이 그 중심에는 한국의 최신 원자로 'APR 1400'이 있었다. 또한 사막과 고온다습한 기후, 다국적 노무자 관리, 장거리 운송 등 열악한 조건을 이겨내고 대역사를 성공시킨 한국 기업의 사업 역량이 있었다. 글로벌 원전시장의 평가와 찬사가 이어질 것으로 기대하며 제2, 제3 원전 수출의 강력한 원동력이 될 것이다.

〈중략〉

미래 세대에게 비전을 줄 수 있는 안전한 원자력, 글로벌 대한민국의 국격을 높여주는 신뢰의 원자력, 전 세계에 평화와 빛을 제공하는 희망의 원자력이 되기를 기대한다. UAE 원전 1호기의 상업운전 개시를 다시 한번 축하하며, 이를 성공적으로 이끈 모든 분에게 감사와 존경의 박수를 보낸다.

〈장순흥, 중앙일보, 2021. 04. 16〉

❶ 대한민국의 탈원전 정책에 대한 사회적 인식과 쟁점을 조사하고 이야기해보십시오.

❷ 필자의 주장에 대한 자신의 견해를 정리하여 이야기해보십시오.

② 한국 청년 잔혹사

이 칼럼은 날로 심각해지는 청년 문제를 다룬다. 글쓴이는 청년에게 유용한 대책을 마련해야 하는 정부나 지자체가 늦장 대응을 하는 것을 질타하고 있다. 이 글을 읽고 한국의 청년 문제를 다시 생각해봅시다.

※ 다음 칼럼을 읽고 이야기해보십시오.

📖 예시 글   한국 청년 잔혹사

　불볕더위가 점령한 도심은 적막하다. 휴가를 갈 수 있는 사람은 떠났다. 비행기로, 기차로, 승용차로 평소 바쁜 일상 속에서 점지해 둔 힐링의 마을을 향해 떠났다. "열심히 일한 당신, 떠나라"- 격무에 시달리던 심신을 유혹한 어느 광고 카피처럼 몇 장의 신용카드와 휴가비를 단단히 챙겨넣고 떠났다. 떠나지 못한 사람들이 삼복더위에 지친 도심을 지켰다. 열심히 일하지도 못했고, 열심히 일할 기회도 없고, 열심히 일할 전망도 보이지 않는 세대, 청년세대 말이다. 다음 학기 학비와 생활비를 벌어야 하는 편의점 알바, 식당 파트타이머, 가정교사, 그리고 스펙 쌓기에 여념이 없는 취업준비생, 시험을 앞둔 각종 고시생, 임시직과 일용노동자. 여기에 대학입시에 올인하는 고등학생 200만 명을 합하면 16~29세 청년세대가 텅 빈 도심을 지켰다는 말이 된다. 의당 그래야 한다고? 그들은 휴가를 즐길 자격이 없다고? 아니다. 한국처럼 청년세대에 잔혹한 나라가 없다.

　바캉스를 업무보다 중시하는 프랑스는 청소년에게도 '휴가 향유권'을 부여해 역사 명소 탐방, 체육활동, 영화·연극 관람용 '할인카드'를 제공한다. 이름하여 '여름 연대'다. 스포츠를 중시하는 영국은 취약계층과 청소년에게 각종 체육시설, 테니스, 볼링을 부담 없이 즐기도록 '여가 여권(leisure passport)'을 발급한다.

　지난 국무회의에서 언급된 호주의 '청년수당'은 너그럽기로 유명하다. 16~25세 정규 학생, 직업 훈련자, 인턴, 구직청년에게 매월 50만 원가량 격려금이 지원되며, 26세 이상 성인도 계속 배우고자 한다면 교육지원금(Austudy)을 받을 수 있다. 말하자면 '청년을 위한 나라'다. 돈이 많아서도 기성세대가 너그러워서도 아니다. 휴가와 여가는 시민교육이다. 청년 시절에 시민정신을 길러 공존사회를 만들라는 준엄한 명령이고, 미래 역량을 쌓아 노후를 책임지라는 기성세대의 보험금이다.

한국도 부서별로 뒤져보면 이런 유형의 지원금이 없는 것은 아니지만 주로 학업 관련 장학금이 주류를 이룬다. 학비 보조·반값 등록금·국가장학금·문화 바우처가 그것인데, 주로 취약계층과 저소득층에 집중되어 있다. 지방자치단체가 청년과 퇴직자를 위해 구직·취업지원 제도를 더러 운영하고는 있으나 독일의 연방 고용청, 스웨덴의 노동시장국과 같이 전국망과 연결된 총괄체계는 물론 아니고 소정의 생계비도 기대할 수 없다. 돈이 없어서가 아니다. 그런 목적에 돈을 써본 적이 없고, 심지어는 '포퓰리즘' 혹은 '도덕적 해이'라고 간주한다.

〈중략〉

거꾸로 묻고 싶다. 청년들이 절규하는 동안 정부와 여당은 무엇을 했는지를.

〈중략〉

청년수당·공공산후조리원을 외친 이재명 성남시장을 정부가 틀어막았다. 모두 청년을 위한 고육지책임에도 '보편적 복지'가 아니라는 이유다. 위화감을 조장하지 않는 청년적응수당을 신설하면 되지 않는가. 정보영상세대의 필수품인 인터넷 비용, 신문 저널 구독비, 교통비, 취업훈련비, 구직비 등 청년복지 선진국들이 짜낸 프로그램 명칭은 다양하고 길다. 입 발린 소리만 해대는 정부, 자신이 구축한 생존법칙에 청년세대를 가둬버린 기성세대에게 그런 리스트는 외계인의 발상이고, 자수성가한 세대, 기업 살리기에 12조 원을 쏟는 정부에 청년 현금 살포는 부도덕할 뿐이다.

그런데 한번 인구구조를 보라. 10~29세 연령대 1,240만 명이 50대 이상 1,750만 명을 먹여 살려야 할 날이 곧 다가온다. 9세 이하 아동인구는 450만 명으로 반 토막 났다. 20년 후 1명이 4명을 먹여 살려야 하는 생지옥이 된다. 청년수당은 미래 세대에 대한 작은 저축일 뿐인데, 지난 국무회의에서 서울시

장과 보건복지부·고용노동부 장관 간 오간 '격론'은 불과 10분 정도였다. 보도에 의하면 대통령과 각료, 수석들은 침묵했다. 하찮은 일이라서 그랬을까, 아니면 봇물 터질까 두려웠을까. 그런데 다음 날, 대통령은 저출산 문제를 '국가 존망이 걸린 국정 제1과제'로 규정했다. 특별 기구를 만들었다고도 했다. 청년 수당조차 거부하는 판에 애 낳을 작은 집과 일정 소득을 어찌 보장한다는 말인가. 청년일자리를 위해 시작된 노사정 합의도 제 밥 챙기기로 해산했다. 청년을 불볕더위로 몰아넣는 현대판 노역제, 이것이 한국 청년 잔혹사의 현 주소다.

〈송호근, 중앙일보, 2016. 08. 08〉

❶ 현대사회의 핵심 문제인 '청년문제'에 대해 조사하고 이야기해보십시오.

❷ 청년 문제에 대한 자신의 견해를 정리하고 이야기해보십시오.

❸ 나는 조신하지 않다

이 칼럼은 전통적 여성성, 남성성의 기준을 지적하며 사회에서 자신의 역할을 고정시켜서는 안 된다고 주장하고 있다. 이 글을 읽고 사회 관습에 따른 고정관념에 대해서 우리는 얼마나 자유로울 수 있을까를 생각해봅시다.

※ 다음 칼럼을 읽고 이야기해보십시오.

> 🔍 **예시 글   나는 조신하지 않다**
>
> "다리 오므리고 앉지 못해? 쯧, 여자가 조신하지 못하게 말이야." 할아버지 한 분이 버스에 타더니 앞자리에 앉은 여자 승객에게 대뜸 소리를 질렀다. "이러니 나라꼴이 엉망이 돼!" 그리고 온 버스 안을 휘저으며 같은 말을 반복했다. 어안이 벙벙했다. 그러면서도 나도 모르게 시선을 내려 발끝을 확인했다. 별안간 머릿속에 '조신이 뭐지?'라는 생각이 스쳤다. 사전에 따르면 '몸가짐을 조심하고 얌전하다'는 뜻이다. 부정적인 의미는 전혀 담겨 있지 않다. 하지만 그 할아버지가 "여자는 조신해야 한다"고 외칠 때엔 전통이라는 이름의 편견과 고정관념이 깊이 배어 있었다.
>
> 〈중략〉
>
> 대중매체 속에서도 여성은 조신하게 그려지는 경우가 많다. 의식적이건 아니건 단어 사용에서부터 그런 생각이 묻어난다. 사람들은 자기주장이 강하고 자기가 할 말을 다 하는 여성을 '기가 세다'고 말한다. 반면에 자기주장을 강하게 펼치는 남성은 '카리스마'가 있다고 표현한다. 드라마 속의 여성과 남성은 자기주장이 강하다는 공통점이 있지만 각자 다른 단어로 불린다. 그 둘의 다른 점은 오직 생물학적 성별뿐이다. 생각해보면 어릴 때부터 그런 생각을 주입받아 왔다. 나는 초등학교 때 바느질을 못한다고 '여자답지 못하다'는 말을 들었다. 하지만 같은 반 남자아이는 조용히 책을 읽기를 좋아한다는 이유

로 '남자답지 못하다'고 평가됐다.

여자다운 것과 남자다운 것이 무엇일까. 여자 아이는 가정적이고 순종적이며, 남자아이는 씩씩하고 용감해야 하는가. 조금씩 바뀌고 있다지만, 과거에서부터 내려온 고전적이고 틀에 박힌 성별관이 여전히 만연해 있다. 그리고 이는 종종 차별적인 대우로 이어진다. 사람 성격은 남자냐 여자냐로 결정되지 않는다. 모두가 나름대로의 성격과 특성이 있다. 그리고 그 성격에 맞는 역할을 맡을 때 즐겁고 행복하게 잘해 낼 수 있다. 남녀라는 획일화된 성별관에 따라 사회에서의 내 역할을 고정시켜서는 안 된다. 나는 조신하다기보다는 활발한 사람이다. 그리고 나는 여성이라는 이유로 반드시 조신하지 않아도 된다. 우리가 일상적으로 사용하던 단어에 대해 한 번씩 더 생각해 보는 것은 어떨까. 나는 '나다움'과 관계없이 '조신함'을 강요받고 있지는 않았을까?

〈윤예린, 중앙일보, 2017. 02. 11〉

❶ 고정관념의 차이로 발생하는 세대 간의 갈등의 예를 조사하여 이야기해보십시오. 예를 들면 '된장남 : 된장녀'와 같은 사회적 담론에 대한 경험담을 이야기해보십시오.

❷ '나다움'을 찾는 과정에서 개성을 추구하는 문제와 사회적 관념이 충돌할 때, 나는 어떻게 할 것인지 이야기해보십시오.

칼럼을 쓸 때는 칼럼의 성격에 맞게 쓰는 것이 중요하다. 글쓴이는 신문이나 잡지의 고정란에 연재되는 칼럼을 찾아서 많이 읽어보는 것이 필요하다. 칼럼을 읽는 과정에서 칼럼의 형식이나 구성에 대한 특징을 살필 수 있을 것이다. 또한 독자의 공감과 관심을 끌 수 있게 개성적으로 표현하는 것이 중요하다. 즉, 독자에게 인상적이며 여운을 느끼도록 써야 한다.

 칼럼에 포함되어야 하는 내용
① 화제(문제)에 대한 일화, 명언, 경구, 인용, 에피스드
② 문제 상황, 원인 분석, 문제가 야기한 결과
③ 문제 해결을 위한 방안(주장)과 평가
④ 문제에 대한 전망

※ 다음 제시된 사회 문제에 대한 칼럼을 써보십시오.

1) 화제 정하기

- 취업, 주거, 미래와 관련된 청년문제
- 다문화사회
- 난민 인권
- 환경오염
- 질병 문제
- 가짜 뉴스
- 차별
- 수명 연장과 고령화

- 인공지능과 사회변화
- 탈원전정책
- 메타버스 세계
- 연애와 결혼

2) 구성하기

구성	단락	진술 내용
시작	단락 1	
중간	단락 2	
	단락 3	
	단락 4	
끝	단락 5	

3) 집필하기

구성한 개요에 따라 서평을 써보십시오.

제목:

글쓴이:

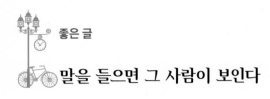

말을 들으면 그 사람이 보인다

김용경

인간이 살아가는 데 말이 없었다면 과연 인간다운 삶을 살 수 있을까? 참으로 궁금한 일이다. 그러나 오늘날의 상황으로 본다면 결코 가능한 일이 아니다. 인간이 있는 곳에 말이 있다.

그 한 예로, 신이 인간을 창조할 때에도 말을 통해서 세상을 만들어냈다. 성경의 창세기에 보면 '하나님이 가라사대 빛이 있으라 하시매 빛이 있었고, 그 빛이 하나님의 보시기에 좋았더라.'는 대목이 나온다. 모든 인류의 역사가 말에 의해서 시작된 것이다.

신라시대의 가요인 해가(海歌)에도 말과 관련해 전해오는 배경설화가 있다. 순정공의 아내인 수로부인은 미모가 뛰어나서 모든 사람들이 그를 흠모할 뿐만 아니라 신령이나 바다의 용들까지도 욕심을 내었다. 그래서 남편을 따라 지방을 돌아다닐 때는 산신령이나 용들에게 납치되는 경우가 많았다.

한번은 순정공이 강릉 태수로 부임하는 길이었는데, 동해용왕이 수로 부인을 납치해 갔다. 주위에 있던 사람들이 그 광경을 보고도 어찌할 바를 모르고 발만 동동 구르고 있었다. 그때 지나가던 노인이 '여러 사람의 입은 쇠도 녹일 수 있다.'는 암시의 말을 건네주면서 노래를 부르게 했는데, 이것이 '해가(海歌)'이다. 그 노래의 내용은 대략 이렇다. '거북아, 거북아, 수로를 내어놓아라. 부녀자를 약탈한 죄 얼마나 큰지 아느냐? 만약에 명령을 어기고 내어놓지 않으면 그물로 잡아서 불에 구워 먹겠다.' 결국, 용왕은 이 위협적인 말에 백배 사죄하고 수로 부인을 도로 놓아주었다.

여기서 우리가 주목할 것은 말의 힘이다. 무소불능의 용왕도 여러 사람이 합심해서 소원하는 말에는 꼼짝 못하고 말았다는 것이다. 그러기에 우리가 이웃을 위해 평안을 빌면 그 평안이 그들과 함께할 수 있다. 우리가 저주하면 그 저주가 그들에게 임할 수 있다.

세계를 인식하는 것은 어떤 말을 사용하는지에 따라 다르다. 저명한 언어 철학자 훔볼트는 '우리는 언어가 우리에게 주는 대로 현실을 인식한다'고 말했다. 인간은 언어를 엮어내는 바로 그 과정을 통해서 언어에 의해 구속된다. 또 바이스게르버는 '우리가 세계를 인식할 때 그 세계를 바로 인식하는 것이 아니라 언어를 통해서 인식한다'고 하였다. 따라서 같은 객관적인 세계를 보고 있더라도 언어가 다르면 인식하는 것도 다르다. 같은 무지개를 바라보고 있다고 해도 한국 사람들은 일곱 가지의 색깔로 구분하지만 영국 사람들은 다섯 가지의 색깔로 구분하게 된다. 이는 언어의 차이 때문이다. 결코 하늘에 뜨는 무지개가 달라서 그런 것은 아니다.

더 나아가 같은 언어라 할지라도 개인이 사용하는 말에 따라서 그 개인의 특성이 달라진다. 한 사람의 언어가 빈약한지, 풍부한지, 애매한지, 분명한지, 혼돈상태에 있는지, 정리되어 있는지에 따라서 그 사람의 사람됨도 역시 빈약하든지, 풍부하든지, 애매하든지, 분명하든지, 혼돈상태에 있든지, 잘 정리되어 있든지 하다. 말에 조리가 없고, 애매한 사람은 그의 사람됨도 두서가 없고 애매하다.

마음이 어두운 사람은 그의 말이 어둡다. 거칠고 남을 해하는 마음이 있다면 그의 말은 거칠고 온갖 독설로 가득 차게 된다. 세상을 등지고 사는 사람의 말은 늘 일그러져 있다. 그러나 마음에 사랑이 넘치고 기쁨이 가득한 사람의 말은 부드럽고 긍정적이며, 다른 사람에 대한 배려의 말이 넘친다. 은혜를 아는 자의 말에는 항상 감사의 말이 나온다.

남을 한없는 미움의 구렁텅이로 몰아넣게 만드는 말을 해서는 안 된다. 설사 그럴 상황이 오더라도 이를 악물고 참아서 입 밖으로 새어나오지 않게 하

자. 목으로 치밀어 올라와도 아랫배를 꾹 누르며 입술을 앙 다물고 참아보자. 우리는 모두 약한 사람이기 때문에 이런 상황에서 천사와 같은 마음만 가질 수는 없다. 그래도 이런 말들을 자주 내뱉는다면 그의 마음이 자기도 모르는 사이에 일그러질 수밖에 없다. 가능하면 좋은 말만 하기 위해 노력하는 수밖에 없다.

그래서 우리 선조들은 이런 속담을 만들어 냈는지도 모르겠다.

"혀 아래 도끼 있다."

말 한마디가 사람을 죽일 수도 살릴 수도 있는 것이다.

김용경 경동대학교 한국학전공 주임교수, 건국대학교 대학원 박사과정 졸업(문학박사), 한말연구학회 회장 [저서 및 공저] 〈글쓰기와 말하기를 어떻게 할 것인가〉(2007), 〈한국어학의 이해〉(2008), 〈한국어 문법범주의 역사적 연구〉(2009), 〈한국어의 어제 그리고 오늘〉(2009), 〈지식의 쓸모를 찾아서〉(2020) 외 다수

지식인의
글쓰기

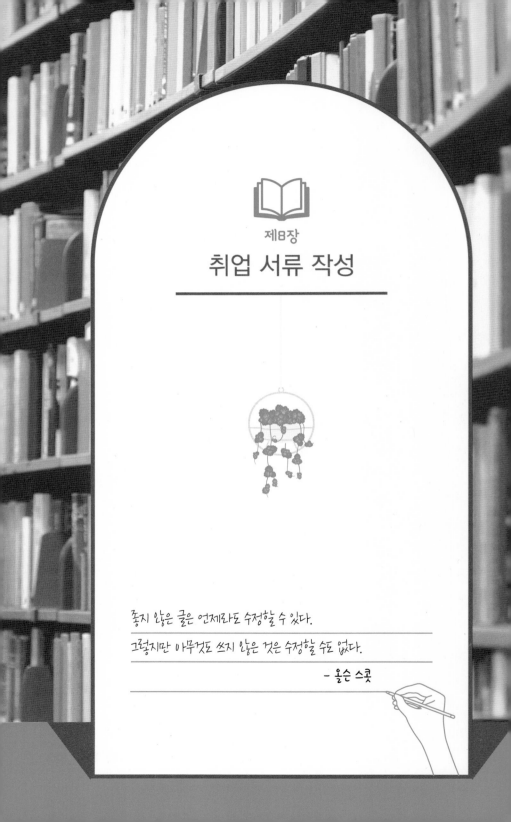

제8장

취업 서류 작성

좋지 않은 글은 언제라도 수정할 수 있다.
그렇지만 아무것도 쓰지 않은 것은 수정할 수도 없다.

— 올슨 스콧

이력서는 자기소개서와 더불어 본인이 작성하는 매우 중요한 취업 준비 서류이다. 이는 지원자 개인의 신상을 파악할 수 있는 기초이자 필수 자료이기 때문이다. 채용하려는 사람이나 기관은 이력서를 통하여 지원자의 인적 사항, 학력, 경력 등을 파악하고 이를 통해 적합성 여부를 판단하게 된다. 이와 함께 추후 심층 면접의 주요 질문 자료 역할도 하게 된다.

그러므로 이력서의 제반 사항은 솔직하고 명확하게 작성하여야 한다. 이력서를 지원 형식상 요건으로만 생각해서 무성의하게 기록하거나 또는 지나치게 과장을 하거나 중요한 사항을 누락해서는 안 된다. 이 때문에 1차 서류 심사나 면접 때 탈락하는 경우가 많이 발생한다. 그리고 자기소개서보다 간략하지만 꼭 갖추어야 할 형식상 기준이 있으므로 이를 지켜 작성해야 한다.

이력서는 자신이 만든 개성적인 양식을 활용할 수도 있고 기업이나 기관에서 정해준 양식을 활용할 수도 있으나, 주요사항은 공통된다. 지원할 업체의 성격에 맞는 개성 있는 이력서를 제출하기 위해서는 여러 형태의 이력서를 작성해서 등록해 두는 방법도 있다. 온라인 이력서의 경우는 직무분야와 연관된 내용도 기재한다. 기업체가 키워드를 걸어서 원하는 능력을 가진 사람을 찾는 방법도 있으니 이를 염두에 두어야 한다.

이력서를 쓸 때 이것만은 꼭 명심하자. 이력서가 있으니 그 양식에 맞게 써 내려가면 된다는 생각은 버려야 한다. 채용하고자 하는 기업이나 기관이 나의 무엇에 관심이 있는지 생각해 보아야 한다. 그리고 이를 어떻게 이력서에 잘 담을 수 있는지, 담긴 내용을 돋보이게 할 수 있는 디자인이나 양식은 어떤 것이 있을지 심사숙고한 후에 작성해야 한다.

① 이력서 쓰기 유의 사항

❶ 이력서는 자필로 하는 것이 원칙이나 필체가 바르지 못할 경우에는 워드 문서로 작성하는 것도 좋다.

❷ 이력서 서식은 '인사서식 제1호'로 하며, 보다 참신한 디자인을 원하는 분 야라면 자신이 잘 편집한 이력서를 제출한다. 이력서 양식은 해당 기관에 서 제시하는 경우도 있으니 이를 활용할 수도 있다.

❸ 글씨는 한글, 한자, 국한문 혼용자, 영문자 등 다양하게 쓸 수 있으나 자신 있는 글씨체로 쓰도록 한다. 한글로 이력서를 쓰는 것이 원칙이나, 사원 채용 공고나 광고에 한자가 쓰였을 경우 국한문을 혼용해서 쓰는 것도 한 방법이다.

❹ 국제화 시대에 영문 이력서를 요구하는 경우도 많으므로 한글 이력서를 작성한 다음 이를 잘 번역해 두어 언제나 쓸 수 있도록 준비해 둔다. 이 경 우에는 한글 이력서 서식과 영문 서식이 다르므로 이에 맞게 잘 준비해야 한다. 외국어 능력을 테스트하기 위해 면접에서 이력서 내용을 발표하도 록 하는 경우도 있으니 이 내용을 잘 숙지해 둘 필요가 있다.

❺ 구어에서 자주 쓰는 줄임말이나 오자(誤字), 속어는 쓰지 말며, 반드시 본 말을 정자(正字, 定字)로 써야 한다.

❻ 띄어쓰기가 분명해야 하고, 왼쪽 어두는 줄을 맞추어 쓰는 것이 단정하다. 한 페이지가 넘어가면 각 페이지마다 번호를 써야 한다.

❼ 사진은 최근 3개월 이내 사진을 부착하되 머리 손질, 안경 착용 등이 달라 졌을 경우 다시 촬영하여 이용한다. 속성 사진을 이용하지 말고 사진관에 가서 사진 상태나 표정이 잘 나타난 사진을 미리 찍어 두고 이를 이용한

다. 명함, 반명함, 증명용 등의 크기로 각각 10여 장 이상 준비해두며 현상 필름도 함께 앨범 속에 보관하여 둔다. 인터넷에서 이력서를 직접 작성할 수도 있으므로 화질이 좋은 증명사진 파일도 준비해 두고 이를 이용한다.

❽ 작성된 이력서는 복사본을 보관하여 두면 유용하지만, 복사본을 그대로 제출해서는 안 된다.

❾ 편지 봉투보다 대봉투에 넣어 이력서가 구겨지지 않도록 하는 것이 좋으며, 지원서와 함께 제출할 때는 지원서, 이력서, 자기소개서, 첨부 서류 순으로 철하여 대봉투에 넣고 겉봉투 오른쪽 위나 왼쪽 아래 부분에 '입사원서(또는 서류) 재중'이라고 부기한다.

❷ 항목별 이력서 쓰기

일반적인 표준 양식의 이력서 작성 요령은 다음과 같다.

1) 인적 사항

❶ 사진은 서식의 규격에 꼭 맞게 잘라 붙이도록 하고 풀이 묻거나 흠집이 나지 않도록 한다. 파일 형식의 증명사진을 이용할 때에도 정해진 칸에 맞게 붙여야 한다. 그런데 정해진 칸에 맞추려고 증명사진의 가로나 세로 중 한 면만을 과도하게 늘리다 보면 사진이 비대칭이 되는 경우가 있으므로 주의해야 한다.

❷ 이름은 한글과 함께 한자나 영문자로 적는다. 이름을 적을 때는 칸에 글이 중앙을 기준으로 어느 정도 찰 수 있도록 성과 이름 사이를 적당히 띄어 적는다. 한자의 획수를 빠뜨리거나 잘못 적는 경우도 있으므로 평소에 잘 연습하고 적는다. 영문자는 여권이나 대학 졸업 증서 등에서 이미 사용하고 있는 것과 일치하게 사용하도록 하고 처음 사용할 때에는 로마자 표

기법에 맞게 쓴다. 사소한 것처럼 보이지만 일처리 능력이 미숙하고 성의가 없게 작성한 것으로 비칠 때가 많다.

❸ 현주소는 동과 호수까지 명확하게 쓰고, 가능하면 도로명 주소를 사용하도록 한다.

❹ 전화번호와 이메일 주소를 적되 전화번호란이 없는 서식은 주소 뒤 괄호를 하고 기입하도록 한다.

❺ 나이를 쓸 때에는 만으로 표시한다.

💡 인적 사항 관련 예시 1

(사진)	성명	(한글) 홍 길 동		(영문) Hong, Gil-dong	
	생년월일	1980년 8월 5일	연락처	010-1234-5678	
	E-mail	victory@naver.com	비상연락망	010-1234-8765	
	주소	경기도 의정부시 가금로 57-18(가능동)			

💡 인적 사항 관련 예시 2

인 적 사 항	성명	한글	홍 미 라		• 접수 번호: ※지원자 미기재
		여권 영문명	Hong, Mi-ra		
	생년월일	1979. 03. 23. (만 21세)	성별	여자	(사진)
	휴대전화	본인	010-1234-7481		
		보호자	010-1234-7482		
	전자우편	popeo@naver.com	여권번호	M69447041	
	주소	(우) 06729 서울특별시 서초구 서초동 1357-14 305호 (창용○○○)			

💡 인적 사항 관련 연습 1

(사진)	성명	(한글)		(영문)	
	생년월일		연락처		
	E-mail		비상연락망		
	주소				

💡 인적 사항 관련 연습 2

인 적 사 항	성명	한글			• 접수 번호: ※지원자 미기재	
		여권 영문명				
	생년월일		성별			(사진)
	휴대전화	본인				
		보호자				
	전자우편		여권번호			
	주소					

2) 학력 및 경력, 기타 사항

학력 및 경력 사항은 채용 회사에서 요구하는 자격 요건이 드러나는 기록이면서, 입사 후 인사 또는 보수 규정과도 밀접하게 관련되어 있다.

학력과 경력을 함께 포함하여 기록할 때에는 가장 빠른 시기부터 순서대로 적는다. 이후 별도의 칸에 제목을 두어 〈취득 자격(取得資格)〉, 〈상벌사항(賞罰事項)〉, 〈기타(其他)〉란을 좌우중앙의 위치에 쓴 다음 그 아래에 해당 사항들을 적는다.

보통 학력과 경력을 혼동하는 경우도 있다. '학력(學歷)'은 학교를 다닌 경력(經歷)을 말한다. 경력 중에서 정식 학교에 다닌 경력만을 구분하여 말하는 것이다. 따라서 학위 취득과는 무관하게 자격증 취득 등을 위해 평생교육기관 등에서 공부한 것은 여기에 포함하지 않는다. 이런 경우 〈기타〉란에 별도로 제시하는 것이 좋다.

　최근에는 학력과 경력을 구분하여 적는 경우가 많다. 이러한 경우에 가장 빠른 시기부터 적는 것이 일반적이나 이와 반대로 적는 경우도 있으므로 본인의 이력을 잘 드러낼 수 있는 방법을 고민하여 선택한다.

❶ 학력은 대학 졸업(예정)자의 경우 고등학교 졸업부터 적는 것이 일반적이지만, 초등학교 졸업 사항부터 기재하여도 무방하다. 초·중·고등학교는 입학 사항을 쓰지 않고 졸업만 밝힌다.

❷ 예비역일 경우 군입대와 제대, 연, 월, 일을 정확히 쓴다.

❸ 경력은 입사와 퇴사, 또는 재직 중을 밝히되 잦은 이직(移職) 내용은 유리할 것이 없다. 회사는 근무 부서를 괄호로 밝혀도 좋다.

❹ 대학 재학 중인 경우 '졸업예정'을 밝힌다.

❺ 〈취득 자격〉은 운전면허를 포함하여 모두 기재하고 발급기관을 밝힌다. 특히, 응시 기업의 업종에 부합되면 비공인 자격증이라도 빠짐없이 정리한다.

❻ 〈상벌사항〉은 개근상(皆勤賞)과 입상(入賞), 훈장(勳章), 포상(褒賞), 장학생(奬學生) 등을 기재한다. 초·중·고교 시절의 상은 대표적인 것만 밝히고, 초·중·고 12개년간 개근상인 경우는 '초·중·고교 12년 개근상'으로 한 칸에 기재한다.

❼ 〈기타〉는 위 기재 내용 외의 특별한 능력이나 연수, 실습 등을 기재한다. 각종 사회봉사 활동경험과 동아리 활동 등을 상세히 언급하는 것도 좋다.

❽ 마지막에는 '위의 내용은 사실과 틀림이 없음'이나 '상기 사항은 상위 없음(또는 上記 事項은 相違 없음)'이라 쓰고 작성일자와 작성자 성명 기재

후 도장을 이름의 끝에 약간 걸쳐 반듯하게 찍는다.

❾ 이력서의 시작에서 작성자 성명 날인까지 빈 칸이 있어서는 아니 된다. 그리고 가능하면 한 가지 사실일 경우 글씨 크기를 조정해서라도 한 줄로 마무리하는 것이 짜임이 있어 보인다.

❿ 도장은 본인 성명 다음의 (인) 난에 잘 맞게 똑바로 찍는다. 서명을 하는 경우에도 정성을 들여 정해진 난에 잘 써야 한다. 본인의 이름만 쓰고 도장을 찍지 않거나 서명을 하지 않는 경우가 없도록 한다.

💡 '학력 사항' 예시 1

	기간	학교명	전공	소재지
학력 사항	2015.03.~2018.02.	양주고등학교		경기도 양주시
	2018.03. ~2022.02.	경동대학교	행정학과	경기도 양주시
	·			

💡 '학력 사항' 예시 2

	기간	학교명	졸업 여부	전공	성적
학력 사항	2015.03.~2018.02.	대한여자고등학교	졸업	·	·
	2018.03.~2022.02.	경동대학교	졸업예정	보건복지학과	3.79/4.5
	·	대학원	·		

💡 '학력 사항' 연습 1

	기간	학교명	전공	소재지
학력 사항				

💡 '학력 사항' 연습 2

	기간	학교명	졸업 여부	전공	성적
학력 사항		고등학교			
		대학교			
		대학원			

💡 '경력 사항' 예시 1

	근무 기간	근무처	직위	담당 업무
경력 사항	2018년 8월 ~ 2020년 2월	경동대학교 물리치료학과 사무실	근로장학생	행정 사무 보조

💡 '경력 사항' 예시 2

	근무 기간	근무처	직위	담당 업무	급여(만 원)	퇴직사유
경력 사항	2017.06.28.~ 2017.08.22	한맥 래프팅		래프팅 가이드	180	임시직
	2018.12.28.~ 2019.03.01	지산리조트		스키 강사	220	임시직
	2018.06.30.~ 2018.08.24	한맥 래프팅		래프팅 가이드	200	임시직

💡 '경력 사항' 연습 1

* 현재 경력이 없으면 향후 희망하는 경력 사항을 조사하고 이를 정확히 써 보십시오.

	근무 기간	근무처	직위	담당 업무
경력 사항				

💡 '경력 사항' 연습 2

* 현재 경력이 없으면 향후 희망하는 경력 사항을 조사하고 이를 정확히 써 보십시오.

	근무 기간	근무처	직위	담당 업무	급여(만 원)	퇴직사유
경력 사항						

💡 '자격 사항' 예시 1

	취득연월	발급기관	자격명
자격사항	2020년 8월	e-Test 인증위원회	E-Test
	2020년 10월	조이던그룹	Hospital Coordinator
	2021년 3월	한국인적자원진흥원	프레젠테이션 스피치 1급
	2021년 3월	한국인적자원진흥원	심리분석사 1급
	2021년 3월	한국인적자원진흥원	심리상담사 1급
	2022년 6월(예정)	한국생산성본부주최	SW코딩자격 3급
	2022년 7월(예정)	대한심폐소생협회	BLS Provider

💡 '자격 사항' 예시 2

	종류	취득연월	발급기관
자격사항	스포츠안전관리사 2급	2021.12.	스포츠안전재단
	스포츠경영관리사	2021.08.	한국산업인력공단
	워드프로세서 1급	2021.08.	대한상공회의소
	컴퓨터활용능력 2급	2020.05.	대한상공회의소
	유아체육지도자 1급	2019.05.	한국경영인재개발원

💡 '자격 사항' 연습

* 현재 자격 사항이 없을 때에는 향후 취득 희망 자격증에 대해 조사하고 이를 정확히 써보십시오.

	취득연월	발급기관	자격명
자격사항			

💡 '기타 추가 사항' 예시

• 대외 활동 및 교육 사항

	활동 기간	내용 (봉사활동, 연수 등)
대외활동	2019년 4월 ~ 2019년 8월	경동 월드 vision: 해외 연수 및 탐방
	2019년 7월 ~ 2021년 8월	의료봉사동아리 MEDIPEACE 봉사 활동
	2020년 6월 ~ 2020년 8월	서울 아산 병원 임상병리사 실무 교육
	2020년 1월 ~ 2020월 1월	(강원권 지역선도 대학 육성 사업) OJT 직무별 실무 교육
	2021년 4월 ~ 2021년 6월	[외국어] 병원실전회화 교육
	2021년 5월 ~ 2021년 6월	[직무역량] 병원감염관리 교육
	2021년 12월 ~ 2021년 9월	(강원권 지역선도 대학 육성 사업) 의료정보 AI 트랙 학위

- 수상 경력

수 상 경 력	수상연도	단체	수상내용
	2020년	경동대 취업창업센터	취업경진대회 대상
	2019년	대원기획	대학생 기획자 프로그램 우수상

3) 봉투 표지 양식

이력서 내용과는 무관하나 서류를 보낼 때 봉투 표지를 명확히 써서 보내는 것도 필요하다. 다음은 일반적인 봉투 표지 양식이다.

💡 봉투 표지 양식 예시

보내는 사람	
김 철 수	모집분야
경기도 의정부시 가금로 57-18(가능동)	안전보건

11684

연락처: 010-1234-5678

20○○년 신입사원 공개 채용 응시원서 재중

받는 사람
서울시 강남구 테헤란로 422(대치동, KT타워) 17층
㈜케이티에스테이트
인사담당자 앞

06193

💡 봉투 표지 양식 연습

보내는 사람

받는 사람

다음은 '인사서식 제1호'에 준하여 작성한 이력서이다.

응시분야 : 마케팅부
연 락 처 : (02)651-7229
(인사서식 제1호)

사 진			이 력 서	
	성 명		홍 길 동 (인)	
	생년월일 서기 1998년 3월 5일생 (만 24 세)			
현 주 소	경기도 의정부시 가금로 57-18(가능동) (TEL : 010-1234-5678)			
년	월	일	〈학력 및 경력사항〉	발령청
2010	2	23	의정부시 가능초등학교 졸업	
2014	2	21	의정부시 의정부중학교 졸업	
2017	2	18	의정부시 의정부고등학교 졸업	
2017	3	2	경동대학교 경영학과 입학	
2018	4	5	육군 입대	
2020	2	5	육군 만기 제대	
2022	2	11	경동대학교 경영학과 졸업 예정	
2022	10 12	1 현재	주식회사 쿠팡 인턴사원 근무	
			〈취득 자격〉	
2022	10	15	전산회계운용사 2급	대한상공회의소
2022	9	20	컴퓨터활용능력 1급	대한상공회의소
2022	8	10	ETS TOEIC(720점)	한국TOEIC위원회
			〈상벌 사항〉	
2022	8	24	경동대학교 우당장학생 수상	
2021	9	5	경동대학교 취업경진대회 우수상	경동대학교
2006~2017			가능초등학교~의정부고등학교 12개년 개근상	
			〈기타〉	
2019	1 3	2 31	미국 뉴욕주립대학교 단기 어학연수(3개월)	
			상기 사항은 틀림이 없음.	
			2022년 12월 20일	
			작성자 홍 길 동(인)	

응시분야 : 보건의료정보관리
연 락 처 : (02)738-6543
(인사서식 제1호)

사 진			이 력 서	
	성 명		홍 미 라(洪 美 羅) (인)	
	생년월일 서기 2000년 3월 27일생 (만 22세)			
현 주 소	경기도 안산시 중구 해안동 21-2번지 (TEL: 010-1234-5678)			
년	월	일	〈학력사항〉	발령청
2012	2	23	안산시 신북초등학교 졸업	
2015	2	21	안산중학교 졸업	
2018	2	18	안산고등학교 졸업	
2018	3	2	경동대학교 보건관리학과 입학	
2022	2	11	경동대학교 보건관리학과 졸업 예정	
			〈경력사항〉	
2020 2021	9 2	1 28	보건관리학과 사무실 근로장학생	경동대학교
			〈취득 자격〉	
2021	10	15	E-TEST Professionals	창의인성교육원
2022	9	20	컴퓨터활용능력 1급	대한상공회의소
2022	8	10	ETS TOEIC(720점)	한국TOEIC위원회
			〈상벌사항〉	
2007~2018	2	20	신북초교~안산고 12개년 개근상	
2021	3	2	경동대학교 우당장학생	경동대학교
2021	9	5	경동대학교 취업경진대회 최우수상	경동대학교
			〈기타〉	
2020 2021	3 11	2 30	원주시 문막읍 노인요양원 봉사활동 120시간	
			상기 사항은 틀림이 없음	
			2022년 11월 20일	
			작성자 홍 미 라 (인)	

4. 표현하기

3.에서 제시한 이력서 예문을 보고 본인의 이력서를 써보십시오.

사 진			이 력 서	
	성 명			
현 주 소				
년	월	일	〈학력사항〉	발령청
			〈경력사항〉	
			〈취득 자격〉	
			〈상벌사항〉	
			〈기타〉	
			상기 사항은 틀림이 없음	
			년 월 일	
			작성자 (인)	

최근 다수의 기업체에서는 필기시험 위주의 선발방식에서 벗어나 서류전형과 면접만으로 신입사원을 채용하고 있다. 따라서 대기업을 중심으로한 각 기업체에서는 지원자에 대한 정밀면접과 직무적성 검사 등을 도입하여 지원자의 업무수행능력과 조직에 대한 적응력은 물론 창의성, 외국어능력, 인성과 직업관, 예의범절, 자기 계발계획 등을 면밀히 살피고 있다.

자기소개서는 이력서 및 지원서 등에서는 기술되지 않는 지원자의 성장과정 및 대인관계, 책임감, 성실성, 창의성 등을 파악하는 1차적인 자료가 된다. 아울러 기업체에서는 채용 후에도 자기소개서를 인사업무의 기초자료로 이용하기도 한다.

현재 각 기업에서 신입사원을 채용할 때 지원자의 실무능력 외에도 인성과 창의성을 가장 중요한 요건으로 삼고 있는 추세다. 따라서 이력서나 입사지원서에 기재되는 학력 및 이력사항 외에도 자신의 특기나 성격, 장점 등을 효과적으로 기술해야 한다.

기업에서 자기소개서를 요구하는 이유는 대체로 다음과 같다.

1) 자기소개서를 통해 가정환경 및 성장과정을 살펴보기 위해서이다

기업은 자기소개서에 나타난 가정환경이나 성장과정을 통해 개인의 성격과 가치관을 파악하게 되고 학교생활이나 동아리활동, 사회봉사활동 등을 통해 지원자의 대인관계나 조직에 대한 적응력, 리더십, 성실성, 책임감, 창의성 등을 파악하게 된다.

2) 장래성을 살펴보기 위해서이다

어떠한 계기로 입사를 지원하게 되었는가, 아울러 입사 후에는 어떠한 계획과 각오로 업무에 임할 것인가, 지원자는 어떠한 직업관을 지니고 있는가 하는 점을 자기소개서를 통해 살펴볼 수 있다.

3) 가치관 등 생각과 사고력을 살펴보기 위해서이다

생각과 글은 서로 밀접한 관계를 지닌다. 따라서 자기소개서에 얼마만큼 자신의 생각을 조리 있게 나타내고 있는가 하는 점을 통해 면접자는 지원자의 사고력과 표현 능력을 살펴볼 수 있다. 또한 필체를 통해 성격까지도 어느 정도 짐작할 수 있다.

6. 톺아보기: 자기소개서 쓰기의 유의 사항과 부분 연습

1 자기소개서 작성 시 유의 사항

1) 알맞은 분량으로 독창성 있는 구성을 하자

분량이 정해져 있는 경우라면 규정에 따르도록 하고, 그렇지 않으면 A4 용지 2~3장 정도가 적당하다. 지나치게 생략된 자기소개서는 무성의하게 보이고 장황한 자기소개는 조리가 없어 보인다.

독창적이고 차별화된 자기소개서를 써야 한다. 수많은 응시자의 자기소개서 중에서 심사자의 눈에 띄기 위해서는 편집을 산뜻하게 해야 한다. 편집 꼴은 읽기 좋도록 하는 것이 중요하다. 그 예로, 주제별로 단락을 나누어 제목을 단다든지, 핵심 부제를 다는 것을 권장한다.

2) 주요 주제에 더 할애하여 배분을 알맞게 하자

자기소개서에 들어가는 내용은 ① 성장과정, ② 가치관과 생활신조, ③ 특기, 성격의 장단점, ④ 지원동기와 포부, ⑤ 직무 계획이나 설계 등이다. 각 내용은 전체를 10으로 볼 때 1:1:3:3:2 정도로 배분해보자.

가정환경이나 성장과정, 대내외 활동 등은 연대순에 의해 기술하되 간략하게 기술한다. 가풍이나 재학시절의 독특한 경험, 가치관에 영향을 준 일 등을 작성하되 평범한 이야기나 감상적인 이야기는 피하고 자연스럽게 자신의 성격과 가치관을 드러내는 것이 좋겠다. 과거에 있었던 경험이나 노력, 축적된 성과가 오늘의 나를 만들게 되었다는 것을 기술해 주어야 한다. 과거와 현재의 사실들을 단순하게 나열하는 것보다 이의 관련성을 이끌어 내 보도록 하자.

취업을 할 때 한 곳에만 지원하는 경우는 많지 않다. 그러다 보니 미리 써 둔 자기소개서를 그대로 활용하는 경우가 많다. 채용 분야가 다르고 기관이나 기업의 특성이 다르므로 자기소개서도 분명히 다르게 써야 한다. 다시 한번 명심해야 할 것이 있다. 내가 쓰고 싶은 것을 쓰는 것이 아니라 심사자가 나에게 원하는 것을 써야 한다.

3) 정확한 어휘, 간결한 문장, 바른 문법으로 표현하자

정확한 어휘를 사용하고, 어색한 문장은 수정되어야 한다. 한글과 한문 병용은 적절히 하되, 남용하지 말고, 난해한 표현은 피한다. 뜻을 정확하게 또 풍부하게 전하기 위해서만 한자나 외래어를 써야 한다. 이때 반드시 사전을 찾아 확인 후 사용한다.(잘못 인용할 경우 오히려 감점을 초래할 수도 있다.) 절대 사이버상의 신조어(채팅 언어 등)를 사용해서는 안 된다.

4) 줄임말 등 구어는 사용하지 않는다

"~했구여.", "~하구", "~있슴다." 등, 줄임말의 남발(…)과 온갖 표정 언어(^^ ^^;

*^^* ――;), 약어(ㅜㅜ, ㅋ) 등은 공식적인 문어에서는 사용하지 않는다.

문체는 가능한 간결한 것이 좋다. 앞에서 언급했던 부분을 반복하는 말은 피하도록 한다. 해야 할 이야기는 다 하되, 접속사를 써서 너무 길게 늘어놓거나 만연체 문장과 진부한 표현은 삼간다.

문장의 첫 줄에 "저는, 나는, 저는 19○○년 ○년 ○○일, ○○ 사이에 태어나……" 등 일반적 소개는 피한다.

5) 보편적이고, 당연한 말은 피하자

"근무를 성실히, 맡은바 업무를 충실히, 최선을 다하여 열심히, 생활을 충실히, 책임을 중요시하고, 입사하면 열심히 하겠습니다." 등의 당연한 말은 가능한 쓰지 않는 게 옳다. 구체적으로 예를 들어 "뛰어난 두뇌가 아니면 시간을 남보다 더 투자해서라도…", "10분 먼저 출근하고 10분 늦게 퇴근하더라도…"라고 다르게 표현해보자.

6) 진솔하고 논리적인 기술을 하자

허위 내용은 면접 때 검증됨을 명심해야 한다. 진솔하다는 것은 자신감을 표현하되 과장하지 않는 것이다. '나를 써 달라'라는 청유형보다는, 자신의 특·장점을 객관적이고도 구체적으로 그리고 적극적으로 제시하여야 한다. 자신의 단점 역시 솔직하게 시인하고 이를 극복하기 위해 어떠한 노력을 하고 있는지 서술하는 편이 좋다. 그리하여 회사에 어떻게 기여할 수 있는지를 명쾌하게 표현한다. 제시하는 주제가 분명해야 하고, 문장과 문장의 연결, 단락의 연결에 있어서 보다 논리적이어야 한다.

7) 사전에 취업처의 정보를 입수하여, 대상에 따라 차별화를 꾀하자

지원하려는 기업이나 기관의 개황을 파악하고, 업무 특성이나 추진점 등을 사전에 조사하여 소개서 내용을 달리해야 한다. 천편일률적인 소개서는 식상하기 마련이다. 특히 요즘 사이버상의 구직 매체를 이용하는 경우 올린 원고를 그대로 보내는 경우가 많다. 이는 무성의로 비친다.

공통 사항은 활용하되 취업처의 특성에 맞게 첨삭을 하는 것이 좋겠다. 교육이나 서비스는 봉사와 건실한 인성을, 출판사나 광고사는 창의적인 사고, 재치 있는 아이디어나 기획력 등을, 일반기업의 경우 업무의 전문성이나 연관한 업적, 대내외의 활발한 활동 등이 주요 기술점이라 할 수 있겠다.

❷ 자기소개서 쓰기 전략 ·

1) 나를 바라보지 말고 읽는 사람을 보아야 한다

이력서와 마찬가지로 자기소개서를 쓸 때에도 글을 쓰는 사람의 가치관과 전략이 필요하다. 주어진 항목에 그저 최선을 다해서 쓴다는 생각을 훨씬 넘어야 한다. 자기소개서는 자신에게 일어난 일을 거짓 없이 사실대로 써야 한다. 그러나 수없이 많고 다양한 내용을 제한된 지면 내에 모두 담기는 어렵다. 따라서 자기소개서는 단순한 사실이 아니라 채용하려는 사람에게 자신에 대한 긍정적인 평가나 정의를 담을 수 있는 내용만을 담아야 한다.

따라서 자기소개서를 쓸 때 누가 이 글을 읽고 이 글을 통해서 나의 무엇을 알고 싶어 하는지를 늘 염두에 두어야 한다. 자기소개서를 쓰는 사람은 시작부터 완성하기까지 이러한 질문을 자신에게 끊임없이 던지며 글을 써야 한다.

가령, '성장 과정'에 대해 쓰면서 이렇게 시작하는 사람이 있다.

"저는 산 좋고 물 맑은 지역인 ○○○에서 엄격하신 부모님의 가르침을 받고 자라났습니다."

채용하려는 사람에게 관심이 있는 것은 자연이나 부모님이 아니라 지원자가 어떤 사람인지에 관심을 가질 뿐이다.

> "저는 산 좋고 물 맑은 지역인 ○○○에서 엄격하신 부모님의 가르침을 받고 자라
> 났습니다. 이러한 환경은 저에게 자연에 대한 경외심과 녹색 환경의 중요성을 알게
> 해 주었고 규율과 규칙을 중요하게 여기도록 해 주었습니다."

위에서 둘째 문장이 함께 이어져야 앞에서 제시한 사실이 가치를 지니게 된다. 단순한 사실에서 출발하지만 미래 세대의 화두가 될 녹색 환경, 절도 있는 삶이라는 명제를 이끌어 낼 수 있다. 그러나 만약 이 글을 읽는 사람이 '녹색 환경'에 대한 가치를 느끼지 못한다든가 엄격한 규율보다는 '틀에 얽매이지 않은 창의적 사고'에 관심이 있다면 훌륭한 글임에도 나에 대한 긍정적 평가를 이끌어 내지 못할 것이다. 그렇다면 글의 소재를 바꾸거나 같은 내용이라도 다른 가치 평가를 이끌어 내야 한다.

> "저는 자연과 호흡하며 자연 속에서 마음껏 뛰놀던 유년 시절을 보냈습니다. 이
> 때 경험한 대자연의 거침없음과 변화무쌍함은 살아가면서 항상 겸손해야 할 것과
> 위기 상황에도 침착하게 대응해야 한다는 진리를 가르쳐주었습니다."

자신이 경험한 것이 나에게 어떤 가치를 지니고 있는지를 보여 주고 있는 글이다. 이를 통해 겸손하면서도 위기 대처 능력을 가진 사람이라는 가치를 부여해 주고 있다.

'시골 마을에서 자란 환경'을 재해석하고 있는 이 두 글 중에 어느 것이 맞고 틀리거나 어느 것이 좋고 나쁘다고 할 수는 없다. 다만 이 글을 읽는 사람이 어떤 것을 더 가치 있게 생각하는지가 중요하다. 자기소개서는 철저히 나를 바라보는 사람에게 초점을 맞춰야 한다.

2) 하고 싶은 말이 아니라 공감할 수 있는 말이어야 한다

이 말은 주장이 앞서는 글이 되어서는 안 된다는 것이다. 사람들은 자신이 무

엇을 주장했다는 사실에 많은 가치를 부여한다. 그러나 글을 읽는 사람은 그러한 주장이 사실인지를 확인하려고 한다.

"저는 부지런하고 다른 사람을 잘 도와주며 함께 일하는 것을 좋아합니다."

자기소개서에서 이러한 내용을 자주 본다. 그러나 이러한 내용은 공허할 뿐 글을 읽는 사람을 감동시키거나 설득시키지 못한다.

"저는 중학교 때부터 매일 아침 6시에 일어나 운동을 해 왔습니다. 그리고 대학교 때는 '위아투게더'라는 동아리에 가입하여 주말마다 노인복지시설을 찾아 봉사 활동을 빠짐없이 해 왔습니다."

나를 직접적으로 평가하는 말이 들어있지 않아도 글을 읽는 사람은 후자의 내용에 더욱 공감하고 글을 쓴 사람이 부지런하고 약자를 배려할 줄 아는 사람이라고 평가할 것이다.

3) 자기 분야의 전문성을 드러낼 수 있어야 한다

대학 졸업 이상의 학력자를 채용할 때에는 인성뿐만 아니라 관련 분야에서의 전문성이나 지적인 능력도 알아보고자 한다. 자기소개서를 읽다 보면 지원자가 기술한 내용에서 그 실력을 어느 정도 가늠할 수 있다. 누구나 상식적으로 이해할 수 있는 표현만 사용하면 지원자의 전문성을 알 수가 없다. 그러나 적재적소에 전문 용어를 적확하게 사용한다면 보다 긍정적인 평가가 이루어질 것이다. 평소에 이런 용어는 잘 생각나지 않는다. 필요하다면 그동안 배웠던 전공 서적을 펼쳐놓고 다시 확인하면서 적절한 단어를 찾아 기술하는 것이 필요하다.

"쉽고 재미있는 방법을 사용하여 학습자를 열심히 지도할 것입니다."

누구나 사용할 수 있는 말은 전문성이 잘 드러나지 않는다.

"학습자의 배경지식을 잘 활용하여 동기 유발을 시키고 정확성보다는 유창성에 초점을 둔 의사소통식 교수법을 활용하여 학습자를 지도하겠습니다."

4) 사소한 것이라도 적으면 좋다

학생들이 4년 간 대학 생활을 하는 중에 대학이나 학과에서는 취업 관련 실무 경험을 많이 쌓을 수 있게 해 준다. 그런데 정작 학생들의 이력이나 자기소개서에는 이러한 내용이 잘 반영되어 있지 않다. 이를 학생들에게 말해 주면 대수롭지 않은 일이라서 쓰지 않았다는 것이다. 그러나 이러한 내용 중에도 채용하려는 사람이 중요하게 여길 것들이 많이 있다. 경동대학교에서는 사회봉사활동 교과목을 운영하고 있어서 모든 학생들이 사회봉사활동을 하게 된다. 그리고 학과에 따라서는 전공을 활용한 봉사활동을 추가하는 경우도 있다. 이러한 내용은 이력서나 자기소개서에 매우 중요한 것일 수 있다. 취업 관련 특강이나 현장 탐방 등 다양한 실무 훈련은 전공 능력 차원에서, 대학이나 학과 내에서의 임원 등은 리더십 차원에서 기술할 수도 있으며 심지어 기숙사 생활은 타지에서 엄격한 생활 수칙을 준수하며 규칙 준수, 근면성, 자립성, 협동성 등을 기를 수 있다는 가치를 드러내는데 유용하다.

❸ 자기소개서의 내용과 연습

자기소개서는 일정한 형식이 정해져 있는 기술양식이 아니어서 작성자는 비교적 자유롭게 자신에 대한 모든 사항을 기술해 나갈 수 있다. 그러나 자기소개서는 축소된 자서전이나 확장된 이력서가 아니다. 따라서 지나치게 세세한 사항들까지 기술하다 보면 전체적인 통일성이나 일관성이 결여될 수 있으며 그 반대로 주로 학력이나 이력사항 위주로 써나가다 보면 피상적인 내용의 기술에 그치고 만다.

그러므로 자신의 과거(가정환경, 성장배경, 학교생활), 현재(성격, 가치관, 특기, 장점 및 단점), 미래(포부, 입사 후 각오, 자기계발 계획)와 관련된 소재들 중에서 비교적 가치 있고 개성 있는 사항들을 선택하여 개요를 짜고 구체적으로 기술해 나가야 한다.

1) 성장과정

성장과정에서는 부모, 부모의 직업과 경제적 여건, 학교생활, 은사나 주변인물의 영향, 자신을 변화시킬 만한 경험, 현재의 전공을 선택한 계기, 동아리 활동이나 사회봉사활동 등을 주요 소재로 삼는다.

성장과정을 기술함에 있어서 가장 일반적인 경우는 시간의 순서에 따라 서술해 나가는 방법이다. 이와 함께 소년기나 중·고교 시절 그리고 대학시절에 있었던 독특한 체험이나 에피소드를 자신의 개성이나 장점 또는 강한 의지 및 창의력 등과 연계하여 기술할 수 있어야 한다. 따라서 일반적이거나 평범한 내용보다는 남들이 관심을 기울이지 않던 새로운 학문분야에 대한 흥미나 관심, 어렵게 공부해 온 이야기나 자신만의 독특한 취미나 특기 등을 조리 있게 기술해야 한다. 성장과정을 언급할 때 자신의 삶에 영향을 준 은사나 주변인물, 서적, 잊지 못할 체험이나 경험 등도 좋은 소재가 된다.

그러나 여기서도 항상 명심해야 할 것이 있다. 글을 읽는 사람은 작성자의 살아온 이야기에 관심이 있는 것이 아니다. 그 이야기 속에 드러나는 작성자의 인성, 습관, 삶의 태도나 자세, 능력 등에 더욱 관심이 있다. 그러므로 자기소개서에 채용하려는 사람이 원하는 내용을 잘 담고 있는지 자문하면서 기술해야 한다.

보통 성장 과정은 어릴 때부터 고등학교 졸업 시까지 기술하는 경우가 많고 대학생활을 별도의 난을 두어 기술하도록 하는 경우가 많다. 이러한 구분이 없다면 유년 시절부터 대학 재학 시까지 모두 포함하여 기술할 수 있다.

💡 '성장 과정' 예시

성장 과정	**"주어진 일은 반드시 처리할 수 있습니다"** 저는 경기도 구리시에서 태어났습니다. 하지만 한강을 끼고 도는 곳은 아직 개발이 되지 않아서 공기도 맑으며 논과 밭이 남아 있어서 전원마을을 연상할 수 있는 곳이기도 합니다. 아버님이 일찍 돌아가시고 어머님이 작은 문구점을 운영하시느라 자식들을 뒷바라지할 여유가 없으셨고, 더구나 장남인 저는 두 동생을 돌보는 일까지 맡게 되면서 웬만한 일은 혼자서 해결해야 했습니다. 이러한 과정에서 저도 모르게 자립심을 키워 왔습니다.
성장 과정	**보훈자녀의 아들** 저의 집 거실에는 '먼저 실천하자'라는 가훈이 걸려 있습니다. 2남 1녀 중 차남으로 태어나 안산에서 내내 성장기를 보내면서 이것은 곧 저를 지탱해준 인생관이기도 하였습니다. 공무원이셨던 아버님이 공상으로 국가보훈대상자가 되었습니다. 아버님이 개인보다는 국가를 생각하셨던 것처럼 제가 몸담고 있는 곳 어디에서든지 솔선수범하면서 살아왔습니다. 고등학교 때 은사님께서 '남들이 좋아하는 것보다 네가 잘할 수 있는 것을 택하라'는 말씀을 해 주셨습니다. 저는 이 말을 마음 깊숙이 담고 소프트웨어학과에 입학을 했습니다. 그리고 제가 좋아하는 게임과 가상현실을 접목해서 새로운 미래 사회를 만드는 데 기여하는 사람이 되려고 합니다. 이를 위해 가상현실 세계와 관련된 지식과 기술을 습득하고 방학 때는 관련 기업을 직접 방문해서 나만의 경쟁력을 키워왔습니다. 그리고 VR 동아리에 가입해서 전국 대회 공모전에도 참여해 왔습니다.

💡 '성장 과정' 연습

성장 과정	

2) 자신의 장단점

자기소개서에서는 자신의 장점을 최대한 돋보이게 해야 한다. 그러나 자신의 내면과 외면의 장점을 이야기하면서 지나치게 과장하는 것은 바람직하지 않다. 따라서 자신의 장점을 직접적으로 표현하기보다는 자신이 겪은 일화나 경험 등을 바탕으로 보다 실감나게 기술하는 것이 좋다. 성격의 장단점은 채용하는 사람들이 가장 눈여겨보는 부분이기도 하다. 따라서 어떤 장점을 부각시키고 어떤 단점을 제시해야 할 것인가에 대한 전략이 필요하다.

먼저 채용하고자 하는 기업이나 기관에서 중요하게 여기는 덕목 등을 잘 파악하고 이와 관련된 내용 중심으로 장점을 제시할 필요가 있다. 가령, 팀워크를 중시하는 기업이나 부서라면 협동심이 강조될 수 있고, 연구소나 제품 개발 관련 부서라면 창의력이 보다 강조될 수 있다. 또 교육 기관이나 훈련 기관에서는 여러 사람을 잘 통솔할 수 있어야 하므로 리더십과 같은 덕목이 강조될 수 있다. 의료 보건이나 복지 분야에서는 사람을 잘 이해하고 돌볼 수 있는 봉사와 희생이라는 덕목이 강조될 수 있다. 정시성을 요구하는 분야에서는 근면성이 더욱 강조될 수 있다. 한 사람이 이 모든 덕목을 다 갖출 수는 없으므로 보다 강조될 수 있는 덕목 중심으로 제시하는 것이 좋다.

자신의 장점을 이야기할 때 빼놓아서는 안 될 것이 자격 및 면허취득 사항, 외국어 능력이나 컴퓨터 운용능력, 업무 수행에 도움이 될 수 있는 능력 등이다. 여기서 외국어 능력의 경우는 독해 및 회화능력을 구체적으로 밝혀주는 것이 좋으며, 토플과 같은 경우 그 점수를 밝히고 해외 어학연수 등 학습과정도 소개하는 것이 좋다. 이러한 내용을 기술함과 동시에 긍정적이고 창의적인 자신의 성격과 예의범절이나 도덕성을 겸비한 인간미가 드러날 수 있도록 기술하는 것이 바람직하다.

장점뿐만 아니라 단점도 기술할 수 있다. 이때에도 치명적인 단점은 피해서 기술해야 한다. 이러한 단점은 채용을 기피하는 요인이 되기 때문이다. 단점은 장점보다 적은 분량으로 기술하되 충분히 극복할 수 있는 단점을 기술하고 이를 개선할 수 있는 노력과 의지도 함께 기술해야 한다.

💡 '자신의 장단점' 예시 1

자신의 장점과 단점	**성실과 배려의 서번트 리더십을 갖춘 사람** 　저의 장점은 '성실함'입니다. 약속한 것은 반드시 지키라는 부모님의 말씀을 새겨듣고 이를 지키기 위해 노력한 결과, 초등학교부터 고등학교를 졸업할 때까지 매년 개근상을 받았습니다. 또 대학교 입학 후에도 단 한 번의 결석이나 지각 없이 수업에 참여하였습니다. 시간 분야의 성실함뿐 아니라 수업에 집중하고 수업 내용을 잘 활용하는 성실함으로 발전시키기도 했습니다. 팀 프로젝트 중 어려운 과제에 직면하였을 때에는 팀원들이 포기하지 않도록 격려하면서 긍정적인 생각을 갖도록 해 주었습니다. 또 제가 맡은 역할뿐만 아니라 속도가 느린 팀원을 도와 프로젝트의 완성도를 높여서 좋은 성과를 낼 수 있었습니다. 4학년 때는 대학교 취업교육센터가 개최한 취업경진대회에서 우리 팀이 최우수상을 받기도 했습니다. 　저는 밝고 긍정적인 성격을 지녔습니다. 지인들에게서 저와 함께 있을 때 자신도 밝아지고 행복해진다는 말을 자주 듣습니다. 이런 말을 들을 때마다 저도 기분이 좋아집니다. '나는 할 수 있다'는 마음과 '모든 일이 잘 될 거야'라는 생각을 갖고 동료들을 대하다 보니 지인들도 쉽게 마음을 열고 하나가 될 수 있었습니다. 저는 팀원들에게 동기를 부여하고 의지를 높이기 위해 먼저 솔선수범하는 모습을 보이려고 노력해왔습니다. 결과만을 중시하는 전통적 지도력이 아닌 팀원들의 의견을 경청하고 존중하는 서번트 리더십을 쌓고자 노력해 왔습니다. 　가끔은 이처럼 긍정적인 생각이 지나쳐 미세한 부분을 놓치는 경우도 있지만 사전 계획을 철저히 세워 이러한 문제가 발생하지 않도록 노력하고 있습니다.

💡 '자신의 장단점' 예시 2

자신의 장점과 단점	**언제나 든든한 반석이 되고 싶습니다** 　저는 현장 적응력이 뛰어납니다. 부모님께서는 늘 "너는 어디에 내놓아도 굶지 않고 잘 살 것 같다"고 하십니다. 어릴 때 부모님과 캠핑을 간 적이 있었는데 갑자기 비바람이 몰아쳐서 주변이 순식간에 물바다가 되었습니다. 저는 주변에서 캠핑하던 분들에게 도와달라고 부탁을 해서 우리 가족과 함께 높은 지대로 짐을 빨리 옮길 수 있었습니다. 어려움에 처했을 때는 체면이나 위신을 생각할 것이 아니라 닥친 문제를 빨리 해결하는 것이 더 낫다고 생각했기 때문입니다. 우리 주변에는 생각보다 따뜻한 사람들이 많이 있고 언제든지 도울 수 있는 준비가 되어 있습니다. 이웃과 동료와 함께하면 혼자 하는 것보다 쉽게 더 잘할 수 있습니다. 　침착하고 꼼꼼하게 일할 수 있습니다. 대학에 다니면서 아르바이트를 했는데 동료 아르바이트생들은 대충하고 끝내자는 말을 많이 했습니다. 그러나 저는 그럴

게 생각하지 않았습니다. 아르바이트도 저에게는 중요한 경험이고 훈련이라고 생각했습니다. 그래서 누구보다 열심히, 그리고 실수를 되풀이하지 않으려고 노력했습니다. 사소한 것들이 모여 위대한 성과를 거둘 수 있다고 믿기 때문입니다. 아르바이트를 마치는 날 매니저님은 졸업하고 같이 일하자는 말을 하셨습니다.

💡 **'자신의 장단점' 연습**

자신의 장점과 단점	

3) 입사 지원 동기 및 입사 후의 각오

입사 지원 동기를 막연하게 '누구누구의 추천으로 혹은 신입사원 모집 광고를 보고 난 후' 등으로 작성하는 것은 좋지 않다. 해당 기업이나 기관에 오래전부터 관심을 기울여 왔고 입사를 준비해 왔던 과정을 보여 주는 것이 좋다. 따라서 해당 기업의 업종 및 특성과 자신의 전공 그리고 포부 등을 연계시켜 기술하는 것이 바람직하다. 이를 위해서는 지원 기업이나 기관의 홈페이지는 물론이고 해당 기업이나 기관 또는 기업이 운영하고 있는 매장 등을 직접 방문하고 여기서 얻은 정보를 자기소개서에서 활용하는 것이 좋다.

입사 지원 동기에서 아울러 기술할 수 있는 사항으로는 본인이 원하는 직종과 희망근무 부서 그리고 입사 후의 각오와 포부 등이 있다. 이때에도 단지 막연하게 '열심히, 성실히, 최선을 다해'라고 기술할 것이 아니라 입사했다는 가정

아래, 목표 성취와 자기 계발을 위해 어떠한 계획이나 각오로 임할 것인가 하는 점을 구체적이며 의욕적으로 이야기하는 것이 바람직하다.

💡 '입사 지원 동기 및 입사 후의 각오' 예시 1

입사 지원 동기 및 입사 후의 각오	**"회사와 일심동체의 삶을 살겠습니다"** 　귀사는 그 규모가 크지 않지만 중견 건설사로서 무척 탄탄한 위치를 다져가고 있는 기업으로 알고 있습니다. 특히 외모나 학벌보다는 인간 됨됨이와 성실성을 중요시하는 귀사의 방침에 매력을 느꼈습니다. 이런 회사라면 보람과 자신을 가지고 저의 능력을 최대한 발휘하여 기업과 사회에 큰 기여를 할 수 있으리라 확신했습니다. 저는 대학 재학 중 건축기사 자격증을 취득하였기 때문에 귀사가 뽑고자 하는 건설본부 직원에 적격이라 생각하며, 맡겨 주시는 일이라면 설계분야든 시공이나 감리분야든 충분히 감당할 수 있습니다. 실사구시와 후덕재물을 기업 정신으로 삼는 귀사에서 지금까지 갖추어온 실무 능력과 인성을 바탕으로 어떤 어려움이 있더라도 성실하게 열정을 다하여 맡은 일을 감당해 나갈 자신이 있습니다. 믿고 기회를 주십시오. 귀사에서 꼭 필요한 인물이 되겠습니다.

💡 '입사 지원 동기 및 입사 후의 각오' 예시 2

입사 지원 동기 및 입사 후의 각오	그동안 골프대회, 마라톤대회 등 다양한 분야에서 STAFF로 참여하면서 현장 실무 경험을 많이 쌓아왔습니다. 또 많은 조별활동과 졸업작품전 그리고 공모전 등을 하면서 기획에 대한 관심과 흥미가 생겼습니다. 몇몇의 기획 공모전에 참여하여 수상을 하게 되었는데 이를 통해 성취감과 함께 기획에 대한 자신감도 얻게 되었습니다. 　더불어 골프웨이브라는 골프전문에이전시 회사에서 3개월 동안 인턴생활을 한 적이 있습니다. 골프마케팅 분야에서 새로운 아이디어를 창출하고 이를 구체화하는 과정에서 많은 경험을 얻었고 직장인으로서의 경험도 얻을 수 있었습니다. 　이렇듯 스포츠마케팅 분야에 대한 다양한 실무 경험, 다양한 공모전과 교내 활동, 골프전문 에이전시에서 쌓은 기획 능력을 통해 스포츠마케터로서의 지식과 능력을 겸비해 왔다고 자신할 수 있습니다. 　이제 귀사에 입사한다면 이러한 저의 능력과 식지 않는 열정을 바탕으로 최고의 이벤트 기획자이자 마케터가 되어 귀사의 발전에 크게 기여하고자 지원하게 되었습니다.

💡 '입사 지원 동기 및 입사 후의 각오' 연습

입사 지원 동기 및 입사 후의 각오	

4 자기소개서 부분 수정의 예

다음은 자기소개서의 문장을 수정한 것이다. 여기에 소개되고 있는 자기소개서는 실제 합격한 지원자와 우수한 자기소개서들을 가다듬고 고쳐서 제시한 것이다.

🔍 예시 1

❶ 수정 전

대학에서 배운 경영 관련 팀 프로젝트의 단결된 투지와 힘을 바탕으로 세밀함과 분석력이 요구되는 회계분야를 제가 오랫동안 준비해온 만큼 세계화에 발맞추어 끝없는 열정을 가지고 최선을 다해 일하겠습니다.

❷ 검토 내용

'단결된 투지와 힘'이라는 표현은 마치 운동권 학생이 시위에서나 쓰일 법한 문구이다.

❸ 수정 내용

경영 관련 현장 프로젝트를 통해 세밀함과 분석력이 요구되는 회계분야를 경험하였습니다. 이를 바탕으로 국내 산업 동향과 국제 흐름에 발 빠르게 대처해 나갈 것입니다. 여기에 쉬지 않는 열정을 지니고 제 능력을 한껏 발휘하여 일하겠습니다.

예시 2

❶ 수정 전

부모님께서는 힘들고 빠듯한 생활 속에서도 3남매의 대학 생활을 부족함 없이 학업에 열중할 수 있도록 뒷바라지 하시고 안정된 가정을 꾸미기 위해 노력하시는 성실하시고 당신들의 의견보다는 자식들의 생각을 더 중요시 생각하십니다.

❷ 검토 내용

연결어미를 너무 많이 사용하여 전반적으로 지루하고 어색한 문장이 되었다.

❸ 수정 내용

힘들고 여유롭지 않은 생활이었지만, 3남매 교육을 무엇보다 우선하신 부모님 덕분에 대학 공부를 마칠 수 있었습니다. 부모님께서는 언제나, 당신들의 생각보다는 자식들의 의견을 더 중요하게 생각하셨습니다.

예시 3

❶ 수정 전

노력해서 해냈을 때에 느끼는 보람은 결코 도전하지 못하면 얻을 수 없는 값진 것이기에 보람을 느낍니다.

❷ 검토 내용

'느끼는 보람은... 보람을 느낍니다'라는 말이 반복되고 문장 호응이 어색하다.

❸ 수정 내용

노력으로 얻어진 결실, 도전하지 않으면 얻을 수 없는 값진 것이었습니다.

🔍 예시 4

❶ 수정 전

여러 사람들과 공동체 생활을 하다 보니 남을 배려해야 하는 마음을 키울 수 있게 되어 제 자신이 성숙할 수 있는 소중한 경험이 되었던 것 같습니다.

❷ 검토 내용

문법, 문장 구성은 문제점이 없으나, 주절과 서술절의 흐름이 부드럽지 않다.

❸ 수정 내용

여러 사람들과의 공동체 생활은 타인을 배려하는 마음을 갖게 했습니다. 독립된 인격체로 성숙할 수 있는 계기이기도 하였습니다.

🔍 예시 5

❶ 수정 전

평소 컴퓨터에 관심을 갖고 있었던 저는 ○○대 소프트웨어학과로 진로를 정하고 전산에 대한 이론과 실기를 차근차근 배우면서 프로그래머라는 꿈을 키워나갔습니다.

❷ 검토 내용

단순한 사실의 나열로 인해 문장이 단조롭다. 조금만 다듬으면 세련된 문장이 될 수 있다.

❸ 수정 내용

컴퓨터에 대한 관심은 ○○대 소프트웨어학과의 진학으로 이어졌고, 전산에 대한 이론과 상거래 실기 교육을 통해 프로그래머의 꿈을 키워 왔습니다.

🔍 예시 6

❶ 수정 전

회사의 전반적인 업무에 대해 이해하고, 의견을 제시할 수 있는 안목, 전체를 이해하고 일을 진행하는 것을 가질 수 있는 좋은 기회였던 것으로 생각됩니다.

❷ 검토 내용

끊어야 될 몇 개의 문장이 연결되어 있고, 연결어미도 어색하다. 글은 최대한 간결하게 적는 것이 효과적이다.

❸ 수정 내용

회사의 전반적인 업무를 파악함으로써 안목을 키울 수 있었고, 이를 바탕으로 올바른 의견을 제시할 수 있었습니다.

7. 관찰하기

다음은 자기소개서를 지도한 내용을 모아 제시한 글이다.

🔍 **예문 1**

경동대학교 - 건설본부 지원 : 건축학과

건축기사 자격자로서 꼭 필요한 인물이 되겠습니다.

1. 성장과정
"주어진 일은 반드시 처리할 수 있습니다"

저는 경기 구리시에서 태어났습니다. 하지만 한강을 끼고 도는 곳은 아직 개발이 되지 않아서 공기도 맑으며 논과 밭이 남아 있어서 전원마을을 연상할 수 있는 곳이기도 합니다. 아버님이 일찍 돌아가시고 어머님이 작은 문구점을 운영하시느라 자식들을 뒷바라지할 여유가 없으셨고, 더구나 장남인 저는 두 동생을 돌보는 일까지 맡게 되면서 웬만한 일은 혼자서 해결해야 했습니다. 이러한 과정에서 저도 모르게 자립심을 키워 왔습니다.

2. 성격
"다른 사람의 의견을 늘 새겨듣고 존중합니다"

두 동생을 맡으며 집안의 가장 역할을 하다 보니 때로는 자기중심적으로 생각하는 경우도 있고 고집을 피우는 경우도 있습니다. 이를 알기에 저는 남들과 같이 어떤 일을 할 때에는 다른 사람의 말에 귀 기울이려 늘 노력하고 있습니다. 그리고 모든 일을 주도적으로 앞장서서 해야 된다는 생각 때문에 실패를 보는 경우도 있지만 맡겨진 일을 두려워하지 않고 이를 성취함으로써 기쁨을 얻곤 합니다. 때로는 친구들이 저에게 지나치게 독립심이 강하다고 하면서 다른 사람의 도움을 받기도 하면서 사는 것이 사회생활이라고 가끔 충고를 해 줍니다. 저도 그런 점을 느끼고 다른 사람들과 어울려 함께 도와가며 살아가는 자세를 갖고자 노력하고 있습니다.

3. 학창생활

"건축이라는 학문에 매료되었습니다"

중·고등학교를 다닐 때에는 친구들을 폭넓게 사귀고자 노력했습니다. 인생을 살아가는 데 있어서 공부만이 능사가 아니고 참다운 사람을 만나고 사귀는 것이 중요하다는 생각에서였습니다. 대학에 와서도 같은 학과 학생들에 국한하지 않고 보다 넓은 교우관계를 맺어왔습니다. 성격 자체가 밝고 명랑한 이유도 있지만, 교우관계의 폭을 넓히려고 부단히 노력해 왔습니다.

건축에 관심이 많았던 저는 한국대학교 건축공학부에 입학하였고, 저는 학업을 계속할수록 건축설계라는 학문에 더욱더 큰 매력을 느끼게 되었고 전공분야를 보다 폭넓고 심도 있게 공부해 왔습니다. 그 덕에 성적도 좋은 편이고 전공지식도 남 못지않게 습득하였다고 자부합니다. 3학년 때에는 학과에서 주최한 일본건축기행단에 참가하여 2주일간 일본의 고대건축으로부터 현대식 건축에 이르기까지 다양한 건축물들을 견학하면서 새로운 세계에 눈을 뜨기도 하였습니다. 그리고 봉사동아리인 '베데스다' 활동을 통해 어려운 이웃과 함께 생활할 수 있는 경험을 가져보았습니다.

4. 지원동기와 앞으로의 포부

"귀교에서 꼭 필요한 인물이 되겠습니다"

귀교는 그 규모는 그리 크지 않지만 지방대학교에서 무척 탄탄한 위치를 다져가고 있는 대학으로 알고 있습니다. 특히 외모나 학벌보다는 인간 됨됨이와 성실성을 중요시하는 귀교의 방침에 매력을 느껴왔습니다. 이런 대학교라면 보람과 자신을 가지고 저의 능력을 최대한 발휘하여 대학과 사회에 큰 기여를 할 수 있으리라 확신했습니다. 저는 대학 재학 중 건축기사 자격증을 취득하였기 때문에 귀교가 뽑고자 하는 건설본부 직원에 적격이라 생각하며, 맡겨 주시는 일이라면 설계분야든 시공이나 감리분야든 충분히 감당할 수 있을 것입니다. 앞으로 어떤 어려움이 있더라도 성실하게 열의를 다하며 추진력 있게 일을 감당해 나갈 자신이 있습니다. 믿고 기회를 주십시오. 귀교에서 꼭 필요한 인물이 되겠습니다.

예문 2

유통물류회사 - GS리테일 : 경영학과

1. 좋아하거나 즐겨하는 활동

등산장비 판매점과 산악회를 운영하시던 아버지께서는 어린 시절 저와 동생을 주말마다 늘 괴롭혔습니다. 주말이면 항상 산으로 저희 형제를 강제로 끌고 가셨고 어린 저희에게는 등산이 너무 힘들어 정말 산에 가기 싫어했습니다. 산이 너무 싫어서 저는 군대도 산이 없는 해군으로 갔습니다. 하지만 2년간 바다만 보고 살았더니 그렇게 싫던 산이 가고 싶어졌습니다. 전역 후 혼자 배낭을 메고 산에 가서 왜 그때 아버지가 저희를 데리고 산에 갔는지 깨달았습니다. 아버지께서는 산을 오를 때 흘리는 땀의 의미와 자연의 아름다움을 가르쳐 주시려 했던 것이었습니다.

그 후 주말이면 항상 배낭을 둘러메고 혼자 산으로 갔습니다. 다른 사람들과 함께 산을 오르는 것도 나름대로의 재미는 있겠지만 전 혼자 산에 오르길 좋아합니다. 혼자 산을 오르면서 자신에 대해 반성도 해보고 다음 한 주를 설계하는 혼자만의 시간을 가질 수 있기 때문입니다. 전역 후 5년간 지리산, 설악산, 가야산, 속리산, 팔공산 등의 많은 산을 올랐고 혼자서 야간 산행도 여러 번 해 봤습니다. 처음 혼자 야간 산행을 했을 때는 좀 두려웠지만 이제는 자신 있게 할 수 있습니다. 졸업후 사회에 나가면 산악학교에서 정식으로 암벽등반을 배워 보고 싶습니다. 역시 피는 못 속인다며 어머니께서는 좀 걱정하시지만 전 산을 사랑합니다.

2. 성격(장/단점) 및 생활신조
**성격의 장/단점*

장점은 매사에 주도적이라는 것입니다. 주어진 일을 회피하고 남들의 이목을 중요시하는 소극적인 태도가 아니라 어차피 제가 해야 될 일이라면 적극적이고 도전적인 자세로 받아들입니다. 이러한 태도를 바탕으로 남들보다 앞서 계획하고 행동하려고 하며 마무리는 깔끔하게 하는 성격입니다. 또한 한번 잡은 일은 그 목적이 완수될 때까지 끝까지 놓지 않는 하이에나와 같은 끈기를 가지고 있습니다. 어려움을 슬기롭게 극복할 수 있는 인내력 또한 자랑스러운 장점이라고 말씀드릴 수 있겠습니다.

단점으로는 하고자 하는 의욕이 앞서서 종종 세부적인 사항을 챙기지 못하는 경우가 있습니다. 그러한 단점을 보완하기 위해서 필요한 자료를 용도별로 파일을 만들어 사용하는 습관과 그때그때 메모하는 습관을 가지고자 애쓰고 있습니다.

*생활신조

프로는 일에 목숨을 건다.

1. 일은 스스로 찾는 것이지 주어지는 것이 아니다.

2. 일은 선수를 쳐가는 것이다. 피동적인 것이 아니다.

3. 큰일을 잡아라. 조그만 일은 자신을 조그맣게 만든다.

4. 어려운 일에 뛰어들어라. 그것을 헤쳐 갈 때 진보가 있다.

5. 한번 잡은 일은 놓지 말라. 죽어도 놓지 말라. 그 목적이 완수될 때까지.

6. 주위를 이끌고 가라. 이끌고 가는 것과 이끌려 가는 것은 천지 차이다.

7. 계획을 가져라. 장기적인 계획이 있으면 인내와 연구심이 생긴다.

8. 자신을 가져라. 자신이 없으면 일에 박력도 끈기도 없다.

9. 머리를 회전 시켜라. 팔방에 신경을 써라.

10. 마찰을 두려워 말라. 마찰은 진보에 어머니다. 그리고 가장 좋은 비료가 된다.

3. 성장과정(학교생활/아르바이트/동아리 활동)

부모님의 평소 가르침대로 자신에 대한 신념과 긍정적 가치관을 가지고 살면 어떤 장애도 넘을 수 있다는 생각을 가지고 살아왔습니다.

*동네 사람 모두가 단골인 GS25 선유센터점

고교 선배의 부탁으로 GS25 선유센터점 개점 준비부터 선배와 땀을 흘려 일했습니다. 당시 대형 슈퍼마켓이 들어오면서 물류비, 운영비 때문에 원가절감을 하지 못하는 편의점 물건은 비싸다는 인식을 가지고 있었습니다. 하지만 선배와 저는 편의점은 단순히 물건만 파는 곳이 아니라 친절과 서비스도 함께 제공해야 한다는 생각으로 오시는 고객 한분한분께 정성을 다해 모셨습니다. 또한 이를 위해 모든 파트타이머들에게 친절교육을 철저히 시켰습니다.

주변 상가 고객들에게도 항상 친절하게 대한 결과 단지 고객 차원을 넘어 이웃 사촌의 정을 나누었으며 점차 매출도 증가했습니다. 그러던 어느 날 주변 자혜병원 응급실 의사, 간호사 분들에게 전화가 왔습니다. 바빠서 나올 수 없으니 배달을 해 달라던 부탁을 받고 처음으로 배달을 하게 되었습니다. 이를 계기로 주변 병원과 상가 심지어는 가정집까지 배달을 했습니다. 학업 때문에 그리 길지 않은 기간 동안 일을 했지만 실물경제 감각을 익혔고 무엇보다 대인관계의 소중함을 배웠습니다.

*성숙된 나를 만들어준 실천법학회

시사적인 문제를 법적 관점에서 고찰, 토론하는 세미나를 통해 사고, 시각을 넓히고 모의재판을 직접 연출하면서 성취감과 자신감을 느끼고 리더십을 배웠습니다.

4. 장래계획 및 포부(10년 후 내 모습)

GS리테일에서 첫 직장을 가지고, GS리테일을 위해서 일하고 살아가며, 제 일을 사랑하고, 제 삶의 문제를 해결하고, 제 꿈과 희망을 저축하며 살겠습니다. GS리테일이 고객과 가맹점주를 정말 위한다는 사실을 간직하고, 고객과 가맹점주, GS리테일 본사 모두에게 봉사하며 저를 성장시킨 후에 영업사원 출신의 대표이사가 되는 꿈을 지금 예약하겠습니다. 남보다 한 발 먼저 행동하고, 한 번 더 확인하고, 한 번 더 생각하겠습니다.

*꿈(장래계획)을 이룩하기 위한 6계명

1) 정직

영업사원에게 정직은 최고의 덕목 중 하나라고 생각합니다. 자신의 이익을 위해 거짓된 행동을 하기 않고 고객과 가맹점주, GS리테일을 위해 정직하게 행동합니다.

2) 창의

고정관념에 얽매이지 않는 창의적인 사고로 고객과 가맹점주, GS리테일 모두에게 이익과 감동을 줄 Win-Win 전략을 만들어야 합니다.

3) 도전

강인한 청년 정신으로 도전하여 어떤 일이라도 앞장서 이뤄낼 것입니다.

4) 공정

어느 한쪽의 입장만을 대변하고 한쪽에 치우치게 행동하지 않고 모두를 위해 공정하게 행동합니다.

5) 배려

늘 고객과 가맹점주, GS리테일을 위해 서로를 배려하며 상대방의 입장에서 생각합니다.

6) 공동체

윗사람을 공경하고 맡은바 도리를 다하며 타고난 유머감각과 다양한 개인기로 사무실 분위기를 쇄신하여 업무 능률을 배가시킵니다.

5. 지원동기

귀사는 인재를 소중히 여긴다고 생각합니다. 귀사라면 저의 능력과 가치를 알아줄 수 있으며 저의 잠재력도 충분히 발휘할 수 있는 기업이므로 지원하게 되었습니다. 저의 강점인 변화와 새로운 환경에 대한 상황적응력과 항상 능동적이고 활발하게 주어진 일을 처리하는 활동성, 처음 만난 사람과도 마음을 열고 친해질 수 있는 사교성을 바탕으로 영업 분야에서 폭 넓은 대인 관계를 통해 성숙된 사람이 될 수 있다고 생각하며 여러 분야의 새로운 사람들을 만나보고 싶습니다.

법학을 공부한 법학도지만 전역 후 저에게 실물경제 감각과 대인관계의 소중함을 가르쳐 준 GS25 선유센터점에서의 근무를 통해 유통업에 대한 많은 관심을 가지게 되었습니다. 귀사는 우리나라 토종 편의점 브랜드로서 미국과 일본 브랜드 편의점들 사이에서 우리 편의점의 자존심을 지켜왔습니다. 업계 최대의 점포망을 갖추고 있는 전문유통업체로서 세계 최고의 유통업체로 성장가능성이 보이고 평소에 편의점을 이용할 때 종업원의 친절함과 매장 내의 깔끔한 진열에 호감을 가졌으며 또한 기존의 상품판매만이 아니라 다양한 패스트푸드와 PB를 갖췄다는 강점과 ATM의 점포설치 및 공공요금 수납대행, 택배 서비스 등 생활편의 서비스가 확대되면서 앞으로 이러한 인프라를 기반으로 하여 고도로 성장할 변화의 중심지에서 저의 모든 능력을 발휘하고 싶어 이렇게 지원하게 되었습니다.

강남성심병원 – 간호사 : 간호학과

1. 성장과정 및 자신의 장/단점, 생활신조

〈책임감을 바탕으로〉

"한번 시작한 일은 끝까지 책임을 지자" 이것이 저의 생활신조입니다. 부모님이 일로 인해 따로 살게 되었는데, 직장과 가정에서의 모든 일들을 소홀함 없이 해 나가시는 어머니를 보면서 저도 책임감을 가진 사람이 되려고 노력해 왔습니다. 대학교에 들어오며 시작하게 된 한의원 주말 아르바이트도 4년 내내 책임감 있게 하고 있으며, 대학교 3학년 때는 과대표로서 1년 동안 친구들을 위해 봉사하였습니다. 이런 저의 강점으로 환자들을 책임감 있게 간호하며 신뢰를 얻을 수 있게 할 것입니다. 거절을 잘 못하는 성격으로 남을 잘 돕지만 제 할 일을 놓치는 경우가 있었습니다. 내 할 일도 잘 해내며 타인에게 도움을 주고 싶은 마음에 고민하다가 우선순위를 세워 행동하는 것이 중요하다는 것을 알게 되었습니다. 그 결과 모든 일에 우선순위를 세우고 행동하는 것이 습관이 되었습니다. 남들을 도우며 내 일도 놓치지 않고 일을 정확하게 해내는 법을 배우게 되어 단점을 극복할 수 있었습니다.

2. 지원동기 및 입사 후 계획

〈모두가 행복한 세상을 꿈꾸며〉

필리민 마닐라에 있는 빈민촌으로 선교 활동을 갔었습니다. 그곳에는 극빈자들의 상한 몸과 마음을 보호해주는 '선한 사람들'이라는 시설이 있었습니다. 환자들은 본인이 받았던 돌봄으로 신체적 불편함이 있지만 웃음을 잃지 않고 있었습니다. 그곳을 다녀온 뒤 환자의 신체적인 질병뿐만 아니라 마음까지 돌보아주는 간호사가 되겠다고 다짐했습니다. 한림대학교 강남성심병원의 '생명을 존중하며 인류의 건강과 행복에 기여한다'라는 미션이 저의 다짐과 닮아있어 이를 실천하고자 귀병원에 지원했습니다. 간호사가 환자에게 신체적 치료를 제공하는 것은 물론, 정신적 지지를 통해 행복을 전하기 위해서는 전문적인 지식과 항상 미소로 환자를 대하는 것이 가장 필요하다고 생각합니다. 입사 후에도 공부를 게을리 하지 않고 항상 환자와 병원의 요구에 맞는 교육 프로그램에 참여하고, 스스로 부족하다고 생각되는 간호를 공부하는 등의 노력을 통해 환자의 안전과 행복을 위해 꾸준히 일하는 간호사가 될 것입니다.

3. 성격 및 특기사항

〈계획을 잘 세우는 간호사〉

계획을 세우고 계획에 따라 업무를 진행하는 것을 선호합니다. 계획을 세우면서 우선순위를 잘 설정하여 어떤 일을 하더라도 꼼꼼하게 해결할 수 있었습니다. 교내 실습 당시, 교수님께서 상황을 제시해 주셨을 때 간호사로서 먼저 제공해야 하는 간호 계획을 세웠습니다. 청색증 환자의 의식을 먼저 사정하고, 반좌위를 취해 심호흡을 격려하며 산소포화도를 측정했습니다. 이후 의사에게 보고하여 처방을 받아 산소를 제공하였습니다. 교수님께서 우선순위를 잘 설정하고 행동했다고 피드백을 주셨습니다.

잔걱정이 많아 스트레스를 받을 때가 있었습니다. 스트레스를 해소하기 위한 활동을 찾아보다 요리를 만들어 이웃들과 나눠 먹었습니다. 직접 만든 요리를 이웃들에게 나눠주었을 때, 이웃들이 맛있게 먹고 행복해하는 모습을 보며 뿌듯함을 느꼈습니다. 스트레스를 해소할 뿐 아니라 나눔의 즐거움을 배울 수 있었습니다. 이러한 배움으로 베푸는 간호사, 행복을 주는 간호사가 될 것입니다.

4. 자신의 역량 및 업적

〈끈기와 침착함은 나의 무기〉

저를 한마디로 표현하자면 '소나무'입니다. 어떤 일이든 포기하지 않고 끈기 있게 일을 추진하기 때문입니다. 대학교 입학 후 학비를 도와주시는 부모님에게 부담을 덜어드리고자 주말 아르바이트를 시작했습니다. 한의원에서 햇수로 4년째 아르바이트를 하고 있습니다. 병원에서 만나는 환자 대부분은 통증에 예민하고, 정확한 정보를 제공받기 원했습니다. 많은 환자에게 도움을 주기 위해 허리통증이나 어깨통증을 완화할 수 있는 스트레칭 정보를 제공했습니다. 환자가 봉침 치료 중 아나필락시스 쇼크 증상을 호소했습니다. 호흡곤란을 호소하며 후두부종으로 인한 쉰

목소리 증상이 있었습니다. 침착하게 원장님께 보고를 드리고 에피네프린 약물을 준비했습니다. 119에 신고하여 환자 이송을 도와 위기를 넘긴 경험이 있습니다. 병원에서 예상치 못한 응급상황에서 간호사는 침착함을 유지하는 것이 중요하다고 생각합니다. 저의 이런 침착함은 간호사로서 큰 강점이 될 것입니다.

🔍 예문 4

서울대학교병원 - 임상병리사 : 임상병리학과

성 장 과 정	[생명 과학자에서 임상병리사로] 　어릴 때부터 자연과학에 관심이 많아서 천체, 물리학, 생명과학과 관련된 책을 많이 읽게 되었습니다. 이후에는 인체 해부학이나 생명과학과 관련된 책에 더 집중해서 보기 시작했습니다. 　고등학교 시절에는 해부 동아리에 들어가 실험동물(토끼, 쥐, 개구리)을 직접 해부하기도 하고 친구들과 토론도 하면서 관련 지식을 넓힐 수 있었습니다. 그러던 중 세포 발생에 대한 동아사이언스의 칼럼을 살펴보면서 분자유전학에 관심을 갖기 시작했으며 논문 동아리를 편성하여 대학교 교수님과의 연계 논문 프로그램을 신청하기도 했습니다. 여기서 유전의 가장 기초인 '초파리 유전학'을 배우기도 했고 교수님의 도움으로 '초파리 유전을 통한 Real-time PCR' 주제로 이론과 실험도 할 수 있었습니다. 이를 통해 유전학적 지식은 물론이고 실험 방법, 논문 작성법 및 프레젠테이션 방법도 미리 배울 수 있었습니다. 　이러한 것이 계기가 되어 분자 유전학과 해부학을 접목하여 생명과학 기술발전이나 의료계 산업 분야에 종사하겠다는 마음을 굳히게 되었습니다. 국립수사과학연구원에 관한 자료를 찾던 중 임상병리사라는 직업을 알게 되었고 주저 없이 임상병리학과에 입학하게 되었습니다. 　대학 생활 중에는 유전학과 해부학을 모두 다룰 수 있는 '분자 병리'를 더 공부하면서 '병리과'에 관심을 가지게 되었고 조직 병리 동아리 활동을 하면서 직무수행에 관련된 실무 지식을 익히고 연습을 꾸준히 해 왔습니다.

성격의 장단점	**[소심함의 아이콘, 자신감 있고 밝은 에너지의 시그니처가 되다]** 　학창 시절 대인관계에 상처를 받아 자존감과 자신감이 극도로 낮아져서 다른 사람들과 쉽게 어울리지 못하고 갈등이 생기면 피하려고만 하는 회피형 인간으로 살았습니다. 대학교에 와서 지도교수님께 상담을 받으면서 '상대방을 생각하되 자신을 먼저 생각하고 아껴줄 것, 자신을 믿고 자신감 있게 행동하라'는 숙제를 받았습니다. 이를 위해 봉사 동아리 부원부터 팀장, 학과를 대표하는 학회장과 임원을 맡으면서 동료들과 적극적으로 소통하기 시작했습니다. 상대방의 처지를 역지사지하면서 함께 문제를 해결하려는 진심이 동료들에게 전달되었고 어느새 자심감이 충만하고 갈등이나 문제를 두려워하지 않는 사람으로 바뀌어가고 있었습니다. 　병원 실습 기간에 길을 잃은 환자분들께 먼저 다가가 원하시는 장소까지 안내해 드린 적이 있었습니다. 환자분은 활짝 웃으시면서 '선생님 바쁘신데 감사합니다.'라고 말씀을 해주셨습니다. 작은 친절과 밝은 표정이 많은 사람들을 감동시키고 기쁨을 준다는 사실을 알게 되었습니다. 　문제 상황을 빠르게 파악하고 대처하는 능력도 함께 가지고 있습니다. 혈액은행 파트에서 실습 중 응급 환자의 이식 수혈에 대하여 수혈 가능자의 데이터를 분석 및 분류하는 작업을 신속하게 처리하여야 했습니다. 일의 우선순위와 단계를 잘 분석하고 대학 재학 중 쌓아온 컴퓨터 활용 능력을 바탕으로 신속하게 일을 처리해서 병원회의 자료로도 사용했던 적이 있습니다.
학교생활	**[설득보다는 협력하여 합의점을 찾는 팔로워가 되다]** 　임상 화학 실험을 진행하는 pH meter의 원리를 알아보는 실습시간에 팀원들과 이견으로 부딪힌 경험이 있습니다. 실험 과정에서 저는 실험의 개요와 과정을 파악 및 기획하고 팀원들의 역할을 분담하는 리더의 역할이었습니다. 교수님께서 말씀하신 결과를 제한 시간 안에 도출해야 하는 실험 과제였는데 서로 의견이 달라 빠르게 합의점을 찾아 해결해야 하는 상황이었습니다.

학 교 생 활	먼저 팀원의 의견을 들으면서 이견이 무엇인지 파악하고 팀원의 의견을 수렴하는 방법을 찾아보았습니다. 그리고 제가 기획한 플랜A와 다른 팀원이 기획한 플랜B를 두 사람의 주도하에 모두 같이 역할 분담을 하여 실험을 진행하자고 하였습니다. 그리고 교수님께서 말씀하신 실험 결과와 근접한 플랜을 최종안으로 선택하되 어떤 결과가 나와도 의견 차이를 인정하자는 합의점을 찾았습니다. 이렇게 진행한 결과는 두 실험 모두 교수님께서 제시한 결과와 같았으나, 플랜A는 교수님께서 의도하신 실험방법이고 플랜B는 실험 과정을 역방향으로 진행하여 빠르게 결과를 내는 방법이었습니다. 방식이 다른 팀원의 계획을 인정하고 그 팀원의 말을 따라가니 수업 의도와 다른 새로운 실험 방식도 알게 되었습니다. 　이를 통해 자신이 생각하는 방식을 잘 설득하는 리더도 중요하지만, 다름을 인정하여 팀 내의 의견을 수용하고 지지해주는 리더도 중요하다는 것을 깨달았습니다. 이 경험을 살려 올바른 방법으로 협력하는 팔로워로 일하는 자세를 배웠습니다.
지 원 동 기 및 입 사 후 포 부	[날마다 새로워지는 소통의 아이콘이 되겠습니다] 　임상병리사에게는 진단검사의학과 분야의 취업 기회가 가장 많다는 말을 자주 들었는데 실습을 통해 생각이 많이 바뀌었습니다. 진단검사의학과 만큼이나 병리과도 세분화되어 있으며 의사들과 원활하게 커뮤니케이션할 수 있고 열심히 공부하면 PA 자격을 부여받아 전문적인 능력을 인정받고 이를 활용할 수 있다는 것에 많은 매력을 느꼈습니다. 그리고 경동대학교에선 병리과에 특화된 교육방법으로 다양한 환자 케이스의 사진을 퀴즈로 내면서 공부하는 방식을 진행하고 있어 이에 대한 전문적인 지식과 관심을 갖게 되었고 병리과에 지원하게 되었습니다. 　입사 후에는 대학교에서 배운 기본적 지식을 바탕으로 실무 능력까지 빠른 시간에 갖추고 귀 병원의 병리과에 없어서는 안 될 소중한 인재로 남고 싶습니다. 직원들과 의사소통을 충분히 하고 주어진 일은 시간 내에 반드시 끝낼 수 있도록 최선을 다하겠습니다.

예문 5

동산병원 - 응급구조사 : 응급구조학과

1 성장배경

[내 일은 내가 알아서 한다]

평소 부모님께서는 스스로의 인생은 스스로 개척하며 살라는 말씀을 자주 하셨습니다. 그래서인지 어렸을 때부터 집안일을 도맡아 했고 공부하는 것도 다른 사람의 도움 없이 스스로 하는 편이었습니다. 어려운 일이 닥쳤을 때 쉽게 해결되지 않는 것도 많았지만 이를 이겨내고 해결하려는 의지력을 일찍부터 훈련했던 것 같습니다. 고등학교 1학년 때까지 진로를 정하지 못하고 방황한 적도 있었지만 TV 프로그램에서 어려움을 마다 않고 위기에 처해 있는 환자들을 돕는 응급구조사라는 것을 알게 되었습니다. 그 이후로 남은 기간을 철저히 준비해서 원하는 학과에 당당히 합격했습니다.

2. 학교생활

[꾸준한 봉사활동은 나의 원동력]

의료 현장에서 숙련된 응급구조사가 되기 위해서는 현장 경험이 많아야 한다고 생각해서 대학교에 입학하자마자 'Life' 봉사동아리에 가입했습니다. 그리고 문막초등학교, 원주다이나믹페스티벌, 원주오크밸리 주최 행사 등 다양한 곳에서 CPR 교육봉사를 하였습니다. 춘천마라톤대회에서는 심정지 환자 발생 시 응급조치를 취하는 CPR 의료봉사를 3년간 한 적도 있습니다. 이때 응급처치를 받은 분들이 저에게 감사의 말을 따뜻하게 전하는 것을 들으며 예비 응급구조사로서 보람을 느꼈고 매우 행복했습니다.

대학 3학년 때에는 'Life' 동아리 매니저를 직접 맡아 다양한 봉사활동을 계획하고 실천한 적이 있습니다. 그동안 수동적인 활동에서 벗어나 적극적으로 팀원들을 격려하고 다양한 아이디어를 하나로 통합하는 일을 했는데 이것은 저에게 새로운 경험과 능력을 갖게 해 주었습니다. 이러한 경험을 바탕으로 대학교에서 주최하는 취업역량경진대회에 참여하여 발표를 맡았는데 팀원들 간에 협동심이 잘 발휘된 결과 협동상을 받기도 하였습니다.

3. 직무수행과 관련한 자신의 장점과 보완점

[여러 번 확인하는 습관은 실수를 ZERO로!]

작은 것도 놓치지 않으려고 합니다. 병원실습 당시 선생님께서 여러 환자들의 심전도검사와 세트준비를 부탁하셨는데 환자 한 분 한 분을 꼼꼼히 확인하여 실수 없이 검사를 잘 수행한 적이 있습니다. 그 당시 준비해야 할 세트의 양이나 과정이 매우 복잡하여 저도 매우 긴장을 했었습니다. 그렇지만 검사가 끝난 뒤 선생님께서 많이 칭찬해 주셔서 긴장이 한순간에 풀렸던 적이 있습니다. 사실 이 일을 진행하기 위해서 저는 전날부터 어떻게 해야 할지 마음속으로 현장을 그려보고 검사 당일에도 여러 번 꼼꼼하게 확인한 결과였습니다.

저의 단점은 다소 긴장을 한다는 것입니다. 선생님께서 시키셨던 일 중에 간단한 사용법으로 실행 가능한 기자재가 있었지만 익숙지 않아 결국 선생님께서 나서서 하셨던 적이 있었습니다. 그런 일이 있은 후 똑같은 실수를 반복하지 않기 위해 기자재들의 사용법과 적응증, 금기증을 공부하고 더 나아가 술기에서 다른 실수를 하지 않기 위해 복습과 놓친 부분들을 공부하였습니다. 이후 기회가 주어져 기자재를 사용하게 되었을 때 자신감이 넘치고 능숙하게 이를 사용할 수 있었습니다.

4. 조직생활에서 가장 중요하다고 생각하는 덕목과 그 이유

[주인의식, 주도성, 대인관계의 삼위일체]

주인의식과 주도성, 대인관계라 생각합니다. 조직의 구성원으로서 소속감을 갖고 자신에게 주어진 업무를 충실히, 책임감을 가지고 완수해내는 주인의식과 주어진 업무뿐만 아니라 새로운 업무를 찾아 완수해 내는 주도성, 팀원들의 이해와 의사소통을 통해 우호적인 관계를 형성하고 팀원들 간의 협동심과 참여를 이끌어 환자분들에게 최고의 처치를 제공하는 대인관계를 조직생활에서 중요 덕목이라 생각합니다.

병원실습 때 담당 선생님께서 말씀하시기 전에 드레싱, 넬라톤, 폴리세트 등을 만들거나 드레싱처치 시 말씀드려 드레싱을 도왔습니다. 나아가 더 다친 곳은 없는지, 놓친 부분은 없는지를 찾아내어 드레싱처치를 끝내기도 하며, CPR상황 시 말씀을 하지 않으셔도 옷을 자르고 미리 대기하여 선생님과 가슴 압박을 교대하는 등의 서포트를 하였습니다. 학생이지만 응급실의 일원으로 생각하며 맡은 일을 수행하고 제가 할 수 있는 일들이 또 어떤 것일까 고민하며 선생님들을 도왔습니다. 이러한 행동을 통해 환자분들에게 지체되지 않는 처치, 빠른 처치를 잘 도울 수 있어 매우 기쁘고 뿌듯하였습니다.

5. 지원동기 및 입사 후 포부

[인생병원의 일원으로]

대학교에 재학하면서 여러 병원의 홈페이지를 방문하고 지인을 통해 병원을 자주 탐문하면서 동산병원을 알게 됐습니다. 동산병원은 환자에 대한 사랑과 정성을 최고의 가치로 여깁니다. 저는 대학교에 재학하고 있는 동안 꾸준히 봉사활동을 해 오면서 응급구조사의 첫째 덕목은 생명에 대한 소중함과 환자에 대한 가족애라고 생각했습니다. 저는 동산병원에서 이러한 덕목을 실천하며 살고 싶습니다.

응급실에 근무하게 된다면 팀원들과 충분한 의사소통을 하면서 단단한 팀워크를 만드는데 앞장서겠습니다. 선임과의 조화로운 업무협조를 통하여 최고의 응급실 팀을 만들도록 하겠습니다. 그리고 응급구조에 대한 지식과 경험을 쌓기 위한 공부를 게을리 하지 않을 것이며 다양한 실무 경험을 쌓는데 주력할 것입니다.

7. 에서 제시한 예문을 보고 자기소개서를 써보십시오.

성 장 과 정	
성 격 의 장 단 점	

학 교 생 활	
지원 동기 및 입사 후 포부	

사회로의 첫걸음, 그곳의 밑거름이 되는 동량으로
– KDU 졸업 격려사에서

　자강불식의 일념으로 정진을 거듭하여 영광스러운 학위수여를 받는 여러분 먼저, 축하의 말씀을 드립니다.

　우리는 일을 시작할 때의 어려움과 결단성에 대해서 찬사를 아끼지 않습니다. 시작은 새로운 도전의 역사요, 결단의 시간이기 때문입니다. 지난 4년간은, 매 학기 늘 새로운 학문을 만나는 시간의 연속이었고 이제 그 결실을 맺어 이 자리에 선 것입니다.

　사회와 자연에 대한 인간의 탐구 노력은 참된 진리를 찾고자 하는 데에서 출발하였습니다. 자연과 세계에 대한 조화의 필요성을 체감으로 익혀가면서, 인간다운 삶을 영위하기 위한 과학적 지지과 인격적 품성을 기르는데 졸업생 여러분은 귀한 젊음의 시간을 바쳤습니다. 지난 대학 4년간은 인간과 세계를 판단하는 가치관을 정립하는 시기였고, 변화하는 사회에 능동적으로 대처하기 위하여 실용적인 학문 또한 익혀야 하는 시기였습니다. 그러므로 여러분은 다른 사람의 철학이나 지식을 모방하던 구태를 벗어나 이제는 나름대로의 철학과 사고, 지식과 지혜를 지닌 지성인이 되어 있는 것입니다. 그러기에, 세상을 바라보는 안목과 전문 인력으로서 자질과 능력을 기른, 대학에서의 생활은 그만큼 인생에 있어서 고귀한 시간이었으며, 역사였던 것입니다.

　신라 시대의 고승 혜초가 험준한 히말라야 산맥을 넘어서 천축을 향한 것 자체도 고상하고 위대했지만 그 어려운 과정을 다 마치고 귀환했기에 다른 사람의 귀감이 될 수 있었던 것입니다. 많은 사람들이 대학의 문을 열지만 이 과정을 스스로 극복하지 못해 좌절하거나 아무런 결과도 얻지 못한 경우가 있는데, 졸업생 여러분은 인생의 값진 시기에 귀한 결실을 거두었습니다. 무엇보다도 이 점에 기쁨을 함께하며 더없는 박수를 보냅니다.

　졸업은 결과의 마무리임과 동시에 새로운 시작을 의미합니다. 졸업식의 영어 표현 '커먼스먼트(commencement)'는 다음 단계로 이동하는 즉 '새로운 시작'을 뜻하는 말입니다. 새로운 시작에는 설레임도 있지만 고난과 역경도 존재합니다. 그 과정에 절대적인 것은 충직, 도전과 용기, 창의성 그리고 바른 인격의 발로가 매우 중요하다 생각합니다. 여러분이 앞으로 살아갈 사회는 이 네 가지 요소 중 어느 하나 결핍됨을 용납하지 않는 세계입니다. 여기에 다음 세 가지를 더하여 당부합니다. 이를 다 지녔다면 이 사회는 무한한 가능성과 성공을 여러분에게 제공할 것입니다.

그 첫째는 경쟁력을 갖춘 사회일원으로, 더 나아가 지도자로서의 자기개발을 위하여 쉼 없이 정진하라는 것입니다. 여러분이 활동할 세계는 지식산업시대요 4차 산업시대입니다. 지식미디어(knowledge media), 지식 네트워크(knowledge net) 그리고 지식 인큐베이터(knowledge incubator)로 집약되는 '3K사회'로서 이른바 정보지식사회로서 융합적이고 새로운 기술의 시대라 할 수 있을 것입니다. 이러한 사회의 속성은 기존의 지식에 안주하지 않고 새로운 지식의 창출과 응용이 끊임없이 일어난다는 사실입니다. 그러므로 다변화 시대에 대응하여 자기 포부를 완성시키는 전제조건은 중단하지 않는 자기 개발과 변화에 대응한, 쉼 없는 정진이라 할 것입니다.

다음은 성숙하고 인격적인 지도자의 면면을 갖추어 나가라는 것입니다. 다변화 시대에 능동적으로 대처하고 남보다 나은 결과를 이끌어 내기 위해서, 개인의 성공 실현에도 전력해야 하겠지만 그에 못지않게 사회의 발전이나 개선을 위해서도 노력해야 한다는 점을 잊어서는 아니 되겠습니다. 특히 현대의 확실한 역사적 동향이 경쟁과 화합이라는 양면성을 지녔다 하더라도, 궁극적으로는 참다운 인간 복지를 구현한다는 보편적 진리에 바탕을 두고 있는 만큼, 화합과 협력을 바탕으로 사회에 봉사할 수 있는 마음가짐과 실천하는 지도자가 되어주길 바랍니다.

우리 민족이 지녔던 훌륭한 전통 사상인 충, 효, 인, 경을 본받으려 했던 정신, 이상을 추구하면서도 실질을 도모하려 했던 목표를 잊지 말고, 사회에서도 이러한 정신과 기상을 실천해주기를 바라 마지않습니다. 그러기 위하여 우선, 스스로를 비하하거나 가치를 떨어뜨리는 일을 하지 말아야 하며, 맡은

바 직무에 대한 책임과 탐구 그리고 돈독한 인간관계를 쌓는 것에 게으름이 없는 사회인으로서의 모범을 보여주기를 기대합니다.

자연이 그 흐름을 멈추면 만물의 멸함을 불러오듯이 자신의 올바른 품성과 능력을 유지하고 더 나아가 발전시키지 아니하면 스스로 도태하고 그 존재가 상실되는 것입니다. 쉬지 않고 줄곧 힘써 굳건한 자신을 만드는 것(自彊不息)이야말로 자기수양과 포부를 완성하기 위한 전제 조건이 됩니다. 따라서 자신의 인격과 능력을 변화시키고 학문을 연마함에 끊임없는 노력과 실천궁행(實踐躬行)이 있을 때만이 성공적인 삶의 목표를 이룰 수 있을 것입니다.

마지막으로 감사하는 마음을 잊지 말라는 것입니다. 여러분의 성취는 홀로 이룬 것이 아니라 제자들을 염려하고 혼신의 힘을 기울여 지도하여 주셨던 교수님들이 있으셨습니다. 더욱이 어려운 가운데 학비를 충당하고 관심과 격려를 아끼지 않으셨던 부모님에 대한 감사의 정을 잊지 말아야 합니다. 하찮은 금수도 자기를 아끼고 보살펴 주었던 은자를 위해서 자기희생을 아끼지 아니하는데 하물며 인간인 우리가 그 은혜를 잊어야 되겠습니까.

캠퍼스를 떠나 사회로 첫발을 딛는 사랑하는 제자 여러분. 현대의 위대한 석학 '드러커'는 "학위가 있다는 것은 무엇을 배웠느냐와 배운 것으로 어떻게 무엇을 할 수 있느냐에 그 가치가 있다"라고 말한 바 있습니다. 그의 지적대로 이제 여러분은 대학에서 연마한 학문의 결과를 사회에 어떻게 펼칠 것인가에 놓여 있습니다. 더욱이 근래의 이 사회는 사회, 정치, 경제 등 총체적인 위기에 봉착되어 있다고들 진단합니다. 그럴수록 여러분의 역할과 기대는 크다 할 수 있으며, 재도약의 밑거름이 되는 동량이 되어주길 희망합니다.

다시 한번, 이 영광되고 복된 자리를 축하하며, 여러분의 무궁한 발전과 행운이 있기를 기원합니다. 감사합니다.

지식인의
글쓰기

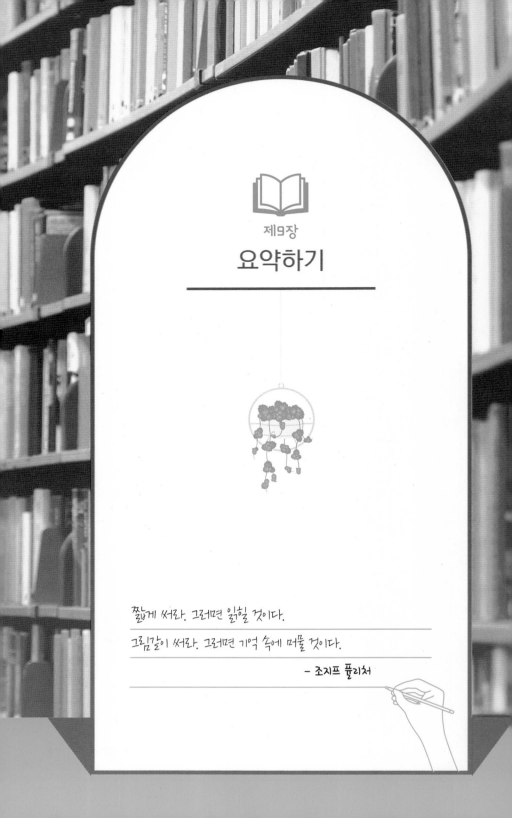

제9장

요약하기

짧게 써라. 그러면 읽힐 것이다.
그림같이 써라. 그러면 기억 속에 머물 것이다.

– 조지프 퓰리처

1. 알아보기: 요약하기

요약하기는 원 글의 내용을 잘 이해하고 이를 짧게 압축하여 자신의 글로 정리하는 활동이다. 요약하기는 글을 이해하는 과정과 쓰기 과정이 함께 행해지는 복합적인 활동이다. 아무리 원 글의 핵심 내용을 잘 파악하고 이를 압축했다고 해도 좋

Getty Images

은 요약문이 될 수 없다. 여기에 더하여 요약된 내용이 단락이나 문맥에 따라 자연스럽게 배열되어야 하고 글 전체가 시작과 중간, 끝을 잘 아우르는 한 편의 완성된 글이 되어야 한다.

대학에서는 전공 분야에서 실무 능력을 갖춘 전문적인 지식인을 양성하려고 노력한다. 궁극적인 목적은 현장 실무자를 양성하는 것이 목적이지만 이러한 실무 능력을 갖추기 위해서는 우선 전문 분야에 대한 지식 습득이 우선 될 수밖에 없다. 그리고 이러한 전문 지식은 서적에 의존하는 경우가 많다. 따라서 대학생들은 독서를 통한 이해 능력이 매우 요구된다. 그런데 단순히 책을 읽는 것만으로 그 책의 내용을 제대로 이해했다고 할 수는 없다. 더구나 방대한 분량의 책에서 중요한 정보나 지식을 간추리고 이를 체계적으로 이해하기 위해서는 요약하기 훈련이 필요하다.

요약하기는 이러한 활동에 그치지 않는다. 주어진 내용에서 핵심적인 내용을 체계적으로 이해하게 되면 이러한 지식이 학생들의 배경적 지식이 되고 이는 창의적인 글쓰기의 바탕이 되기도 한다. 원 글의 내용을 잘 파악하고 이를 자신의 언어로 전환시키는 과정을 통해서 표현 능력을 기를 수 있는 중요한 훈련 과정이 되기도 한다.

① 요약의 과정

요약문을 잘 쓰기 위해서는 여러 단계의 과정이 필요하다. 먼저 주어진 내용을 제대로 이해하는 과정이 필요하다. 이 글이 쓰인 목적, 글쓴이의 의도, 논리적 전개 방식, 핵심 내용 등을 찾아내야 한다. 찾아낸 내용을 분석하고 이를 다시 재구성하는 과정도 필요하다. 또 이를 하나의 완성된 글로 표현하는 과정과 완성된 글을 검토하는 과정도 포함한다.

여기서는 요약하기를 크게 다섯 단계로 나누어서 살펴보기로 한다.

1) 과제 내용 분석하기

대학교에서 요약하기 과제가 주어졌다면 먼저 과제의 내용을 잘 분석해 보아야 한다. 요약하는 방법이나 분량, 어떤 내용이 중심이 되어야 하는지 정확히 파악해 볼 필요가 있다. 과제를 낼 때에는 분명한 목적과 의도가 있으므로 이를 잘 분석하는 것이 필요하다.

2) 내용 이해하기

정확한 내용을 이해해야 중심 줄거리를 찾아낼 수 있다. 따라서 한 번의 읽기 과정을 통해 모든 내용을 이해하려는 욕심은 버려야 한다. 제시되는 내용이 어려울수록 여러 번의 읽기 과정이 필요하다. 처음에는 글의 전체적인 내용을 이해하는 것에서 출발하여 보다 구체적이고 부분적인 내용을 이해하는 방향으로 읽어보도록 한다. 읽기의 횟수를 줄이려면 핵심이 되는 내용을 노트에 정리하거나 메모하는 방법도 있다. 또는 중요한 부분에 밑줄을 그어 두거나 형광펜 등으로 표시해 두면 나중에 기억하기가 쉽다. 요약하는 사람의 의견이나 생각을 포함하는 과제라면 글을 읽는 중간중간에 이러한 의견을 적어 두는 것도 좋다.

3) 내용 재구성하기

글은 보통 소주제가 모여 더 큰 주제를 이룬다. 소주제는 보통 단락으로 구성되며, 단락은 소주제와 이를 뒷받침하는 내용으로 이루어진다. 그러나 요약을 할 때는 주로 중심 내용으로만 구성하기 때문에 원 글에서 제시하고 있는 뒷받침 문장을 모두 활용하기가 어렵다. 따라서 글 전체의 내용에 따라 구성 단계를 새롭게 구성해야 한다. 이때에는 구체적인 예시나 앞에서 반복해서 제시되는 내용, 도표, 부연 설명 등은 생략할 수 있으며 구체어, 하위어보다는 추상어, 상위어로 바꿔 제시하는 것이 좋다. 예를 들어, '사과, 배, 포도, 딸기, 참외, 수박, 감 등이 있다'보다는 '각종 과일이 있다'는 식으로 바꿀 수 있다.

4) 초고 작성하기

요약할 때는 전체 내용을 항, 목, 절에 따라 보통 읽기 자료의 1/3 수준으로 압축하여 쓰면 된다. 그러나 '요약하기'에 대한 지시 사항이 있다면 이를 따라서 조절해야 한다. 핵심 내용을 바탕으로 글을 써 나가되 항, 목, 절에 사용된 여러 단락을 어느 정도로 줄이면서 써 나갈지 미리 생각해 두어야 한다. 전체적으로 균형되게 요약할 필요가 있다. 특정한 부분이 과도하게 인용되거나 과도하게 축소되지 않도록 하는 것이 좋다. 초고에서는 문장이 정확하지 않더라도 중요한 내용이 생략되지 않도록 하는 것이 좋다. 한 편의 완성된 글을 요약할 때는 도입부를 두어 저자에 대한 중요 내용을 소개하고 이 글의 제목이나 의의, 글의 주장이나 논지 등을 간략하게 제시할 수도 있다. 결론 부분에서는 논의를 통해 제시된 주요 결과를 정리하고 저자의 권고나 제안도 작성할 수 있다.

5) 수정하기

완성된 문장을 다듬는 작업이 필요하다. 여기에서는 주어진 과제의 내용이나 형식이 무엇인지 확인하고 이러한 지시 내용이 제대로 포함되어 있는지 확인하여야 한다. 수정하기 과정에서 검토해야 할 내용을 몇 가지 정리하면 다음과 같다.

- 요약은 원 글의 내용이 잘 유지되어야 한다. 옮기는 과정에서 글쓴이의 의도를 잘못 해석하거나 잘못 이해해서는 안 된다. 그리고 요약하는 사람의 의도를 반영해서도 안 된다.
- 요약문도 하나의 독립된 글이다. 원 글의 내용을 잘 정리할 뿐만 아니라 형식의 통일성이나 내용의 일관성을 잘 지켜야 하고 완성된 글의 구조를 갖추어야 한다. 다시 말하면 한 편의 글이 물 흐르듯이 자연스럽게 전개되어야 한다.
- 글의 중요한 부분임에도 누락된 내용이 없는지 확인하고 이를 보충하여야 한다. 아무리 요약된 글이라도 핵심 내용에 대한 주요 근거가 함께 제시되어야 내용을 제대로 이해할 수 있다.
- 이와 함께 단어나 문장이 적합한지, 어문 규정을 잘 지키고 있는지도 살펴보아야 한다. 원 글을 재구성하는 과정에서 단어나 문장, 띄어쓰기 등이 달라지므로 이러한 부분도 확인해야 한다.

Getty Images

💡 짧은 글 요약 예시

속담은 오랜 세월 동안 사람들의 생활 속에서 생겨나고 입으로 전해오면서 그 말을 쓰는 사람들의 정신과 특성이 담겨 있다. 따라서 한국인들이 즐겨 쓰는 속담은 우리 민족의 오랜 역사와 함께해 오면서 우리 민족의 인생관, 민족 고유의 정신세계가 담겨 있는 소중한 언어 유산이다.

이러한 속담을 정의하고 있는 예를 몇 가지 들면 아래와 같다.

- 예로부터 민간에 전하여 오는 쉬운 격언이나 잠언(표준국어대사전)
- 민간에 전해 오는 쉬운 격언, 속된 이야기(우리말큰사전)
- 언어 현장에서 발생하게 되는 특정 사실을 수사적인 기법인 비유를 통하여 나타내는 표현 양식(심재기, 국어어휘론)
- 언중의 경험과 지혜와 교훈에서 우러난 진리를 지닌 간결하고 평범하며 은유적인 표현의 관용어(최창렬, 우리 속담 연구)

이러한 정의들을 종합해 보면, 속담은 서민들의 생활 속에서 생산되고 전해지며, 교훈이나 풍자적 성격을 지니면서, 직접적인 표현이 아닌 비유적인 표현으로 이루어진 관용어라는 것을 알 수 있다.

〈김용경, 속담으로 보는 한국, 그리고 한국 사회〉

위에 제시한 내용을 간략하게 요약해 보면 아래와 같다.

속담은 우리 민족의 인생관, 민족 고유의 정신세계가 담겨 있는 소중한 언어 유산이다. 이러한 속담을 정의하면 '서민들의 생활 속에서 생산되고 전해지며, 교훈이나 풍자적 성격을 지니면서, 직접적인 표현이 아닌 비유적인 표현으로 이루어진 관용어'라고 할 수 있다.

4. 표현하기

① 짧은 글 요약하기

💡 다음에 제시한 내용을 요약해보십시오.

> 현재 영화산업은 예전에 비해 매우 발전한 상태이다. 그러나 미래사회에서
> 는 현재보다 더 새롭게 바뀔 것으로 내다보고 있다. 현재 상영관에서 보는 스
> 크린 상영 영화가 아닌 새로운 방식의 영화가 등장할 것이다. 특히 관객이 제
> 작자가 되어 스토리텔링을 직접 만드는 경험을 할 수 있도록 새로운 기술이
> 제공될 것이며 관객이 움직일 때마다 가상현실(Virtual Reality, VR) 기기가 관객에
> 맞춰 움직이며 제일 잘 보일 수 있도록 돕고 다양한 기능을 할 것이다.
>
> 〈최영미 외 4인(2016), 독서와 토론〉

② 긴 글 요약하기

💡 다음 글을 읽고 주제에 맞는 제목을 달고 400자 내외로 요약하십시오.

> 환경은 사람과 함께 공존하는 우리 주변의 모든 것을 말한다. 특히 자연은
> 사람이 살아가는데 필요한 것의 대부분을 제공해 주면서 직접·간접적으로 영
> 향을 주고 있는 중요한 환경이다. 다시 말해 사람은 자연에서 먹을 것, 입을

것, 살 곳 등의 재료를 얻으면서 살아가고 있으며 자연은 그것을 아낌없이 제공해 주는 보배로운 창고와 같은 역할을 하고 있다.

자연 환경을 좀 더 구체적으로 보면 대기(공기), 물, 토양 등을 살펴볼 수 있다. 공기는 지구를 둘러싼 기체로서 산소와 질소의 혼합된 성분이 주를 이루고 그 밖에 불활성 가스와 이산화탄소 성분들로 이루어진다. 인간은 호흡을 통해 대기에 있는 산소를 얻고 몸속에 있는 이산화탄소를 내보낸다. 호흡을 통해 인간은 생명을 유지하기 때문에 대기(공기)는 인간에게 중요한 환경이다. 물은 순수하게는 수소와 산소가 결합한 것이지만 현재 자연에서는 여러 가지 불순물을 함유하고 있다. 인간은 물을 마시고 배설하는 순환기능을 통해 생명을 유지할 뿐만 아니라 건강한 대사기능을 유지한다. 따라서 물 또한 인간에게 중요한 환경이다. 토양은 암석이 산소와 물 그리고 열작용을 받아 크고 작은 입자로 깨진 혼합물과 화학반응으로 생성된 물질과 유기물로 구성된다. 토양은 인간뿐만 아니라 동물과 식물에게 삶의 터전을 마련하고 음식물(영양분)을 제공해 주는 없어서는 안 될 매우 중요한 자연환경이다.

최근 북극권에 속하는 러시아 중북부 야말로네네츠 자치구에서 75년 만에 탄저병이 발생했다는 보도(BBC 2016.8.1.)가 있었다. 탄저병은 탄저균에 감염된 동물의 사체나 오염된 토양과 접촉하였을 때 발생하는 것으로 전염성이 매우 강하다. 이 지역에서 발생한 탄저병은 이상 고온 현상으로 영구동토층이 해동하여 그 속에 있던 사체나 오염 등이 원인이 되었다고 한다(조선일보 2016.8.3. A16면). 이 사건은 단순한 질병 발생의 기사가 아니라 인간에게 필수적인 자연환경인 대기, 물, 토양이 인간에게 치명적인 영향을 줄 수 있다는 것을 시사한다.

현재 지구온난화, 기후변화로 인한 기상 이변, 해수면 상승, 토양 오염 등은 여러 가지 현상으로 인간의 일상적인 삶까지 위협하고 있다. 이러한 상황 속에서 우리는 인간에게 의식주 생활에 필수적인 것들을 제공해 주고 있는 자연환경에 대해 더욱 관심을 가질 필요가 있으며 환경을 오염시키는 문제들에 대해 적극적으로 의견을 나누고 그 해결책을 함께 만들며 실행해야 할 것이다.

〈최영미 외 4인(2016), 독서와 토론〉

지식인의
글쓰기

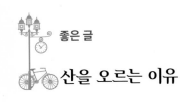

산을 오르는 이유

이 동 식

"산이 거기 있기 때문이다."

왜 산에 가느냐는 질문에 대해 1924년에 에베레스트를 도전한 등산가 조지 말러리(George Mallory)가 한 이 대답은 고금의 어록으로 기억되지만 사실 등산이라는 것이 모든 이들이 다 좋아하고 다 올라가고 싶은 그런 운동, 혹은 취미는 아니다. 어떤 사람들에게는 산이 매력을 주지 않는다. 또 산에 올라가는 것이 육체적으로나 물질적으로 모두 매력이 있는 것은 아니다. 등산을 하다가 자신의 삶을 잃는 많은 사람들을 보면서 등산이란 어리석은 장난이며 인간이 자신에게 주어진 삶을 그런 식으로 위험에 빠뜨릴 권리가 없다고 주장하는 사람들도 있다. 산이란 멀리서 구경하는 것만으로도 충분하고, 산을 오른다는 것은 천하고 세상 동떨어진 짓이라고 하는 사람들도 있다.

우리나라 사람들도 산에 올라가는 것을 좋아하고 등산을 한 후에 유산기 (遊山記)를 많이 남겼는데, 우리의 산이 못 올라갈 만큼 험한 산이 없는 관계로 전문적인 등산가는 존재하지 않은 것 같고 다만 산을 오르는 것을 심신을 연마하는 차원에서 보고 즐긴 분들은 많다. 일찌기 청량산에 들어가 산을 유람하고 거기서 공부를 한 퇴계 이황은 산을 오르는 것이 공부를 하는 것과 같다는 시를 남긴다.

> 독서가 산을 유람하는 것과 같다고 하는데
> 이제 보니 산을 유람함이 독서와 같구나.
> 온 힘을 쏟은 후에 스스로 내려옴이 그러하고
> 얕고 깊은 곳을 모두 살펴야 함이 그러하네.
> 讀書人說遊山似 今見遊山似讀書
> 工力盡時元自下 淺深得處摠由渠

가만히 앉아 구름이 일어나는 묘함을 알게 되고
근원의 꼭대기에 이르니 비로소 원초를 깨닫겠네.
그대들 절정에 이르길 힘쓸지니
늙어 중도에 그친 내가 심히 부끄러울 따름이네.
座看雲起人知妙 行到源頭始覺初
絶頂高尋勉公等 老衰中輟愧深余

- 이황, 유산은 독서와 같으니 遊山如讀書

　험한 산을 올라가기 위해 여러 가지 가능한 궁리를 하고, 올라가기 위해 있는 힘을 다하며, 힘들게 올라가서는 그 산의 진면목을 보고 그 의미를 체득하는 것이 산을 오르는 이유라면, 공부도 중도에 힘들다고 멈추지 말고 노력해서 학문적인 성취를 이루어야 하며 산에서 그런 정신을 배우라는 것이다.

　우리 주위에 등산을 하는 분들을 많이 보게 된다. 코로나 사태 이후 다른 모임이 어려워지자 산을 찾는 분들이 더 많아지기도 했다. 그분들에게 등산은 무엇일까? 등산이 심신연마의 방법이자 수단이겠지만 진정 산에 가는 것은 산이 좋기 때문일까? 다른 이유가 있을까? 우리들은 세계 최고의 에베레스트 산을 처음으로 오른 영국의 에드먼드 힐러리(1919~2008)는 도전을 하지 않으면 아무 것도 얻을 수 없다(Nothing Venture, Nothing Win)며 등산이라는 것이 불가능에 대한 도전을 통해 기쁨을 얻는 것이라고 했는데 과연 그것만일까?

　여기에 대해 등산은 아름다움의 탐구라고 하는 명제를 제시한 사람이 있다. 에드먼드 힐러리에 앞서 일찌기 1930년대에 칸첸중가 원정대의 영국대표로 참여했고 에베레스트에도 1933년부터 세 차례나 도전했던 영국의 산악인이자 언론인인 프랭크 스마이드(Frank S) Smythe, 1900~1949)가 그 주인공이다.

　인류의 평화와 행복은 창의력이 뛰어난 천재성의 응용을 통한 피상적인 안락의 확보와 천연자원의 개발에서만이 아니라, 아름다움의 음미, 특히 대자연이 지닌 아름다움의 음미로부터 얻을 수 있다는 것이 나의 굳은 확신이다. 산의 아름다움은 산을 사랑하는 사람들로 하여금 행복을 발견하도록 해준다.(프랭크 스마이드, 안정효 역, 『산의 영혼』, 수문출판사, 2019, 308쪽.)

그렇다면 사람들은 어떻게 산에서 행복을 발견하며, 산은 어떻게 행복을 느끼게 해주는 것일까? 어떤 사람들은 휴식과 오락을 위해 산을 찾고, 어떤 사람들은 산을 단순히 자신들의 육체적인 에너지를 과시하는 터전이라고만 간주하고, 어떤 사람들은 산에 가는 것을 무조건 가야 하는 것으로 여긴다. 그런데 중요한 것은 산에 대한 접근방법이 무엇이든 산은 한 없이 많은 선물을 베풀어준다는 것이다. 우리는 대자연의 아름다움과 웅대함에 둘러싸인 공기의 순수함 속에서 육체적인 안녕과 이성적인 위안, 정신적 성장을 갈망한다. 그것이 우리가 산에 가는 이유이며 산의 영혼이 우리에게 행복을 주는 방법이라고 스마이드는 말한다.

내 앞에 펼쳐진 이 산들, 내 위로 펼쳐진 이 하늘, 내 시선이 그 안에서 안식을 찾으려는 이 거리감, 내가 동반한 이 산은 기억과 경험과 한 부분, 즉 나의 한 부분이 되었다. 내가 무한대를 응시하며 우주와 너무나 기분 좋게 결합할 수 있을 때는 시간도 공간도 죽음도 아무 문제가 되지 않는다. 그것을 영국인이 본 것이고 그것은 고려말 목은(牧隱) 이색(李穡 1328~1396)이 산에서 느끼고 깨달은 그 매력이다.

산을 유람함은 참으로 소원이지만
붓 잡고 부질없이 읊기만 했는데

흰 눈빛은 우뚝 솟은 산봉우리요
향기론 바람은 깊은 송계 숲이로다
遊山眞素願 把筆護高吟
雪色峯巒簪 風香松桂深

험한 길은 위태로워 떨어질 듯하고
복지는 아득하여 찾기가 어려운데
어슴푸레 선경을 들어온 양
종소리가 귀에 들리는 것 같네
畏途危欲墜 福地杳難尋
髣髴在淸境 如聞鐘聲音

- 산을 유람하다, 목은시고 제19권

어느 목사님은 말하신다.

"예수님이 산 위에 올라가신 이유는 그곳에서 초막을 짓고 평생을 누리기 위함이 아니었습니다. 그곳에서 격려받음으로 해서, 산 아래에서의 소명을 완성하기 위해서였습니다. 산 위에 올라가는 이유는 산 아래의 삶을 위해서였습니다."

이제 산은 우리들의 삶의 방향을 결정하는 중요한 조건이 되었다. 산은 21세기를 사는 우리들에게 새로운 가르침으로 다가온다. 요즈음 산을 찾는 분들이 점점 늘어난다. 산에서 행복을 느끼고 거기서 자신의 욕심을 잊어버리고 이웃과 화목하게 사는 법, 전쟁을 하지 않고도 잘 살 수 있는 법을 깨달을 수 있을까? 아 그것을 세상에서 실천할 수 있다면 우리의 산이 더욱 싱그럽고 멋있을 것이다.

이동식 저술가, KBS 기자 및 정책기획본부 본부장, 한국불교언론인회 회장 역임, 저서 〈시간의 마음을 묻다(이동식 기자의 인문탐색)〉, 〈온계이해평전〉, 〈천안문을 열고 보니〉 등이 있음

제10장

보고서 쓰기

위대한 글쓰기는 존재하지 않는다.

오직 위대한 고쳐쓰기만 존재할 뿐이다.

— E. B. 화이트

대학에서 보고서라 함은 공부의 결과물을 충실하게 정리하여 제출하는 문서라고 할 수 있다. 이러한 보고서는 학습 보고서, 실험·실습 보고서, 관찰·조사 보고서, 답사 결과 보고서 등 매우 다양하다. 보고서는 강의 시간에 습득한 이론적 지식을 확장하여 실제 주제를 가지고 조사, 토론, 관찰, 견학 및 감상을 할 수 있게 해 주고 교수는 학생의 역량을 보다 다양하게 평가할 수 있다. 최근 대학에서는 출석과 이론 평가뿐만 아니라 과제, 발표 등 다양한 평가 방법을 요구하게 되면서 보고서도 매우 중요한 평가 항목의 하나가 되고 있다.

2. 톺아보기: 보고서 쓰기의 원칙

1 누가 읽는가?

먼저 이 보고서는 누가(who) 읽을 것인가를 생각해야 한다. 대학교에서는 이 글을 읽는 사람이 교수일 것이다. 그런데 학기가 지나가면서 매번 다른 교수의 강의를 듣게 되면 교수마다 수업하는 방법이나 강조하는 것이 다르고 평가하는 방식도 다르다는 것을 알게 된다. 심지어는 보고서의 형식도 다르게 요구하는 경우가 있다. 예를 들어 어떤 교수는 내용을 보다 많이 담고 다양한 의견이나 여러 자료를 참고하여 정리하는 보고서를 원한다. 반면에 어떤 교수는 내용은 비록 짧아도 도표나 시각적인 구성이 돋보이고 논리가 정연한 보고서를 원한다. 따라서 평소에 내가 수강하는 과목의 교수는 어떤 성향을 지니고 어떤 내용이나 형식을 좋아하는지 파악하는 것이 필요하다. 교수님은 보고서를 통해 무엇을 알고자 하는지, 보고서를 쓰면서 어떤 능력이 신장되길 원하는지 등을 파악하는 것이 좋다. 이는 학기 초 강의계획서를 설명할 때나 강의 중에 강조하는 내용이나 강의 방식을 보면 어느 정도 파악이 가능하다. 때로는 이미 교과목을 수강한 학생들에게 미리 확인해 보는 것도 좋다.

② 어떤 내용(what)이 담겨 있는가?

대학교에서 요구하는 보고서는 주제나 써야 할 내용이 미리 주어지는 경우가 많다. 따라서 이러한 주제나 내용이 잘 나타날 수 있도록 해야 한다. 아무리 교수가 의도하는 바를 잘 파악하고 보고서의 형식이 잘 갖추어졌다 해도, 내용이 충실하지 않으면 좋은 보고서라고 할 수 없다. 글쓰기의 원리에 따라 자료를 잘 선정하고, 개요를 작성하며, 논리적인 순서에 따라 원고를 작성한 다음에 여러 번의 퇴고 과정으로 충실한 글이 되게 해야 한다.

이에 더하여 몇 가지 제안한다면 다음과 같다. 먼저 전문성을 갖춰야 한다. 해당 분야에 전문적으로 사용될 수 있는 용어를 적절히 활용하여 이를 뒷받침해 주어야 한다. 다음은 객관성을 지녀야 한다. 자신의 주장을 강하게 드러내는 글이라 해도 객관적 기술의 태도는 유지해야 한다. 학생들은 실제 글을 쓰면서 지나치게 자신의 주장을 합리화하거나 흥분한 채로 글을 쓰는 경우가 많다. 또 필요 이상으로 논리를 확대하거나 일반화하는 경우도 있다. 다른 사람이 보아도 납득할 수 있는 절제된 표현과 논리로 객관적인 태도가 유지될 수 있도록 해야 한다.

③ 어떻게(how) 전달할 것인가?

보고서의 의도를 잘 파악하고 내용을 충실하게 준비했다 해도 이를 어떻게 작성할까 하는 문제가 남아 있다. 실제 보고서 유형은 다양하다. 주제, 기능, 분야, 개인의 취향, 보고서 내용의 성격, 보고 방식 등에 따라 다르다. 보고서를 작성할 때는 텍스트, 그림, 표, 차트, 이미지 등을 다양하게 활용하여 작성한다. 이 중 어느 것을 위주로 자료를 구성하느냐에 따라 보고서의 형태도 달라진다.

1) 텍스트 위주의 보고서

먼저 텍스트 위주의 자료 구성 방식이다. 이는 보다 상세한 내용을 구체적으로 설명할 때 유용하다.

 '텍스트 위주의 자료' 예시

업무 보고서
(양식 지정양식)
20○○. 02. 13.

20○○년도 교양교육대학 업무 보고

주요 보고 내용

○○대학교 교양교육대학
보고자 : 교양교육대학장 ○○○

2) 그림 위주의 보고서

다음은 그림 위주의 자료 구성 방식이다. 그림은 긴 문장을 간결하게 정리하여 쉽게 이해할 수 있도록 해 준다.

💡 '그림 위주의 자료' 예시

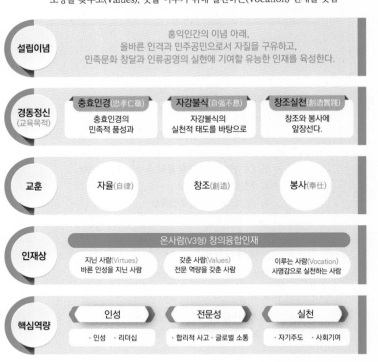

3) 표 위주의 보고서

다음은 표 위주의 자료 구성 방식이다. 표는 만들기도 쉽고 다양한 항목을 한 눈에 볼 수 있어서 자료를 비교·분석하는 데 매우 유용하다.

 '표 위주의 자료' 예시

② 개회식 및 기조강연

- 일 시 : 2020년 ○월 5일(수) 09:30~11:55
- 장 소 : ○○학당재단 12층 대회의실
- 참 석 자 : 50명(한국어교원 30명, 재단관계자 15명, 협의회 4명)
- 사 회 자 : ○○학당재단 교육지원부 ○○○ 부장
- 식 순

시간		내용	진행
09:00~10:30	90'	등록 안내 및 교육 참가자 간 교류	
10:30~10:31	01'	개회 선언	사회자
10:31~10:35	04'	재단 임·직원 및 참석자 소개	사회자
10:35~10:41	06'	○○학당재단 홍보영상 상영(5' 22")	
10:41~10:46	05'	개회사	홍길동 이사장
10:46~10:50	04'	인사말	○○○ 협의회 김철수 회장
10:50~10:55	05'	기념촬영	
10:55~10:57	02'	폐회 및 마무리	사회자
10:57~11:04	07'	장내 정리 및 휴식	
11:04~11:05	01'	기조강연 개회 및 연사 소개	사회자
11:05~11:55		해외 한국어·한국문화보급 대표 브랜드로서 ○○학당	홍길동 이사장
11:55~		마무리 및 환영 오찬 안내, 이동	사회자

4) 차트 위주의 보고서

다음은 차트 위주의 자료 구성 방식이다. 차트는 변화하는 수치를 확인하거나 비교하기 쉽다. 그리고 시각적으로 선명하게 인식될 수 있다.

💡 **'차트 위주의 자료' 예시**(교육부, 2019)

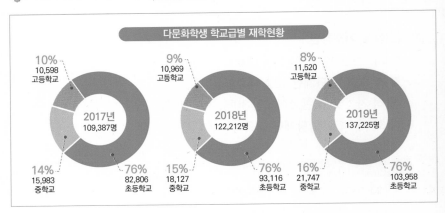

5) 이미지 위주의 보고서

다음은 이미지 위주의 자료 구성 방식이다. 이미지는 다른 유형의 구성 방식과 혼합하여 사용하는 경우가 많은데 시각적인 방법으로 자료를 쉽게 인식할 수 있다.

💡 **'이미지 위주의 자료' 예시**(경동한국어 1:30)

4 보고서 작성 과정[1]

1) 보고서의 전체 구성

보고서를 쓰기 전에 보고서의 전체 구성이 어떻게 이루어지고 있는지 살펴보기로 한다.

(1) 잘된 보고서

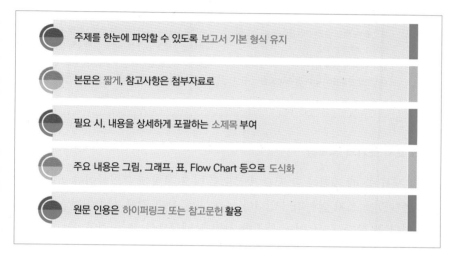

- 주제를 한눈에 파악할 수 있도록 보고서 기본 형식 유지
- 본문은 짧게, 참고사항은 첨부자료로
- 필요 시, 내용을 상세하게 포괄하는 소제목 부여
- 주요 내용은 그림, 그래프, 표, Flow Chart 등으로 도식화
- 원문 인용은 하이퍼링크 또는 참고문헌 활용

---

[1] 여기에 제시된 내용은 경동대학교 신입생을 위한 보고서 작성 요령 일부가 포함됨

(2) 부족한 보고서

기본 틀도 갖추지 않은 보고서	내용이 장황하고 산만한 보고서
· 기본적인 보고서 양식 미흡 · 내용을 표현하지 못하는 제목이나 목차 · 누가, 언제, 목적 누락 · 오탈자가 있거나 틀린 맞춤법 및 시제	· 표현이 모호하여 명확한 이해 불가 · 자기 주장 없이 타인의 견해만 소개 · 불필요한 장문, 사족(蛇足) · 유사 내용 재설명 및 반복 설명
의구심만 생기는 보고서	문제해결 의식이 없는 보고서
· 보고 취지, 배경, 추진 경위 등이 미흡 · 출처가 불분명한 자료 인용 · 일방적이며 균형을 잃은 논조 · 설명없는 전문용어, 약어 및 속어 사용	· 관행을 답습하고 구태의연한 방식으로 문제 접근 · 현황과 문제점, 원인 등 이슈에 대한 분석 부족 · 실천 가능성이 없는 대안과 불확실한 향후 계획 · 무엇을 해야 할지 불명확한 결론

(3) 보고서 쓰기의 유의점

보고서를 쓸 때 지켜야 할 서술 방식으로 다음 사항에 유의하여야 한다.

① 존댓말을 쓰지 않는다. '-입니다', '-합니다' 등과 같은 서술어는 '-이다', '-하다'로 쓴다. 글은 어느 특정한 사람을 대상으로 쓰는 것이 아니며 존댓말을 쓰다 보면 논지가 감정적으로 흐르기 쉽다.

② 사람의 이름을 쓸 경우에도 어떠한 호칭을 붙일 필요가 없다. '-선생님', '-박사님', '-교수님'과 같은 호칭을 쓸 필요가 없다. 어떤 사람이 쓴 책이나 연구를 밝힐 때에는 이름 뒤에 발표 연도를 ( ) 안에 넣어서 표시한다. 예를 들어, '권재일(2003)', '김용경(2020)' 등으로 표시하면 된다. 이때에도 호칭을 따로 쓰지 않는다.

③ 보고서에서는 '나'와 같은 일인칭 대명사는 아주 특별한 경우를 제외하고는 사용하지 않는다. 굳이 자기 자신을 드러낼 경우는 '필자' 혹은 '본 연

구자' 등으로 쓰는 것이 일반적이다.

④ 과도한 감상이나 감정이 섞인 표현은 삼간다. 예컨대 '매우 슬프다', '실로 대단한', '통쾌하기 그지없는' 등과 같은 어휘들은 특별한 경우가 아니면 쓰지 않는다.

⑤ '하였다', '-이다'와 같은 단정적인 문장으로 일관하거나 '-라고 생각된다', '-라고 볼 수 있다', '-인 듯하다'와 같은 자신감 없는 문장은 설득력이나 신뢰감을 약화시킬 수 있다.

(4) 보고서 작성 과정

학술적 보고서는 과제물을 주로 일컫지만 형식은 간소화된 논문의 형식이라고 보면 된다. 크게 보면 둘 다 표지, 차례, 본문, 참고문헌의 순서로 작성하는 것이 일반적이다. 필요에 따라 차례 다음에 1쪽 내외의 개요를 작성할 수 있다.

❶ 표지

보고서의 표지에는 제목, 과목명, 담당 교수, 소속, 학생 이름, 제출일을 기본적으로 기입한다. 보고서의 표지는 가로 210cm×세로 297cm의 A4 규격 용지를 사용하고 균형 잡힌 편집으로 깔끔한 것이 좋다. 평가자에게 잘 보이려고 지나치게 치장을 하거나 불필요한 문구나 그림을 넣을 필요가 없다. 어디까지나 내용이 중심이 되는 것이니 기본적인 기입 사항을 누락시키지 않도록 하는 것이 중요하다. 분량이 대략 2~5장 정도면 별도의 표지를 만들지 않고 목차와 함께 바로 표제부에 포함하여 작성하는 것도 한 방법이다.

덧붙여 고려할 점은 많은 보고서가 제목을 '보고서'라고만 기입하고 있는데 '보고서'는 양식이나 형식의 이름일 뿐이므로 글의 제목과 부제를 다는 것이 바람직하다.

창의사고와 표현 과제 보고서

갈등과 인간관계 연구
-정보사회와 갈등 양상을 중심으로-

과목명	창의사고와표현
담당교수	홍길동
제출자	김철수
학과/학번	간호학과/2092002
연락처	010-1234-5678 Kimcs153@kduniv.ac.kr
제출일	2022. 4. 22.

❷ 차례(목차)

　단일 구성이나 분량이 지극히 적을 때는 차례를 넣지 않아도 무방하나 그렇지 않은 경우에는 반드시 작성하여야 한다. 목차에는 보고서의 구성과 전개 과정이 잘 요약되어 있어서 보고서의 논리적 구조를 한 눈에 알아볼 수 있도록 해야 한다. 분량이 많을 경우에는 각 항목의 페이지를 기입하는 것이 좋다. 차례는 별지 한 장에 작성하기도 하지만 차례가 복잡하지 않을 때는 같은 쪽에 본문의 서론 부분이 바로 제시될 수도 있다.

💡 '목차' 예시 1

> 1. 머리말(혹은 서론)
> 　1) 연구의 필요성
> 　2) 연구의 목적과 방법
> 2. 갈등의 본질
> 　1) 갈등의 개념
> 　2) 갈등의 기능
> 3. 갈등의 유형
> 　1) 조직 내의 개인적 갈등
> 　2) 조직 내의 개인과 개인과의 갈등
> 　3) 조직 내의 집단적 갈등
> 4. 정보사회와 갈등
> 　1) 개인의 갈등 요인
> 　2) 집단의 갈등 요인
> 　3) 갈등과 커뮤니케이션
> 　　가. 개념과 유형
> 　　나. 갈등과 커뮤니케이션
> 　　다. 갈등해소를 위한 커뮤니케이션 방향
> 5. 마무리(혹은 결론)
> 참고문헌

💡 '목차' 예시 2[2)]

💡 '목차' 연습

※ 다음 주제에 맞는 목차를 작성해보십시오.

　최근 2년 간 발생한 신어(新語)를 조사하여 이를 유형별로 나누고 발생 원인을 밝혀보십시오.(국립국어원 어문연구과 신어 조사 자료 참고)

---

2)　황수경 외 3인(2021), '공공갈등·공론화·시민참여에 관한 국민인식 보고서', KDI, 목차 중 일부 인용

❸ 본문

　보고서 본문의 구성 방식은 글의 종류에 따라 다르고 또 특정한 규칙이 없
으나 학술적인 보고서는 서론, 본론, 결론의 3단 구성이나 본론을 나눈 4단 구
성이 간단하면서도 논리성을 지니고 있어 채택할 만하다. 본론은 '본론'이라고
써도 되지만 가능한 해당 항목의 주제를 내세워 쓰도록 한다.

　다음은 3단 구성 체계에 따라 작성할 때의 보고서 내용을 제시한 것이다.

3단 구성의 내용 예시

1) 서론
  • 대상의 범위 및 선택 동기
  • 대상과 관련된 이론 또는 선행 논의
  • 문제제기 및 연구 방법

2) 본론
  • 대상의 이해에 필요한 사회·문화적 배경
  • 대상에 대한 분석 및 해석
  • 대상에 대한 비평가 평가

3) 결론
  • 본론의 핵심 정리
  • 대상의 사회·문화적 의미
  • 대상의 한계 및 전망에 대한 의견 제시

다음은 실험 보고서를 작성할 때의 내용을 제시한 것이다.[3]

실험 보고서 구성의 내용 예시

1) 서론
  • 보고서 작성의 배경과 목적, 내용과 범위

2) 실험 목적
  • 실험의 필요성
  • 기대되는 실험 결과
  • 실험을 통해 확인하려는 현상이나 이론 및 사실

3) 실험 이론
  • 관련된 이론 및 원리에 대한 간결한 설명

4) 실험 장치 및 방법
  • 실험의 순서, 장치, 조건, 측정 원리 및 방법
  • 데이터 작성 방법

5) 실험 결과
  • 도표를 활용한 체계적인 데이터 기록

6) 고찰
  • 실험 결과에 대한 의미 부여와 평가
  • 결과의 해석과 이론과의 부합 여부에 대한 설명
  • 가설과 실험 결과 사이의 차이에 대한 원인 분석

7) 결론
  • 실험 결과의 요약 및 일반화 도출

본문을 기술할 때에는 장, 절, 항에 대한 구별을 분명히 해주어야 한다. 우선 장, 절, 항(여러 하위 항목 포함)에 따라 기호를 다르게 써주고 글자의 크기도 달리해

---

3)   정희모 외(2008:269) 내용 인용

주어야 한다. 보통 장, 절, 항(여러 하위 항목 포함)은 각각 들여쓰기를 달리하고 장, 절, 항이 바뀔 때마다 줄 바꾸기를 하되 그 간격을 조절해 주는 것이 좋다. 보통 한 글 문서에서 줄 간격은 160%이다. 장, 절, 항에 따라 이 줄 간격을 적절히 조절해서 그 차이를 보여주는 것이 좋다.

본문에서 인용한 글은 본문에서 밝히거나 각주로써 밝히고 요약·정리와 같이 책 전체를 참조하였을 경우에는 서론에서 또는 첫 장에서 각주로 이를 밝혀야 한다.

갈등과 인간관계 연구

-정보사회와 갈등 양상을 중심으로-

김철수

┌──── 〈차 례〉 ────┐
│   │
│   │
│   │
└────────────────┘

1. 머리말

··

··

··

··

··

-1-

❹ 참고문헌

　보고서나 논문 등을 작성하면서 인용한 모든 자료는 참고문헌에서 이를 밝혀야 한다. 참고문헌을 표기하는 방식은 학문 분야나 학회에 따라 다르므로 해당 분야와 관련된 연구 논문 자료를 보고 표기하되 한 가지 방법으로 일관되게 작성해야 한다. 참고문헌은 자료편, 연구편으로 나누어 저자명의 가나다라 순이나 알파벳 순서 등으로 작성하되 같은 저자일 경우에는 연대순에 따라 배열하며 국내 자료, 동양 자료, 서구 자료 순으로 배열하는 것이 일반적이다.[4]

❺ 인용과 주석 달기

　논증이나 논의에서 빠질 수 없는 것이 인용이다. 인용은 보고서의 전반에 걸쳐 일어난다. 선행 연구 자료나 자신의 연구를 위한 문제 제기로서의 자료, 나의 주장을 뒷받침할 수 있는 근거 제시나 또 나와 다른 견해를 제시하기 위한 참고 자료 등 다양한 용도로 쓰이고 있다. 이러한 인용이 표절이나 위조, 변조가 되지 않으려면 인용된 부분을 정확하게 표시하고 그 출처를 명확히 해 주어야 한다. 이러한 과정은 인용하기, 주석 달기, 참고문헌 제시하기 등으로 나눌 수 있다. 인용과 주석은 글쓰기 중간에 이루어지고 인용에 활용된 문헌은 나중에 참고문헌으로 정리하여 총괄적으로 보여주면 된다.

　① 인용하기

　인용은 직접인용과 간접인용으로 구분한다. 직접인용은 인용의 정확성을 기하기 위하여 필자나 저자가 표현한 그대로를 옮기는 것이다. 직접 인용은 두 가지 방법이 있다. 대체로 구나 절 또는 한두 줄의 적은 분량의 문장은 따옴표를 사용하여 문장 속에 배치하여 인용하며(예시 1), 그렇지 않은 경우에는 행갈이를 하여 독립된 형태로 인용하는 것이 보통이다(예시 2). 행갈이는 본문과 구분되도

---

4) 참고문헌 작성 사례는 주석 달기와 함께 모아서 다음에 제시하기로 하겠다.

록 편집할 경우 인용문의 활자 크기를 본문보다 작게 하고 문단 전체는 한 칸 들여 쓴다. 이는 자기 글과 인용문을 시각적으로 확연히 구분 짓게 하여 독자의 이해나 가독성을 돕기 위한 것이다.

💡 '직접 인용'의 예시 1

우리말이 알타이어족에 속하느냐 아니냐는 아직도 문제가 되어 있다. 미국의 기술언어학자 글리슨(H.A. Gleason) 같은 이는, "근래에 와서 일본말과 한국말의 호상 유사성이 증명되어 가고 있다"고 했으나, 결국 그의 「기술언어학개론」에서, 일본말과 유구말은 일본어족을 형성하고, 한국말은 한국말어족을 이룬다고 하여, 각각 독립한 어족으로 다루어놓았다.

〈김석득, 우리말의 특질〉

💡 '직접 인용'의 예시 2

現代의 인간은 대체 어떠한 상황 하에서 어떻게 생활하고 있는 것일까. 그리고 현대의 인간 앞에 가로 놓여진 중대 문제는 대체 어떤 것일까. 이러한 물음에 대해서 에리히 프롬(Erich Fromm)은 다음과 같이 말하고 있다.

19세기에 있어서는 "神이 죽었다"라는 것이 문제로 되었지만, 20세기에 있어서는 "인간이 죽었다"라는 것이 문제로 되고 있는 것이다. 19세기에 있어서는 非人間的이라는 것은 잔인하다는 것을 의미했었다. 그런데 20세기에 있어서는 그것은 정신분열증적인 자기소외를 의미한다. 지난날의 위험은 인간이 노예로 되어 버리는 데 있었지만, 앞날의 위험은 인간이 로봇으로 되어 버릴지도 모르는데 있는 것이다.(밑줄-필자)

오늘날 이 지구상에는 근 40억에 가까운 수의 형형색색의 인간들이 숨을 쉬며 살아가고 있다. 이렇게 많은 사람들이 엄연히 숨을 쉬며 살아가고 있는

데도 불구하고, 現代의 인간을 죽었다라고 진단을 내리고 있는 것은 대체 어떠한 뜻에서일까.

<이극찬, 현대의 인간상황>

　간접인용은 글의 내용을 요약하여 제시하는 방법인데 요약한 부분에 주석번호를 붙이고 누구의 어느 글을 요약한 것인가를 밝히면 된다(예시 3). 간접인용을 잘해야 글을 잘 쓸 수 있는데 인용 부분이 자신의 글의 맥락 속에서 자연스럽게 용해되기 위해서는 많은 훈련이 필요하다. 누구나 아는 상식적 수준의 내용은 출전을 밝힐 필요가 없다. 그러나 전문적인 지식으로서 개인의 학설일 경우에는 반드시 출전을 밝혀야 한다.

💡 '간접 인용'의 예시

　이 시대는 세계 인식(世界 認識)의 「창(窓)」으로서의 언론은 지금까지 국민들에게 이데올로기적으로 일단 여과되고 혹은 채색된 허구의 세계상을 비추어주고 중재해 왔던 바 그러한 언론의 이데올로기적 패러다임의 해체, 개조가 시급하다는 것이다.[1] 국민 의식형성자(意識形成者)로서의 언론이 이데올로기적 패러다임에 정향(定向)해 옴으로써 허위의식을 대량 형성, 유지케 하여, 대립 이데올로기와 그 체제를 오해, 착각, 적대, 증오하게 만드는 역할을 수행했다.

1) 방정배, 「새 언론 파라다임 개발을 위한 이론형성」(성대 사회 과학 연구소 학술 심포지엄 주제 논문, 1989. 6. 24. 발표), 5-8쪽 참조.

② 주석 달기

　주석은 자신의 논리나 주장의 타당성을 입증하기 위해서 다른 사람의 견해를 인용했을 때 인용 부분에 주석 번호를 붙이고 출처를 밝히는 일이다. 주석 달기는

글뿐만 아니라 그림이나 도표, 통계 자료를 인용한 것도 모두 포함한다. 주석 달기
를 할 때는 직접 확인하지 않고 다른 자료를 통해 인용한 것은 재인용으로 표시해
야 한다. 또 인용할 필요성이 없는 것도 과도하게 인용하고 주석을 다는 경우가 있
는데 이러한 것도 피해야 한다. 주석 달기를 할 때는 항목에 따라 다른 형식을 취
하지 말고 글의 처음부터 끝까지 같은 형식을 취해야 한다. 또 문헌자료의 경우
저자명, 서명, 출판지, 출판자, 출간연도, 페이지 등을 밝혀 자료의 신빙성을 확
보해야 한다.

주석은 표시하는 위치에 따라 내주(內註), 외주(外註) 또는 각주(脚註), 후주(後註)
또는 미주(尾註)로 나눌 수 있다. 내주는 본문 안에 괄호를 사용하여 주요 서지
사항을 기재하는 방식이며, 각주는 주석을 달아야 하는 내용이나 부분을 각
페이지의 맨 아래에 기재하는 방식이다. 후주는 각 장이나 절의 끝 또는 보고
서나 논문의 마지막에 모아서 기재하는 방식이다.

❻ 주석과 참고문헌 작성하기 사례

참고문헌을 각주로 대신하는 경우도 있으나 자료 활용의 정도나 자료의 내역
을 알게 하고 독자들에게 연구 자료를 제공한다는 점에서 참고문헌은 모두 밝
히는 것이 좋다. 주석과 참고문헌을 제시하는 방식은 학문 분야나 자료 양식에
따라 또는 특정 학회에 따라서 다르게 제시되고 있으므로 관련 분야의 연구
논문을 참고로 하여 제시하는 것이 좋다.

여기서는 김기란(2016:210-211)에서 제시하고 있는 시카고 양식을 간추려서 소
개하기로 하겠다. 이 방식은 인문과학과 사회과학에서 주로 사용하는 방식이다.

| 단행본 | 각주 | 제시법 | 저자명, 책 제목(발행지: 발행처, 발행연도), 인용 쪽수.
*저자가 2명이면 저자와 저자 사이에 '·' 국외 자료의 경우 'and'로 표시 |
| | | 제시 예 | 진휘연, 아방가르드란 무엇인가(서울: 민음사, 2002), 58.
Robert M. Townsend, The Medieval Village Economy
(Princeton: Princeton University Press, 1993), 43-44. |

단행본	참고문헌	제시법	저자명, 책 제목, 발행지: 발행처, 발행연도.
		제시 예	진휘연, 아방가르드란 무엇인가, 서울: 민음사, 2002. Robert M. Townsend, The Medieval Village Economy, Princeton: Princeton University Press, 1993.
학위 논문	각주	제시법	저자명, "글 제목"(학위명, 학위수여 대학, 학위수여 연도), 인용 쪽수.
		제시 예	서영채, "무정 연구"(석사학위논문, 서울대학교, 1992), 34.
	참고문헌	제시법	저자명, "글 제목, 학위명, 학위수여 대학, 학위수여 연도.
		제시 예	서영채, "무정 연구", 석사학위논문, 서울대학교, 1992.
정기 간행물	각주	제시법	저자명, "글 제목" 정기간행물명 권수(연월차): 논문 시작과 끝 쪽수.
		제시 예	김종대·정혜윤, "신문과 방송자료의 데이터베이스시스템 구축", 정보과학회지 29(1995 가을호): 41-45. John W. Benett, "The Interpretation of Pueblo Culture: A Question of Values", Southeastern Journal of Anthropology 2(1981): 363-375.
	참고문헌	제시법	저자명, "글 제목" 정기간행물명 권수(연월차): 논문 시작과 끝 쪽수.
		제시 예	김종대·정혜윤, "신문과 방송자료의 데이터베이스시스템 구축", 정보과학회지 29(1995 가을호): 41-45. John W. Benett, "The Interpretation of Pueblo Culture: A Question of Values", Southeastern Journal of Anthropology 2(1981): 363-375.
번역서	각주	제시법	저자명, 책 제목(원본 출판연도), 번역자 표시와 번역자(발행지: 발행처, 번역본 발행연도), 인용 쪽수
		제시 예	한스·티스 레만, 포스트드라마 연극(1999), 김기란 옮김(서울: 현대미학사, 2013), 534. Max Weber, The Protestant Ethic and the Spirit of Capitalism (1904-5), Trans, Talcott Parsons(New york: Charles Scnbner's Sons, 1958), 176.
	참고문헌	제시법	저자명, 책제목, 원본 출판연도, 번역자 표시와 번역자, 발행지: 발행처, 번역본 발행연도.

번역서	참고문헌	제시 예	한스·티스 레만, 포스트드라마 연극, 1999, 김기란 옮김, 서울: 현대 미학사, 2013. Max Weber, The Protestant Ethic and the Spirit of Capitalism (1904-5), Trans, Talcott Parsons, New york: Charles Scnbner's Sons, 1958.
온라인 자료	각주	제시법	저자명, 책 또는 글 제목(간행연도: 웹사이트, 입력연도), 전자문서표지 전자문서번호, URL. *전자문서번호는 필수 사항이 아님
		제시 예	J. Reed, Ten days that shook the world(1861-60: Project Gutenberg, 1998), etext 3076, ftp://ibiblio.org/pub/docs/books/gutenberg/etext02/10daz10.txt.
	참고문헌	제시법	저자명, 책 또는 글 제목(간행연도: 웹사이트, 입력연도), 전자문서표지 전자문서번호, URL. *전자문서번호는 필수 사항이 아님
		제시 예	J. Reed, Ten days that shook the world(1861-60: Project Gutenberg, 1998), etext 3076, ftp://ibiblio.org/pub/docs/books/gutenberg/etext02/10daz10.txt.

❼ 보고서 최종 점검

위의 순서에 따라 보고서를 썼으면 아래의 점검 사항에 따라 최종 검토를 하여 제출한다.

번호	점검사항	예	아니오
1	나는 교수님이 요구하는 내용의 보고서를 작성했는가?		
2	나는 관련 자료를 찾기 위해 주교재와 부교재들을 이용했는가?		
3	나는 관련 자료를 찾기 위해 도서관이나 인터넷을 활용했는가?		
4	나는 다른 학생에 비해 표지를 차별화하였는가?		
5	나는 그림, 표, 도형 등 도식화를 충분히 적용했는가?		
6	나는 강조 부분이 잘 드러나고 상호 모순되는 부분 없이 작성했는가?		
7	나는 지정한 분량, 형태, 글꼴, 번호에 맞게 보고서를 작성했는가?		
8	나는 인용문과 참고문헌들을 정확히 기입했는가?		
9	나는 제출기한 내에 보고서를 제출했는가?		
10	나는 제출한 보고서를 저장 및 업로드하여 관리하고 있는가?		

3. 표현하기

보고서 쓰기는 양이 길므로 이 책에서는 구체적인 보고서를 제시하지 않고
표현하기 과제만 제시하기로 하겠다.

💡 보고서 작성하기

※ 앞에서 작성한 목차를 바탕으로 5쪽 내외의 보고서를 작성해보십
시오.(학과의 특성에 따라 주제를 변경하여 작성할 수 있습니다.)

주제　최근 2년 간 발생한 신어(新語)를 조사하여 이를 유형별로 나누고
발생 원인을 밝혀보십시오.(국립국어원 어문연구과 신어 조사 자료 참고)

지식인의
글쓰기

좋은 글

강원 영서 방언

최 영 미

강원 영서 방언이 과연 경기 방언과 비슷할까요?

　강원도 원주가 고향인 필자는 고향 말이 서울말과 크게 다르지 않다고 생각했었습니다. 하지만 대학 생활을 서울에서 하면서 그러한 믿음은 점차 사라졌습니다. 억양 때문에 적잖은 오해를 받았기 때문입니다. 한번은 동기랑 과제 발표를 준비하고 있었는데, 과제 준비를 한참 하던 동기가 갑자기 "왜 나에게 화를 내냐?"라고 말한 적이 있습니다. 그뿐만이 아닙니다. 대학원을 다닐 때 강원도 홍천이 고향인 선배님과 벤치에 앉아서 평소 궁금한 점을 묻고 즐겁게 이야기를 나누고 있었습니다. 며칠 후 그 선배를 다시 만났는데 다른 선배가 자기에게 "무슨 일이 있니? 왜 후배와 사람이 많이 다니는 곳에서 싸우고 있냐?"라고 물었답니다. 이처럼 영서 방언 토박이 화자의 말에서 발견되는 '말의 처음부터 끝까지 차차로 올라가는 억양'의 실현은 상대방에게 화, 불만과 같은 부정적인 감정을 표시하는 것처럼 들리나 봅니다.

강원 영서 방언이란…….

　강원 영서 방언은 철원, 화천, 양구, 인제, 춘천, 홍천, 횡성, 원주 지역에서 쓰는 말로, 중부 방언의 하위 방언에 속합니다. 강원 방언은 태백산맥을 기준으로 영동 방언과 영서 방언으로 나뉩니다. 다시 영동 방언은 북단 영동 방언권, 강

▲ 그림 10-1 _ 강원 방언 방언 구획(이익섭 1981:209)

릉 방언권, 삼척 방언권, 서남 영동 방언권으로 구분됩니다. 여기서 서남 영동 방언권은 영서 지역이면서 영동 방언권에 속한 곳입니다.

말이 동서로 분화하다.

강원 영서 방언이 경기 방언과 비슷하다고 생각되는 경우는 말이 영동 지역과 영서 지역으로 대립하면서 분화되는 경우인 듯합니다.

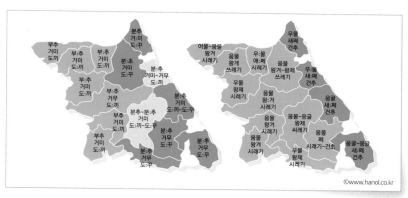

🔺 그림 10-2_ 영동 지역과 영서 지역의 언어 분화

표준어의 '부추', '거미', '도끼'에 대응하는 강원 방언의 방언형을 말소리의 측면에서 알아봅시다. '부추'는 영서 지역에서 '부추~부:추'로 실현되고, 영동 지역에서는 '분추~분:추~분:초~뿐추'형으로 실현됩니다. '분추'는 '부추'의 어형에 'ㄴ첨가'가 일어난 형태입니다. 또한 '거미', '도끼'는 영서 지역에서 '거미 ~거:미', '도끼~도:끼'로 실현되지만, 영동 지역에서는 '거무', '도:꾸'형으로 실현되며, 인제와 양양 지역에서는 '거미'와 '거무'형이 섞여 나타납니다. '거미'와 '도끼'는 중세 국어에서 '거믜', '돗귀'로 나타나고, '거믜〉거뮈〉거미~거무'와 '돗귀〉도쉬〉도뀌〉도끼~도꾸'와 같이 하향 이중 모음이 단모음으로 변화하는 과정에서 지역에 따라 '이'형과 '우'형으로 나타납니다.

어휘 측면에서도 이러한 경향은 두드러집니다. 표준어의 '우물', '왕겨', '시래기'에 대한 영동 지역과 영서 지역의 방언형을 살펴봅시다. 영서 지역에서는 '우물~움물', '왕겨~왕:제~왕제', '시래기~시레기~씨레기~씨래기~쓰레기'로 나타나고, 영동 지역에서는 '옹굴~응굴', '새쩨~새:째~세쩨', '건추~건초'로 나타납니다. 평창, 정선 지역에서는 영서 방언과 영동 방언의 어형이 섞이어 나타납니다.

말이 남북으로 분화하다.

하지만 강원 영서 방언이 경기 방언과 비슷한 방언형으로만 실현되는 것은 아닙니다. 경기 방언과 다른 방언형을 가지는 경우는 대개 강원 북부 지역과 남부 지역으로 대립하면서 분화되는 경우인 듯합니다.

표준어의 '냉이'와 '마을 가다'에 대응하는 강원 방언의 방언형을 말소리 측면에서 살펴봅시다. '냉이'와 '마을 간다'는 어중 자음 'ㅅ-'의 개재 여부에 따라 어형이 분화하는 예입니다. '냉이'는 북부 지역에서 '내이~네이~냉이'로 실현되고, 남부 지역에서는 '나세이~나세이~나셍이~나:새이~나새이~나생이'로 실현됩니다. 또한 '마을 가다'는 북부 지역에서 '말:간다'로 실현되고, 남부 지역에서는 '마실 간다'로 실현됩니다. 그러나 인제, 고성, 양양, 강릉 지역의 어형은 '말:도리간다'로 실현되어 자못 특이합니다.

어휘 측면에서 표준어의 '곁두리', '마구간'에 대한 강원 북부 지역과 남부 지역의 어휘의 실현을 살펴봅시다. 강원 북부 지역에서는 '전누리~젠노리~제누리', '마방~마:방~마:사'로 나타나고, 강원 남부 지역에서는 '참', '마꾸깐~오양깐'으로 나타납니다. '곁두리'의 남부 지역 어형과 북부 지역 어형인 '제누

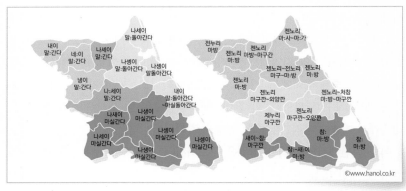

▲ 그림 10-3_ 강원 남부 지역과 북부 지역의 언어 분화

리~새이~참'이 섞여 나타나는 지역은 원주, 영월, 강릉이고, '마구간'의 남부 지역 어형과 남부 지역 어형인 '마방~마구깐', '마구깐~오양깐'이 섞여 나타나는 지역은 양구, 인제, 홍천, 강릉 지역입니다.

강원 방언은 동서의 방향으로 분화하는 힘과 남북의 방향으로 분화하려는 힘이 있습니다. 강원 영서 방언이 경기 방언과 다르게 만드는 원동력은 강원 북부 지역과 남부 지역으로 분화하려는 힘에 근간을 두는 듯합니다.

참고: 이 글에서 제시한 자료는 앞선 연구의 자료를 사용한 자료임을 밝힙니다.
http://naver.me/GI59rZ5n

최영미   건국대학교 국어국문학과 학부 및 동 대학원 졸업, 문학 박사. 건국대학교, 경동대학교, 호서대학교 시간 강사 역임. 현 경동대학교 교양교육대학 부교수

참고문헌

- 가톨릭대 교양교육원(2005), 『분석과 창의적 문제 해결』, 가톨릭대학교 출판부.
- 강민경(2012), 대학 글쓰기 교육에서 창의성 향상을 위한 한 방향-쓰기 전 활동인 고정관념 깨뜨리기 수업 모형을 중심으로, 『비평문학』 45, pp 205~231.
- 강유미 외(2015), 무한상상실 운영 모델 개편의 당위성과 방향성-역할세분화(Task Segmentation)와 네트워킹 전략을 중심으로, 기술경영경제학회, 부경대학교.
- 건국대 글로컬캠퍼스 글쓰기교재편찬위원회(2017), 『대학글쓰기』, 역락.
- 건국대학교 글쓰기연구회(2012), 『창의적 글쓰기의 기법』, 조율.
- 경북대 글쓰기교재편찬위원회(2020), 『대학글쓰기』, 경북대학교 출판부.
- 경희대 후마니타스 칼리지 기초교과 글쓰기교과교재편찬위원회(2012), 『대학 글쓰기 세계와 나』, 경희대학교 출판문화원.
- 경희대 후마니타스 칼리지 필수교과 글쓰기교과교재편찬위원회(2019), 『성찰과 표현』, 경희대학교 출판문화원.
- 국립국어원(2014), 『국어문화학교 특별 과정 교재』, 국립국어원.
- 국어생활연구원(2016), 『생활 국어』, 국어생활연구원.
- 권혁래 외(2019), 『대학생을 위한 사고와 표현』, 박이정.
- 김기란(2016), 『논문의 힘』, 현실문화.
- 김기호(2015), 대학 글쓰기 교양교육에서 창의성 관련 연구의 성과와 과제, 『어문학』 130, 한국어문학회, pp 261~293.
- 김동식(2009), 『인문학 글쓰기를 위하여』, 서울대학교출판문화원.
- 김연희(2020), 『보고서 작성 원리』, 길벗.
- 나탈리 골드버그(2014), 『버리는 글쓰기』, 차윤진 옮김, ㈜조선뉴스프레스 북뱅.
- 대진대 국어국문학과(2008), 『생각과 표현』, 박이정.
- 동아일보사(2019), 『독해가 쏙! 생각이 톡!』, 동아일보사.
- 백승권(2014), 『글쓰기가 처음입니다』, 메디치.

- 백우진(2017), 『백우진의 글쓰기 도구상자』, 동아시아.
- 백우진(2017), 『일하는 문장들』, 웨일북.
- 빌렘 플루서(2015), 『글쓰기에 미래는 있는가』, 윤종석 옮김, 엑스북스(xbooks).
- 서정수(2017), 『문장력 향상의 길잡이』, 이가출판사.
- 아주대학교 의사소통센터(2019), 『디지털 시대 대학 글쓰기』, 역락.
- 원만희 외(2014), 『비판적 사고 학술적 글쓰기』, 성균관대학교 출판부.
- 이강룡(2016), 『글쓰기 기본기』, 창비.
- 이만식·김용경(2012), 『글쓰기와 말하기를 어떻게 할 것인가』, 한올출판사.
- 이명희 외(2016), 『인문사회 글쓰기』, 쿠북.
- 이주영(2020), 대학 글쓰기의 상황적 효과 연구-자서전과 칼럼 글쓰기의 교육 모델 분석을 중심으로, 중앙대학교 박사학위논문.
- 임보연(2020), 한자(漢字) 활용한 글쓰기에서의 발상 학습 방안, 『한국문예창작』 19-3, 한국문예창작학회, pp 251~270.
- 장동석 외(2014), 『글쓰기의 힘』, 북바이북.
- 전병국(2017), 『천년의 독서』, 궁리.
- 정희모 외(2005), 『글쓰기의 전략』, 들녘.
- 정희모 외(2007), 『글쓰기』, 연세대학교 출판부.
- 정희모(2008), 『대학글쓰기』, 삼인.
- 조구호(2015), 『첨삭으로 익히는 글쓰기』(수정보증판), 역락.
- 최시한(2018), 『수필로 배우는 글 읽기』(제3판), 문학과지성사.
- 최영미 외(2017), 『독서와 토론』, 박이정.
- 한양대 국어교육위원회(2004), 『창조적 사고와 글쓰기』, 한양대학교 출판부.
- 한양대학교 ERICA 국어교육위원회, 『아카데믹 글쓰기』, 한양대학교 출판부.
- 허재영(2000), 『교양인의 글쓰기 기술』, 박이정.
- 현남숙(2013), 창의적 문장해결로서의 인문학 글쓰기, 『작문연구』 19, 한국작문학회, pp 275~300.
- 홍장표(2019), 『보고서 작성 실무 강의』, 한빛미디어.

- Guilford, J. P.(1950), Creativity, *American Psychologist*, Volume 5, Issue 9, pp 444~454.
- Kaufman, J., Beghetto, R.(2009), Beyond Big and Little: The Four C Model of Creativity, *American Psychological Association*, Vol. 13, No. 1, pp 1~12.
- OECD.(2018), The Future of Education and Skills: Education 2030, OECD.
- OECD.(2018), Education 2030 website, www.oecd.org/education/2030/.

지식인의
글쓰기

저자 소개

이만식 시인(필명 이하), 시조시인, 문학박사, 조각보시 창시, 경기일보 등 칼럼니스트, 경동대학교 산학부총장. [저서] 〈이상 시의 어휘 사용 양상과 공기관계 네트워크〉(2013), 〈하늘도 그늘이 필요해〉(2015), 〈스무 살의 사랑은 창을 닮는다〉(2017) 등 16권

김용경 경동대학교 한국학전공 주임교수, 건국대학교 대학원 박사과정 졸업(문학박사), 한말연구학회 회장 [저서 및 공저] 〈글쓰기와 말하기를 어떻게 할 것인가〉(2007), 〈한국어학의 이해〉(2008), 〈한국어 문법범주의 역사적 연구〉(2009), 〈한국어의 어제 그리고 오늘〉(2009), 〈지식의 쓸모를 찾아서〉(2020) 외 다수

원흥연 경동대학교 교양교육학부 교수, 건국대학교 대학원 졸업(문학박사), 한말연구학회 정보이사, [저서 및 공저] 〈국어 외래어 표기의 변천과 형태적·의미적 특성 연구〉(2009), 〈한국어 연구의 새로운 모색〉(2014), 〈독서와 토론〉(2016) 외 다수

최영미 경동대학교 교양교육학부 교수, 건국대학교 대학원 졸업(문학박사), 한글학회 평의원, 한말연구학회 연구이사, [저서 및 논문] 〈영월방언 '가다'류 동사의 성조 연구〉(2021), 〈언어접촉과 언어변화〉(2021), 〈말모이: 다시 쓰는 우리말 사전〉(2021), 〈평창방언의 성조와 분화〉(2015), 〈정선방언의 성조체계와 그 변천〉(2010) 외 다수

지식인의 글쓰기

초판 1쇄 발행 2022년 3월 5일
2판 1쇄 발행 2023년 2월 20일

저 자   이만식·김용경·원홍연·최영미
펴낸이   임순재
펴낸곳   (주)한올출판사
등 록   제11-403호
주 소   서울시 마포구 모래내로 83(성산동 한올빌딩 3층)
전 화   (02) 376-4298(대표)
팩 스   (02) 302-8073
홈페이지   www.hanol.co.kr
e-메일   hanol@hanol.co.kr
ISBN   979-11-6647-327-2

지식인의
글쓰기